한중일이
함께 쓴
동아시아
근현대사

■ 2권 집필진

1장 오비나타 스미오 | 와세다대학 문학학술원 교수, 일본근대사
2장 마쓰모토 다케노리 | 도쿄대학 대학원 농학생명과학연구과 교수, 한국근대사
3장 왕치성 | 베이징대학 역사과 교수, 중국근현대사
4장 박중현 | 양재고등학교 역사교사, 역사교육
　　 신주백 | 연세대학교 국학연구원 HK연구교수, 한국근현대사
　　 하종문 | 한신대학교 일본지역학과 교수, 일본근현대사
5장 하야카와 노리요 | 종합여성사연구회 대표, 일본근대여성사
6장 김한종 | 한국교원대학교 역사교육과 교수, 역사교육·한국근현대교육사
7장 왕차오광 | 중국사회과학원 근대사연구소 수석연구원, 중국근현대사·영화사
　　 마샤오쥐안 | 중국사회과학원 근대사연구소 보조연구원, 중일관계사
8장 신주백
　　 하종문
9장 부핑 | 중국사회과학원 근대사연구소 수석연구원, 중일관계사·동북아시아 국제관계사

한중일이 함께 쓴 동아시아 근현대사

테마로 읽는 사람과 교류의 역사

한중일3국공동역사편찬위원회 지음

2

Humanist

■ 서문

 침략과 전쟁, 갈등으로 뒤엉킨 20세기를 보내고, 화해와 평화의 세기를 맞이하리라는 기대를 안고 우리는 동아시아의 21세기를 맞이했다. 그러나 역사 인식과 역사 교과서를 둘러싼 갈등으로 그러한 기대는 일찌감치 어긋나고 말았다. 이에 우리는 자국 중심의 역사 교과서를 대신할 수 있는 공동의 역사책을 편집·발행하기로 했다. 과거의 역사에 대한 반성을 토대로 상호 이해를 심화하고 역사 인식을 공유하는 것이야말로 동아시아의 밝은 미래를 여는 길이라고 생각했기 때문이다.

 2005년 5월, 우리는 한국·중국·일본이 공동 편집한 《미래를 여는 역사》(이하 《미래》)를 간행했다. 《미래》는 우리의 예상을 넘어 커다란 반향을 불러일으키며 한·중·일 3국에서 30만 부 이상 발행되었다. 일부 중·고등학교에서 부교재로 사용되었으며, 대학 교재로도 사용되었다. 한·중·일 3국뿐 아니라 미국과 유럽의 학계와 역사교육 관계자들도 관심을 보였다. 3국의 역사학자와 교사가 '공동의 역사 인식'을 토대로 '평화, 인권, 민주주의의 미래'를 함께 열어가고자 한 노력에 뜨겁게 반응한 것이다.

 하지만 《미래》의 한계와 문제점도 지적되었다. '공동의 역사 인식'이 충분히 드러나지 않았다거나, 동아시아의 평화보다 일본의 잘못을 비판하는 데 치중했다는 의견이 있었다. 특히 '동아시아'의 관점에서 역사를 본다면서, 실제로는 한·중·일 3국의 근현대사를 병렬하는 데 그쳤다는 비판은 《미래》의 핵심적인 문제점을 지적한 것이었다.

 《미래》의 간행 무렵부터 동아시아에서는 역사 인식을 둘러싼 분쟁을 해소하려는 다양한 움직임이 나타났다. 한국과 일본에서는 공동의 역사서가 여러 권 간행되어 이웃 나라 역사에 대한 관심을 높였다. 역사 갈등을 해소하고 역사 인식을 공유하기 위한 연구자 간 교류도 증가했다. 동아시아사를 주제로 세미나와 심포지엄도 여러 차례 열렸다. 한국에서는 '동아시아사'가 고등학교 정식 교과목으로 개설되어 교과서 개발을 마치고 2012년부터 사용되고 있다.

이렇듯 사회적 관심이 높아지고 역사 관련 교류가 늘어감에 따라 역사 인식의 공유를 지향하는 우리의 활동도 크게 고무되었다. 이러한 가운데 우리 또한 《미래》의 취지를 이어 새로운 공동 역사 교재를 작성하기로 했다.

2006년 11월, 우리는 교토에서 열린 국제회의에서 새로운 역사서를 공동으로 편찬하는 데 합의했다. 새로운 역사서[《한중일이 함께 쓴 동아시아 근현대사》(1·2)]는 동아시아 근현대사에 대한 이해를 심화하고 역사 인식을 공유할 수 있도록 작업 방식과 내용을 이전보다 더욱 진전시키고자 했다. 그리고 궁극적으로는 한·중·일 3국의 공동 역사 인식의 기반이 될 체계적인 동아시아 근현대 통사를 집필하기 위해 이 책이 디딤돌이 될 수 있게 하자는 데 합의했다.

《미래》는 한·중·일 3국의 학생과 시민이 근현대의 역사적 사실을 정확히 이해하여, 잘못된 역사 인식을 바로잡는 데 초점을 두었다. 그래서 3국 간 쟁점이 되는 토픽이나 사실을 중심으로 내용을 구성했다. 이와 달리 이 책은 동아시아 근현대사의 변화를 세계사의 흐름과 관련지어 체계적으로 이해하는 데 목표를 두었다. 이를 위해 각국 역사를 해당국 위원이 집필하는 방식을 버리고 장별로 집필을 분담하고, 동아시아 근현대사의 구조적 변동에 초점을 맞추어 서술하기로 했다. 한·중·일 3국의 국가 체제와 상호 관계의 구조적 변동을 동아시아의 국제 관계 속에서 바라보는 것, 동아시아뿐 아니라 동아시아를 둘러싼 국제 관계, 특히 서구와의 관계 속에서 파악하는 것에 유의했다.

그러나 구조적 변동을 서술하다 보면 그 안에 살고 있는 민중의 구체적인 모습이 묻혀버릴 우려가 있다. 또한 민중의 활동과 교류가 근현대사의 흐름과 어떻게 관련되는지 드러나지 않을 수도 있다. 그래서 우리는 세 나라 민중의 생활과 교류를 다루는 책을 함께 집필하기로 했다. 즉, 1권에서는 한·중·일 3국 근현대사의 구조적 변동을 시대순으로 다루고, 2권에서는 3국 민중의 생활과 교류를 주제별로 집필하기로 했다.

이 책의 편찬을 위해 우리는 도쿄에서 3회, 베이징에서 6회, 서울에서 4회, 제주에서 1회 총 14

회의 국제회의를 거듭했다. 또한, 실무 차원의 협의를 위해 5회의 만남을 가졌다.

우리는 연구자 간의 교류와 구체적 연구 성과의 심화에 중점을 두는 통상적 공동 연구와 달리, 공동의 '작품'을 만들어내고자 했다. 단순히 개별 연구를 한데 모으는 것이 아니라 공동 작업의 성과를 사회적 공유 재산으로 만드는 데 목표를 두었다. 그것이 이 책의 출간 과정에 적지 않은 시간과 노력을 쏟게 된 이유이다. 이 작업을 지탱해온 것은 '동아시아에 평화공동체를 만든다'는 공통된 과제 의식이었으며, 이는 2002년 이래 우리를 이끌어온 원동력이었다.

처음으로 공동의 역사책 만들기 작업을 시작하던 때와 달리, 이제는 '동아시아 공동체'에 관한 논의가 3국에서도 활발해졌다. 우리는 이 책이 세 나라의 역사 갈등을 해소하고, 평화를 정착시키는 계기를 만드는 데 기여했으면 한다. 그것이 동아시아 사람들이 함께 교류하면서 문화를 나누고 생각을 주고받는 미래로 나아가는 길이기 때문이다.

많은 독자가 이 책을 읽고 우리가 제기한 문제에 대해 토론했으면 한다. 이 책이 동아시아의 역사를 올바로 이해하고, 자기 나라와 다른 나라 역사를 열린 눈으로 바라봄으로써 미래를 향한 역사의식을 기르는 데 도움을 주었으면 한다. 이런 마음을 담아서 《한중일이 함께 쓴 동아시아 근현대사》 두 권을 한·중·일 3국에서 함께 간행한다. 이를 계기로 동아시아의 역사 인식을 둘러싼 풍성한 대화와 교류의 물결이 일어나기를 기대한다.

2012년 5월
한중일3국공동역사편찬위원회

1권 《국제 관계의 변동으로 읽는 동아시아의 역사》를 말한다

1권에서는 국제 관계의 변동을 중심으로 동아시아 근현대사를 분석했다. 동아시아 근현대사는 크게 세 시기로 나눌 수 있다. 첫째는 중국을 중심으로 한 전통적 국제질서가 무너지고 일본이 주도권을 장악하는 시기이다. 1~3장에서 이러한 변화를 다루었다. 특히 일본은 청일전쟁과 러일전쟁을 거친 후 우위를 점하면서 동아시아 국제질서를 강고히 해나갔다. 둘째 단계는 일본의 제국주의적 침략이 식민지 지배와 전쟁으로 이어지면서 한국과 중국에서 민족운동이 일어나고 국민국가를 건설하려 했던 시기이다. 4장과 5장이 이에 해당한다. 아시아·태평양전쟁은 근대에 형성된 일본 중심의 동아시아 질서를 무너뜨리고 새로운 국제 관계를 형성했다. 셋째 단계는 전쟁 이후의 현대사로, 동아시아에서 냉전 체제가 형성·변용·해체되어가는 과정이다. 6~8장에서는 냉전 체제를 중심으로 전후 동아시아의 변화에 관해 다루었다. 각 장에서 다룬 동아시아 근현대사의 구체적 변화는 다음과 같다.

1장에서는 중국을 중심으로 한 동아시아 전통질서의 성립과 구조를 개관한 다음, 이것이 19세기 중반 이후 서구 열강의 압력으로 어떻게 변화했는지 살펴보았다. 이어서 2장에서는 부국강병 노선을 추진하며 서구의 압력에 맞섰던 일본의 메이지 정부가 동아시아에 진출·침략함으로써 동아시아의 전통적 국제질서가 붕괴되고 결국 청일전쟁에 이르는 과정과 그 이후를 기술했다.

3장에서는 식민지·반식민지화의 위기에 직면할 수밖에 없었던 조선과 중국의 심각한 상황을 밝혔다. 이는 일본이 대두하여 열강과 패권 쟁탈을 벌이며 타이완을 식민지로 삼고, 중국 대륙의 분할 경쟁에 참여하며, 러시아와 전쟁을 불사하면서까지 조선을 식민지화하는 과정이기도 했다.

러일전쟁 후 동아시아의 국제 관계는 일본에 유리하게 재편되었고, 제1차 세계대전이라는 외적 조건에서 일본의 영향력은 더욱 확대되었다. 4장에서는 이러한 상황을 추적하는 동시에, 3·1운동, 5·4운동과 같은 동아시아의 민족·민중 운동이 미친 영향을 다루었다. 워싱턴회의와 중국의 북벌은 이러한 민중의 움직임과 동아시아 국제정세의 변화에 대한 국가 차원의 대응이었다.

5장에서는 중일전쟁에서 아시아·태평양전쟁으로 확대되고 격화된 전쟁의 시대를 다루었다. 일본은 군사력을 통해 기존의 국제질서를 돌파하고자 동아시아를 전쟁의 시대로 몰아넣었다. 전쟁을 일으킨 일본은 물론이고 중국과 조선의 사회와 민중도 전쟁의 영향을 크게 받았다. 전쟁은 일본 중심으로 재편된 근대 동아시아 질서를 바꾸어놓았다. 전쟁의 결과 중국은 항일전쟁에서 승리하고, 일본은 패배했으며, 한국은 식민지에서 벗어났다.

제2차 세계대전 이후 미국과 소련은 전 세계를 두 진영으로 갈라놓았다. 핵무기로 서로 위협하고 대립하는 한편, 그 긴장을 이용해 자국의 패권을 유지했다. 6장에서는 전후 동아시아 냉전 체제의 형성과 특징을 살펴보았다. 냉전 체제 아래 유럽보다 더 불안했던 동아시아에서는 한국전쟁이 일어났다. 한국전쟁 이후 동아시아에서 '공산 진영'과 '자유 진영' 간의 대립은 더욱 심화되었지만, 다른 한편으로 비동맹의 목소리가 커지고 반전 평화와 인권 옹호의 흐름이 확산되었다.

7장에서는 동아시아 냉전 체제의 성격과 그 변용을 밝혔다. 냉전 체제 아래 동아시아에서 일어난 특징적인 국제 관계, 특히 중·소 대립, 한·미·일 반공 체제와 베트남전쟁에서 볼 수 있는 냉전 체제의 첨예화와 데탕트로 완화되는 과정을 서술했다.

마지막 8장에서는 냉전 체제 붕괴 후 동아시아의 상황을 정리하고, 새로운 동아시아 공동체를 구축하기 위한 움직임을 살펴보았다. 그리고 그러한 움직임이 평화로운 동아시아 공동체의 미래에 어떤 영향을 미칠 것인지를 전망했다.

2권 《테마로 읽는 사람과 교류의 역사》를 말한다

2권에서는 한·중·일 3국 민중의 생활과 교류를 8개의 주제로 나누어 살펴보았다. 동아시아의 전통질서가 붕괴되고 변용됨으로써 동아시아 민중의 생활 또한 변화했다. 서구 문물과 근대적 제도의 도입은 사람들의 생활에 직접적인 영향을 미쳤다. 세 나라 민중의 상호 교류도 크게 늘어 3국의 사회와 문화에 서로 영향을 주었다. 2권에서는 주제별로 근대의 제도와 문물이 3국 민중의 생활에 어떠한 영향을 미쳤는가를 비교사적으로 고찰하고, 또한 근대에 들어 크게 늘어난 3국 민중의 교류와 상호 작용을 분석했다.

1장에서는 헌법을 통해 국가가 어떠해야 하는가, 국가와 국민의 관계가 어떠해야 하는가를 탐색했다. 헌법은 국민과 정치의 관계, 권력의 편성 방식, 사람들의 권리 보장 등을 규정하는 나라의 근본법이며, 정치·법·경제·사회 양상과도 밀접하게 관련되어 있다. 헌법은 3국이 근대국가를 건설하면서 국민을 어떠한 존재로 자리매김하려 했는지에 대한 차이를 잘 보여준다.

근대는 도시화의 시대였다. 2장에서는 도시의 성장과 발전을 통한 3국의 근대화 과정을 상하이·요코하마·부산의 3개 도시를 사례로 살폈다. 세 도시는 근대에 도시로 급격히 변모한 대표적인 사례이다. 산업혁명 이후 인류의 생활양식은 크게 변화했다. 특히 교통의 변화가 두드러졌다. 이동 속도와 방식이 크게 변모하여 민중의 생활공간이 넓게 확장되었다. 3장에서는 그중에서도 철도에 초점을 맞추었다. 철도는 생활을 편리하게 하고, 산업을 발달시키는 동력이 되었다는 점에서 근대의 상징이다. 그렇지만 다른 한편으로 철도는 식민 지배의 첨병 역할을 했다. 이러한 철도의 양면성을 밝히는 것이 이 장의 주된 취지이다.

4장에서는 국경을 넘어 이동하는 사람들의 역사를 개관하면서 이러한 이동과 교류 덕분에 변화해온 과거와 현재의 모습을 정리했다. 동아시아에서는 개항을 전후해 사람들의 이동과 교류가 활발해졌다. 이주의 동기와 양식은 시기에 따라 다양했다. 좀 더 나은 생활을 위해 새로운 곳을 찾아 떠나거나, 일본의 전시 동원으로 만주와 일본으로 이주하는 사람도 있었다. 선진 문물을 배우기 위해 유학을 떠나는 사람도 있었다. 가정은 사람들이 나고 자라고 일하고 나이 들어 생을 마감하는 곳이다. 가정을 구성하는 가족은 사회의 기초단위이자 국가가 필요로 하는 국민을 육성하는 장이어서 국가는 가족에 주목해왔다. 5장에서는 유교 문화권에 속하는 3국 가족의 공통점과 함께 사회변동에 따른 차이점에 유의하면서 가족과 젠더의 역사를 살펴보았다.

3국의 근대 교육은 서양과의 접촉으로 시작되었다. 통치자와 지식인은 학교를 세우고 교육제도를 개편했다. 근대 교육은 모든 국민을 대상으로 일정한 교육 기간을 정해 초등교육을 의무화했다. 그렇다면 민중에게 교육이 의미하는 것은 무엇일까? 6장에서는 인간 형성의 기초가 되는 교육에 관해 초등교육을 중심으로 서술했다. 국가의 이념이나 정책이 교육에 어떻게 투영되었으며, 교육이 사람들의 생활이나 생각에 어떤 영향을 주었는지 살폈다. 교육과 아울러 정보는 사람들의 지식과 의식을 크게 좌우한다. 근대사회에서는 정보와 문화를 전하는 미디어의 역할이 매우 크다. 7장에서는 신문·라디오·텔레비전·영화에 주목하여 미디어의 역사와 대중문화의 추이를 살펴보았다. 신문은 근대화 과정에서 처음으로 탄생했다. 영화는 대중문화의 양상에 커다란 영향을 주었고, 라디오와 텔레비전은 민중 의식을 크게 좌우할 만큼 커다란 영향력을 발휘했다.

근대의 마지막 15년 동안, 동아시아에서는 일본에 의한 침략전쟁이 전개되었다. 총력전은 군인뿐 아니라 민중을 포함한 모든 사람을 전쟁터로 내몰았다. 전쟁은 민중의 행복을 앗아갔다. 전쟁에서 빼앗긴 생명은 다시는 돌아오지 않는다. 전쟁은 전승국과 패전국에 모두 치유하기 어려운 상흔을 남겼다. 현재를 살아가는 우리는 전쟁을 어떻게 상기하고 기억해야 할까? 8장에서는 동아시아의 미래를 위해 민중의 전쟁 체험과 기억 문제를 고찰했다.

9장은 현재에서 미래로 향하며 과거를 어떻게 극복해나갈지에 대해, 일본군 '위안부' 문제, 전후 보상 문제를 살펴보고, 국경을 넘는 역사 인식을 만들기 위한 활동은 어떻게 해나갈 것인지를 고민하고 과제를 제기했다.

■ 차례

■ 서문 · 5

1장 헌법 – 국가의 구조와 민중

1 국가의 근대화와 헌법의 탄생　　　　　　　　　　　　　　　　　　22
입헌운동의 전개와 군주제 헌법 · 22 | 정치변혁과 공화제 헌법의 출현 · 28 | 전쟁과 헌법을 둘러싼 대항 · 31

2 현대국가의 전개와 헌법　　　　　　　　　　　　　　　　　　　　35
새로운 출발과 헌법 제정 · 35 | 헌법을 둘러싼 대항과 추이 · 40

3 오늘날의 헌법 – 통치 구조와 인권의 규정　　　　　　　　　　　　47
헌법 전문을 통해 본 각국의 역사적 체험 · 47 | 헌법이 규정하는 3국의 정치 구조 · 50 | 헌법은 인권을 어떻게 규정하고 있는가 · 54

2장 동아시아의 도시화 – 상하이·요코하마·부산

1 개항과 도시의 성장　　　　　　　　　　　　　　　　　　　　　　62
상하이의 개항과 조계의 형성 · 63 | 요코하마의 개항과 거류지 무역 · 65 | 부산의 개항과 일본인에 의한 도시 형성 · 67

2 세 도시의 산업화와 노동자　　　　　　　　　　　　　　　　　　　70
상하이 – 공업화 진전과 중국인 노동자의 투쟁 · 71 | 요코하마 – 도시의 팽창과 지진·전쟁 재해 · 74 | 부산 – 식민지적 취업 구조의 심화와 조선인 노동자의 투쟁 · 77

3 도시화에 따른 농촌 사회 경제의 변화　　　　　　　　　　　　　　80
타이후 호숫가 수곽지대의 미곡·양잠 농촌 · 81 | 요코하마 근교의 양잠 농촌 · 83 | 조선 내륙의 미곡·양잠 농촌 · 85

4 1945년 이후 도시의 변모 88
상하이―사회주의 건설에서 개혁·개방으로 · 89 | 요코하마―공업화, 베드타운화 그리고 탈공업화 · 91 | 부산―공업화, 민주화 그리고 세계화 · 93

3장 철도―근대화와 식민지 통치 및 민중 생활

1 동아시아의 철도 도입 100
철도에 대한 항거 · 100 | 철도 건설 매진 · 102 | 일본 철도의 자립 · 103 | 중국 철도의 시작 · 106 | 조선의 철도 · 108

2 식민지 통치와 동아시아 철도 111
타이완 철도 · 111 | 일본 통치하의 만주 철도 · 114 | 식민지 조선의 철도 · 119

3 철도와 민중의 생활 124
철도와 물류, 인구 이동 · 124 | 철도와 도시의 흥망 · 126 | 철도와 민중의 생활 · 129

4 1945년 이후 동아시아의 철도 133
자동차, 비행기와 경쟁하는 기차 · 133 | 범아시아 철도망의 미래 · 135

4장 이민과 유학―사람의 이동과 교류

1 들어오고 나간 사람들의 역사 142
이주의 패러다임을 바꾼 개항 · 142 | 이주의 흐름을 바꾼 러일전쟁 · 147 | 전쟁과 이주―'국책이민'과 징용 · 152

2 유학을 통한 문화 교류 160
개항이 몰고 온 유학 열풍 · 160 | 문화 교류 창구로서의 유학 · 163 | 민족운동에 앞장선 유학생들 · 165 | 여성해방운동으로 확산된 유학 · 167

3 종전과 귀환, 그리고 소수자로서의 이주자 170
전쟁의 끝, 돌아온 사람들과 남은 사람들 · 170 | 한국의 화교, 중국의 조선족 · 172 | 세 갈래로 나뉜 재일코리안의 어제와 오늘 · 174

5장 가족과 젠더 – 부모자식과 남녀의 관계

1 근대화와 가족 180
전통사회의 가족 관계는 어떠했는가 · 180 | 근대화와 가족 · 184

2 현대의 가족 제도 192
중국 – 사회주의와 경제개혁 속에서의 가족 · 192 | 한국 – 호주권과 동성동본 불혼제의 폐지 · 194 | 일본 – 고도 경제 성장에 필요한 가족의 형태 · 197

3 현모양처와 새로운 여성, 남성들 200
문명화를 지탱해주는 일본의 아내와 어머니, '양처현모상'의 성립 · 200 | 한국과 중국, 민족자강을 지탱하는 아내와 어머니 · 202 | 현모양처의 부정, 새로운 여성과 남성들 · 204

4 오늘날의 가족과 성 211
오늘날의 가족 형태 · 211 | 아이는 어떻게 키우는가 – 육아 문제 · 213 | 수발은 누가 드는가 – 노인 요양 문제 · 215 | 성매매와 섹슈얼리티 · 216

6장 학교교육 – 국민 만들기

1 근대 교육의 시작 224
서민으로 확대되는 전근대 교육 · 224 | 서양 교육의 도입 · 226 | 국민 만들기의 기반, 근대 학교 제도의 수립 · 230 | 일제학습과 애국심 함양 · 233

2 국가를 중심에 두는 교육 정책의 강화 237
교육에 대한 열망과 초등교육의 확대 · 237 | 아동 중심 교육을 위한 움직임 · 239 | 교과서 발행제의 변천 – 인정에서 검정으로, 다시 국정으로 · 242 | 교과서에 나타난 국가주의 · 244

3 전시하 초등교육 247
전쟁과 국가주의 교육의 강화 · 247 | 전시체제하 일본과 식민지 조선의 군국주의 교육 · 250 | 항일전쟁기 중국의 초등교육 · 253

4 전후 교육의 발전과 과제 255
전후의 교육개혁과 초등교육 · 255 | 교육과정과 교과서의 변화 · 257 | 의무교육의 확대와 교육의 중앙집권화 · 259 | 경쟁 교육이 가져온 문제 · 262 | 사회의 다원화와 학교교육의 과제 · 263

7장 미디어 — 만들어진 대중의 의식과 감정

1 근대로의 전환과 미디어 270
   신문을 둘러싼 통제와 저항 · 270 | 영화 – 새로운 오락거리의 탄생 · 275 | 라디오 – 발성 매체의 등장 · 278

2 전쟁과 미디어 281
   신문 – 전쟁 동원과 반전의 도구 · 281 | 라디오의 대중 의식 동원 · 283 | 전쟁 중의 오락과 동원 · 285

3 전후의 미디어 287
   전후의 신문 · 287 | 라디오 방송의 다양화 · 291 | TV – 새로운 대중매체의 등장 · 293 | 영화 – 오락과 예술로 · 296

4 소비되는 미디어 – 새로운 도전 속에서 301
   신문 – 상업화와 대중의 신뢰 · 301 | 라디오 · TV의 다양화 · 302 | 영화 – 교류의 세계화 · 304

8장 전쟁과 민중 — 체험과 기억

1 민중의 전쟁 동원과 체험 310
   전쟁터와 민중 · 310 | 후방의 삶과 민중 · 313 | 살인적인 노동력 수탈 · 316

2 민중의 전쟁 피해 319
   민간인 학살과 일본군 '위안부' · 319 | 학살과 상처뿐인 '대동아 해방' · 322 | 가해국 안의 피해자 민중 · 324

3 일본의 침략과 지배를 둘러싼 전쟁 기억 328
   냉전 체제 아래 기억의 단절과 내면 속의 억제 · 328 | 불철저한 과거청산 속에 다양한 집합적 기억의 형상화 · 333 | 일본 사회에서 배제된 소수자의 기억과 남북 분단 · 339

4 1982년 이후 일본의 역사 교과서 문제를 중심으로 충돌해온 전쟁 기억 342
   기억을 둘러싼 갈등 · 342 | 침략과 저항에 대한 집합적 기억의 강화 · 344 | 평화 의식의 현재 · 347

9장   과거를 극복하고 현재에서 미래로

1   1990년 이후 동아시아 지역의 정치적 변화   354

2   역사 문제의 장애물을 극복하고 미래로 나아가는 노력   357
일본군 '위안부' 문제가 일으킨 논쟁 · 357 | **과거를 미래로 이어가는 활동 – 전후 보상 소송 · 360**

3   국경을 넘는 역사 인식을 위하여   365

- 후기 · 372
- 8장 서술에 대한 중일 양국 위원회의 의견 · 374
- 참고문헌 · 382
- 저자 소개 · 386
- 찾아보기 · 388

1권 《국제 관계의 변동으로 읽는 동아시아의 역사》 차례

1장 서양에 의한 충격과 동아시아 전통질서의 동요

2장 청일전쟁과 동아시아 전통질서의 해체

3장 열강의 동아시아 패권 쟁탈과 러일전쟁

4장 제1차 세계대전과 워싱턴 체제

5장 제2차 세계대전과 동아시아

6장 전후 세계 냉전 체제의 형성과 동아시아에 미친 영향

7장 동아시아 냉전 체제의 변용

8장 냉전 체제 붕괴 후의 동아시아

■ 일러두기

1   중국과 일본의 인명·지명·고유명사 표기는 국립국어원 외래어 표기법에 따랐다. 단, 잡지명 일부는 뜻을 명확히 하기 위해 한자 독음대로 표기했다. 예) 《신청년》, 《매주평론》 등
2   역사 사건의 연월일은 모두 양력으로 환산해 서술했다. 전근대 시기 한·중·일 3국은 모두 음력을 사용했으나 양력을 받아들인 시기가 다르기 때문이다. 참고로 일본은 1872년, 한국은 1896년, 중국은 1911년 신해혁명 이후부터 양력을 사용했다.
3   한국의 국명은 시기별로 조선, 대한제국(한국), 식민지 조선, 한국 등을 구분했으며, 일반적으로 한·중·일 3국을 비교·병렬할 때는 '한국'을 사용했다. 또한, 대한제국 및 일제 시기에는 '한국인', '조선인'을 구분하지 않았다. 수도 서울은 1910년 이전에는 '한성', 일제 시기에는 '경성', 이후로는 '서울'로 표기했다.
4   이 책은 한·중·일 3국이 공동 집필했다. 단, 도판과 캡션, 설명주는 한국 독자의 이해를 돕기 위해 한국위원회가 추가로 기획·집필한 것이다.
5   이 책에서는 자국사를 넘어 동아시아의 시각을 담은 역사용어를 쓰고자 노력했다. 임진전쟁, 병자전쟁 등이 그 결과물이다. 또한 3국이 다르게 사용하는 역사용어는 가급적 병기를 원칙으로 했다. 예) 을사조약(제2차 한일협약), 제1차 상하이사변(1·28사변)

1

헌법-국가의 구조와 민중

● 이 시기 한·중·일 연표

1880　이 시기 전후로 일본에서는 자유민권운동이 고양되어 국회 개설 및 헌법 제정 요구

1889　대일본제국헌법 발포

1897　조선, 국호를 대한제국으로 바꾸고 고종, 황제에 즉위

1898　청의 황제, 개혁운동 채용(무술변법). 쿠데타로 좌절. 한국에서 만민공동회가 개최되고 국정개혁안 결정

1899　대한제국, 대한국국제를 정하고 황제의 지위와 권한을 강화

1908　청, 흠정헌법대강을 공포하고, 9년간 헌법 제정 준비 기간을 가짐

1910　일본의 한국병합으로 대한제국 소멸

1911　청, 신해혁명

1912　일본의 미노베 다쓰키치, 《헌법강화》 간행, 천황기관설 전개. 중화민국 성립. 난징 정부, 중화민국임시약법 공포

1919　상하이의 대한민국 임시정부, 대한민국임시헌법 제정

1931　중국국민당의 난징 정부, 중화민국훈정시기약법 공포. 전국노농병대표대회(장시성의 공산당 정권)에서 '중화소비에트공화국헌법대강' 채택

1936　중화민국헌법 초안 공포

1937　루거우차오 사건 발발. 중국의 국민대회가 무기한 연기되면서 헌법이 제정·공포되지 않음

1941　대한민국 임시정부, '건국강령' 발표

1946　일본국헌법 공포. 중국에서 국공내전 본격화, 국민당이 중화민국헌법 채택

1948　한국, 제헌국회에서 헌법 제정 및 대한민국 수립. 북한, 조선민주주의인민공화국 성립, 헌법 채택

1949　중국국민당, 타이완으로 물러남. 중화인민공화국 성립, '공동강령' 제정

1954　중화인민공화국헌법(1954년 헌법) 성립. 일본, 자위대 발족 및 재군비 진행. 한국, 사사오입 개헌

1960　일본, 안보투쟁(이후 해석·운용에 의한 개헌이 노선화). 한국, 4월혁명으로 이승만 정권 퇴진, 개헌(의원내각제 채택)

1972　한국, '10월유신' 선포, 유신헌법 채택(7차 개헌, 대통령 간선제). 북한, 사회주의헌법 공포

1978　중국, '1978년 헌법' 제정, '1954년 헌법'의 일부 원칙과 제도 부활

1982　중국, '1982년 헌법' 제정, 4대 현대화와 개혁·개방 노선 표현

1987　한국, 6·10민주화운동으로 대통령 직선제 실현

1998　북한, 헌법을 개정하고 김정일 국방위원장 체제 출발

2003　일본, 이라크전쟁에 자위대 파견(~2004). '9조회' 운동 전국 확산

헌법이란 국가 통치 체제의 기초를 정한 기본법을 말한다. 헌법은 서양에서 군주의 전제적인 권력에 대항하여, 제약을 가하기 위해 등장했다. 17~18세기 서양의 시민혁명 시기에 탄생한 근대헌법은 국민주권과 기본적 인권 등 국가와 국민의 관계를 규정함과 동시에 권력분립제·의회제 등 권력의 편성 방법을 정했다. 나라마다 군주권의 제약 정도나 기본적 인권의 보장 범위가 다르긴 했지만, 헌법 제정은 근대국가의 기본 조건이 되었다. 헌법은 근대화 과정을 통해 세계 여러 지역에 파급되었다.

동아시아에서 헌법은 언제 어떻게 등장했을까? 또 헌법은 국가·민중과 어떤 관련을 맺어왔을까?

제2차 세계대전 후 동아시아는 크게 변동했다. 그에 따라 헌법에도 변화가 일어났다. 일본에서는 연합군최고사령관총사령부(GHQ)의 비군사화·민주화 정책 아래 국민주권, 평화주의, 기본적 인권의 존중을 기본 원칙으로 하는 새로운 헌법이 탄생했다. 남북으로 분단된 한반도에서는 두 개의 국가, 두 개의 헌법이 등장했다. 중국에서는 내전 후에 중화인민공화국이 성립하여 사회주의를 내건 헌법이 성립되었다. 한·중·일 3국의 헌법은 어떠한 과정을 거쳐 탄생했을까? 그리고 현재까지 각국의 헌법은 어떤 길을 걸어왔으며, 어떻게 되어 있을까? 국가의 기본을 정한 헌법을 모르고서는 서로를 이해할 수 없다. 한·중·일 3국 헌법의 특색을 살펴보면서 헌법의 의미를 생각해보자.

1

국가의 근대화와 헌법의 탄생

입헌운동의 전개와 군주제 헌법

헌법 제정은 근대국가로의 이행 과정에서 가장 중요한 작업이었다. 서양에서는 군주제가 폐지 또는 약화되는 과정에서 시민의 권리를 명문화한 헌법이 등장했다. 하지만 한·중·일 세 나라는 그와는 다른 과정을 밟으며, 군주제의 제약 혹은 변용과 함께 국민의 지위를 확정하는 문제를 과제로 삼았다.

   동아시아에서 근대국가 건설에 가장 먼저 착수한 나라는 메이지유신(明治維新)으로 구체제를 타도한 일본이었다. 바쿠후(幕府)가 무너지기 직전인 1860년대에 이미 일본에는 서양의 헌법 이론과 정치 체제가 소개되었다.

   메이지 신정부가 성립된 후 일본 정부는 서양의 헌법을 참조하여 헌법을 제정하고자 했다. 1875년에 점진적으로 입헌제를 지향할 것을 명확히 하고, 입법기관으로서 원로원(元老院)을 설치했다. 원로원에서는 다음 해인 1876년 9월에 헌법 기초(起草)에 착수해, 같은 해 10월에 제1차, 1878년 7

월에 제2차, 1880년 7월에 제3차 초안을 정리했다. 그러나 정부 수뇌부는 헌법초안이 서양 헌법을 흉내 낸 것에 불과하고 일본의 실정에 맞지 않는다며 채용을 거부했다.

한편, 1874년 자유민권운동이 일어나 일본 정부에 국회 개설과 헌법 제정 등을 요구했다. 이 운동은 1880년을 전후로 일본 전역으로 퍼졌다. 각지에서 헌법에 대한 연구와 기초 작업이 활발해지면서 다

양한 헌법 사안(私案)이 만들어졌다. 예를 들어 우에키 에모리는 '일본국국헌안(日本國國憲案)'을 기초하여 사상·신앙·언론·집회·결사·학문·교육·영업 등 폭넓은 국민의 권리와 자유를 무조건으로 보장하고자 했다. 그리고 정부가 위력을 동원해 포학한 일을 범했을 때 일본 인민은 무기를 들고 이에 저항할 수 있으며, 정부가 헌법을 위반하여 인민의 자유와 권리를 침해했을 때는 정부를 무너뜨리고 새로운 정부를 수립할 수 있다고 했다. 또 1968년에 발견된 '이쓰카이치(五日市)헌법'은 지역 청년들이 학습활동을 통해 만들어낸 풀뿌리 헌법안이었다. 이러한 민권파의 헌법안은 천황의 존재를 전제로 하고 있어 공화제를 지향한 것이라고는 할 수 없지만, 천황의 권한을 제한하고 국민의 권리를 보장하려고 했다는 특색이 있다.

이러한 민권파의 움직임에 대해 1881년 정부 측에서는 의회 중심의 영국형 국가를 목표로 한 오쿠마 시게노부와, 군주권이 강한 독일형 헌법을 만들고자 한 이와쿠라 도모미와 이토 히로부미 사이에 대립이 일어났다. 그해 10월, 이토 등은 천황의 칙유(勅諭, 군주가 직접 내린 포고문)로 9년 후인 1890년에 국회를 열 것을 약속함과 동시에 오쿠마를 정부에서 추방했다. 칙유를 통해 정부에 명하여 국회의 조직과 권한을 입안케 하고, 천황이 스스로 결정한다고 표명함으로써 민간의 의견은 받아들이지 않을 것을 분

대일본제국헌법 발포식(기록화) 군복을 입은 메이지 천황이 제2대 수상 구로다 기요타카에게 헌법을 수여하고 있는 장면이다. 이는 천황이 신민에게 수여하는 흠정헌법의 의미를 상징적으로 보여준다. 헌법 발포식이 개최된 2월 11일은 일본의 초대 천황이라 일컬어지는 진무천황이 즉위한 날로, 일본은 지금도 이날을 건국 기념일로 삼고 있다.

명히 했다.

1882년 이토 히로부미는 군주의 권한이 강한 독일과 오스트리아를 방문해 헌법에 관한 조사를 진행하고, 다음 해 귀국하여 헌법을 제정하기 위한 준비에 들어갔다. 1886년 헌법 기초에 착수해 극비리에 검토를 마친 뒤, 1889년 천황이 정한 헌법으로서 '대일본제국헌법(大日本帝國憲法)'●을 발포했다. 제국헌법의 기본 원리는 천황을 유일의 주권자로 하고, 모든 국가 구성을 천황 아래 편성하는 것이었다. '만세일계(萬世一系)'의 '신성불가침'인 천황은 나라의 '원수(元首)'이고, 통치권의 '총람(總攬)'자였다. 동아시아에서 최초의 헌법인 대일본제국헌법은 천황의 강한 권한을 확립하고, 인권에 대해서는 제한적으로밖에 인정하지 않았다. 일본은 이 헌법으로 국내 체제를 굳힌 뒤, 본격적으로 아시아로 팽창해나갔다. 이처럼 일본에서는 민간이 전개한 자유민권운동과 경쟁하면서 입헌군주제로서의 근대천황제를 확립했다.

한편, 조선은 오랫동안 청의 책봉을 받는 군주국이었지만, 청일전쟁 후인 1897년 10월 국호를 대한으로 바꾸고, 고종이 황제에 즉위했다. 그 배경에는 군주의 지위를 강화하여 이웃 나라인 일본 그리고 청의 황제와 대등한 자격을 갖추려는 목적이 있었다.

대일본제국헌법
메이지헌법이라고도 하며, 1890년 11월 29일부터 시행되었다. 7장 76조로 구성된 헌법은 입헌주의에 입각한 양원제의 제국의회를 운영하도록 명시하는 한편, 천황의 권한을 광범위하게 규정했다. 제국헌법에서 천황은 국가 운영의 주체로서 제국의회의 협찬을 바탕으로 입법권을 가지며, 제국의회의 개폐와 중의원 해산을 명할 수 있다. 국체를 내세운 헌법 규정은 1930년대 들어 일본이 군국주의 국가로 변모하는 데 정당화 기제로 작용했다.

일본 헌법의 공포와 일본 국민 – 개정의 방향

대일본제국헌법의 공포에 즈음하여 정부는 ① 공포 전에는 국민에게 철저히 비밀에 부친다. ② 헌법에 대한 비판은 허용하지 않는다. ③ 대대적인 축하 행사를 전개한다는 방침을 취했다. 이러한 상황 아래 일본 국민은 헌법 공포를 축하했다. 그러나 당시 일본에 있던 독일인 의사 벨츠는 "하지만 우스꽝스럽게도 아무도 헌법의 내용을 알지 못한다"라고 일기에 썼다. 또한 그가 "본래 국민에게 위임된 자유라는 것은 지극히 적다"라고 썼듯이, 절대적 권한이 천황에게 집중되어 있었다. 자유민권운동가 나카에 조민은 헌법을 통독하며 그저 쓴웃음만 지었다고 한다. 나카에 조민은 헌법 개정에 대해 위로부터 (천황에 의해) 주어진 민권을 아래로부터 (운동으로) 쟁취한 민권으로 바꾸어간다는 전망을 제기했다. 그러나 그 후 일본에서는 헌법 자체의 개정을 요구하는 운동이 일어나지 않았다. 반대로 헌법을 발판 삼아 1910년대 이후 민중 본위의 정치 체제를 지향하는 움직임이 고양되었다.

갑신정변 후 미국으로 망명한 서재필이 1895년 귀국하여 서양의 시민사상을 알리는 계몽운동을 전개했다. 그는 1896년 4월 《독립신문》을 창간하고, 서양의 자유·민주·평등 사상과 일본의 신문명을 소개·선전했다. 이러한 가운데 같은 해 7월에는 개화파 관료와 진보적 지식인을 중심으로 독립협회가 결성되었다. 1898년 10월에는 정부(개혁파)와 합동으로 만민공동회를 개최하고, 국정개혁안을 결정했다. 개혁안에서는 중추원(정부의 자문기관)을 의회로 개편하여 권한을 강화하고, 황제의 권력을 제한하려 했다. 이에 대해 고종과 수구파는 새로 개최된 중추원에서 부여된 권한을 넘어 정부의 대신(大臣)을 임의로 추천했다는 것을 구실 삼아 중추원을 탄압하고 만민공동회와 독립협회를 해산시켰다.

만민공동회(기록화) 1898년 10월 한성 종로에서 대한제국 관리와 시민들이 참여한 만민공동회(관민공동회)에서 천민 출신 박성춘은 "나는 우리나라에서 가장 천대받는 사람이오. 아무것도 모르는 사람이지만, 지금 나라에 이롭고 백성이 평안할 길은 관민이 합심해야만 이룩될 수 있소"라고 개회 연설을 했다. 이 만민공동회에서는 정부 정책의 견제와 제도 개혁을 건의했다.

1899년 8월, 정부는 대한국은 자주독립의 제국이며, 그 정치는 만세불변의 전제정치이다. 황제의 권력은 무한하며, 육해군의 통수권과 입법권·행정권·외교권을 가진다는 내용의 '대한국국제' 9개조를 반포하여 황제의 지위와 권한을 강화하고자 했다. 대한국국제는 대한제국의 국가 체제의 기본을 정한 일종의 헌법이지만, 기본적 인권과 권력분립에 대한 규정은 없었다. 즉, 황제의 권한만을 강조해 대외적으로 대한제국의 독립성을 가시화한 것이었다. 그 후 대한제국은 1905년에 형법(刑法)을 제정했지만 인민의 기본권과 권리 등을 포괄한 민법은 제정하지 않았다.

1905년 러일전쟁에서 승리한 일본은 한국을 보호국화하고, 1910년 한국병합으로 대한제국을 소멸시켰다. 일본은 식민지에서 일본의 법을 일부 시행하기는 했지만, 헌법까지 적용하지는 않았다.

중국에서는 1895년 청일전쟁에서 패배한 후, 일본의 메이지유신과 같은 정치 개혁과 부국강병을 도모하려는 움직임이 일어났다. 이 무렵 일본의 자유민권사상도 전해졌다. 캉유웨이, 량치차오 등이 일으킨 개혁운동은 한때 황제에게 채용되었지만(무술변법戊戌變法운동), 자희태후(서태후)의 쿠데타로 좌절되었다. 그 후 일본으로 망명한 량치차오와 유학생들은 입헌제에 관한 논의를 활발히 전개했다. 량치차오는 《청의보(淸議報)》,《신민총보(新民叢報)》를 창간하여 입헌군주제의 입장에서 논의를 전개하고, 입헌사상을 보급했다. 청조를 유지하면서 입헌을 실현하고자 한 이러한 주장에 맞서, 쑨원 등은 청조를 무너뜨리고 공화제를 수립하자는 주장을 내세웠다.

러일전쟁에서 일본이 승리하자, 청에서는 이를 전제(專制)에 대한 입헌제의 승리로 받아들여 입헌 실시를 요구하는 움직임이 활발해졌다. 1905년 청 정부는 5명의 대신을 구미와 일본에 파견하여 정치 실정을 시찰하도록 했다. 그들은 공화제를 택한 미국과 프랑스 그리고 의회의 권한이 강하고 군주의 지위가 형식일 뿐인 영국을 모델로 삼을 수 없고, 군주의 권한이 강한 일본과 독일이야말로 중국의 모델이라고 생각했다. 민간의 지식인 사이에서도 일본을 모방해야 한다는 주장이 퍼졌다. 1908년 청 정부는 '흠정헌법대강(欽定憲法大綱)'을 공포하고, 일본의 방식을 본떠 9년간을 헌법 제정 준비 기간으로 한다고 밝혔다. '대강'은 정문(正文)인 '군주대권(君主大權)'과 부록인 '신민의 권리와 의무'라는 두 개의 부분으로 되어 있고, '군주대권'은 일본의 대일본제국헌법을 견본으로 삼았다. 대청제국을 통치하는 대청황제는 만세일계하고, 신성불가침하다고 규정하고, 황제의 대권으로서 법률의 공포, 의회의 소집·해산, 관리의 임명·해임, 군의 통수, 사법 총람 등을 규정했다. 이는 헌법의 이름을 빌려 황제의 권력을 유지하고자 한 것이다.

이에 비해 혁명파는 공화제 실현을 목표로 무장봉기를 일으켰다. 입헌파도 청원운동을 전개하여 국회 개설과 헌법의 개정, 황족의 특권 취소를 요구했다. 1911년 10월, 우창(武昌)봉기가 발발하자 각 성(省)은 이에 호응해 잇달아 독립을 선포했다. 청은 붕괴 직전의 정세에 직면했다. 여러 방면에

흠정헌법대강
국민이 제정 주체가 된 오늘날의 헌법과 달리 군주가 주체가 되어 마련한 헌법으로, 대일본제국헌법을 모델로 삼아 황제의 권한을 광범위하게 규정했다. 총 23개 조항 가운데 14개 조항이 군주대권에 대한 내용이다.

서 압력을 받은 청 정부는 같은 해 11월에 '헌법중대신조(憲法重大信條) 19조'를 공포했다. 여기서도 대청제국의 황통(皇統)은 만세불역(만세일계)이며, 황제는 신성불가침이라고 규정했으나, 군주권은 대폭 제한되었다. 동시에 황족은 내각총리대신이나 국무대신으로 임용될 수 없음을 규정하여, 국회의 입법권과 군주 권력에 대한 견제와 균형(check and balance)을 이루려 힘썼다. 청 정부는 이러한 양보로 입헌운동에 대처하여 왕조의 통치를 구해내려 했다. 그러나 '신조 19조'의 반포로부터 3개월 후인 1912년 2월에 선통제는 퇴위를 선포당하고, 청조는 막을 내렸다.

청의 황족 내각 1908년 9월 흠정헌법대강을 공포한 청 정부는 헌법의 이름을 빌려 군주제를 실시하려고 했다. 1911년 5월 내각 관제를 새로 제정하고 경친왕 이쾅을 내각총리에 임명하는 등 내각의 절대 다수를 황족으로 구성했다. 이러한 황족 내각에 대해 입헌파는 새로 내각을 구성할 것을 요구했으나 받아들여지지 않았다. 결국 이로 인해 청조는 몰락을 자초하게 되었다(앞줄 가운데 경친왕 이쾅).

이처럼 동아시아에서는 19세기 후반부터 20세기 초에 걸쳐 군주제와 자유민권운동이 대항·경합·연동하는 가운데 입헌제를 도입해 군주제를 유지하려는 시도가 있었다. 독일을 본보기 삼아 입헌군주제를 세운 일본은 대한제국과 청의 개혁 모델이 되었다. "대일본제국은 만세일계의 천황이 통합하고 천황은 신성불가침하다"라는 '대일본제국헌법'(1889) 규정은 대한제국의 '대한국국제'(1899)에도 그대로 옮겨졌다. 즉 대한제국의 정치는 "만세불변의 전제정치"이며 "대황제는 무한한 군권을 지닌다"라며 군주의 전제권을 명시한 것이다. 청의 '흠정헌법대강'(1908)에서도 "대청제국을 통치하는 대청황제는 만세일계이며 신성불가침"이라 규정했다. 그러나 한·중·일 3국의 정치 체제는 1910~11년 무렵 크게 달라졌다. 대한제국의 군주제가 한국병합으로 소멸되고, 청의 군주제가 신해혁명으로 붕괴함으로써, 3국 중 일본에서만 군주제가 남게 되었다.

정치변혁과 공화제 헌법의 출현

1912년 1월, 신해혁명을 이끈 혁명파는 난징(南京)에 임시정부를 세우고 중화민국을 선포했다. 같은 해 3월, 중화민국 난징 임시정부는 헌법의 역할을 할 임시 기본법으로서 '중화민국임시약법(中華民國臨時約法)'을 공포했다. 임시약법에는 "중화민국의 주권은 국민 전체에 속한다"라고 주권재민(主權在民)을 명기했다. 또한 법 아래 평등, 언론·집회·결사의 자유 등 기본적 인권과 삼권분립에 대해 규정했다. 구미 국가들처럼 공화제를 수립하여 새로운 중국을 건설하고자 한 것이다. 혁명운동의 원동력이 되었던 쑨원의 삼민주의(三民主義), 즉 만주족 황제의 전제 통치나 제국주의에 의한 국가 독립 침해에 반대하는 민족주의, 공화제를 통해 민주주의를 실현하는 민권주의, 토지 권리의 평등을 설파하는 민생주의는 이러한 생각을 구현하고 있었다. 군주제를 부정하는 공화국의 출현으로, 2천 년 이상 왕조가 흥망을 거듭하며 군주제·제제(帝制)가 계속되어온 중국의 역사는 크게 전환되었다. 이는 아시아 최초의 공화제 국가의 탄생이기도 했다.

중화민국 성립 직후 임시대총통이었던 쑨원은 청조의 내각총리대신인 위안스카이에게 임시대총통 직을 양보했다. 1912년 2월 새로 임시대총통으로 취임한 위안스카이는 내각을 장악해 혁명파를 탄압하며, '임시약법'을 무시한 채 1913년 10월에 정식으로 총통에 취임했다. 임시약법은 국회를 소집하여 헌법을 제정한 뒤에 총통을 선출한다고 규정하고 있었지만, 위안스카이는 헌법 제정에 앞서 총통 선거부터 치른 것이다. 그사이 국회에서는 '임시약법'을 바탕으로 총통의 권한을 제한하고, 권력분립제를 지향하는 '중화민국 헌법 초안(천단헌법 초안天壇憲法草案)'을

난징 임시정부 내각회의(1912) 난징에 임시정부를 수립한 쑨원은 각 성의 대표로 임시참의원을 구성하고 총통 중심제의 '중화민국 임시정부 조직 대강'을 내각책임제의 '임시약법'으로 개정했다.

제출했지만, 1914년 위안스카이에 의해 국회가 해산되는 바람에 공포되지 못했다. 더욱이 위안스카이는 1915년 12월, 제제를 부활시켜 스스로 황제가 되었다. 그러나 1916년 6월에 위안스카이가 사망한 탓에 군벌이 서로 대항하는 시대가 되었다.

1910년대 신해혁명에 의한 공화제 출현과 러시아혁명에 따른 제정러시아의 붕괴, 제1차 세계대전 패전 후 독일제국의 붕괴는 군주제의 국제적 위기를 상징했다. 일본에서도 메이지 천황의 뒤를 이은 다이쇼 천황이 정치·군사적 능력이 부족한 데다 신병 악화로 통치력을 상실한 탓에 천황제는 위기를 맞았다. 다른 한편, 이 시기 일본에서는 민중운동이 고조되어 관료정치를 타파하고 의회정치·정당정치를 중시하려는 움직임이 강화되었다(다이쇼 데모크라시).● 이러한 상황에서 대일본제국헌법 자체에는 변화가 없었지만, 정당 세력과 의회의 권한이 강화되고 천황을 중심으로 하는 전제적 세력의 권한은 제한되어갔다.

도쿄제국대학의 미노베 다쓰키치 교수는 천황기관설(天皇機關說)을 제기해 헌법 이론 면에서 다이쇼 데모크라시 사조를 반영했다. 미노베는 1912년에 간행한 《헌법강화(憲法講話)》와 1923년 《헌법촬요(憲法撮要)》 등에서 통치권은 법인인 국가에 속하며, 천황은 국가의 최고기관으로서 통치권을 행사할 뿐이라는 헌법 해석을 전개했다. 그는 대일본제국헌법을 전제로 천황 중심 입장에 서면서도 천황의 절대적인 권력과 무한 권력은 부정하고, 입헌주의 입장에서 최대한 의회 중심으로 대일본제국헌법을 해석하려 했다. 즉, 입헌정치란 통치권을 지닌 군주가 국민의 동의를 얻어 행하는 '민중정치'이며, 국민과 그 대표자인 의회가 통치권자에게 책임을 물을 수 있는 '민중적 정치'라고 주장한 것이다. 1910~20년대 천황기관설은 일본의 지배적인 헌법학설이 되었다.

한편, 1910년 조선이 일본의 식민지가 된 후 해외 각지에 흩어져 있던 조선인 민족운동가들 사이에 주권이 '백성[民]'에게 있는 공화정체의 독립 국가를 건설해야 한다는 의식이 확산되고 있었다. 1919년 식민지 지배에서

다이쇼 데모크라시
1905년 러일전쟁이 끝난 후부터 1920년대 후반까지 보통선거, 정당정치를 중심으로 전개된 정치 민주화를 상징적으로 압축한 말이다.

대한민국 임시정부 신년축하 기념 촬영(1920. 1. 1)

독립하기 위한 3·1운동이 일어나자 국내와 해외에 있던 민족운동가들은 각지에서 임시정부를 수립했다. 그해 4월, 상하이에서 결성된 임시정부는 10개조의 '대한민국임시헌장'을 선포했다. 임시헌장은 독립 후에 수립할 국가가 민주공화국임을 명시하고, 인민은 남녀·귀천·빈부의 차이 없이 모두 평등하다고 선언했다. 또한 인민은 종교·언론·저작·출판·결사·집회·주소 이전·신체·소유의 자유를 지니며, 생명형(刑)·신체형과 공창제(公娼制)를 전폐한다고 규정했다. 나아가 인류 문화와 평화에 공헌하기 위

식민지 시기 조선의 법

1910년 6월, 일본 정부는 조선을 병합하기에 앞서 내각회의를 열어 타이완에서처럼 조선에서는 당분간 헌법을 시행하지 않고 천황의 대권(大權)으로 통치할 것과, 총독이 조선에서의 모든 정무를 통괄하고 법률 사항에 관한 명령권을 가질 것 등을 결정했다. 조선은 병합되었지만 일본 본국과 별개로 취급되어 일본 헌법이 적용되지 않았다.

조선의 입법권을 실질적으로 장악한 것은 천황이 임명한 조선총독이었다. 천황으로부터 조선에 대한 전권을 위임받은 총독은 제령(制令)이라는 형태로 조선에 독자적인 법을 공포했다. 이 가운데 조선민사령(1912년)과 조선형사령(1912년)처럼 일본의 법률(민법과 형법)에서 일부 조항을 제외하고 대부분을 원용한 경우가 많았다. 또는 특허법·회계법·치안유지법과 같이 일본 법률을 그대로 적용한 경우도 있었다. 한편, 조선총독부는 신문지조례·보안법·출판법 등 병합 이전의 탄압법은 그대로 유지하여 조선 사람에게만 적용했다.

해 국제연맹에 가입한다고도 밝혔다. 그리고 마지막으로 임시정부는 독립 후 1년 이내에 국회를 소집한다고 명기했다.

1919년 9월, 상하이 임시정부는 서울과 블라디보스토크에서 결성된 임시정부와 통합해 대한민국 임시정부를 수립하고, '대한민국임시헌법'을 새로이 제정·공포했다(제1차 개헌). 임시헌법은 1910년대 공화정체 사상을 계승했을 뿐만 아니라, '중화민국임시약법' 등을 참고한 것으로 알려져 있다. 이후 임시헌법은 4차에 걸쳐 개정되었지만, 국민주권과 권력분립, 인민의 권리와 의무에 관한 규정을 일관되게 유지했다. 대한민국 임시정부는 국가 원수에 해당하는 최고책임자, 임시의정원(입법), 국무원(행정), 법원(사법)으로 구성되는 삼권분립의 공화제 정부를 목표로 삼았다. 임시정부는 1932년 윤봉길의 상하이 훙커우공원 사건으로 6년 동안 중국 각지로 이동하면서 활동했기 때문에 헌법을 부분적으로밖에 적용할 수 없었다. 하지만 독립 이후의 국가 건설에 관한 기본 방향과 운영방법은 이미 확립되어 있었다.

이렇듯 군주제를 부정한 중국에서는 대신 공화제 헌법에 대한 모색이 이어졌고, 국가 자체를 부정당한 조선에서는 국외의 임시정부에 의해 임시헌법이 준비되었다. 한편, 군주제를 유지하고 있던 일본에서도 헌법 해석을 통해 군주권을 제한하려는 움직임이 일었다.

전쟁과 헌법을 둘러싼 대항

중국에서는 1923년 군벌정권이 '중화민국헌법'을 공포했으나 의원을 돈으로 매수해 성립된 정권이었기 때문에 이 헌법은 정권의 붕괴와 함께 1년 만에 사라졌다. 쑨원 등이 창립한 중국국민당은 1924년에 군정(軍政)·훈정(訓政)·헌정(憲政)의 3단계 국가 건설을 목표로 하는 '건국강령'을 정하고, 1925년 국민정부를 수립해 베이징 정부의 타도와 전국 통일을 목표로 하는 군사행동(북벌)을 전개했다. 그리고 북벌 종료 후인 1928년 난징 국민정부는 중국 전국을 통일하고 군정은 끝났다고 선언하며, 1931년 6월 정식 헌법이 제정될 때까지의 기본법인 '중화민국훈정시기약법(中華民國訓政時期約法)'을 공포했다. '훈정'은 아직 중국 인민이 국가의 대사를 관리할 능력이 없기 때문에 국민당이 정치를 가르치고 이끌어가는 체제였다. 8장 89조로 구성된 '약법'은 중국국민당 전국대표대회가 중앙통치권을 행사하고, 행정·입법·사법·고시·감찰 5권을 국민정부가 행사하는 것 등을 규정하고 있어 국민당 일당독재를 합법화하는 것이었다.

1931년 9월 만주사변을 계기로 항일·민주운동이 고양되었다. 국민당은 빠른 시일 내에 훈정을 끝내고 헌정을 실시할 필요가 있다고 판단하고, 1932년 국민대회를 소집해 헌법을 의결하기로 결정했다. 1933년 입법원에 헌법초안기초위원회를 설치해 헌법 기초에 착수했다. 그 결과 1934년, '중화민국헌법 초안'이 입법원을 통과하여, 1936년 5월 5일에 공포되었다(55 헌법 초안). 8장 147조로 구성된 55헌법 초안은 국민당의 독재와 총통의 대권 등을 규정한 것이었다. "국민에게 정치를 돌려준다"라는 슬로건을 내세웠음에도, 국민의 자유와 권리는 최저한으로 보장하는 데 그쳤다. 헌법을

난징 국민정부
1927년 4월 18일부터 1937년 11월 20일까지 중화민국의 수도 난징에 있던 정부를 가리킨다. 중국국민당 내에서는 공산당 세력에 우호적인 좌파에 대해 불만을 품은 우파가 생겨났고, 장제스는 이들을 기반으로 공산당과 국민당 좌파를 제거하는 4·12쿠데타를 일으켜 제1차 국공합작을 와해시켰다. 난징 국민정부는 장제스를 중심으로 한 국민당 내 우파가 세운 정부이다.

군정·훈정·헌정—쑨원이 제시한 정치노선의 3단계

쑨원은 인민이 돌연히 해방되었기 때문에 민주주의 교육을 추진해가는 것이 중요하다고 생각해, '군정·훈정·헌정'의 3단계를 통해 중국의 정치를 발전시켜갈 것을 제안했다. '군정'이란 국민정부가 군사력으로 각 지구를 점령하는 것을 가리키며, '훈정'이란 정부가 각지에 인원을 파견해 그곳의 인민을 훈련, 원조하여 민주정치를 이해시키고, 현(縣) 단위에서 자치정권을 세우는 것을 가리켰다. 성(省) 내의 모든 현에서 '훈정'을 통해 자치를 실현하고, 그 후 선거에서 성장(省長)을 선출해 헌정 단계로 나아가기로 했다. 전국의 절반에 해당하는 성에서 헌정이 실현되었을 때 헌정을 공포하고, 선거에서 신중앙정부를 만들어낼 수 있다고 했다.

쑨원의 생각을 지지한 사람들은 3단계를 반드시 거쳐야 하는 중국 민주화의 길이라 생각했다. 하지만, 군정·훈정·헌정의 진행 방식을 둘러싸고 많은 논쟁이 있었다. 예를 들면 국민당의 원로 후한민은 중국 국민은 정치 지식과 경험이 부족하여 이제 막 태어난 어린아이와 같으므로, 국민당이 '훈정의 보모'가 될 필요가 있다고 했다. 그러나 후스 등 지식층은 '훈정'은 중국 인민의 정치 참여 능력을 낮게 평가하는 것이라며, 즉각 '헌정'을 실현해 인민 스스로 정치 참여를 통해 훈련할 수 있어야 한다고 주장했다.

공포하여 '훈정'에서 '헌정'으로 전환하고, 국민당의 독재를 계속하려 했지만, 1937년 7월에 루거우차오(蘆溝橋) 사건이 발발하는 바람에 국민대회 소집이 무기한 연기되어 헌법의 제정·공포로 이어지지는 못했다.

한편, 중국공산당은 이러한 국민당의 노선에 반대하여 농촌 지역에 혁명 근거지를 세우고 각지에서 인민정권을 수립해갔다. 1931년에는 제1회 전국노농병대표대회(全國勞農兵代表大會)를 개최하여 중화소비에트공화국 중앙노동민주정부(임시중앙정부)의 수립을 선포하고, '중화소비에트공화국 헌법대강'을 채택했다. 서문과 17조로 구성된 헌법대강은 중국 혁명정권의 성격을 노농민주독재정치로 정의하고, 민주집중제를 채택한 전국노농병대표대회가 기본적인 정치 제도이며 제국주의 및 봉건주의의 소멸을 임무로 한다고 규정했다. 또한 대회 폐회 기간에는 전국소비에트 임시중앙집행위원회가 최고권력기관이라는 점 등을 규정하고 있다. 헌법대강은 아시아에서 최초로 사회주의적 헌법의 성격을 가진 문서였지만, 1934년 중화소비에트공화국 임시정부는 국민당군의 포위로 붕괴되고 말았다.

덧붙여, 항일전쟁기에 중국공산당이 지도하는 근거지 안에서는 인민이 참가하는 정치를 표방하며 '변구● 시정강령(邊寇施政綱領)'을 기본 법규로 정했다. 그 가운데 대표적인 것이 1941년에 채택한 '산간닝(陝甘寧)변구 시정강령'이다. 주요 내용은 항일전을 제일의 목표로 삼고, 항일인민의 인권, 참정권, 재산권과 언론·출판·집회·결사·신앙·거주의 자유를 보장했다.

이처럼 1930년대 이후 중국에서는 국민당과 공산당의 대항 속에서 각각의 헌법 구상이 등장했다. 그러나 중일전쟁이 본격화되면서 정식으로 헌법이 공포·시행되지는 않았다.

한편, 앞에서 살펴보았듯이 일본 헌법학설은 1920년대 헌법학자 미노베 다쓰키치가 주창한 '통치권은 법인인 국가에 있고, 천황은 국가의 최고기관'이라는 천황기관설이 주류를 이루었다. 그러나 전시 체제를 지향하는 파시즘의 움직임이 강화되면서, 1935년 민간 우익 세력이 미노베를 강하게

변구
항일전쟁기 중국공산당의 자치 행정 단위를 일컫는다.

공격했다. 제국의회에서도 천황기관설이 '반국체적(反國體的)'이라며, 미노베에 대한 공격을 격화시켰다. 그 결과 미노베의 저서인 《축조헌법정의(逐條憲法精義)》, 《헌법촬요》, 《일본 헌법의 기본주의》는 발행 금지 처분을 받았다. 정부는 '국체명징(國體明徵) 성명'을 발표하여 천황기관설은 '국체의 본의'를 그르친 것이라고 비난했다. 이렇게 천황기관설은 '국체'에 반하는 학설이라는 이유로 추방되고, 의회 중심의 입장을 취한 헌법론 또한 배격되었다. 대신 대일본제국헌법 아래 천황의 신격화가 추진되어, 쇼와 천황은 현인신(現人神)으로서 전쟁 추진의 근거가 되었다.

1938년에는 헌법이 인정한 국민의 권리와 재산의 보호, 의회의 권한을 침해한다는 반대에도 불구하고, 모든 것을 전쟁에 동원·운영하기 위한 국가총동원법이 수정 없이 통과되었다. 1940년에는 모든 정당이 해산하고 대정익찬회(大政翼贊會)●에 합류하여 입헌 제도의 중심인 의회는 완전히 유명무실해졌다.

한편, 전시 체제에 놓인 한반도는 일본의 중국 침략을 위한 후방기지가 되었다. 상하이 대한민국 임시정부는 1940년 10월 주석제를 신설하는 등 '임시헌법'의 내용을 개정하고, 일본에 대한 항전 체제를 강화했다. 또한 중일전쟁이 더 치열해지고 동아시아에서도 제2차 세계대전이 본격화할 조짐이 보이자, 1941년 11월 임시정부는 '건국강령'을 발표하여 경제·교육·정치적 권리의 균등을 국가 건설의 기본 이념으로 내세우고, 민주적 원칙과 제도적 절차를 명기했다. 건국강령의 정신은 1944년 제5차 개헌 당시 법제화되어, 1948년 대한민국 정부 수립 당시 제헌헌법의 기초가 되었다.

중국에서는 중일전쟁의 본격화로 헌법이 정식으로 공포되지는 않았지만 국민당과 공산당이 서로 다른 헌법을 구상했다. 양자의 차이는 전후에 대립으로 이어졌다. 또한 대한민국 임시정부의 참가자를 비롯해 조선인 민족 운동가들은 국내외에서 건국 구상을 추진해 전후 체제를 준비해갔다. 반면에 천황의 신격화를 극한까지 밀고 나간 일본의 헌법은 패전을 거쳐 파산 선고를 받게 된다.

대정익찬회
1940년 10월부터 1945년 6월 사이에 존재했던 관제 국민 조직이었다. 일본 정부는 대정익찬회를 통해 의회를 해산하고 국수주의자에서 사회주의자까지 망라하여 독일의 나치처럼 일당의 지배 아래 강력한 지도 체제를 형성하는 신체제를 구축하고자 했다.

2

현대국가의 전개와 헌법

새로운 출발과 헌법 제정

1945년 전쟁 종결 이후, 동아시아에서는 근대의 헌법 체계에 전면적인 변화가 일어났다.

일본에서는 미국의 대일 정책 아래 상징천황제●와 국민주권·기본적 인권·전쟁 포기를 내용으로 하는 평화헌법이 제정되었다. 1945년 8월, 일본은 패전과 함께 포츠담선언을 받아들였다. 일본을 점령한 GHQ의 최고사령관 맥아더는 일본의 비군사화와 민주화를 추진하기 위해 일본 정부에 헌법 개정을 요구했다. 정부는 개정 작업에 착수하고 각 정당도 개정안을 공표했다. 그러나 정부안과 정당안 모두 기본적으로 구헌법을 수정한 것에 지나지 않아 국민주권과 기본적 인권이 실현될 가능성은 없었다. 다만, 민간에서 기초한 헌법 가운데 스즈키 야스조 등이 참가한 헌법연구회의 초안처럼 국민주권을 명기하고 천황은 '국가적 의례로 한다'라고 규정한 개헌안이 있긴 했다. 스즈키는 자유민권운동기의 헌법안을 참고했다고 한다.

GHQ는 당초 헌법 개정 작업을 일본 정부에 맡기는 방침을 취했다. 하지

상징천황제
1945년 GHQ가 점령 정책을 원활하게 집행하기 위해 천황제를 폐지하지 않고 천황을 이용한 결과 만들어진 제도이다. 이로써 천황은 이전처럼 절대적인 권력을 가진 신적 존재가 아니라 일본 사회를 통합하는 상징적인 존재로 남게 되었다.

일본국헌법 시행식에 참석한 쇼와 천황(1947. 5. 3) 빗속에서 스스로 우산을 들고 서 있는 쇼와 천황의 모습은 패전 이전의 '현인신'에서 이제 '일본국의 상징'이 된 천황의 지위를 보여준다. 이러한 천황의 모습에 요시다 수상을 비롯한 참석자들은 반복하여 만세를 외쳤다.

만, 1946년 2월 신문보도를 통해 정부안이 너무 보수적이고 포츠담선언에 맞지 않다는 것을 알게 되자 직접 초안을 작성하기로 결의했다. GHQ 민정국(民政局)은 맥아더가 제시한 원칙에 입각하여 초안을 작성하고 일본 정부에 지침으로 전달했다. GHQ 초안에서는 천황을 '상징적 존재'로 규정하고, 전쟁 포기와 전력을 일체 보유하지 않도록 명시했다. 이 초안을 기초할 때에는 헌법연구회의 안도 참조되었다. 당시 연합국 내에서는 천황제를 남겨두면 군국주의가 부활한다는 경계심이 강했기 때문에 그에 대한 보장으로 전쟁 포기 규정을 넣었다고 한다. 정부는 이 초안을 거부하면 천황제를 유지할 수 없을 것이라고 판단하여 받아들이기로 결정했다. GHQ 초안에 의거하여 작성된 정부안은 국회의 심의와 수정을 거쳐, 1946년 11월 '일본국헌법'으로 공포되고, 이듬해 5월에 시행되었다. 국민주권과 기본적 인권의 존중, 평화주의를 기본 원리로 한 일본국헌법은 패전국 일본의 새로운 출발을 지향했다.

한반도에서는 분단으로 인해 남북에 각기 다른 두 개의 헌법이 탄생했다. 1945년 8월, 일본의 패전과 함께 한반도는 식민지 지배에서 해방되었다. 그러나 북위 38도선을 경계로 북쪽 지역은 소련군이, 남쪽 지역은 미군이 주둔했다. 같은 해 9월에 연합군최고사령관 맥아더는 38도선 이남 지역의 행정권을 미군정 아래에 두겠다고 선언했다. 미군정청은 기본적으로 일제의 법 체계를 그대로 유지하면서 몇몇 대표적인 탄압법만 개정·폐지해 그를 대신할 법령과 포고를 발포했다. 1947년 국제연합(UN)은 국제연합 감시 아래 인구 비례에 의한 남북한 총선거를 실시하기로 결의했다. 하지

제헌국회 개원식 1948년 5월 31일 개원한 제헌국회는 이승만을 초대 국회의장으로, 신익희를 부의장으로 선출했다. 6월 초 제출된 헌법초안은 이승만을 포함한 모든 정파들이 동의한 의원내각제를 채택했는데, 6월 15일 이승만이 돌연 기초위원회에 나타나 의원내각제를 대통령제로 바꿔야 한다고 주장했다. 제헌국회는 7월 17일 헌법을 제정·공포했으며, 7월 20일 제헌의원들에 의한 간접선거로 이승만을 초대 대통령에 선출했다.

만 북측이 국제연합 한국임시위원단의 입국을 거부했기 때문에 1948년 2월 국제연합은 가능한 지역에서 총선거를 실시하기로 했다. 그리하여 5월 국제연합의 감시 아래 38도선 이남의 미군 지배 지역에서 총선거가 진행되었다. 그 결과 198명의 제헌의원이 선출되어 임기 2년의 국회(제헌국회)가 성립했다. 국회에서는 헌법 제정을 서둘러 6월에 헌법기초위원회를 설치하고 유진오 전문위원의 원안을 중심으로 심의를 거쳐 국회 본회의에 헌법 초안을 제출했다. 초안에 대한 여러 수정안이 제출되어 활발한 토론이 이루어졌다. 8월 15일까지 세계에 정부 수립을 선언할 필요가 있다는 사정 때문에 국회는 헌법안의 심의를 서둘러 7월에 헌법을 공포했다. 국민주권, 기본권 보장, 삼권분립, 단원제, 대통령중심제 등을 주요 내용으로 하는 헌법이었다. 이승만이 초대 대통령으로 선출되고, 8월에 대한민국이 수립되었다.

대한민국헌법(제헌헌법)은 경제 조항에서 사유재산제를 기초로 하면서도 노동자가 평등하게 이익을 받을 권리를 인정하고, 주요 산업의 국유화와 농지 개혁 실시를 명문화하는 등 '건국강령'의 정신을 계승하여 경제적인 평등을 중시했다. 그러나 균등한 사회·경제를 건설한다는 건국 이념은 그 후 한국전쟁을 경험하면서 약해져갔다. 1954년에 개정된 헌법에서는 국유화를 엄격히 제한하는 등 시장경제를 중시하는 내용으로 개정되었다. 한국전쟁 이후 남북 대립의 분위기가 헌법에 영향을 미친 것이다.

한편, 1948년 8월 북측에서는 최고인민회의 선거가 진행되어 9월 9일 조선민주주의인민공화국 수립이 선포되었다. 헌법은 그 전날 9월 8일에 입법기관인 최고인민회의에서 채택되었다. '조선민주주의인민공화국헌법'은 일본 식민지 지배로부터의 해방과 '반제·반봉건·민주주의 혁명'을 거쳐 사회주의로의 이행을 목적으로 했다. 또 통일된 조선민주국가의 수립을 촉진하겠다며 수도를 서울로 규정했다. 그 후 조선민주주의인민공화국헌법은 1972년에 사회주의헌법으로 전면 개정되는 등 수차례에 걸쳐 변경되어 현재에 이르고 있다. 1972년 헌법에서는 평양을 수도로 한다고 선언하고, 1998년 개정에서는 국가 주석제를 폐지했다. 또한 2009년에도 헌법을 개정하여 국방위원회가 국정 전반을 책임지는 기관임을 명시했다.

대한민국과 조선민주주의인민공화국은 모두 각자가 한반도의 유일한 합법정권이라고 주장하고 있다. 통일은 한반도에 남겨진 커다란 과제이다.

중국에서는 1945년 8월 항일전쟁에서 승리한 후에도 국민정부와 중국공산당의 대립이 계속되었다. 그러다 1946년 1월 국공 양당 간에 정전협정이 체결되어, 정치협상회의가 열렸다. 장제스를 의장으로 하여 국민당, 공산당, 민주동맹, 중국청년당, 무당파 인사들로 구성된 회의에서 평화 건국, 군사 문제, 국민정부의 개조, 국민대회, 헌법초안 수정 등에 대한 심의가 이루어졌다. 그러나 국공내전이 본격화되면서 공산당 등이 불참한 가운데, 국민당은 1946년 11월 단독으로 난징에서 헌법제정국민대회를 열고, 12월에 '중화민국헌법'을 채택했다. 이 헌법은 1947년 1월에 공포되어 12월부터 시행되었다.

한편, 공산당은 내전 당시 해방구에 시정강령을 공포했는데, 그중에서 1946년 4월에 공포한 '산간닝변구헌법원칙(陝甘寧邊區憲法原則)'이 잘 알려져 있다. 이 헌법원칙에서는 각급 인민대표회의를 인민이 정권을 관리하는 기관으로 규정하고, 각급 대표를 보통선거로 선출하며, 각급 인민대표대회가 정부를 선출하게 되어 있다.

국공내전이 한창이던 1948년 3월, 난징에서 '중화민국헌법'을 시행하기 위한 국민대회가 개최되었다. 공산당과 다른 당파를 배제하고 중국국민당을 중심으로 하는 체제를 만들기 위한 대회였다. 이 대회에서 장제스가 총통으로 선출되어 5월부터 헌법에 기초한 체제가 개시되었다.

1949년 1월, 국민정부는 전황이 불리해지자 공산당에 평화회담을 제안했다. 마오쩌둥은 평화회담을 시작하는 조건으로 국민당 헌법 등을 폐기할 것을 요구했지만, 국민정부는 헌법을 유지할 것을 고수해 교섭은 결렬되었다. 그 후 내전에서 패한 국민당이 타이완(臺灣)으로 물러난 뒤, 중화민국헌법은 타이완의 헌법이 되었다.

1949년 10월에 중화인민공화국이 수립되었다. 이에 앞서 9월에 개최된 중국인민정치협상회의 제1회 전체회의에서 임시헌법의 성격을 갖는 '공동

동원감란시기임시조관
중화민국헌법의 부속 조항을 담은 것으로서 계엄법과 함께 타이완의 민주 헌정을 가로막는 대표적인 악법이었다.

'중화민국헌법'의 역사 – 제정·동결 그리고 현재

1936년, 난징 국민정부는 헌법초안을 발표하고 총통의 권력을 한층 더 강화하려 했다. 그러나 중일전쟁이 전면화되자 헌법을 제정·공포하지는 못했다. 1946년 12월 총통의 권력을 제한하는 것을 골자로 한 '중화민국헌법'이 제정되고, 1947년 12월 25일에 시행되었다. 그러나 중국공산당과 민주동맹이 국민대회에 참가하지 않았기 때문에 이 헌법은 국민 다수의 승인을 얻지 못했다. 국공내전이 격화되는 가운데 1948년 4월 국민대회에서 '동원감란시기임시조관(動員戡亂時期臨時條款, 국가비상시기임시헌법)'을 가결하고 총통에게 독재적인 권력을 부여했다. 1949년 12월에 국민당이 타이완으로 물러난 뒤, '중화민국헌법'과 '임시조관'은 타이완 지구에서 계속 사용되었다. '임시조관'은 1991년 4월에 폐지되었지만, '중화민국헌법'은 몇 차례의 개정을 거쳐 현재도 타이완에서 적용되고 있다.

제1차 중국인민정치협상회의(1949. 9. 21~30) 중국의 최고 정책 자문회의인 중국인민정치협상회의(정협)는 1946년 1월 10일에 중국국민당의 주도로 열린 중국정치협상회의를 모태로 한다. 전국위원회와 상무위원회로 구성되며, 국정 방침에 대하여 토의하고 제안·비판하는 역할 등을 수행한다. 제1차 정협에서 공산당과 민주당파는 중화민국을 대신하여 새롭게 중화인민공화국을 건국할 것을 결의했으며, 마오쩌둥을 인민정부 주석으로 선출했다. 사진은 중국공산당 대표들로 앞줄 오른쪽 첫 번째가 마오쩌둥이고, 2열 오른쪽 두 번째가 저우언라이이다.

강령'이 제정되었다. 이에 근거하여 중앙·지방의 국가기관이 조직되고, 정치·법률·경제·문화 건설이 개시되었다. '공동강령'은 "중화인민공화국은 신민주주의, 즉 인민민주주의 국가로서 노동자 계급이 지도하고, 노동자와 농민의 동맹을 기초"로 하여, "제국주의·봉건주의·관료자본주의에 반대하며, 중국의 독립·민주·평화·통일·부강을 위해 분투할 것"이라고 선언했다. 또 인민은 사상·언론·출판·집회·결사·통신·인신·거주·이전·종교·신앙 및 시위행진의 자유권을 가진다고 정하고, 더욱이 여성은 정치·경제·문화교육·사회생활 각 방면에서 남성과 동등한 권리를 가진다고 규정했다.

그 후 중국에서는 대륙 통일이 실현되고 정치·경제 개혁에 의해 국가의 기초가 견고해져, 정식으로 헌법을 제정하게 되었다. 1953년 1월 마오쩌둥과 저우언라이 등을 위원으로 한 헌법기초위원회가 조직되어 헌법안의 심의가 진행되었다. 한편 전국인민대표대회의 각 대표 선거가 실시되어, 1954년 9월 제1기 전국인민대표대회의 제1회 회의가 개최되었다. 여기에서 전국 인민의 토론으로 제출된 의견을 기초로 수정된 초안이 제출되어 '중화인민공화국헌법'(1954년 헌법)이 제정되었다. 중화인민공화국 수립 후 최초로 사회주의 원칙을 담은 헌법이 탄생한 것이다.

헌법을 둘러싼 대항과 추이

한국의 헌법은 1948년 제정 이래 현행 헌법까지 아홉 차례에 걸쳐 개정되었다. 이러한 헌법 개정은 1950년대 이승만 정권의 독재와 그 뒤를 이은 1960~70년대 박정희 정권의 독재, 그리고 1979년 10월 박 대통령 암살에

한국 헌법 개정의 역사

개헌 차수	연도	특징	주요 사건	공화국	대통령
제헌헌법	1948년	대통령 간접선거제		제1공화국	이승만
제1차	1952년	대통령·부통령 직접선거제, 양원제	부산정치파동		
제2차	1954년	초대 대통령에 한해 중임 제한 철폐			
제3차	1960년	의원내각제, 양원제, 사법권 민주화, 경찰 중립화, 지방자치 민주화	4월혁명	제2공화국	윤보선
제4차	1960년	부정선거자 처벌을 위한 개헌			
제5차	1962년	대통령 직선제, 단원제	5·16쿠데타	제3공화국	박정희
제6차	1969년	대통령 3선을 가능하게 하는 개헌			
제7차	1972년	유신헌법(대통령 간선제, 통일주체국민회의)	10월유신	제4공화국	
제8차	1980년	대통령 간선제, 7년 단임제	박정희 피살	제5공화국	전두환
제9차	1987년	대통령 직선제, 5년 단임제	6·10민주화운동	제6공화국	노태우

따른 독재정권의 붕괴와 그 후 전두환 정권의 독재에 저항한 민주화 운동이라는 정치 과정과 밀접한 관련이 있다. 한국 헌법의 역사는 격동하는 한국의 정치사 그 자체였다.

한국의 초대 대통령 이승만이 집권한 제1공화국 시기에는 대통령 권력과 국회 권력이 충돌하면서 두 차례의 헌법 개정이 이루어졌다. 제헌국회는 헌법을 제정하여 대통령중심제를 채택했으나 실제로 대통령을 선출하는 권한은 국회에 있었다. 국회 안에서 지지기반이 약했던 이승만은 1951년에 전시비상계엄 상황에서 대통령 직선제와 국회 양원제를 내용으로 하는 헌법 개정안을 제출했다. 그러나 개정안은 국회에서 부결되었다. 이듬해 1952년, 이승만은 다시 국회의원들을 압박하여 정부안과 야당안을 적당히 조합한 발췌개헌안을 국회에서 통과시켰다. 그리고 2년 후인 1954년에는 초대 대통령에 한해 중임 제한을 철폐하고, 부통령이 대통령을 계승하도록 헌법을 개정했다(사사오입 개헌). 장기 집권과 권력 계승의 길을 열어두었던 것이다.

1960년 4월혁명으로 이승만의 장기 집권은 막을 내렸다. 국회는 대통령의 독재를 저지하기 위해 의원내각제를 채택하고, 사법권의 민주화·경찰의 중립화·지방자치의 민주화 등 민주주의를 실현하기 위한 개헌을 했다. 이렇게 하여 장면 총리와 윤보선 대통령을 지도자로 하는 제2공화국이 출범했다.

그러나 1961년 5월, 군사쿠데타로 집권한 박정희는 1962년에 헌법을 개정해 내각책임제를 다시 대통령책임제로 되돌려놓았다(제3공화국). 이승만 장기 집권의 전철을 밟은 박정희는 1969년에 대통령 3선을 가능하게 하는 개헌을 실시했다. 그리고 1972년에는 '10월유신'을 선포한 후 계엄령을 발동해 국회를 해산하고 유신헌법을 채택했다. 이 헌법은 대통령에게 긴급조치권과 국회 해산권을 부여하고, 통일주체국민회의를 만들어 여기에서 대통령을 선출하게 하는 등 국회를 무력화시켜 국민의 정치 참여를 억압하는 내용을 담고 있었다(제4공화국).

1979년, 박정희 독재 권력은 측근에 의한 암살로 막을 내렸다. 권력을 잡은 신군부는 1980년 5월 계엄령을 발동해 광주 등지에서 일어나고 있던 민주화 운동을 탄압하고, 10월에 제5공화국 헌법을 공포했다. 대통령의 임기

한국의 헌법재판소

1987년에 개정된 한국 헌법의 두드러진 특징 가운데 하나는 헌법재판소라는 기구를 둔 점이다. 헌법재판소는 국가기관이 권한을 정당하게 행사하고 있는지를 감시하는 기구로, ① 법률이 헌법을 위반하는지를 판단하는 위헌법률 심판, ② 대통령 등 고위 공무원에 대한 탄핵 심판, ③ 정당 해산 심판, ④ 국가기관이나 지방자치단체 사이의 권한 분쟁을 조정하는 권한 쟁의 심판, ⑤ 국가권력이 국민의 기본권을 침해했는지 여부를 판단하는 헌법소원 심판 등을 담당한다.

이처럼 막강한 권한을 가졌기에 헌법재판소가 내리는 판결은 국가권력과 시민 개개인의 삶에 대단히 큰 영향을 미치고 있다. 헌법재판소는 2004년 국회가 노무현 대통령을 탄핵하려 했을 때, 이를 기각했다. 또한 신행정수도 건설을 위한 특별조치법에 대해 서울이 수도라 하는 관습헌법(慣習憲法)에 위배되기 때문에 위헌이라는 판결을 내렸다. 그 밖에도 간통죄와 사형제는 합헌이라고 판결하는 한편, 호주제는 여성을 차별한다는 이유 등으로 헌법 불합치 판결을 내렸다. 헌법재판소의 권한이 막강한 만큼 국민이 이를 어떻게 민주적으로 통제할 수 있는가 하는 어려운 문제가 남아 있다.

는 7년 단임으로 한정하고, 대통령은 대통령선거인단에 의한 간접선거로 선출하게 되었다.

1980년대에는 민주화 운동이 고양되어 대통령 직선제를 요구하는 여론이 높아졌다. 위기에 처한 집권 여당은 결국 직선제 요구를 받아들이고 헌법 개정안을 발표하기에 이르렀다. 1987년 10월 제6공화국 헌법이 공포되었다. 헌법에서는 대통령의 장기 집권을 막기 위해 대통령 선출 조항을 5년 단임의 직선제로 개정하고, 국회의 국정조사권을 부활시켰으며, 대통령에게 부여된 비상조치권과 국회 해산권을 폐지하는 내용을 담았다. 이것이 한국의 현행 헌법이다.

중국에서는 1949년 중화인민공화국 수립 이래 네 차례 헌법이 제정되었다. 최초의 사회주의 헌법인 '1954년 헌법', 문화대혁명 시기의 '1975년 헌법', 마오쩌둥이 사망한 후 뒤를 이은 화궈펑의 노선을 반영한 '1978년 헌법', 덩샤오핑이 추진한 4대 현대화와 개혁·개방 노선을 표현한 현행 '1982년 헌법'이 이에 속한다. 여기에는 중국이 걸어온 사회주의 건설을 향한 도정이 반영되어 있다.

'1954년 헌법'은 소련 헌법을 토대로 임시헌법인 '공동강령'을 계승·발전시킨 것이었다. 중화인민공화국의 수립에서 사회주의 사회의 건설까지 과도적 시기의 국가 임무로 사회주의 공업화의 실현과 농업·수공업·자본주의적 상공업의 사회주의적인 개조의 완성을 이루려 했다.

또 '공동강령'을 계승해 중국은 노동자 계급이 지도하고 노농연맹을 기초로 하는 인민민주주의국가라 규정했다. 헌법의 최대 임무인 사회주의적 개조는 1956년에 기본적으로 완성되었다고 평가되고 있다.

1966년 봄에 문화대혁명이 시작되면서 헌법이 작용하지 않는 시대를 맞이했다. 문화대혁명 5년째인 1970년에 한 차례 헌법 개정이 시도되었지만, 국가 주석의 지위를 설치하고자 한 린뱌오의 의견과 마오쩌둥의 반대 의견이 대립하는 바람에 개정 작업은 중지되었다. 1973년 다시 헌법 개정이 제기되어, 1975년 1월 제4기 전국인민대표대회에서 '1975년 헌법'이 채택되었다. 이 헌법은 문화대혁명을 긍정하는 내용을 골자로 불과 30개조밖에 되지 않는 아주 간소한 헌법이었다. 헌법의 지도이념은 '계급투쟁'과 '프롤레타리아 계급독재에 의한 계속혁명'이라는 정치적 슬로건으로 왜소화되어 국가권력을 최소한으로 제한했다.

1976년 마오쩌둥의 사망과 4인방의 실각으로 문화대혁명이 끝나고 실무파가 권력에 복귀했다. 그 아래에서 신헌법을 제정하기 위한 노력이 이루어져, 1978년에 헌법이 공포되었다.

'1978년 헌법'은 '1975년 헌법'에 제시된 극좌적 경향의 내용 대부분을 파기하고 '1954년 헌법'의 일부 원칙과 제도를 부활시켰다. 다만 화궈펑 주석이 곧바로 권력을 잃었기 때문에 정책 수정은 불가피했다. 1979년에는 마오쩌둥의 구상을 바탕으로 설치되었던 혁명위원회를 없애고, 지방정부 조직을 재편성하기 위한 헌법 개정이 이루어졌다. 이어 1980년에도 마오쩌둥 시대의 영향을 줄이기 위한 헌법 개정이 실시되어 덩샤오핑을 중심으로 한 사람들이 주창하는 개혁·개방 정책을 실행할 수 있는 길이 열렸다.

그러나 '1978년 헌법'에 대한 두 차례의 개정으로는 개혁·개방을 추진하고 있는 국가 기본 정책의 근본적 변화에 대응하지 못했다. 그리하여 새로운 헌법 제정을 준비해 1982년 12월, 제5기 전국인민대표대회 제5차 회의에서 신헌법을 채택했다(1982년 헌법). 이를 통해 공산주의 이념과 정치·법률·경제 면에서의 개혁 균형을 중시하고, 덩샤오핑의 지도 체제 아래에서 공업·농업·국방·과학기술 네 부문의 현대화를 목표로 내정과 외교를 추진하고자 했다. 또 헌법이 최고의 법규라는 것을 처음 구체적으로 규정함과 동시에 공민의 권리를 보다 중시한다는 방침을 표명했다. '1982년 헌법'은 이후 네 차례의 개정을 거쳐 현재에 이르고 있다. 1988년에 이루어진 첫 번째 개정에서는 법률이 정한 바에 따라 토지 사용권을 양도할 수 있도록 하고, 사영경제에 관한 항목도 새로 마련했다. 1993년에는 전문의 4원칙에 새롭게 '개혁·개방'을 추가했다. 또 1999년에는 전문에 '덩샤오핑 이론'을 추가하는 등의 개정을 실시했다. 2004년 3월에는 사유재산권의 보장에 관한 규정을 보충하고, 또 '국가와 인권을 존중하고 보장한다'라는 문장을 추가했다.

일본에서는 1950년을 전후한 시기부터 헌법 개정을 요구하는 밖(미국)으로부터의 압력과 위(정부·정권정당)로부터의 움직임이 강해졌다. 이에 대해 국민들 사이에서는 거꾸로 헌법의 정착과 실질화를 위한 움직임이 강해졌다. 이후 반세기 동안 개헌과 호헌의 대립이 계속 되었지만, 헌법 그 자체는 전혀 개정되지 않은 채 현재에 이르고 있다.

도쿄 시가행진을 하는 보안대 1952년 패전 후 7년 만에 일본인들은 군용 철모와 일장기를 다시 보게 되었다.

1946년 일본국헌법이 제정되었지만, 일본은 1952년 샌프란시스코강화조약이 발효될 때까지 GHQ의 점령 아래 주권이 제한되어 있었다. 초기 GHQ의 점령 정책은 기본적으로는 비군사화와 민주화를 요구한 포츠담선언의 취지에 따라 진행되었다. 그러나 냉전이 격화되고 한반도와 중국에서 사회주의를 향한 움직임이 진전되자 GHQ의 점령 정책은 일본을 극동의 반공 방파제로 삼는 방향으로 전환되었다. 노동운동과 정치활동을 규제·억압하는 등 헌법의 표현의 자유와 모순되는 정책을 취하게 되었다. 1950년 한국전쟁이 발발하자, GHQ는 일본에 경찰예비대를 창설해 전력을 보유하지 않겠다는 헌법과 모순을 일으켰다.

1952년 강화조약의 발효로 GHQ의 일본 통치는 마감되었다. 점령군이 물러가자 보수 지배층은 헌법 개정과 전전의 체제 부활을 공공연하게 주장했다. 천황을 국가 원수로 하여 권한 확대를 꾀함과 동시에 헌법 제9조를 개정하여 군대를 보유할 수 있게 하려 한 것이다. 다른 한편으로 1951년 체결된 미일안보조약과 그에 입각한 법 체계는 헌법에 입각한 법 체계와 모순을 일으키게 되었다. 1950년에 창설된 경찰예비대는 52년 보안대로 재편되었다가, 54년에 자위대로 명칭을 변경하여 재군비(再軍備)가 진행되었다. 그 결과, 헌법 제9조와의 모순이 명확해졌다. 일본 정부는 당초 헌법이 금지한 '전력'이란 근대전쟁을 수행할 수 있는 능력을 말하는 것이므로 '보안대'는 '전력'에 해당하지 않는다고 했다. 그러다가 1954년에는 헌법에서 자위권을 인정하고 있어 자위를 위해 필요한 실력부대를 보유하는 것은 금지하지 않는다는 해석을 내세우며, 자위대를 합헌이라고 했다.

재군비의 움직임에 맞서 1950년대 일본 각지의 미군기지 주변에서는 토지 수용에 반대하는 투쟁이 전개되었다. 미국의 수폭 실험으로 어선이 피해를 입은 것을 계기로 원수폭 금지운동이 고조되었다. 또한 경찰의 권한을 강화하고 교육에 대한 통제를 강화하려는 정책 등에 반대하는 국민운동이 전개되었다. 이러한 운동을 통해 일본 국민은 헌법의 가치를 다시 생각하며, 헌법을 지지하는 역량을 쌓아갔다.

1960년 안보조약의 개정을 반대하는 투쟁이 전례 없는 규모로 고조되었다. 조약 개정 반대운동이 확대되자 자민당 정부는 개헌 정책을 바꾸지 않을 수 없게 되었다. 이후 정부는 헌법 조문 개정에 소극적으로 임하며, 해석·운용에 의해 실질적인 개헌을 꾀하는 데 중심을 두었다. 이에 국민들 사이에서는 헌법의 공동화(空洞化)를 막고, 헌법을 실질화하려는 움직임이 일어났다. 자위대에 반대하는 헌법 재판을 제기하고, 베트남전쟁 반대운동과 오키나와(沖繩) 미군기지 반환운동, 공해 반대운동 등을 전개했다. 또한 각지에서 "헌법을 생활에 활용하자"라는 슬로건을 내건 혁신지자체●가 탄생했다. 헌법의 실질화를 요구하는 운동은 인권운동으로도 이어졌다.

베트남전쟁에서의 패배로 지반침하(地盤沈下)한 미국은 1980년대 들어 일본에 방위력 증강을 요구하게 되었다. 냉전 종결 후인 1990년대에는 국제 공헌 등을 강조하는 논의가 고조되면서 정계·재계·언론계 등에서 공공연히 헌법 개정을 주장하게 되었다. 2005년에는 자민당이 개헌 초안을 발표했고, 2007년에는 개헌절차법이 제정되었다. 또한 다양한 명목으로 자위대의 해외 파견이 추진되어, 2003~4년에는 자위대를 이라크전쟁에 파견했다. 그러나 한편으로 이러한 움직임에 대해 일본 전국에서 '9조회(九條の會)' 운동이 퍼져 헌법을 지키려는 움직임도 고조되었다.

혁신지자체
1960년대 후반부터 70년대 초 지방자치 단체장 선거에서 일본공산당과 사회민주당 등 야당 세력의 지지로 당선된 혁신 인사들이 운영하던 지방자치단체를 말한다. 혁신자치단체는 도시 과밀과 공해 문제 등에 힘을 쏟으며 복지행정에 많은 기여를 했다. 혁신자치단체의 정책이 중앙정부의 정책에 반영되는 등 많은 영향을 미쳤지만, 1970년대 후반 경제 불황으로 지자체 재정 위기를 겪기도 했다. 이후 혁신자치단체가 줄어들기는 했지만, 오늘날까지도 남아 있다.

3

오늘날의 헌법 – 통치 구조와 인권의 규정

헌법 전문을 통해 본 각국의 역사적 체험

현재 한·중·일 3국의 국민은 각각 다른 헌법 아래에서 일상생활을 하고 있다. 정치·경제·사회 그리고 개개인의 존재 모두가 헌법의 규정과 무관하지 않다. 3국의 헌법은 각각 어떠한 역사를 바탕으로, 어떠한 역사적 경험을 전제하고 있는 것일까? 이에 대해 각국의 헌법 이념을 통해 알아보자.

1947년 시행된 일본국헌법은 먼저 주권은 '국민에게 있다'라고 '선언'하고 있다. 그리고 '일본 국민은 정당하게 선출된 국회의 대표자를 통해 행동'한다고 하여 의회제 민주주의를 기본으로 함을 밝히고 있다. 따라서 '국정'과 '국민'의 관계를 "'국정'은 '국민의 엄숙한 신탁'에 의한다. '국정'의 '권위'는 국민에게서 유래한다. '국정'의 '권력'은 국민의 대표자가 행사한다. '국정'의 '복리'는 국민이 향수한다"라고 설명하고 있다. 이러한 정치야말로 '인류 보편의 원리'이며, 일본국헌법은 이 원리에 입각한다는 것이다. 물론 실제로 이 원리가 살아나기 위해서는 국민의 의사를 정당하게 반영하는 '선거'가 불가결하고, 국민의 '신탁'에 대답할 수 있는 '대표자'가 필요하다.

또한, 일본국헌법은 과거의 전쟁에 대한 반성을 기초로 하고 있다. 국민주권 선언은 '정부의 행위에 의해 또다시 전쟁의 참화가 일어나는 일'이 없도록 한다는 '결의'와 연결되어 있다. 전쟁 전에 국민은 전쟁을 막지 못했다. 그러한 반성에서 정부를 감시하는 국민의 결의를 나타낸 것이다. 거꾸로 말하자면 국민주권이기 때문에 '정부의 행위'에 대한 국민의 책임이 큰 것이다.

'일본 국민'의 '염원'은 '항구적인 평화'이다. 그 때문에 '인간 상호 관계를 지배하는 숭고한 이념'을 '자각'해야만 한다. 그 근거가 되는 것은 '평화를 사랑하는 모든 국민의 공정과 신의'이다. '일본 국민'은 이것을 '신뢰'하고, 스스로 '안전과 생존을 유지'할 것을 '결의'했다. 국제사회는 '평화를 유지하고 전제와 예종, 압박과 편협을 지상으로부터 영원히 제거하고자 노력하고 있다'. 이러한 국제사회에서 '명예로운 지위'를 차지하는 것이야말로 '일본 국민'의 생각이다. 전 세계 사람은 모두 '공포와 결핍으로부터 벗어나 평화롭게 생존할 권리'를 가진다. 일본국헌법은 이러한 국제 협조와 평화적 생존권을 주장하고 있다. 단지 전쟁이 없는 상태가 평화로운 것은 아니다.

헌법 전문은 마지막으로 '어떤 국가도 자국의 일에만 전념하여 타국을 무시해서는 안 된다'라고 하면서 자국 중심의 내셔널리즘을 넘어 국제적인 시야를 가질 것을 요구한다. 그리고 국가의 명예를 걸고 전력을 다해 숭고한 이념과 목적을 달성할 것을 맹세한다.

일본국헌법이 전쟁의 참화를 큰 전제로 삼았다면 한국 헌법은 민주화 운동 정신의 계승을 기본으로 하고 있다. 1987년에 제정된 현행 한국 헌법은 '3·1운동으로 건립된 대한민국 임시정부의 법통과 불의에 항거한 4·19민주이념'을 계승하고 '조국의 민주 개혁과 평화적 통일'의 실현을 사명으로 한다고 선언하고 있다. 과거의 운동, 즉 1919년의 3·1운동과 1960년 4월 혁명의 정신을 계승함으로써 민주화와 조국 통일을 추진하려고 한다. '민족의 단결'을 공고히 하기 위해서는 '정의·인도와 동포애'가 필요하다. '자유민주적 기본 질서'를 더욱 확고히 하기 위해서는 '모든 사회적 폐습과 불의를 타파'할 필요가 있다.

한국 헌법은 '정치·경제·사회·문화의 모든 영역에서 각인의 기회를 균등하게 함으로써 부의 편중과 사회적 차별을 부정하고, 각자가 평등하게 각각의 '능력을 최고도로 발휘'할 수 있는 사회를 목표로 하고 있다. '국민생활의 균등한 향상'이 국내적인 과제이다.

그럼 국제적 과제는 무엇인가? '항구적인 세계 평화와 인류 공영에 공헌하는 것'이다. 한국 헌법은 전문에 이어 제5조 제1항에서 '대한민국은 국제 평화 유지에 노력하고 침략적 전쟁을 부인'한다고 하여 국제 평화주의의 입장을 명확히 하고 있다.

전쟁에 대한 반성을 기본으로 하는 일본, 민주화 운동 정신을 계승하고자 하는 한국과 달리, 중국 헌법의 기본은 혁명의 전통을 계승하는 것이다. 1982년에 제정된 현재의 중국 헌법은 '중국의 각 민족과 인민들은 빛나는 문화를 공동창조하는 훌륭한 혁명 전통을 지니고 있다'라고 하여 과거의 문화 창조와 혁명의 전통을 기리고 있다. 이어서 세 개의 해(年)를 들어 근대 역사를 되돌아보고 있다. 우선 1840년, 아편전쟁이 있었던 해이다. 1840년 이후 '봉건제 아래 중국은 점진적으로 반식민지와 반봉건적 국가'로 변모해왔다. 이에 중국 인민은 '국가의 독립과 민족의 해방, 민주와 자유를 위하여 선인의 희생과 노력에 근거한 용감한 투쟁'을 계속해왔다.

다음은 1911년으로 '쑨원 선생이 이끌었던 신해혁명'으로 '봉건적 제제를 폐지'하고 중화민국을 세웠다. 그러나 '제국주의와 봉건주의'에 반대하는 중국 인민의 역사적 임부는 아직 완성되지 않았다.

거기서 1949년 '마오쩌둥 주석을 지도자로 하는 중국공산당은 중국의 각 민족과 인민을 이끌고', '장기간에 걸친 수난과 고난의 무장투쟁을 포함한 다양한 형태의 투쟁'을 거친 후, 결국 '제국주의와 봉건주의, 관료주의의 지배를 물리치고 '신민주주의 혁명의 위대한 승리'를 성취하여 중화인민공화국을 수립했다. 이때부터 중국 인민은 '국가권력을 장악하여 국가의 주인공'이 되었다.

 이렇게 중국 혁명까지의 도정에 이어 중화인민공화국 수립 이후의 역사를 '우리 중국 사회는 신민주주의에서 사회주의로의 이행을 점차적으로 실현했다'라고 정리하고 있다. 생산수단의 사유를 사회주의적으로 개조하고 사람이 사람을 착취하는 제도를 폐지한 것, 노동자 계급이 지도하고 노동자·농민동맹을 기초로 하는 인민민주주의 독재가 발전한 것, 중국 인민과 중국인민해방군이 나라의 독립과 안전을 확보하여 국방을 강화한 것, 경제 건설이 성과를 거두고 공업화가 도모되어 농업 생산이 성장한 것, 교육·과학·문화 등이 발전하고 사회주의 사상 교육이 성과를 거둔 것 등을 기술하고 있다.

 그리고 이러한 성과는 모두 중국공산당의 지도와 마르크스·레닌주의, 마오쩌둥 사상의 인도에 의한 것이고, 계속해서 중국 각 민족의 인민은 중국공산당의 지도 아래 마르크스·레닌주의, 마오쩌둥 사상, 덩샤오핑 이론에 따라 사회주의적인 시장경제, 사회주의적인 민주주의 등을 발전시켜 공업·농업·국방·과학기술의 현대화를 이루고, 민주적·문명적인 사회주의 국가를 구축하는 것을 전망하고 있다.

 한편, 국제적으로는 독립 자주의 대외 정책과 주권·영토 보전의 상호 존중, 상호 불가침, 상호 내정 불간섭, 평등 호혜, 평화 공존의 5원칙을 견지하고 외교와 국제 교류를 진행하여 세계 평화의 유지와 인류의 진보에 노력한다고 되어 있다.

헌법이 규정하는 3국의 정치 구조

한마디로 같은 헌법이라고 해도 헌법이 규정하고 있는 정치 구조는 전혀 다르다.

 현재, 한국은 대통령제와 일원제 국회를 채택하고 있다. 또한 현행 한국 헌법은 '대한민국의 주권은 국민에게 있고, 모든 권력은 국민으로부터 나

16년 만의 대통령 직선제 1987년 6·10민주화운동을 통해 대통령 직선제 개헌을 이룬 한국에서는 개정된 헌법에 따라 그해 12월 제13대 대통령 선거를 치렀다.

온다'라고 규정하여 국민주권의 입장을 명확히 하고 있다. 대통령과 국회의원은 국민의 직접선거로 선출된다.

한국은 제2공화국 시기(1960년 8월~1961년 5월)를 제외하고는 대통령제를 취해왔다. 대통령은 국가 원수이자 행정부 수반으로서 국군을 통수한다. 제5공화국 헌법과 비교하면 국회 해산권과 비상조치권은 삭제되었지만 여전히 강대한 권력을 가지고 있다. 입법·행정·사법의 삼권분립을 취하고 있지만, 권력은 대통령을 정점으로 집중되어 있고 대통령이 정치적 주도권을 행사하고 있다. 임기는 5년이지만 중임은 할 수 없다.

국회는 1952년 제1차 헌법 개정에서 양원제를 채택했지만 실제로 양원이 구성된 것은 1960년 8월부터 61년 5월까지 몇 개월뿐이고, 그 외에는 단원제를 채택했다. 의원의 임기는 4년이다.

국회의 권한과 지위는 대통령에 비해 매우 낮고, 대통령은 법률안 거부권을 갖고 있다. 국회에는 국정조사권과 예산안 심의권 등이 있지만 그 권한에 한계가 있다. 예를 들면 예산안의 편성과 제출자는 정부이고, 국회는

일본의 총선거(제2회 중의원 선거)
1949년 1월 23일 패전 후 세 번째, 신헌법 아래에서 두 번째 치러진 총선거. 투표소 중에는 감독관으로 미군 관계자가 대기하고 있는 곳도 있었다.

화족
1869년 신분제를 개혁할 때 생겨 1947년까지 존재했던 일본의 귀족 계급을 말한다. 1884년 화족령이 제정되면서 공작·후작·백작·자작·남작으로 세분되었다.

정부의 동의가 없으면 정부가 제출한 예산 각 항의 금액을 늘리거나 새로운 세목을 만들 수 없다.

사법권은 법관으로 구성된 법원에 속한다. 법원은 최고법원인 대법원과 각급 법원(고등법원·지방법원·가정법원)으로 조직된다. 또 특별법원으로 군사법원의 설치가 인정되고 있다. 대법원장은 국회의 동의를 얻어 대통령이 임명하고, 대법원의 판사인 대법관은 대법원장의 제청으로 대통령이 임명한다.

위헌 법률 심사 제도는 헌법 개정과 함께 독일식 헌법위원회 제도를 채택하거나 법원에 위헌 법률심사권을 준 미국식 사법 심사제에 따르는 방식으로 변화해왔다. 현행 헌법에서는 헌법재판소 제도가 운영되고 있다. 국회 선출 3인, 대법원장 지명 3인을 포함한 9인의 재판관이 법률의 위헌 심판 등을 담당한다.

대통령제인 한국과 달리, 일본은 내각이 국회에 대해 책임을 지는 의원내각제를 채택하고 있으며 국회는 이원제로 구성되어 있다.

전쟁 이전, 국가 원수이자 유일의 주권자였던 일본 천황은 일본국헌법에서는 '국민 통합의 상징'이 되었다. 점령 목적을 이루기 위해 천황을 이용하고자 한 GHQ와 천황제의 유지를 도모한 일본 지배 세력의 기대가 일치한 결과, 천황제는 세계 군주제 역사에 유례없는 '상징'이란 형태로 존속하게 되었다. 천황은 정치적 권한을 갖지 않으며, 내각의 조언과 승인에 따라 형식적인 국사 행위만 하는 의례적인 존재가 되었다.

천황을 대신해 국민이 주권자가 되었다. 따라서 국민이 선거로 선출한 대표로 구성되는 국회가 '국권의 최고기관'이고 '유일의 입법기관'이 되었다. 구헌법 아래 제국의회는 화족(華族)● 등 특권 세력의 대표로 구성되는 귀족원이 국민에 의해 선출된 국회의원으로 구성되는 중의원을 제압하는 구조였다. 일본국헌법에 의한 국회도 중의원과 참의원의 이원제를 취하고 있지만 모두 공선(公選) 의원으로 구성된다. 단, 중의원이 우월한 구조로 되어 있다.

전국인민대표대회 중국의 최고국가기관으로, 의사결정기관이자 집행기관이다. 전국인민대표대회(전인대)는 중국인민정치협상회의(정협)와 더불어 양회(兩會)라 불린다. 연 1회 열리는 대회에 참여하는 대표는 주로 1급 행정구(성·직할시·자치구)의 인민대표대회에서 간접선거를 통해 선출되며, 임기는 5년이다. 군(軍)과 각 소수민족도 대표를 가진다. 사진은 2008년 중화인민공화국 제11회 전국인민대표회의 제4차 회의 모습이다.

구헌법에서는 천황이 행정권을 가지고, 국무대신은 각각 개별적으로 천황을 돕는 역할을 하는 데 지나지 않았다. 또 구헌법은 내각에 관해 어떠한 사항도 정하고 있지 않았다. 이에 비해 일본국헌법에서는 행정권을 내각이 가지며, 국회가 내각의 중심이 되는 내각총리대신(수상)을 지명하는 제도를 채택하고 있다. 이것이 일본의 의원내각제이다. 중의원의 의사가 우월하기 때문에 사실상 중의원에서 다수를 차지하는 정당의 당수가 내각총리대신으로 지명된다. 이는 정당을 중심으로 한 정치가 제도화된 것을 의미한다.

구헌법 아래 사법권은 천황의 이름으로 행사되었고, 재판소의 관할 범위는 민사 사건과 형사 사건이었다. 그러나 일본국헌법에서는 행정 사건을 포함한 모든 재판을 재판소가 담당하게 되었다. 재판소는 미국형 위헌 심사제를 근거로 법령 심사권(위헌 입법 심사권)을 갖는다.

대통령제인 한국과 의원내각제인 일본과 달리, 중국의 정치는 전국인민대표대회를 중심으로 운영되는 구조이다.

중국에서는 국가 통치에 권력분립제를 취하지 않으며, 민주집중제라는 정치 구조를 기본으로 한다. 주권자인 인민은 인민대표대회라는 국가권력기관을 통해 주권을 행사한다. 전국인민대표대회의 대표는 인민의 선거로 선출된다. 모든 국가권력은 최고 국가권력기관인 전국인민대표대회가 집

한·중·일 3국의 헌법에 규정된 정치 구조

한국 헌법	일본 헌법	중국 헌법
대통령제	의원내각제	국가 주석
일원제 국회	이원제 국회	전국인민대표대회

중적으로 행사한다. '행정·재판·법률 감독'이라는 세 가지 국가 기능은 인민대표대회에서 선출되어 이것을 책임지는 국무원(정부), 인민법원(재판소), 인민검찰원(검찰기관)이 분담한다. 그러나 이 기관들은 삼권분립과는 다른 원리에 입각한 것이며, 모든 권력은 전국인민대표대회 아래 집중되어 있다.

문화대혁명을 거친 1975년 헌법과 1978년 헌법에서는 국가 주석제가 폐지되었지만, 1982년 헌법에서 다시 부활했다. 주석과 부주석은 전국인민대표대회에서 선출되고, 전국인민대표대회와 그 상설기관인 상무위원회의 결정에 의거하여 법률을 공포하고, 국무원의 총리 등을 임명·해임하고, 훈장이나 영예 수여 등을 담당한다. 또 국가를 대표하여 외교를 맡는다.

국가권력의 집행기관은 중앙인민정부인 국무원이고, 총리, 부총리 약간 명, 국무위원 약간 명, 각 부장 등으로 구성된다. 전국의 무장력은 중앙군사위원회의 지도 아래 두고, 위원은 주석과 부주석 약간 명, 위원 약간 명으로 구성된다. 재판기관은 인민법원이고, 최고인민법원과 지방 각 단위 인민법원·군사법원 등의 특별인민법원이 있다.

중국 헌법에서는 전국인민대표대회와 그 상설기관인 상무위원회가 헌법의 감독을 맡도록 되어 있지만 위헌 심사를 행하는 제도는 없다.

헌법은 인권을 어떻게 규정하고 있는가

다음으로 한·중·일 3국의 헌법이 기본적 인권을 어떻게 규정하고 있는지 비교해서 살펴보자.

현행 중국 헌법에서 인권 보장에 해당하는 부분은 제2장 '공민의 기본적 권리 및 의무'이다. 이 부분은 지금까지의 중국 헌법에서는 국가기구에 관한 사항 다음인 제3장에 배치되어 있었는데, 1982년 헌법에서 순서가 변경되었다. '공민'의 권리를 지금까지보다 존중하려는 의도를 반영한 것이라고 생각한다.

"모든 공민은 헌법과 법률이 규정하는 권리를 향유하고, 동시에 헌법과 법률이 규정하는 의무를 이행해야 한다."(제33조)

중화인민공화국의 구성원('공민')이 됨으로써 비로소 기본권을 가질 수 있다고 밝혀놓았다. 공민은 법 앞에서 모두 평등하고, 만 18세가 되면 민족과 인종·성별·직업·가정·출신·신앙·교육 정도·재산 상황·거주 기간에 관계없이 누구나 선거권과 피선거권을 가진다.

또한, 공민은 언론과 출판·집회·결사·행진·시위의 자유 등의 정치적인 자유와, 종교·신앙의 자유, 신체의 자유, 인격 존엄과 주거 불가침, 통신의 자유, 통신의 비밀, 노동권 등 사회·경제적 권리, 교육을 받을 권리, 문화활동을 할 권리 등을 가진다. 특히 흥미로운 점은 노동자가 휴식할 권리를 가진다는 점으로, 국가는 노동자의 휴식과 휴양을 위한 시설을 확충하고 직원과 노동자의 근로 시간과 휴가 제도를 정할 의무가 있다.

여성은 남성과 동등한 권리를 가진다. 국가는 여성의 권리와 이익을 보호하고, 남녀가 동일하게 노동하고 동일하게 임금을 받는 제도를 시행하며, 여성 간부를 육성하고 선발해야 한다. 또 혼인과 가족·모친·아동은 국가의 보호를 받는다고 규정하고, '모든 부부는 계획 출산의 의무를 진다'라고 정하고 있다.

한편, 공민에게는 국가의 통일과 전국 각 민족의 단결을 유지할 의무, 헌법·법률·노동규율 준수, 국가 기밀 보호, 공공질서·공공도덕·공공재산의 존중 의무, 조국의 안전과 영예·이익을 옹호할 의무, 병역에 복무할 의무, 납세의 의무가 부여되고 있다.

중국 헌법에서 공민으로서의 권리를 기본으로 삼고 있다면, 한국의 현행 헌법은 국민의 권리 가운데 인간 존엄과 행복 추구권을 제일 먼저 규정하고 있다.

"모든 국민은 인간으로서의 존엄과 가치를 가지며, 행복을 추구할 권리를 가진다."(제10조)

그리고 기본적 인권을 보장할 국가의 의무를 강조한다. 여기에는 인권 보장을 둘러싸고 정치권력에 맞서 운동을 전개하며 민주화를 실현해온 한국의 역사가 반영되어 있다. 따라서 법 앞의 평등에 이어 우선적으로 보장되어야 할 인권으로 신체의 자유와 고문 금지를 규정하고 있다. 이와 함께 고문·폭행·협박·구속 등에 의해 강제된 자유는 증거로 삼지 않는다는 등의 규정이 있는데, 이 규정들은 상당히 자세하다.

이어서 거주·이전의 자유, 직업 선택의 자유, 사생활 비밀의 자유, 통신의 비밀, 양심의 자유, 종교의 자유, 언론·출판·집회·결사의 자유, 학문과 예술의 자유, 재산권의 보장 등 시민적인 자유와 권리의 보장이 규정되어 있다. 나아가 선거권, 청원권, 재판을 받을 권리 등에 관해 규정하고, 교육을 받을 권리와 의무, 근로의 권리, 근로자의 단결권·생존권·환경권 등 사회권에 관해서도 규정하고 있다.

그리고 가족생활에서 개인의 존엄과 양성평등에 관해서도 다음과 같이 규정하고 있다.

"혼인과 가족생활은 개인의 존엄과 양성평등을 기초로 성립되고 유지되어야 하며, 국가는 이를 보장한다."(제36조)

최초의 헌법인 1948년 헌법에는 "혼인은 남녀동권을 기본으로 하며, 혼인의 순결과 가족의 건강은 국가의 특별한 보호를 받는다"라고 규정되어 있었는데, 1962년 헌법에서 혼인의 동권 규정이 삭제되었다. 또 1980년 헌법에서는 '혼인의 순결'이 삭제되고, 여성들의 주장에 의해 혼인과 가족생활에서 개인의 존엄과 양성평등이 규정되었다. 그 배경에는 가부장제를 개혁하고 혼인의 자유와 이혼의 자유를 보장하려는 움직임이 있었다. 현행 헌법은 이 규정을 계승한 것이다.

한편, 일본국헌법에서는 기본적 인권을 영구의 권리로 보고 있다. 인권은 원래부터 존재했던 것이 아니라, 인류가 긴 역사 속에서 투쟁하여 쟁취한 것이며, 역사의 시련을 견디고 사람들에게 맡긴 것이다. 따라서 각자가 노력을 다해 미래의 인류에게 이 영구의 권리를 전해야 한다. 이러한 관점에서 일본국헌법은 다음과 같이 주장하고 있다.

"이 헌법이 일본 국민에게 보장하는 기본적 인권은 인류의 다년에 걸친 자유 획득을 위한 노력의 성과로서, 이러한 권리는 과거 많은 시련을 거쳐 현재와 장래의 국민에 대해 침해할 수 없는 영구의 권리로서 신탁된 것이다."(제97조)

"이 헌법이 국민에게 보장하는 자유와 권리는 국민의 부단한 노력에 의해 유지해야 한다."(제12조)

그렇다면, '침해할 수 없는 영구의 권리'에는 어떠한 것들이 있을까. 먼저 개인의 존중과 생명·자유·행복 추구에 대한 권리 존중이다. 그다음에 노예적 구속과 고역으로부터의 자유, 사상과 양심의 자유, 신교의 자유와 정교 분리, 집회·결사·언론·출판 등 표현의 자유, 검열의 금지, 통신의 비밀, 거주 이전의 자유, 직업 선택의 자유, 외국 이주·국적 이탈의 자유, 학문의 자유, 혼인의 자유 등 다양한 자유권을 보장하고 있다.

아사히 시게루의 생존권 소송

일본국헌법 제25조는 "모든 국민은 건강하게 문화적인 최저한도의 생활을 누릴 권리를 갖는다"라고 규정하고 있다. 이에 대해 1957년, 국립요양소에서 요양 중이던 아사히 시게루는 생활보호 제도로는 헌법 제25조가 보장하는 생활을 영위할 수 없다면서 후생대신을 상대로 생활보호법은 헌법 위반이라는 소송을 제기했다. 이에 대해 커다란 지원 움직임이 일어났으며, 제1심 도쿄지방재판소 또한 현행 생활보호 수준이 너무 낮아 국민의 생활권을 무시하고 있다는 판결을 내, 아사히 측이 승소했다. 국가 측은 상소(上訴)했고, 2심에서는 기준액은 낮지만 위법이라고는 할 수 없다는 판결이 나와, 아사히 측이 패소했다. 1964년에 아사히가 사망했기 때문에 결국 1967년에 소송 자체는 종료되었지만 생존권을 권리로서 제기한 이 재판은 커다란 의의를 남겼다. 이후 '인간재판'이라 불리며, 사회보장운동의 선구가 되었다.

또 "모든 국민은 법 앞에 평등하며, 인종, 신조, 성별, 사회적 신분 또는 문벌에 의하여 정치적·경제적 또는 사회적 관계에서 차별받지 않는다"라고 법 앞의 평등을 정하고 있다. 가족생활에서 개인의 존엄과 양성평등도 명확히 하고 있다. 나아가 '건강하게 문화적인 최저한도의 생활을 누릴 권리', 교육을 받을 권리, 근로의 권리, 근로자의 단결권·교섭권 등 사회권을 보장한다.

그러나 실제로는 헌법이 규정한 대로 인권이 보장되고 있는 것은 아니다. 사람들은 헌법을 근거로 현실을 점검하고 인권을 실질화하려는 방대한 실천을 거듭해왔다. 예를 들어 아사히 시게루는 생활보호법에 근거한 보호 급부가 '건강하게 문화적인 최저한도의 생활을 누릴 권리'를 보장한 헌법 제25조에 위반한다고 주장했다. 교과서 검정의 강화에 대해 집필자인 이에나가 사부로는 소송을 제기하여 학문의 자유를 지키려 했다. 이 밖에 표현의 자유, 공무원의 정치활동 권리, 노동자의 권리, 공해에 의한 환경권의 침해, 사생활의 권리, 알 권리 등 권리의 보장과 옹호를 요구하는 다양한 활동과 운동이 전개되었고, 그에 따라 헌법의 실질화가 이루어져왔다.

헌법은 국민과 정치의 관계, 권력의 편성 방법, 사람들의 권리 보장 등을 규정하는 국가의 근본법이며, 사람들이 자각 여부에 상관없이 정치·법·경제·사회의 형태 등과 밀접하게 관계되어 있다. 지금 한·중·일 3국의 민중은 각각 다른 헌법 아래 있지만, 민중이 정치의 주인공이 되어 인간으로서의 존엄과 진정한 평화를 실현해야 하는 공통의 과제에 직면해 있다. 헌법을 통해 '자유'와 '평등'과 '평화'를 일구어온 각국의 과거를 서로 확인하면서 강고한 연대로 미래를 열어가야 할 것이다.

2

동아시아의 도시화 －
상하이 · 요코하마 · 부산

● 이 시기 한·중·일 연표

1845 　청, 상하이에 영국 조계 설치(1848 미국, 1849 프랑스)

1859 　일본, 미일수호통상조약(1858)에 따라 요코하마 개항. 영국의 P&O사, 싱가포르-상하이 항로를 나가사키-요코하마까지 연장

1863 　청, 상하이의 영·미 양국 조계 합병, 공동조계 형성

1867 　미국, 태평양우선회사 샌프란시스코-요코하마-상하이 항로 개설

1871 　일본, 청일수호조규에 따라 요코하마 거류지의 중국인 차지권 승인

1875 　일본, 우편기선미쓰비시회사 요코하마-상하이 항로 개설

1876 　조선, 강화도조약으로 부산 개항. 미쓰비시, 나가사키-쓰시마-부산 정기항로 개설(1880, 고베까지 항로 연장)

1877 　조선, 초량 왜관을 일본의 부산 전관거류지로 개편 후 일본 영사관 설치

1883 　중국의 초상국, 상하이-나가사키-인천-부산 정기항로 개설

1884 　조선, 인천·부산에 중국인 전관조계 설치

1894 　일본, 청일전쟁 시기 부산에 병참 사령부 설치

1899 　일본, 치외법권 철폐에 따라 거류지 제도 폐지

1905 　시모노세키와 부산 간 관부연락선 개설, 조선과 일본의 철도망 연결

1910 　일본의 한국병합으로 한국의 거류지 제도 폐지

1913 　조선총독부, 일본인과 중국인의 부산전관거류지 부산부에 편입

1925 　중국, 상하이 공동조계의 노동자 파업, 5·30사건 발생

1927 　중국의 장제스, 상하이에서 쿠데타를 일으키고 난징 국민정부 수립

1937 　중일전쟁으로 제2차 상하이사변. 일본군이 조계 이외의 상하이 전 지역 점령

1941 　일본군, 상하이 조계 진주. 아시아·태평양 전쟁 발발

1943 　중국, 중미·중영 신약에 따라 치외법권과 상하이 조계 철폐

1964 　중국, '삼선 건설'에 따라 상하이의 공장을 내륙부로 이전

1979 　한국, 부마민주항쟁

1983 　일본, 요코하마 도심부 재개발사업으로 '미나토미라이21'사업 착공

1990 　중국, 상하이 푸둥 신구 개발사업 개시, 상하이 증권거래소 재설립

2003 　한국, 부산근대역사관 개관(구 동양척식주식회사 건물)

근대는 도시화의 시대였다. 동아시아의 근대 또한 예외는 아니었다. 동아시아에는 세계적으로도 두드러지게 거대도시가 형성되었다. 한·중·일 3국의 수도(서울·베이징·도쿄)는 근대 이전부터 도시로 발달해온 지역이 근대의 여러 기능을 갖추어가면서 근대도시로 성장한 경우에 해당한다. 조선민주주의인민공화국의 수도 평양도 같은 성격을 지녔다. 이와 달리 근대 이전에는 농어촌이었던 지역이 이후에 도시로 급격히 변모한 예도 있다. 이 장에서는 후자의 대표적 사례로서 상하이(上海)·요코하마(橫浜)·부산(釜山) 세 도시를 다루고자 한다.

이 세 도시 모두 개항으로 국제 무역과 금융이 확대됨으로써 근대도시로 성장할 수 있는 직접적인 발판을 마련했다. 또한 동아시아를 대표하는 항만도시로 성장했으며, 이후 공업화를 통해 도시가 팽창했다는 공통점이 있다. 한편으로는 각기 다른 정치·경제적 조건에서 세 도시는 고유의 특징을 만들어갔다.

항만도시의 성장은 내륙 농촌 지역의 변모와도 밀접하게 연관되어 있다. 철도와 같은 새로운 수송수단이 발달하면서 항만도시와 농촌 간에 경제적 결합이 이루어져, 전통적인 농촌 지역은 국제 농산물 상품의 생산지로 변화해갔다. 이 장의 3절에서는 동아시아의 대표적 국제 농산물 상품의 하나였던 누에고치·생사에 초점을 맞추어, 한·중·일 3국의 주요 생산지와 항만도시의 경제적 결합이 어떤 특징을 지니고 있는지를 살펴보았다.

1

개항과 도시의 성장

상하이·요코하마·부산 세 도시의 개항은 서로 다른 시기에 이루어졌다. 개항 상대국과 개항 조건에도 차이가 있었다. 그로 인해 세 도시는 서로 다른 과정을 거쳐 형성되었다.

 상하이의 개항은 중국이 아편전쟁에서 패한 뒤 영국의 강요로 이루어졌다. 이 때문에 상하이 조계(租界)는 영국을 비롯한 서구 열강의 주도로 도시화가 진행되었다. 요코하마는 미국과의 교섭 끝에 개항을 받아들였다. 교섭의 배경에는 미국의 군사적 압력이 있었지만, 요코하마 거류지는 기본적으로 일본 정부의 주도로 개발되었다. 부산의 개항은 서구 열강을 추종하며 열강의 길을 걷고자 한 일본이 조선에 군사적 압력을 가해 강제로 이루어졌다. 따라서 부산의 조계(거류지) 개발은 일본이 주도했다. 나아가 부산은 일본이 한반도와 만주로 향하는 침략기지로 이용되었다.

조계
조약과 관례에 기초하여 영토의 일부를 한정해 외국인의 거주·영업을 허가한 지구를 거류지라 부른다. 조계는 외국인이 입법, 행정·경(警) 및 사법을 관리하는 거주지이다. 한·중·일 3국에서는 조계와 거류지라는 호칭이 혼재했는데, 거류지라 불리던 지역도 실질적으로는 관리 방식이 조계와 같았다.

상하이 조계 조계에서는 치외법권이 인정되었으므로, 서구 열강의 간섭과 시정 아래 급속도로 도시화가 이루어졌다. 그림은 상하이 조계에 서양식 건물이 즐비하게 들어서면서 만들어낸 이국적인 풍경을 보여준다.

상하이의 개항과 조계의 형성

개항 이전 상하이는 양쯔강(揚子江, 창강長江) 하류 지역의 무역 거점이었다. 양쯔강 하구의 지류인 황푸강(黃浦江) 왼쪽 강변에 상하이 현성(縣城)이 위치해 있었다. 현성은 둘레 6km 정도의 작은 성벽도시였지만, 19세기 초에 상하이현 인구는 이미 50만 명에 이르렀다. 개항 이전에는 쑤저우(蘇州)가 창강 하류 지역의 중심도시였지만, 상하이에 이미 도시부가 형성돼 있었다는 점에서 요코하마나 부산과는 달랐다. 개항 후인 1849년, 영국 P&O사(Peninsular and Oriental Steam Navigation Company)에 의해 싱가포르-홍콩-상하이 간 정기항로가 개설되면서부터 상하이는 유럽과 아시아를 연결하는 중요 항만도시로 성장하게 되었다.

아편전쟁 종료 후, 1842년에 체결된 난징조약에 의해 개항장이 된 상하이에는 1843년에 영국 영사관이 설치되었다. 1845년에는 영국 영사와 상하이 도태(道台)● 사이에 '제1차 토지장정'이 체결되고 이를 근거로 영국 조계가 설치되었다. 이어서 1848년과 49년에 각각 미국 조계와 프랑스 조

도태
성(省)의 각 부처 장관이나 각 부(府)·현(縣)의 행정을 감찰하는 청의 지방 관리로, 일반적으로 도원(道員)이라 부른다. 도태는 도원의 존칭이다.

계가 설치되었다.

　제1차 토지장정에는 화양분거(華洋分居, 조계 내 토지와 건물 등을 중국인에게 대여하지 못하게 한 격리 정책) 방침이 규정돼 있었지만, 태평천국의 난 등을 피한 난민들이 조계로 유입된 탓에 실질적으로는 화양잡거(華洋雜居, 조계를 중국인에게 개방해 살 수 있게 함)가 진행됐다. 1854년 상하이의 영국·프랑스·미국 조계지 장정(제2차 토지장정)에 따라 화양잡거는 묵인되었다. 또한 외국인에 의한 입법기관(납세인 회의)과 공부국(工部局, 영국·미국 조계)·공동국(公董局, 프랑스 조계)이라는 행정집행기구가 설치되었다. 이 기관들은 조계 내에 재산을 보유한 외국인 납세자만으로 구성되어 도시 인프라를 정비했다. 1920년대에 이르기까지 중국인은 이들 기구에서 배제되었다.

　1863년 영국 조계와 미국 조계가 합병하여 공동조계를 형성하면서 행정기구도 단일화되었다. 1899년에는 공동조계의 영역이 크게 확장되었다. 프랑스 조계는 1861년과 1900년에 소규모로 구역이 확장되었다가 이어 1914년에는 대규모로 확장되었다.

　개항 이전 상하이는 수운 교통망이 발달한 수향(水鄕)이었다. 그에 비해 조계에는 공부국·공동국에 의해 마로(馬路)라 불리는 도로가 건설되었다. 1908년 공동조계에 시가전차(市街電車)가 개통되었다. 이렇게 수로가 토막 나면서 왕년의 수향은 쇠퇴할 수밖에 없었다. 쑤저우강 양쪽 기슭을 잇는 교량이 설치되었고, 특히 1899년 공동조계로 편입된 것을 계기로 쑤저우강 이북에까지 도시화의 물결이 미쳤다. 조계 주변에는 중국인 거주구인 화계(華界)가 형성되었다.

　공동조계의 중심에 해당하는 구 영국 조계에는 외국 상사와 금융기관이 집중적으로 들어섰다. 특히 황푸강에 접한 지역은 와이탄(外灘, Bund)이라 불렸다. 근대적인 오피스빌딩들이 숲을 이룬 이곳 스카이라인은 오늘날에도 상하이 관광의 랜드마크가 되었다. 또 교회와 경마장·클럽 등이 마련되어 외국인들의 커뮤니티의 장이 되었다. 양무운동 이후, 관영(官營) 혹은 관독상판(官督商辦)*이 주체가 되어 상하이에 공장 건립을 추진했다. 1895년 시모노세키조약이 체결된 후 영국 등 외국 자본은 제조업 분야에 진출했다. 면방적과 제사업(製絲業) 등 경공업을 중심으로 한 공장들이 공동조계(동구·북구)와 서부 지역(호서湖西)에, 조금 뒤늦게 쑤저우강 이북(자베이閘北·장완江灣)과 현성 남부(난스南市)의 화계에 각각 들어섰다.

상공업의 발전에 따라 신상(紳商)*이라는 중국인 상공업 자본가들도 성장했다. 그들은 동향단체나 동업단체를 조직하여 비즈니스 네트워크로 활용했다. 특히 차·견사·면포 등의 수출입 상품을 취급하는 동업단체의 활동이 활발했다. 또한 그들은 자선단체 선당(善堂)을 이끌며 빈민구제 사업에서 주도적 역할을 했다. 그리고 외국인이 장악한 조계행정에 맞서 중국인의 자치를 실현하려 했다. 화계에는 1905년 신상의 주도한 자치기관이 창설되었다. 그러나 신해혁명 후 1914년에 위안스카이의 통치 아래 지방자치는 정지되었다.

요코하마의 개항과 거류지 무역

1854년 미일화친조약에 이어, 에도(江戶) 바쿠후는 1858년에 미일수호통상조약을 조인했다. 그 후 네덜란드·러시아·영국·프랑스와의 조약 체결이 이어졌다. 1859년 요코하마는 나가사키(長崎) 등 네 개의 항구와 함께 개항되었다. 그해, 영국 P&O사는 싱가포르 – 상하이 항로를 나가사키 – 요코하마까지 연장했다. 1867년에는 미국의 태평양우선회사(Pacific mail steamship company)가 샌프란시스코 – 요코하마 – 상하이 항로를 개설했다. 1875년에는 우편기선미쓰비시회사(郵便汽船三菱會社)가 일본 최초의 해외 정기항로 요코하마 – 상하이 간 항로를 마련했다. 우편기선미쓰비시회사는 치열한 경쟁 끝에 P&O사와 태평양우선회사를 상하이 – 요코하마 항로에서 철수시키는 데 성공했다.

요코하마는 에도 – 교토를 잇는 간선도로(도카이도東海道)의 슈쿠바(宿場,

관독상판
정부 감독 아래 민간에 경영을 위탁하는 반관반민적인 기업 형태. 관독상판 기업은 청조의 양무운동의 일환으로 1870년대부터 설립되기 시작했다. 창업 초기에는 거액의 국가 자금이 투자되고 양무파 고관이 추천한 관료가 기업을 운영했으나, 후에는 민간으로부터 자본을 모집하여 거액을 투자한 상인에게 경영을 맡기고 국가는 이들 상인을 보호·감독했다. 리훙장이 후원한 상선회사(商船會社) 윤선초상국(輪船招商局, 1872)이 특히 유명하다.

신상
상공업자로 성공한 후 관직을 사거나, 신사(관료자격을 지닌 자) 중에서 상공업에 투자한 사람들을 신상이라 불렀다.

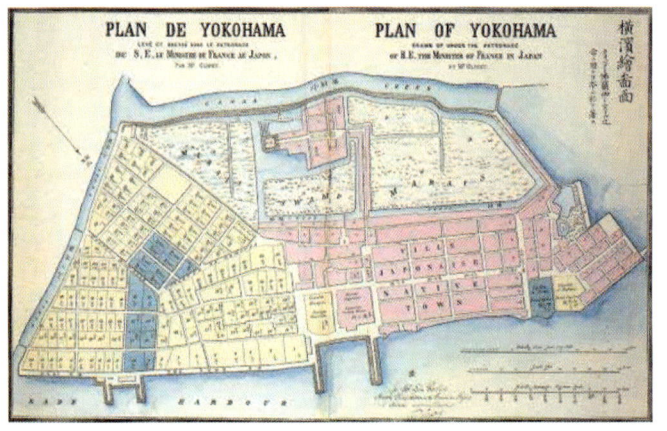

요코하마 실측도 1865년에 프랑스인 기사 클리폐가 작성한 요코하마 실측도. 분홍색은 일본인 거리, 노란색은 외국인 거류지, 파란색은 프랑스인 거주 지역을 나타내고, 중앙의 큰 방파제는 영국, 왼쪽의 작은 방파제는 프랑스가 주로 이용했다. 그림의 윗부분은 늪지대로, 매립되어 개발되었다.

에도시대의 역참)에서 떨어진 한촌에 불과했다. 개항장을 고립시킬 책략으로 간주한 영국과 미국 공사는 에도 바쿠후에 항의했지만, 바쿠후는 요코하마에 거류지를 설치한다는 방침을 관철했다. 바쿠후는 국내 상인들에게 매립 조성사업을 청부해 부지를 정비하고, 그곳을 동서로 양분하여 각각 외국인과 일본인의 거주 지역으로 삼았다. 1860년 요코하마 거류지는 정식으로 외국 측의 승인을 받았다.

메이지 신정부는 거류지에 공원과 도로를 건설하고, 구획정리 사업 등을 추진했다. 거류지 방위를 위해 주둔하고 있던 영국·프랑스 군대는 1875년에 철수했다. 영국·프랑스·미국을 비롯해 일본의 자본과 거류민이 도시 형성을 주도한 상하이 조계와는 달리, 요코하마 거류지는 일본 정부(바쿠후·메이지 정부)의 주도로 도시 개발이 진행되었다.

1871년 청일수호조규에 의해 거류지에서 중국인의 차지권(借地權)이 인정되었다. 이후 청일전쟁 시기를 제외한, 20세기 초까지 요코하마에서 중국인 인구는 계속 증가했다. 중국인 집단거주 지구가 형성되어 난킨마치(南京町, 난징거리라는 뜻의 중국인 상가)라 불렸다. 오늘날의 차이나타운이다. 난킨마치는 중국인 상인과 장인들의 거리가 되었다. 1908년에는 요코하마의 중국인 인구가 6,000명에 달했다.

개항 이후 요코하마의 외국 무역은 급속히 확대되었다. 생사(生絲)가 최대 수출품이 되어 유럽과 미국에 수출했다. 일본 정부는 외국인의 내지통행권을 인정하지 않았기 때문에, 외국인 대신 일본 국내에서 생사를 구입하여 외국 상관에 판매하는 일본인 생사 판매 상인이 활약했다. 1879년에는 요코하마쇼킨(橫浜正金)은행이 설립되어, 생사 판매 상인에게 자금을 대출했다. 그 후 무역금융 전문 특수은행으로서 금융 면에서 일본 자본주의의 대외 진출을 뒷받침하게 된다.

한편, 요코하마항은 도쿄에서 서쪽으로 향하는 교통 간선에서 벗어난 곳에 위치해 있었다. 1889년 도쿄와 고베(神戶)를 잇는 철도(도카이도선) 개통 당시에는 스위치백(switchback) 방식을 채용하여 요코하마역을 건설하기도 했다. 하지만 청일전쟁 당시 군용선이 요코하마역을 우회하여 부설되고, 전후에는 그 노선이 도카이도선으로 이용되면서 내륙 쪽으로 새로운 요코하마역이 만들어졌다.

1890년대 이후 산업혁명기를 맞이해, 오사카(大阪)·고베항이 중국과 조선에 대한 수출 확대로 급성장한 면공업지대를 배후에 두고 무역량을 급격히 증가시킨 데 비해, 요코하마항은 상대적으로 위상이 저하되었다. 요코하마는 주력 수출품인 생사를 생산하는 농촌 지역과 멀리 떨어져 있었기 때문에, 오사카나 고베와 같이 산업자본이 집적되지는 못했다. 또한 1899년에는 치외법권의 철폐에 따라 거류지 제도가 폐지되면서 요코하마 대신 도쿄로 외국 기업의 진출이 이루어졌다.

요코하마항의 위상이 상대적으로 하락하자, 20세기에 들어서면서 몇 가지 시책이 마련되었다. 항만을 정비하고, 아울러 변경된 도카이도선을 보완하기 위해 구 요코하마역까지 노선을 연장하는 사철(私鐵)이 부설되었다. 1904년에는 시가전차가 개통되었으며, 해안 매립사업을 추진하여 공단 부지를 조성했다. 특히 제1차 세계대전 시기에는 유리·조선·제철 등 중화학공업이 들어섰다. 이윽고 도쿄만의 도쿄·가와사키(川崎) 공업지대와 결합하여 게이힌(京浜) 공업지대를 형성하기에 이른다.

부산의 개항과 일본인에 의한 도시 형성

1876년 조일수호조규(강화도조약)로 부산이 개항되자, 해를 넘기지 않고 곧바로 미쓰비시회사가 나가사키–쓰시마–부산 간 정기항로를 개설했다.

이 항로는 1880년에 고베까지 연장되었다. 1890년에는 오사카상선에 의해 오사카-부산 간 정기항로가 개설되었다. 1882년 조청상민수륙무역장정이 체결된 이듬해에는 청의 초상국(招商局)이 상하이-나가사키-인천-부산 간 정기항로를 개설했고, 또 80년대 말에는 조선 정부가 독자적으로 해운업 장려책을 취했다. 청일전쟁을 계기로 중국-조선-일본을 연결하는 정기항로는 일본의 항운회사에 의해 독점되어갔다.

개항 전에도 부산의 초량에는 일본과의 교섭창구로 왜관(倭館)이 설치되어 소수이기는 하지만 일본인(쓰시마번의 관리)이 거주하고 있었다. 초량은 지역의 중심도시인 동래부나 부산진으로부터 떨어져 있고 교통도 불편했지만, 조선 정부는 의도적으로 이 지역을 선택해 왜관을 설치했다. 조일수호조규의 제3조와 4조에 의거하여 1877년 조선과 일본 사이에 부산구조계조약(釜山口租界條約)이 체결됨에 따라 초량 왜관은 일본의 부산 전관거류지(專管居留地)로 개편되었다. 이곳 거류지에는 일본 영사관이 설치되었다.

1884년에는 조선과 청 사이에 인천구화상지계장정(仁川口華商地界章程)이 체결되어 인천과 부산에 중국인의 전관조계가 설치되었다. 하지만 부산의 중국인 거류자는 청일전쟁 당시 대부분 청으로 귀국하여 1910년 무렵에는 356명에 불과했다. 이와는 대조적으로 일본인 거류자는 거류지 설치 이후 급증했다. 같은 해 부산의 일본인 인구는 2만 2,000명에 조금 못 미치는 정도로 조선인 인구(2만 1,000명 미만)보다도 많았다.

1894년 청일전쟁 당시 부산에는 병참 사령부가 설치되어 인천과 함께 일본군 병참 라인의 거점이 되었다. 1904년에는 경부철도가 완성되어 부산은 러일전쟁 당시 일본군의 병참 역할을 담당했다. 이어 1905년에 시모노세키(下關)와 부산을 연결하는 관부(關釜)연락선이 개설되어 조선과 일본의 철도망을 연결하는 역할을 수행했다. 이후 경부철도는 한반도에서 물류 간선의 역할을 했다. 부산항의 총 무역액 중 대일본 무역액은 80%에 달했다. 부산항에서는 미곡 등 곡물이 일본으로 반출되어 일본의 저임금 노동

초상국
중국 최초의 기선항운회사인 윤선초상국의 줄임말. 1872년 리훙장이 양무운동의 일환으로 영국이나 미국의 항운회사에 대항하기 위해 민간자본을 모집하여 설립했다. 상하이에 본사를 설치하고, 톈진, 홍콩, 요코하마, 고베, 싱가포르 등에 지점을 설치하여 무역을 담당했다. 1880년에 정부 자금을 모두 변제하고 민영회사로 운영되었다.

전관거류지
외국 영토에서 어느 한 나라의 행정권이나 경찰권 등이 배타적으로 행사되는 지역. 일본의 부산 전관거류지는 초량 왜관이 설치되어 있었던 용미산과 용두산 지역에 해당한다.

자의 식량 수요를 충당했다. 반대로 일본의 주요 공업 제품이던 면방직 제품이 일본에서 부산항으로 반입되었다.

개항 후 객주라 불리던 조선인 상인들은 일본인 상인들의 거래를 중개했는데, 자금 부족으로 일본인 상인에게 부채를 지고 고통받게 되었다. 객주들은 일본인 상인에게 공동 대응하기 위해 1889년 부산객주상법회사를 결성하고, 이어서 1908년 동래상업회의소를 결성했지만, 일본 정부의 지원을 받고 있던 일본인 상인에게 효과적으로 대응하지는 못했다. 결국 1916년 일본인의 상업회의소에 통합되었다.

해안선 가까이에 산이 있는 부산에서는 일본인 자본에 의해 부지 확보를 위한 매립 공사가 반복적으로 진행되었다. 1902년에 일본인 회사가 최초로 매립 공사에 착수했다. 그 후 철도·역사·잔교·창고·세관 등의 시설이 만들어졌다. 1912년 계선(繫船)이 가능한 철도 잔교가 완성되었다. 이 직전에 중국과 조선 국경의 압록강 철교 건설 공사와 안펑선(安奉線)●의 광궤 개수 공사가 완료된 상태여서, 부산은 일본 제국 전역으로 펼쳐지는 물류망의 거점으로 자리매김하게 되었다.

한편, 1910년 일본인 회사가 부산 시가지에 시가전차를 설치함에 따라 일본인 거류지와 부산진이 연결되었다. 한국병합으로 거류지·조계제도가 폐지되면서, 1913년 일본인과 중국인의 전관거류지·조계는 부산부에 편입되었다. 1914년에는 초량과 부산진이 부산부에 편입되었다. 이후 이 지역의 행정 중심지는 동래에서 부산부로 바뀌게 되었다. 동래는 부산의 일본인 자본에 의해 온천 관광지로 변모했다.

부산 매립지 거리 현재의 중부경찰서 소방서 일대에는 영선산과 영사관산(영국이 조차하고 있었기 때문에 붙여진 이름)이 초량과 부산 세관 사이를 가로막고 있었다. 일본은 두 산을 깎아 평지로 만들고, 그 흙과 돌로 바다를 메워 매립지 4만 4,780평을 조성했다. 그 결과 초량 종점의 경부선 부산 본역이 중앙동의 세관이 있는 제1부두 쪽까지 뻗어나와 부산항 선박의 물자와 인력이 육지의 경부선 철도로 바로 연계될 수 있게 되었다. 이로써 일본의 대륙 침략의 길은 더욱 확고한 터전을 잡았다.

안펑선
중국과 조선 국경의 중국 측 도시인 안둥(安東, 현재의 단둥丹東)과 펑톈(奉川, 현재의 선양瀋陽)을 잇는 철도 노선으로, 한반도에서 남만주철도로 연결되는 지선이다.

2

세 도시의 산업화와 노동자

19세기 말 이후 동아시아는 산업화 시대를 맞이했다. 산업화는 대도시 형성을 촉진했다. 먼저 일본에서는 청일전쟁 후 경공업 부문의 산업혁명이 일어났으며, 러일전쟁 후에는 중화학공업이 성립했다. 요코하마에서도 러일전쟁 이후 중화학공업 육성이 잇따랐다. 중국에서는 제1차 세계대전 이후, 민족자본에 의한 경공업 육성이 이루어짐과 동시에 영국과 일본 등 외국자본이 방적공업에 진출했다. 상하이는 이들 경공업의 중심지가 되었다. 제1차 세계대전 이후, 조선에서도 공장 건립이 진전되었지만, 일본 자본이 주도한 경우가 압도적으로 많았다. 부산에서도 식품·섬유 등 경공업 부문에 일본 자본이 진출해 있었다.

산업화와 함께 세 도시에는 공장 노동자와 도시 비공식 부문(잡업) 노동자가 계층을 형성했다. 국경을 넘나드는 노동력의 이동도 본격화되었다. 노동자들은 노동자로서의 권리를 확보하기 위해 노동운동을 전개했다. 그 중 상하이와 부산의 노동자들은 민족해방이라는 또 하나의 과제를 내걸고 투쟁했다.

상하이 – 공업화 진전과 중국인 노동자의 투쟁

개항 직후인 1852년에 54만 명이던 상하이 화계의 인구는 1910년에는 67만 명으로 증가했다. 이 기간 동안 조계 인구는 500명에서 62만 명으로 폭발적인 증가를 보였다. 그 후 1927년에는 화계와 조계 인구가 각각 150만 명과 114만 명으로 증가했다. 제1차 세계대전을 전후한 시기에는 조계보다 화계에서의 인구 증가가 격심했다. 이처럼 상하이는 제1차 세계대전 시기를 거치면서 인구가 200만 명이 넘는 거대도시로 성장해 있었다.

1910~20년대 상하이 인구 증가의 배경 중 하나로 공업화의 진전을 들 수 있다. 방적업·제사업·제분업 등의 경공업 부문이 이 시기의 공업화를 이끌었다. 이들 산업의 발달과 더불어 공장 노동자가 급증한 것이다. 상하이에는 이러한 기계제공업 부문 이외에도 다양한 수공업이 발달해 수많은 노동자가 종사하고 있었다.

인구 급증을 초래한 또 하나의 요인은 이른바 도시 막노동자의 증가였다. 그 대표적인 예가 쿨리(苦力)와 인력거꾼이다. 상하이항의 무역량 증가에 따라 부두 하역노동에 대한 수요가 증대했다. 쿨리들은 주로 이러한 육체노동에 종사했다. 또한 시내에서는 버스나 시가전차의 개통에도 불구하고 교통 수요가 증대함에 따라 인력거가 활약했다.

이들 공장 노동자와 도시 막노동자의 대부분은 임금수준이 낮아, 영세 수공업자나 상인 등과 함께 빈민 계층을 형성했다. 그들은 펑후(棚戶)라 불리던 허름한 판잣집에 거주했다. 빈민가는 펑후구(棚戶區)라 불렸다. 조계 당국은 거리의 미관을 보전하고 식민자의 위생과 쾌적성을 유지하기 위해 조계 내에서의 펑후 건축을 규제했다. 그 때문에 조계를 둘러싸는 형태로 화계에 펑후구가 형성되었다.

청일전쟁 후부터 상하이에 진출하기 시작한 일본인들은 제1차 세계대전 시기에 그 수가 급증했다. 재화방(在華紡)이라 불리는 일본 자본으로 설립된 방적공장들이 상하이에서 조업을 본격화한 것도 이 무렵이었다. 1927

재화방
중국에서 일본 방적 자본이 투자·경영한 방적회사. 1902년 미쓰이물산(三井物産)이 매수한 흥태사창(興泰紗廠)을 모태로 설립된 상하이방적(上海紡績)이 효시이다. 이어서 1911년에 나이가이면주식회사(內外綿株式會社)가 상하이에 공장을 건설하면서 일본 방적업의 본격적인 중국 진출이 시작되었다. 제1차 세계대전 후, 일본 국내의 심야작업 금지 조치와 중국의 관세 인상으로 일본 자본의 진출이 더욱 활발해졌으나, 노동조건의 문제가 중·일 간에 쟁점이 되기도 했다.

년 당시 일본인 인구는 상하이의 전체 외국인 약 5만 4,000명 가운데 47%에 해당하는 약 2만 6,000명에 달했다. 일본인은 구 미국 조계인 훙커우(虹口) 지구에 집중적으로 거주하며, 학교와 병원을 세우고 실질적인 일본인 거리를 형성했다. 또한 이곳에 일본인 통합의 상징으로 상하이 신사를 세웠다.

공장 노동자와 막노동자 등 빈민들도 반일민족운동 대열에 합류했다. 그 기점이 된 것이 1919년의 5·4운동이었다. 재화방 등의 공장 노동자와 교통기관 노동자 그리고 인력거를 끌거나 부두에서 일하던 노동자들은 파업에 들어갔다. 수공업 노동자는 일본 상품을 배척하자는 목소리를 냈으며, 상점원들은 점포를 닫는 파시(罷市)를 실시하여 반일 의사를 표명했다.

1925년 2월 공동조계에 있는 재화방 나이가이면주식회사(內外綿株式會社)의 폭력적 노무 관리와 경영 '합리화' 방침에 반발한 노동자들의 파업이 발단이 되어, 5월 30일에는 항의시위를 하던 학생들에게 영국 경찰이 발포하여 수십 명의 사상자를 내는 사건이 발생했다(5·30사건). 이를 계기로 상하이 전역에서 전례 없는 규모의 민족운동이 전개되었다. 5·4운동 때와 마찬가지로 이때에도 학생(파과罷課, 동맹휴학), 자본가와 상인(파시), 노동자(파업)들의 '파업(3파투쟁)'이 전개되었다. 그 가운데 재화방 등 방적 공장에

훙커우공원

훙커우공원은 1896년에 공동조계 공부국에 의해 건립된 서양식 정원이었다. 1932년 이 공원에서 천장절(天長節, 천황탄생일) 축하 행사가 열렸을 때, 조선의 독립운동가 윤봉길이 폭탄 테러를 실행하여 일본 정부 요인 가운데 사상자를 냈다.

중일전쟁 발발 이후 훙커우공원은 일본군에 접수되었지만, 패전 후에는 장제스(제스介石는 자이고, 본명은 중정中正)의 이름을 붙여 중정(中正)공원으로 개칭되었다가 1950년에 다시 옛 이름인 훙커우공원으로 돌아왔다.

루쉰이 상하이에서 지내던 시절에 이 공원을 산책했던 유래로 1956년 루쉰의 유해가 훙커우공원으로 이장되었다. 훙커우공원은 1988년에 루쉰공원으로 개칭되었으며, 공원 안에 루쉰기념관이 있다.

중국의 방적공장 방적공장에서 일하고 있는 중국 어린이들과 이를 감독하는 서양인. 당시의 열악한 노동현장을 엿볼 수 있다.

서 장시간 저임금 노동을 강요받고 있던 여성 노동자들이 파업의 전면에 나섰다.

한편, 1926년 6월 장제스가 광저우(廣州)에서 북벌을 개시하여 같은 해 11월에는 장시성(江西省)에서 상하이를 지배하고 있던 군벌 쑨촨팡(孫傳芳)을 물리쳤다. 이를 계기로 상하이에 특별시를 설치하려는 자치운동이 재연되었다. 당시 자치운동은 전술한 신상 등이 전개한 20세기 초의 운동과는 달리, 학생과 노동자가 일익을 담당했다. 또한 그 과정에서 실력으로 조계를 회수하려는 급진적 민족운동과 부르주아지 온건 노선 간의 대립이 명확해지기도 했다. 장제스는 1927년 4월 12일 상하이에서 중국공산당과 노동자를 탄압하며 쿠데타를 일으키고(4·12쿠데타, 상하이 쿠데타), 곧이어 4월 27일 난징 국민정부를 세웠다. 상하이의 중국인 부르주아지는 이를 지지하였으며, 같은 해 7월에 상하이 특별정부가 설치되었다.

1937년 중일전쟁은 제2차 상하이사변(8·13사변)으로 상하이까지 번졌다. 결국 같은 해 11월에는 조계를 제외한 상하이 전 지역이 일본군에 점령당했다. 조계에는 전쟁을 피하려는 많은 난민들이 유입되었다. 또한 상하이의 부르주아지도 조계로 공장을 이전해 기업을 지키려 했다. 그 때문에 전시하의 조계는 기형적인 번영을 구가했다. 그러나 1941년 12월, 아시아·태평양전쟁의 발발과 동시에 일본군이 조계에 진주한 후에는 물자 부

4·12쿠데타
중국국민당이 중국공산당을 대상으로 벌인 대대적인 공격. 이 사건으로 제1차 국공합작이 결렬되고 제1차 국공내전에 돌입하게 되었다. 이후 중국국민당은 공산당을 축출한 후 북벌을 완수하고, 중국 전역에 대한 지배권을 확립하게 되었다. 특히 장제스는 이를 계기로 당내 권력을 확실히 장악하고, 1인 독재 체제를 강화했다.

제2차 상하이사변
1937년 중일전쟁 당시, 일본군이 상하이에 상륙하여 공격을 감행한 사건. 개전 초기만 해도 일본군 수뇌부들은 중국 본토를 3개월 이내에 완전히 장악하겠다고 호언장담했다. 하지만 일본군의 예상과 달리 중국군의 격렬한 저항으로 상하이를 점령하기까지 3개월이란 긴 시간이 걸렸다. 이후 일본군은 국민당의 수도 난징으로 진격했다. 참고로 제1차 상하이사변은 1932년 1월 28일 상하이 국제 공동조계 주변에서 일어났던 중·일 양군의 충돌로, 이 사건은 제2차 상하이사변의 전초전 성격을 지닌 충돌이었다.

족과 인플레이션으로 대다수의 상하이 시민이 궁핍해졌다. 또한 1942년 1월 충칭(重慶) 국민정부는 미국·영국과 영사재판권 폐지와 조계 반환을 규정한 신조약을 체결했다. 이러한 움직임에 대항하기 위해 일본은 한발 앞서 왕징웨이 정권과 영사재판권 폐지와 조계 반환을 담은 협정을 체결했다. 또한 프랑스의 비시 정권도 일본의 압력을 받아 같은 해 7월 조계를 반환했다. 이로써 법률상 상하이 조계는 철폐되었지만, 일본의 패전과 국공내전을 거쳐 1949년이 되어서야 상하이는 해방되었다.

요코하마—도시의 팽창과 지진·전쟁 재해

개항 이후 급속히 인구가 증가한 요코하마는 1909년 이후부터 1926년까지 40만 명대에 머물렀다. 1927년에 인구가 50만 명을 넘어섰는데, 이는 시 영역이 대폭 확장되었기 때문이다. 당시 요코하마는 상업도시에서 공업도시로 전환되는 과도기였으며, 도시의 발달이라는 측면에서는 정체기였다고 할 수 있다.

제1차 세계대전 동안 일본 경제는 호황을 누렸지만, 1920년대 초에는 상황이 크게 변해 전후 공황이 덮쳤다. 게다가 워싱턴회의에서 군비 축소 문제가 논의되면서 조선 부문은 특히 심각한 불황에 빠졌다. 1921년과 22년에 조선업계에서는 노동쟁의가 잇달아 발생했다. 특히 요코하마선거(橫浜船渠)의 조선공들이 회사 측의 해고 방침에 맞서 격렬한 쟁의를 펼쳤다. 요코하마선거는 1889년에 개항장 인접지에 설립된 회사로 요코하마를 대표하는 제조업 기업 가운데 하나였다. 노동쟁의는 결국 노동자 측의 패배로 끝났다.

1923년 간토(關東)대지진이 요코하마를 덮쳤다. 이로 인해 요코하마 인구는 감소했다. 지진 직후 다른 피해 지역과 마찬가지로 경찰서의 지도 아래 시내 각지에 자경단이 조직되어 조선인 학살 사건이 발생했다. 요코하마시를 포함한 가나가와현 전체에서 약 2,000명이 살해된 것으로 추정된

왕징웨이 정권
왕징웨이의 다른 이름인 왕자오밍을 따서 왕자오밍 정권이라고도 한다. 중국국민당의 요직을 역임했던 왕징웨이가 장제스의 국민당 정부와는 별도로 1940년에 일본의 협조로 난징에 설립한 정부이다. 중국 민중의 지지를 거의 받지 못하다가 1945년 일본의 패망과 함께 장제스의 국민정부에 흡수되었다.

다. 지진 당시 가나가와현에 거주하던 조선인은 약 3,000명이었다. 제1차 세계대전 시기에 가나가와현의 조선인 인구가 증가했는데, 당시 조선인들은 항만 하역이나 토목건축 등 단순 중노동에 종사하고 있었다. 또한 현 내에는 요코하마와 가까운 곳에 군항 요코스카(橫須賀)가 자리 잡고 있어 그곳에서 일하는 조선인 노동자도 많았다. 조선인의 노동 조건은 가혹했으며 임금 수준도 낮아 실업자가 많았다.

대지진 이후 1925년부터 30년까지 요코하마 시장 아리요시 주이치는 요코하마의 부흥사업을 전개했다. 그는 1922년부터 24년까지 조선총독부 정무총감을 지낸 인물이었다. 아리요시 시장 시절에 요코하마시는 해안을 매립해 임해 공업지대 조성 사업을 개시했다. 이 사업 당시 조선인 노동자들은 주로 토목건축과 건축용 자갈 채취 노동에 종사했다. 간토대지진 이후 학살의 기억이 생생하게 남아 있는 가운데, 요코하마시를 포함한 가나가와현에 거주하는 조선인 인구는 또다시 증가했다.

1929년 세계공황으로 생사의 대미 수출항이던 요코하마는 심대한 타격을 입었다. 시내 공업 생산액도 급격히 감소했다. 해고와 임금 인하가 곳곳에서 발생했고 노동쟁의가 급증했다. 그 후 1930년대 후반에는 임해 매립지에 공장 설립이 진행되어 요코하마 경제는 급속히 회복세로 돌아섰다. 특히 전시경제 체제로 전환하면서 중화학공업(조선·자동차·전기·화학)의 입지가 진전되었다.

급속한 중화학공업화에 따라 요코하마의 인구도 급증하여 1942년에는 100만 명을 넘어섰다. 인구 급증에도 불구하고 전시였기 때문에 노동력 부족 문제가 심각했다. 1939년 이후 조선인 노동동원 정책에 따라 요코하마에도 수많은 조선인이 한반도에서 동원되어 토목 현장이나 군수공장에서 가혹한 노동을 강요받았다. 1943년 조사에 따르면 요코하마 지방재판소 관내의 조선인은 남성만 해도 3만 3,179명에 달했다. 중국에서 연행되었거나

간토대지진 당시 조선인 학살을 전하는 신문기사 간토대지진 당시 '조선인의 내습(來襲)'이라는 유언비어가 퍼지자 일부 일본들은 자경단을 만들어 조선인 6,000여 명, 중국인 200여 명, 일본인 수십 명을 살해했다. 민심 안정을 위해 군대와 경찰이 관여했다는 설도 있다.

전선에서 포로가 된 중국인도 노동 현장에 보내졌다.

한편, 간토대지진 후 요코하마에 거주하는 중국인 인구는 한때 감소했다가, 1920년대 말에는 다시 4,000명대로 돌아왔다. 그러나 중일전쟁이 시작되자 잇달아 중국으로 돌아가는 바람에 중국인 인구는 2,000명대로 줄어들었다. 중국국민당 요코하마 지부는 해산을 강요당했고, 차이나타운 사람들은 헌병대의 감시 아래 놓이게 되었다.

아시아·태평양전쟁 말기인 1944년에는 전황이 악화되어 건물과 사람의 소개(疎開) 정책이 이루어졌다. 1944년 말부터는 미군의 공습이 되풀이되면서 시민의 거주 상태는 극도로 악화되었다. 피난민 유출로 인해 일본이 패전한 1945년 당시 요코하마시 인구는 62만 명까지 감소했다.

1945년 9월 2일, 일본 정부는 요코하마 앞바다에 정박한 미국 전함 미주리호 선상에서 항복 문서에 조인했다. 전쟁 재해를 면한 항만시설은 무기 수송기지로서 중시되어 점령군에 접수되었다. 중심 시가지도 접수 대상이었다. 한국전쟁의 발발로 항만시설의 접수 해제가 연기되었다가 샌프란시스코강화회의 이후 미일안보조약에 근거해 미군이 접수를 승계했다. 또한 요코하마에 근접한 요코스카와 자마(座間)에는 패전 후에 미군기지가 배치되어 현재에 이르고 있다.

야마시타공원

간토대지진 이후 요코하마시는 복구를 위한 도시 계획을 실시했다. 도시 계획에는 방재를 겸한 공원 설치도 포함되었다. 이 계획에 따라 공원 네 곳이 새로 설치되었는데, 그중 하나가 요코하마항에 면해 있는 야마시타(山下)공원이다. 이 공원은 지진 잔해의 매립지를 정비한 것으로, 1930년에 완공되었다.
야마시타공원은 일본의 패전 후 미군에 접수되었다가 1954년 이후 반환되어, 1961년에 재정비가 완료되었다. 근처에는 옛 세관 등 지진 후 복구사업으로 재건된 건물이 지금까지 남아 있고, 차이나타운도 있다. 야마시타공원은 요코하마를 대표하는 수변공원으로서 시민과 관광객들에게 사랑받고 있다.

부산—식민지적 취업 구조의 심화와 조선인 노동자의 투쟁

1912년에 5만 명이 채 되지 않던 부산 인구는 1925년에 10만 명으로 늘고, 1933년에는 15만 명을 넘어섰다. 특히 이 기간 동안 조선인 인구가 급증했다. 1910년대 후반에는 일본인 인구를 조금 웃도는 수준이었는데, 1925년 무렵에는 일본인이 4만 명이고 조선인은 6만 명이 넘었다. 1933년에는 각각 5만 명 이상과 10만 명 이상이었다. 또한 1925년에는 경상남도 도청이 진주에서 부산으로 이전되었다. 부산이 도시로 확대된 배경에는 제1차 세계대전 전후의 산업 구조 변화에 따른 조선인 인구의 유입이 있었다.

제1차 세계대전의 호황으로 일본에서는 노동자의 소득수준이 상승했으며, 그 결과 일본의 미곡시장이 급격히 확대되었다. 1918년에는 쌀 소동이 일본 전역으로 확산되었다. 1920년에 일본 정부는 자국의 식량 문제를 해결하기 위해 조선에서 '산미증식계획'을 실시했다. 대일 무역기지였던 부산에서는 미곡 반출이 늘어나고, 그에 따라 유통·운수 산업 부문이 확대되었다.

또한 1910년대 말 이후 공장 수가 급증했다. 호황에 따라 일본 국내에서 조선으로의 투자액이 급증했기 때문이다. 식료품공업·양조업·정미업과 같은 노동 집약적 소규모 경공업이 주된 업종이었다.

1930년 당시 직업별 세대원 수의 구성비를 살펴보면, 일본인의 경우 자영상인과 공무원 또는 숙련 노동자로 취업하는 사람이 많았던 데 비해, 조선인의 경우에는 항만 하역 노동과 공장 미숙련 노동을 포함한 이른바 도시 막노동에 종사하는 사람이 많았다. 부산부 사회과의 1937년 조사에 의하면 부산의 빈민·영세민 수는 3만 7,000명 이상이었다. 이는 조선인 인구의 24%에 상당하는 수치다. 일본인은 구 일본 전관거류지를 중심으로 거주지를 확보한 데 비해 조선인은 그 외곽 지역에 밀집하게 되었다. 조선인 빈민들은 가파른 곳에 움막이나 판잣집을 짓고 살았다. 주거환경은 협소하고 과밀해 열악했으며, 수도 공급과 오수 처리에 어려움이 많았다.

쌀 소동
1918년 쌀값 폭등으로 생활고에 시달리던 일본의 민중이 쌀값 인하를 요구하며 미곡상이나 경찰서 등을 습격한 사건. 도야마현(富山縣)의 한 어촌에서 시작되었지만, 순식간에 노동자·농민을 주축으로 하는 전국적인 민중 소요로 확산되었다. 일본 정부는 군대까지 동원하여 진압했으며, 이 사건 때문에 데라우치 내각이 물러났다.

부산 부두에서 일하는 노무자 부두 노무자들이 선박에서 아연 철강재를 나르고 있다.

불안정한 취업을 강요당한 조선인 노동자들은 생계를 위해 일본인 자본가와 투쟁했다. 개항 이후 부산항에서는 거룻배와 하역 등을 일본인 자본이 독점하고 있었다. 그 밑에서 많은 조선인들이 부두 하역 노동에 종사했다. 그들의 임금 수준은 낮았고, 미숙련·반실업 상태에 놓여 있었다. 1921년 전후 공황의 영향으로 업자 측이 임금 인하를 계획하자 조선인 부두 노동자 5,000여 명이 임금 인상을 요구하며 파업에 나섰다. 나아가 부산시 전체의 운수 부문 노동자가 파업에 참가하여 조선 중남부의 물자 수송을 일시적으로 정지시켰다. 부두 노동자들은 불황이었음에도 불구하고 임금을 인상하는 데 성공했다.

또 다른 예는 방직·고무 제품 공장에서 펼쳐진 여성 노동자들의 투쟁이다. 1917년 일본인 자본에 의해 설립된 조선방직은 부산 최대 규모의 공장이었다. 1922년, 23년에는 임금 인상과 노동시간 단축, 일본인 감독관의 구타 시정 등을 요구하며 남녀 노동자가 파업을 벌였다. 그리고 1930년에는 남성 직공의 파업 투쟁을 지원하기 위해 기숙사에 사는 여성 노동자 700여 명이 단식투쟁을 단행했다. 그러나 회사 측의 강경책으로 파업은 중단되었다. 일본인 자본의 고무 제품(특히 고무신) 공장에서도 1928년부터 1935년까지 거의 매년 공장 측의 임금 인하 요구에 맞서 여성 노동자들이 파업투쟁을 전개했다. 총 600~700명의 여성 노동자가 약 1개월에 걸친 장기간 파업을 지속시킬 정도로 역량을 발휘했다.

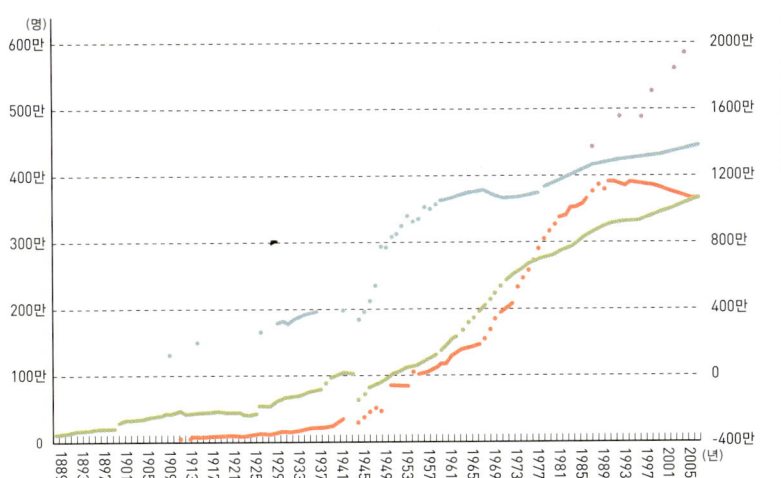

상하이·요코하마·부산의 인구 변천

전시에는 부산의 제조업도 일정한 발전을 거두었다. 당시의 정미업을 대신해 1940년에는 면직물이 최대 공산품이 되었다. 또한 1937년에는 부산에서 근대 조선업의 효시이자 대한조선공사의 전신이 된 조선중공업주식회사가 설립되었다. 이 회사는 일본의 대표적 조선회사인 미쓰비시중공업의 주도 아래 동양척식주식회사 등 국책회사가 대주주로 참여해 경영했다. 전쟁 시기 제조업의 발전에도 불구하고 해방 후에는 원재료와 자금 부족으로 공업 생산은 위축될 수밖에 없었다.

전시에 증가한 부산 인구는 일본의 패전 후 부산에 있던 일본인 약 6만 명이 일본으로 귀환함에 따라 한때 감소했다. 그러나 일본 국내와 중국으로부터의 귀환 그리고 분단 후 한반도 북부로부터의 유입에 의해 증가세로 전환되었다. 그리고 한국전쟁이 발발하면서 많은 피난민이 유입되었다. 인구는 1941년에 28만 명에서 1955년에 105만 명으로 4배 가까이 급증했다. 1941년 부산의 인구 규모는 서울(97만 명)의 29%에 머물렀지만, 1955년에는 서울(157만 명)의 67%에 육박했다. 한국전쟁을 전후한 시기에 부산으로 인구가 집중되었음을 알 수 있다.

3

도시화에 따른
농촌 사회 경제의 변화

산업화와 더불어 도시부에서는 노동력 시장이 확대되었지만, 동아시아의 농업 부문에서는 자본-임금노동 관계로의 분화는 거의 일어나지 않았다. 근대 동아시아 농업 부문에서는 소농 가족경영이 지배적이었다.

하지만 소농 경영도 상품경제의 물결에 휩쓸리게 되었다. 동아시아의 소농민이 생산한 농산물은 국내 시장에 머무르지 않고, 점차 국제 시장을 겨냥해 상품화되었다. 그중에서도 생사는 동아시아의 소농민이 국제 시장을 대상으로 생산한 대표적인 상품작물이었다.

양잠·제사업은 국제 상품이었던 탓에 무역항과의 교통·통신 접근성에 큰 영향을 받았다. 또한 양잠 농가와 농촌 지역 제사업자는 무역항에 거점을 둔 상인 자본의 정보와 금융에 의존하지 않을 수 없었다. 양잠 농민은 협동조합을 조직하여 상인 자본에 대항하기도 했다.

타이후 호숫가 수곽지대의 미곡·양잠 농촌

1949년 이전부터 상하이에 거주한 438명의 시민을 대상으로 실시한 1989년 면접조사에 따르면, 그들 중 대다수가 장쑤성(江蘇省, 44.3%)과 저장성(浙江省, 33.6%) 출신으로 두 성만으로도 80% 가까이를 점했다. 상하이 시내 출생자는 13.1%에 그쳤다. 또한 상하이로 이주하기 전에 직업을 갖고 있던 243명 가운데 농민은 62.1%, 비숙련 노동자는 23.1%였다. 이주 동기는 남성의 경우 취업 목적(68.6%), 여성은 남편과 동반한 경우(42.1%)가 가장 많았다. 자연재해와 전란으로부터의 피난이 9.8%를 점했다.

상하이의 인구 증대는 주로 장쑤성과 저장성 등 주변 농촌 지역 농민의 유입에 따른 것이었음을 알 수 있다. 앞 절에서 언급했듯이 상하이의 취업자 대부분은 비숙련 노동과 이른바 도시 막노동에 종사했다. 주변 농촌에서 취업 기회를 얻고자 상하이로 이주해온 농민의 대부분은 불안정한 직업에 취업할 수밖에 없었던 것이다. 그럼에도 농촌으로부터 인구 유입이 끊이지 않았던 것은 농촌에서의 송출 요인이 강하게 작용했기 때문이다.

송출 요인의 하나로 전쟁(일본의 침략전쟁과 내전)과 자연재해로부터의 피난을 들 수 있다. 그리고 또 하나는 국제적인 사회적 분업이 재편되면서 그 물결이 중국 농촌에까지 미쳤다는 점을 지적할 수 있다. 다음에 소개하는 사례를 통해 후자에 대해 살펴보자.

저명한 사회학자 페이샤오퉁은 1936년에 상하이 서쪽으로 약 130킬로미터 떨어진 타이후(太湖) 호숫가 동쪽 수곽(水郭)지대●에 위치한 카이시엔궁(開弦弓) 마을에서 방문조사를 실시했다. 인구 1,500명 미만의 이 마을에는 수로망이 발달해 있어 가장 가까운 소도시 진(鎭, 중국의 행정구)까지 배로 이동하는 데 2시간 반이 걸렸다. 타이후 주변의 다른 농촌과 마찬가지로 이 마을에서도 벼가 가장 중요한 농산물이고, 양잠이 그 뒤를 이었다. 마을에서 생산되는 생사의 일부는 진의 가내 견직물업의 원료로 공급되었지만 대부분은 수출되었다. 제1차 세계대전 이후 생사 수입이 감소하

수곽지대
해발 5m 이하의 낮고 평탄한 지역으로 수로망이 그물처럼 펼쳐진 곳을 말한다.

외국 상관 구내에서 생사를 싣고 있는 일본 노동자 외국인은 거류지 이외의 지역에서 거주하거나 영업을 할 수 없었지만, 일본인의 거류지 내 거주나 영업은 지방관과 각국 영사의 허가를 받으면 가능했다. 때문에 거류지에는 일본인 무역상뿐만 아니라 일본인이 경영하는 미술상점과 식료품점도 많이 존재했다.

자 양잠 농가는 궁핍해졌다. 또한 누에의 질병이 만연했지만 이를 막지 못해 생산성이 정체되었다는 점, 양잠 농가에서 가내 부업으로 제사를 행했기 때문에 수출국인 서양 국가들의 견직물 공업의 기술 발전에 적응한 고품질 생사의 생산이 어려웠다는 점 그리고 제1차 세계대전 후의 불황으로 생사의 국제 가격이 하락한 점이 그 원인이었다.

1920년대에 들어서자 쑤저우 부근에 있는 여자 잠업학교의 교원과 학생들이 이 곤경에 대처하기 위해 양잠 농가의 기술 지도에 나섰다. 1927년 난징 국민정부가 수립된 후에는 성 정부가 이 사업을 지원하게 되었다. 잠종(蠶種, 누에씨)의 소독과 치잠(稚蠶, 어린누에) 공동사육 등의 기술 도입으로 누에병이 감소하고 누에고치 생산이 증대했다. 그리고 1929년에는 성립(省立) 농민은행에서 장기로 빌린 자본금을 바탕으로 합작사 조직이 증기기관을 갖춘 제사공장을 설립했다. 1935년에는 이 공장의 생사가 수출국(局)에서 최상품으로 분류되기도 했다.

다른 한편, 이 공장이 가동됨에 따라 가내 부업으로 제사를 해왔던 농가 여성들은 일거리를 잃게 되었다. 그 결과, 가내 부업을 존속시키려는 농가와 합작사 제사공장은 원료 확보를 둘러싸고 경쟁하게 되었다. 또한 당초

의도와는 달리 가내 부업 기회를 잃은 탓에 가까운 도시 지역으로 전출하는 농가 여성 수가 증대하는 부작용을 낳기도 했다.

1938년 이 제사공장은 일본군에 의해 파괴되었다. 해방 후 농민들이 곡물 증산에 주력하는 가운데 인민공사 시절에는 뽕밭을 집단화함으로써 양잠업도 지속되었다. 1968년에는 제사공장이 다시 설립되었다. 개혁·개방 정책이 시작되자 농지의 일부에 공장(방적공장 등)이 들어서거나, 논을 양식지(상하이 게 등)로 전용하는 등 토지 이용과 취업 구조에 큰 변화가 나타났다.

요코하마 근교의 양잠 농촌

개항 이후 요코하마의 일본인 무역상들은 무역으로 큰돈을 벌었다. 그 가운데 가장 돈을 많이 번 사람은 생사 판매상이었다. 유력한 생사 판매상들은 구미의 수입업자들에게서 가격협상력을 확보했다. 19세기 말에 일본 자본주의는 산업혁명 시대를 맞이했지만, 요코하마의 무역상은 이미 성공을 거둔 탓에 오히려 산업자본가로의 전환이 늦어졌다. 그런 가운데 요코하마 무역상이 철도 경영에 나서기도 했다.

도쿄 내륙부의 중심 상업도시였던 하치오지(八王子)는 양잠지대를 배후지로 안고 있어 개항 당초부터 요코하마와 연계가 깊었다. 1886년에는 하치오지-요코하마 간 철도가 계획되었다. 그러나 수도인 도쿄를 기점으로 한 철도 건설을 우선하는 정부 방침에 따라 1889년에 하치오지-도쿄 간 철도가 먼저 부설되었다. 그 후 요코하마 무역상이 중심이 되어 하치오지-요코하마 간 철도 부설을 출원했다. 1904년 마침내 사철인 요코하마철도가 창립되어 1908년에 두 도시를 잇는 철도가 개통되었다.

이 철도 계획은 '육지의 외로운 섬'으로 불리던 연선 지역 가나가와현 고자(高座)군의 숙원 사업이기도 했다. 고자군도 마찬가지로 양잠지대였다. 1886년에는 농가의 부업으로 생산된 생사의 품질을 균질화하기 위해 작업소가 고자군과 그 주변 각지에 마련되었고, 그 생사를 공동으로 판매하기 위해 점진사(漸進社)가 설립되었다. 이 지역 농민이 생사 상품의 품질을 향상시키기 위해 고심했음을 알 수 있다. 철도가 개통되어 생사 출하가 효율적으로 이루어지면서 농민들은 큰 이익을 얻게 되었다.

고자군 아이하라(相原)촌의 경작 지주로 마을 요직을 맡았던 한 인물이 요코하마철도 개통 이듬해에 쓴 일기를 보면, 철도 개통으로 뽕을 구입해 양잠을 하는 농가가 늘기는 했지만, 누에고치 흉작으로 손해를 입은 농가가 있었음을 지적하고 있다. 철도 개통으로 농가의 상품경제화가 더욱 촉진되었으며, 그 결과 농가는 흉작이나 가격 변동이라는 위험 부담에 노출될 기회가 늘어났음을 시사하고 있다.

또한 이 인물은 1924년 일기에 "시세 변화로 농촌의 쇠퇴가 심하다. …… 금융은 조여들고 상거래는 부진하나 오직 무자산급 노동자만 전성기를 맞았다. 게이힌 방면으로 날마다 출근하는 철도공은 하루 5~6엔을 받고 …… 농가 일용직은 식사를 주고도 1엔 50전 이상이니, 소작을 준 밭을 돌려받는 지주는 난감할 뿐이다"라고 적었다. 제1차 세계대전 후 농산물(생사) 가격의 침체와 교통망의 발달에 따른 농업 외 노동력 시장의 확대로 농업이 다른 산업에 비해 불리한 상황에 빠져들어가는 모습이 지주의 시각에서 기술되어 있다.

1930년대 세계공황의 여파로 사치품인 생사 가격은 폭락했다. 그 때문에 이 지역의 경제는 극도로 부진한 상태에 빠졌다. 한편, 같은 시기 육군 관계시설이 이 지역에 들어서게 됨에 따라 이를 계기로 군사도시〔軍都〕로서의 정비를 목적으로 하는 토지 구획 정리 사업이 착수되었다. 이 사업은 패전과 동시에 중단되었지만, 1960년대 들어 도쿄·요코하마의 베드타운 정비로 목적을 바꾸어 다시 시작되었다. 전쟁 전의 양잠지대가 고도 경제성장기에는 교외 주택지로 변모하게 된 것이다.

조선 내륙의 미곡·양잠 농촌

낙동강은 한반도 남동부를 남하하여 부산의 서쪽에서 바다로 흘러드는 큰 강으로, 하구에는 삼각주가 발달해 있다. 개항 이후, 부산에 거주한 일본인 중에는 부산 주변의 농지를 매수하여 대지주로 성장하기도 했다. 또 수리조합(水利組合)을 설립하여 삼각주에 농지를 조성해 농장으로 정비하는 사람도 있었다. 이와 같이 일본인 지주의 주도로 부산 주변의 농촌은 대일 반출용 미곡 생산지로 재편되어갔다.

농촌 재편의 물결은 부산 주변에 그치지 않았다. 부산에서 상류로 약 250km 올라간 곳에 위치한 상주군에서도 그 영향을 발견할 수 있다. 상주는 내륙 평야지대로, 조선시대부터 곡작·면작·양잠이 번성한 지역이었다. 그리고 상주는 교통의 요충지이기도 했다. 육로는 한성과 동래(부산)를 잇는 대로의 통과점이었으며, 수로는 상주 동부의 낙동 지역까지 화물선이 올라갔다.

부산포상법회의소의 일본인 서기가 남긴 1888년 답사 기록에 따르면, 상주에 인접한 함창에는 일본산과 부산 근교의 김해산 소금이 낙동강을 거슬러 올라 수송되었다. 또한 낙동 지역으로 반입되는 북어는 부산에서 배로 운송되었다. 반대로 상주에서 생산된 면포와 곡물은 부산을 통해 반출되었다. 낙동강 항운을 매개로 상주 지역과 부산의 연계가 강했음을 엿볼 수 있다.

1905년 경부선이 개통되었지만 상주는 그 노선에서 제외되었다. 상주에서 가장 가까운 경부선 역은 40km 떨어진 김천 지역에 있었다. 1913년 김천과 상주 간 도로 개수가 실시되어 소달구지나 마차를 이용한 양 지역 간 수송이 증가하게 되었다. 상주는 미곡의 주된 산지였음에도 불구하고 생산된 쌀은 '김천쌀'이라는 상품명으로 유통되었다.

1922년 김천역을 기점으로 상주를 거쳐 안동에 이르는 사철 경북선이 기공되었으며, 1924년에는 상주까지의 운수 영업이 개시되었다. 김천-상

상주의 은사수산장 견습소 조선시대부터 양잠업이 발달한 상주 지역에 일본 제사 자본이 개입해 특판제가 개시되는 등 농촌 경제에까지 일본의 식민통치가 직접적인 영향을 미쳤다. 또한 조선총독부는 지반 산업을 개량·발전시킨다는 명목 아래 조선 각지에 이른바 '은사금(恩賜金)'으로 수산장(授産場)을 설치했으며, 주민들을 대상으로 기술을 가르치는 전습소를 개설했다. 사진은 잠업이 발달한 상주의 견습소에서 베틀 작업을 하고 있는 장면이다.

주간 철도 계획은 두 지역의 일본인 실업가들이 주도했다. 1929년에 상주역에서 발송된 품목 중에서는 쌀과 건견(乾繭, 저장하거나 품질 향상을 위해 말린 누에고치)이 많았다. 이들 생산품은 부산을 거쳐 일본으로 반출된 것으로 보인다. 반입 품목으로는 비료·조·소금·건어물이 많았다. 쌀의 반출과 비료·조의 반입을 통해 산미증식계획에 따른 농업 생산 구조의 변화와 농민의 궁핍화(이른바 기아 수출)를 읽어낼 수 있다.

상주는 조선시대부터 양잠업이 번성한 지역이었다. 농가 부업으로 견직(絹織) 생산도 이루어지고 있었다. 식민지 시기 조선의 양잠업은 일본 국내의 제사 자본에 대한 원료 공급원이 되었다. 그 때문에 재래 잠종 대신 일본 잠종의 보급이 강력히 추진되었다. 또한 제사업자가 효율적으로 원료인 누에고치를 조달할 수 있도록 지역을 정해 양잠 농가에서 공동으로 누에고치를 출하시켜 입찰 판매하는 누에고치의 공동판매제가 도입되었다. 상주에서는 1914년에 공판제가 시작되었다.

그 후 조선에 일본의 제사 자본이 진출하기 시작해, 1920년대 후반에는 공판제 대신 특약판매제(특판제)의 도입이 이루어졌다. 그에 따라 양잠 농가는 미리 지정된 제사회사에 도에서 정한 단가로 누에고치를 판매해야만

했다. 상주에서는 1927년에 특판제가 개시되었다. 이에 대해 경쟁입찰을 유지하도록 요구하는 진정서가 3,000명의 서명과 함께 당국에 제출되었다. 그 과정에서 신간회 간부와 지주·실업가 등 상주의 조선인 유지들이 주도적인 역할을 했다.

이 진정서는 결실을 거두지 못했지만, 그 대안으로 독자적인 견사 유통 가공 루트의 조직화가 시도되었다. 1927년 함창산업조합이 설립되어 농가 부업으로 생산된 명주를 공동판매하고, 공동작업장에서 방직기를 이용하여 명주를 생산하기도 했다. 명주의 품질 향상에 힘쓴 덕분에 1930년대에는 교토의 니시진(西陣)에서 교조메(京染, 교토풍으로 염색한 직물)로 판매되었다. 또 상주의 명주 상인 집안에서 태어나 미곡상을 경영한 조선인 유력자가 특판제에 맞서 양잠 농가에 독자적으로 누에씨를 배부하며, 자금 대출과 기술 지도를 실시했다. 이렇게 조달한 누에고치를 원료로 기계 제사 공장을 경영했다. 이러한 소생산자 또는 산업 자본가로서의 독자적인 시도도, 세계공황에 따른 생사 가격 폭락이라는 어려움을 겪다가 마침내는 전시 체제하의 경영 통제로 봉쇄당하게 된다.

해방 후 한국에서는 중요한 수출 농산물 중 하나로서 양잠업이 장려되면서 1970년대 중엽에 생산량이 절정기를 맞이한다. 이 시기 상주는 한국 제일의 양잠지대가 되었다. 그 후 뽕밭은 급격히 감소하고, 대신 과수 재배가 번성했다. 현재 상주는 한국을 대표하는 쌀과 곶감의 특산지로 널리 알려져 있다.

4

1945년 이후 도시의 변모

냉전 대립 아래 일본과 한국은 한·미·일 3국 간 국제 분업을 기반으로 급속한 공업화를 달성했다. 요코하마와 부산은 이 국제 분업을 뒷받침하는 핵심적 항만·공업도시로 급성장해갔다. 이에 비해 중국은 '자력갱생'을 지향하면서 군사 전략으로 내륙부 도시 개발에 중점을 두었기 때문에 상하이의 지위는 상대적으로 저하되어갔다.

중국은 개혁·개방 노선으로 전환함에 따라 국제적 분업 시스템에 참여하고 고도 경제 성장을 이루어왔다. 이는 아시아 내부의 분업관계를 심화시키고 있다.

상하이는 개혁·개방 노선을 상징하는 도시로서 1990년대 이후 급속한 성장을 이루었다. 한편, 요코하마와 부산은 기존의 산업도시에서 경제적 세계화에 대응하기 위한 전환이라는 과제를 안고 있다.

상하이―사회주의 건설에서 개혁·개방으로

상하이는 내전기에 난민 유입 등으로 인구가 급증하여, 1945년에 337만 명이던 인구가 1948년에는 541만 명으로 팽창했다. 이어 1949년에는 773만 명으로 급증했는데, 1년 사이의 이러한 변화는 상하이시 인근의 인구를 상하이시 인구로 포함시켰기 때문이다. 그 후 1950년대 말에는 900만 명을 돌파하고 있어 1949년 해방 후에도 상하이로 인구 유입이 계속되었음을 알 수 있다. 1960~70년대에는 상황이 달라져 상하이의 인구 증가 속도가 떨어졌다. 도시부로의 전입이 호적 제도●에 의해 제한되었기 때문이다. 1960년대 말부터 70년대 초까지는 인구가 감소했다. 내륙부로의 공장 이전과 문화대혁명 시기 하방(下放)운동●의 영향으로 볼 수 있다. 그 후 1980년대 이래로 상하이의 호적상 인구는 완만한 증가 추세가 유지되어 2007년 1,400만 명에 이르렀다. 1990년대에 개혁·개방 노선이 본격화되자 호적상 전입신고를 하지 않은 '잠주(暫住) 인구(방문 인구)'가 급증했다. 2007년 시점에서 잠주 인구는 600만 명 가까이 된다. 2007년 상하이는 호적 인구와 잠주 인구를 모두 합해 약 1,900만 명이 거주하는 세계 최대급 도시가 되었다. 이후에도 인구는 계속 늘어나고 있다.

해방 당시 상하이는 공업 생산액이 전국의 25%를 차지하는 중국 최대의 상공업도시이자 사영기업의 최대 집적지였다. 일본군 점령기부터 계속된 인플레이션을 억제하고 상하이 경제를 안정시키는 일은 신정부에게 가장 중요한 과제 가운데 하나였다. 정부는 사영기업을 활용하면서 농산물 공급을 상하이에 집중시키는 정책을 채택했다. 이를 통해 투기 자본에 타격을 주는 동시에 종래의 해외 의존적 경제 구조를 개조해 국내 시장과의 유기적 결합을 강화하고자 했다. 1950년에는 인플레이션을 수습하는 데 성공했다. 동시에 상하이의 경제와 행정은 중앙정부의 통제 아래 들어가게 되었다.

1953년에 시작된 제1차 5개년 계획에서 중국 정부는 미국·타이완과의

> **중국의 호적 제도**
> 1958년부터 1978년까지 중국 정부는 중공업 우선 정책을 채택하고, 노동자의 안정된 생활보장을 위해 농산물 가격을 낮췄다. 이로 인해 농촌 주민의 도시 유입이 급증하자 정부는 농촌 인구의 유출을 막기 위해 엄격한 호적 제도를 실시했다. 1958년 '호적 등기조례'에 의해 실시된 호적 제도는 농촌 주민에게는 농촌 호적이, 도시 주민에게는 도시 호적이 부여되었으며, 농촌 호적자가 도시로 이주할 경우에는 교육·주택·의료·복지 등에서 거의 혜택을 받지 못하도록 했다. 호적 제도의 실시로 인해 사실상 거주 이전의 자유가 없어졌다.

> **하방운동**
> 중국에서 당·정부·군 간부들의 관료주의·종파주의·주관주의를 방지하고 지식분자들을 개조하며 국가기구를 간소화한다는 명분으로, 간부들을 농촌이나 공장으로 보내 노동에 종사하게 하고 고급 군 간부들을 사병들과 같은 내무반에서 기거하며 생활하게 하는 간부 정책이다. 1957년 3월부터 시작되었으며, 문화대혁명 때 한동안 중단되었다가 1980년대 다시 재개되었다. 특히 도시의 중·고등학교 졸업자들을 변방 지방에 정착시켜 도시의 인구과잉과 취업난을 완화시키는 편법으로도 사용되어 각지의 하방 청년들의 반발을 사는 등 사회문제로 비화되기도 했다.

푸둥 신구와 민공의 모습 상하이 동부 지역에 위치한 푸둥 신구는 1990년부터 개발되기 시작했다. 동방명주탑, 진마오 빌딩 등이 이루는 스카이라인은 중국의 급속한 경제 성장을 상징한다. 하지만 이렇듯 화려한 건물들의 이면에는 주로 건설 현장에서 일하는 민공들의 애환이 있다.

삼선 건설
미국의 베트남전쟁 개입에 위기감을 느낀 마오쩌둥은 연해부를 '일선(一線)', 베이징-광저우 철도 연선 지역을 '이선(二線)', 그 외 서쪽의 내륙 지역을 '삼선(三線)'이라 하고, 장기전을 준비하기 위해 '일선'과 '이선'에서 '삼선'으로 공장 설비를 이전하는 '삼선 건설'을 추진했다. 중·미 국교 정상화로 사업 규모가 축소된 후에도 1970년대까지 계속되었다.

군사적 긴장을 고려하여 내륙을 중시하는 공업화 정책을 채택했다. 그 후 상하이에도 공업화 정책이 적용되었지만, 대부분 국방의 기반인 중공업 부문에 현저하게 치우친 정책이었다. 상하이 공업의 중심은 방직공업에서 철강·기계 등의 중공업으로 크게 전환했다. 1964년에는 전쟁에 대비하기 위해 '삼선(三線) 건설'이 개시되어, 상하이를 포함한 연안부의 공장을 내륙부로 이전하는 정책이 약 10년에 걸쳐 진행되었다. 전국 공업 생산액에서 상하이가 점유한 비율은 1952년에 약 20%였으나 1978년에는 13%까지 낮아졌다.

도시 건설에서는 공장 입지의 조정과 확대가 우선시되었기 때문에, 평후구가 정비되는 등 일부 성과를 제외하면 전체적으로 상하이 시민의 거주 환경 향상과 교통수단 정비는 지체되었다. 또 상하이 노동자의 임금 수준은 노동 생산성에 비해 억제되어 있었다. 임금 억제를 통해 기업의 이윤을 확보하고, 그것을 국가가 흡수해 중화학공업 부문에 투자한다는 사회주의하의 자본축적 메커니즘이 작동한 것이라 할 수 있다.

그 후 미국·일본과 국교 정상화를 이루면서 중국은 1978년에 개혁·개방 노선으로 전환하고, 연해부에 경제특구를 마련해 외자 도입을 통한 수출 지향 공업화 노선을 채택했다. 당초 국영기업의 비중이 높고 중화학공업 중심의 산업 구조를 지녔던 상하이는 개혁·개방 노선으로의 전환이 뒤처졌다. 1991년 전국 공업 생산액에서 상하이의 점유율은 7%까지 하락했다. 그러나 1990년에 국가프로젝트로 푸둥(浦東) 신구 개발을 개시하는 등 그 후에는 급속한 경제 성장을 이루었다. 상하이의 항만 기능 또한 1990년대 이후 급속히 확대되어 현재는 세계에서 손꼽히는 화물 취급량을 자랑하고 있다. 뿐만 아니라 국내외 주요 금융기관이 들어서고, 상하이 주식시장의 거래량이 급속히 증대하는 등 상하이는 단기간에 국제 금융도시로 성장했다.

1990년대 이후 상하이의 노동력 시장은 급속히 확대되어 농촌의 젊은이들을 끌어들였다. 당국은 처음에는 타지로 돈을 벌러 가는 대규모 이주 노동자의 이동을 맹류(盲流)라 부르며 단속 대상으로 간주했다. 1990년대 후반에는 이러한 노동력 이동을 유도하는 정책으로 전환하여, 타지로 돈을 벌러 나가는 노동자를 민공(民工)이라 불렀다. 2000년대 들어 민공은 점차 상하이에 정주하기 시작했다. 그러나 상하이에서는 구 호적 제도가 존속되고 있기 때문에, 도시 호적을 가진 노동자와 민공 사이에 임금과 사회보장을 둘러싼 격차가 존재해 사회문제가 되고 있다.

요코하마―공업화, 베드타운화 그리고 탈공업화

전시하의 전쟁 피해와 장기간에 걸친 점령군의 접수는 요코하마 거리를 크게 변모시켰다. 일찍부터 요코하마에 있던 기업 본사들은 대부분 도쿄로 이동했다. 요코하마쇼킨은행의 자산을 인계받아 1946년에 설립된 도쿄은행도 요코하마쇼킨은행의 구 도쿄 지점을 본점으로 삼았다. 요코하마 경제는 도쿄의 영향 아래 있는 지점 경제의 색채가 점점 강해졌다.

또 하나의 변모 사례로 고토부키초(壽町)를 들 수 있다. 도쿄나 오사카에는 토목건축 노동이나 하역 노동 등의 취업 기회를 찾아 일용직 노동자가 모이는 인력시장(요세바寄せ場) 지구가 형성되어 있다. 요코하마의 고토부키초도 그러한 지구 가운데 하나이다. 다른 도시의 인력시장의 역사가 1945년 패전 이전으로 거슬러 올라가는 것에 비해 고토부키초는 패전 이후에 형성되었다는 점이 특징이다. 한때는 상업지였던 고토부키초는 전시에 공습으로 파괴되었고, 패전 이후에는 주둔군에 접수되어 옛 지주들은 퇴거 명령을 받았다. 1952년부터 58년에 걸쳐 접수가 해제되자 전출 나갔던 옛 지주들은 소유지를 팔았다. 가까운 하천 기슭의 빈민가에 전쟁 전부터 살고 있던 재일코리안들이 그 토지를 구입하여 일용직 노동자를 겨냥한 간이 숙소 도야(ドヤ)를 잇달아 지었다. 이렇게 해서 인력시장과 도야가(ドヤ街)로 구성된 고토부키초가 형성된 것이다. 고토부키초의 인구는 절정기였던 1970년에 1만 명을 넘었다.

패전 이후 부흥기부터 고도 성장기에 걸쳐 요코하마에서는 중화학공업의 입지가 급속히 진행되었다. 요코하마 임해부의 매립이 진전됨에 따라 철강·석유화학·조선·자동차·전기기기 등 중화학공업 부문의 공장이 잇달아 설립되었다. 그리고 도쿄·가와사키의 공업지대와 결합해 게이힌 공업지대의 일각을 형성해갔다. 중국이라는 최대 무역 상대를 잃은 일본 자본주의는 1950년대 이후 미국과 동남아시아와 밀접한 관계를 맺어왔다. 그 결과 공업 입지의 중심이 규슈(九州) 북부와 한신(阪神) 공업지대(오사카·고베)에서 물류의 편의성이 더 나은 게이힌 지역으로 이동했다.

한편, 요코하마는 고도 성장기 이후 주택도시의 면모도 보이게 되었다. 1953년, 도쿄 도심과 요코하마를 잇는 사철 도쿄큐코(東京急行)의 사장은 택지 개발을 위한 가와사키·요코하마 내륙 지역의 토지 구획 정리 사업 계획을 발표했다. 이 지역은 '다마(多摩) 전원도시'로 명명되어, 1966년에는 도쿄큐코·전원도시선으로 도쿄 도심과 연결되었다. 그리고 화이트칼라 계층이 거주하는 신흥 주택지가 형성되었다. 단, 내륙부에서의 기업 입지가 진행되지 않은 탓에 직주(職住) 접근형 '전원도시'는 실현되지 못하고, 도쿄로 통근하는 사람을 위한 베드타운이 되었다. 또한 상정한 규모 이상으로 거주 인구가 팽창한 탓에 통근자는 '통근 지옥'을 맛보게 되었다.

요코하마를 비롯한 전국의 도시에서는 중화학공업의 입지가 공해 문제를 일으켰다. 그리고 거대 주택도시의 형성으로 공원·보육원 등 사회자본 정비라는 과제가 부상했다. 이러한 과제에 대해 중앙정부의 보수정권은 충분한 대책을 수립하지 못하고 있었다. 1960년대부터 70년대에 걸쳐 각지의 지방자치단체에서 이른바 '혁신 수장'이 속속 탄생하게 되었다. 요코하마에서는 1963년에 혁신 시장이 탄생했다. 1964년에는 민간기업과 개별적으로 공해 방지 협정을 체결하는 '공해 대책 요코하마 방식'을 통해 공해 문제에 대처해갔다. 이는 1967년의 '공해 대책 기본법'보다 앞선 시도였다.

1980년대 후반 이후 엔화 가치가 상승하자 그 영향으로 요코하마의 중화학공업은 국제 경쟁력을 상실하게 되었으며, 많은 대규모 공장이 철수했다. 그 결과 요코하마항의 국제적 지위는 급속히 추락하게 되었다.

요코하마를 대표하는 조선회사인 요코하마선거는 선박의 대형화에 대응하기 위해 창설 이래 계속 유지해온 선거를 시내의 다른 지구로 이전할 계획을 세웠다. 1983년에 요코하마시는 그 계획에 맞춰 선거 부지와 주변부의 도시 재개발 사업을 개시했다. 현재는 호텔과 오피스빌딩, 쇼핑센터가 즐비하다. 이는 1980년대 이후 3차 산업 중심의 산업 구조로 전환해온 요코하마의 모습을 상징하고 있다.

부산─공업화, 민주화 그리고 세계화

해방 직후 부산의 제조업은 일본인 경영자·기술자의 귀환과 남북 분단에 따른 전력과 자원 부족으로 한때 크게 위축되었다. 한국전쟁기에 임시 수도가 된 부산은 전쟁 이후 제조업 분야에서도 한국의 중추 지역으로서의 위치를 확보해갔다. 미국의 원조 물자를 국내 시장용으로 가공하는 이른바 수입대체공업이 발전했다. 당시 '3백(三白) 산업'이라 불렸던 방적·제분·제당업과 식민지 시기부터 있던 고무 제품 공업과 조선업이 주요한 제조업 분야였다. 조선업 이외 분야에서는 모두 중소기업의 비중이 컸다.

그러나 해방 직후부터 한국전쟁기에 걸친 실업자·반실업자의 체류 문제는 공업화로도 해소되지 않았다. 그 때문에 주택환경은 악화되었다. 판잣집이 밀집한 판자촌이 확대되었는데, 1970년대 초까지 그 규모는 축소되지 않았다. 특히 해외에서 돌아온 귀환민과 북부에서 남하해온 피난민들은 연고도 자금도 없는 가운데 자력으로 살아남을 수밖에 없었다. 그 사람들 가운데는 식민지 시기에 상설시장이었던 부지에 노점상을 여는 사람들도 생겨났다. 어패류를 주로 취급하는 자갈치시장과 원조 물자·구호품·군용품 취급에서 시작해 이윽고 의류·구두·가방 등을 널리 취급하게 된 국제시장이 특히 유명하다. 두 시장 모두 그 후 상설점포가 되어 오늘날에는 부산의 관광명소가 되었다.

1960년대에는 낮은 임금을 경쟁력으로 삼아 직물·고무신·선박 등의 제조업 제품 수출이 급성장했다. 특히 1965년 한일기본조약 체결 이후 일본의 대한 직접 투자의 본격화와 대일 무역 증대로 일본과 근접한 부산 경제가 활성화되었다. 1960년대 부산의 제조업은 부가가치 기준으로 한국 전체의 17% 정도를 지속적으로 점유했다. 또한 공업 제품 수출항으로서 부산항의 지위도 높아졌다.

용두산공원

부산 시가지 중심부에는 용두산이라 불리는 언덕이 있는데, 이곳에 부산항을 내려다볼 수 있는 공원이 조성되어 있다. 조선시대에는 왜관이 설치된 적이 있고, 부산 개항 후에는 일본인 거류지였다. 식민지 시기의 용두산신사 자리에는 현재 부산타워가 세워져 있다.

용두산 기슭에는 부산근대역사관이 자리 잡고 있다. 이 건물은 과거 동양척식주식회사의 부산 지점이었으며, 해방 후에는 미국 문화원으로 사용되었다. 1982년 한·미 관계의 불평등성과 5·18광주민주화운동에 대한 미국의 책임을 규탄하기 위해 학생들이 점거해 방화한 사건으로도 잘 알려진 건물이다. 그 후 부산 시민의 반환운동으로 1999년에 한국 정부에 반환되었으며, 현재는 역사관으로 이용되고 있다.

1996년에는 용두산공원 기슭의 남포동을 주 무대로 제1회 부산국제영화제가 개최되었다. 그 후 매년 영화제가 이어지면서 오늘날에는 아시아를 대표하는 국제영화제가 되었다. 문화 산업의 육성 또한 부산시 재활성화를 위한 기본 전략의 하나로 자리매김되고 있다.

1980년		1989년		1999년		2007년	
순위	도시	순위	도시	순위	도시	순위	도시
1	뉴욕 (195)	1	홍콩 (446)	1	홍콩 (1,621)	1	싱가포르 (2,710)
2	로테르담 (190)	2	싱가포르 (436)	2	싱가포르 (1,594)	2	상하이 (2,615)
3	홍콩 (147)	3	로테르담 (360)	3	가오슝 (699)	3	홍콩 (2,288)
4	고베 (146)	4	가오슝 (338)	4	부산 (644)	4	선전 (2,110)
5	가오슝 (98)	5	고베 (246)	5	로테르담 (634)	5	부산 (1,326)
...	...	6	부산 (216)	...	...	...	...
12	요코하마 (72)	...	...	7	상하이 (422)	...	...
...	...	12	요코하마 (151)	...	...	...	...
16	부산 (63)			17	요코하마 (220)	26	요코하마 (318)

세계 주요 항만의 컨테이너 취급량
( ) 안은 취급량(단위 : 1만TEU)

출처 : 《Containerisation International Yearbook》, 각 호

그리고 1970년대 중화학공업화 시기에 부산의 제조업도 조선과 철강 등의 분야가 신장되었다. 그러나 중소기업의 비중이 높고 생산성 수준이 낮았던 부산 제조업의 구조적 난점은 해소되지 못했다. 70년대 중반 이후 전국에서 부산의 제조업 점유율은 서서히 낮아져, 80년대 초에는 부가가치 기준으로 전국 점유율 10% 이하로 떨어지고 말았다.

1978년 제2차 석유 위기를 계기로 한 경제 불황 시기에 부산 경제의 부진은 특히나 심각했다. 도시 하층민의 고조된 불만은 1979년 10월 부산과 인근 도시 마산에서 박정희 독재정권 타도를 외치는 가두시위로 이어졌다(부마민주항쟁). 이 시위가 도화선이 되어 박정희 정권은 붕괴했다. 이 대규모 시위는 1960년 4월혁명의 최종 국면인 4월 26일에 20만 시민이 부산 시가를 가득 매운 가두시위의 재현이기도 했다. 또한 1987년 6·10민주화운동 당시에도 부산에서는 6월 10일부터 27일까지 항쟁 전 기간에 걸쳐 하루도 쉬지 않고 가두시위가 펼쳐졌다. 이와 같이 부산은 한국 민주화 운동에 언제나 선도적인 역할을 수행해왔다.

1980년대 중반부터 말까지 한국은 '3저(원화 약세, 저금리, 저유가)' 호황을 누렸다. 부산항은 이 시기에 국제적 지위를 높여 현재에 이르고 있다. 90

년대 초 소련(러시아)·중국과의 국교 정상화 이후, 양국과의 무역이 급격히 확대된 것도 플러스 요인이 되었다. 그러나 3저 호황을 주도한 자동차·전기 등 조립형 제조업 분야가 자리 잡지 못한 부산 경제는 한국 내에서의 제조업 점유율이 한층 낮아졌다. 또한 도심에서 교외도시로 인구가 이동한 탓에, 1995년을 기점으로 부산의 인구는 감소 추세로 돌아섰다.

    오늘날에는 자동차 산업의 입지를 다지고 동아시아 물류 거점으로서 부산항을 정비하는 등 새로운 정책이 시도되고 있다. 또한 국제회의 유치와 국제영화제 개최 등 국제화를 염두에 둔 문화 산업 육성에도 힘을 쏟고 있다. 해운대 지구에서는 리조트·주택 지역으로 재개발이 진행 중이다. 세계화의 진전에 따른 산업 구조 전환에 대응해 새로운 도시를 창출하기 위한 노력이 모색되고 있다.

3

철도-근대화와
식민지 통치 및 민중 생활

● 이 시기 한·중·일 연표

1872 일본, 도쿄-요코하마 철도 개통

1876 자딘매디슨상회, 상하이에 우쑹철도를 건설. 청 정부, 이를 구입해 파괴

1889 청, 루거우차오-한커우 철도 건설 비준

1896 미국인 모스, 경인철도 부설권 획득

1898 대한제국, 한성-목포 간 철도 건설 계획. 박기종, 부산항-하단포 철도 건설 계획(자본 부족으로 무산)

1899 타이완, 남북 종관철도 건설 개시

1900 대한제국, 일본에 의해 경인선 개통

1903 중국, 민간과 지방에 철도부설권 개방. 둥칭철도 개통

1905 대한제국, 일본에 의해 경부선 개통. 일본, 둥칭철도 남만지선(창춘-뤼순·다롄)과 부속권리 획득

1906 일본, 남만주철도주식회사(만철) 설립. 중국, 루거우차오-한커우 철도 개통

1908 타이완, 지룽-가오슝 간 남북 종관철도 완성

1911 압록강 철교 준공, 한국의 신의주와 중국의 안둥철도 연결. 중국, '간선 국유 정책' 실시. 철도 국유화 반대운동

1915 일본, 중국 '21개조 요구'. 안펑철도와 만철의 경영권 기한 99년으로 연장

1917 조선총독부 관할 국유철도 만철에 위탁 경영

1925 만철에 대한 조선 철도 위탁 경영 해제, 조선총독부 직영

1926 두만강 철교 완성으로 조선 철도와 만주 철도 연결. 타이완, 타이둥선 개통

1932 만주국 성립, 1935년까지 만주의 모든 철도 국유화

1933 만철, 조선 북부 지역 철도 경영

1963 일본, 메이신고속도로(나고야-고베) 일부 구간 개통

1964 일본, 도카이도 신칸센(도쿄-신오사카) 개통

1970 한국, 경부고속도로 개통

1988 중국, 고속도로 건설 시작

2004 한국, 한국고속철도(KTX) 개통

어깨에 지고 손에 들고 발로 걸어다니던 원시시대에서 현대적 교통·운송으로 발전하기까지 인류는 기나긴 역사적 과정을 거쳤다. 산업혁명 이후 물질문명의 진보로 인류의 생활 방식에는 커다란 변화가 생겼다. 의·식·주·교통 가운데 교통수단의 변화가 가장 뚜렷했다. 화물선, 기차, 자동차, 비행기가 범선, 소달구지, 인력거, 가마 등을 대체하면서 사람과 화물의 이동 속도와 방식이 완전히 바뀌고, 일반 민중의 생활공간도 크게 확장되었다.

철도는 근대 산업 문명의 산물이면서 다시 산업 문명의 발전을 촉진했다. 철도로 대표되는 신식 교통·운송업은 근대 경제 발전의 기본 조건이자 중요한 구성 요소였다. 서양에서 동아시아로 들어온 철도는 역사가 100여 년밖에 되지 않는다. 그동안 철도는 동아시아의 시장, 무역, 기술 발전, 인구 이동과 도시 건설의 촉진제이자 제국주의의 동아시아 침략과 식민지(또는 반식민지) 통치의 핵심 수단이었다.

이 장에서는 철도를 중심으로 동아시아 각국의 교통 체제에 일어난 변화와 교통의 변화가 민중의 생활에 가져온 영향을 살펴보고자 한다.

1

동아시아의 철도 도입

철도에 대한 항거

1825년 영국에서 세계 최초로 철도가 건설되었다. 약 반세기 후 철도는 동아시아 각국에도 잇따라 등장했다. 1872년 일본에서 첫선을 보인 이래, 1876년에는 중국에서 그리고 1899년에는 조선에서도 철도 운행이 시작되었다.

   동아시아에서 철도가 처음 도입될 당시에는 상당한 저항에 부딪혔다. 군함과 대포로 중국을 강제로 개방시킨 서구 열강은 시장 개척을 위해 중국에 철도 건설을 요구했다. 당시 청 정부는 열강의 침략성에 매우 민감하게 반응하며 무조건 거부했다. 가장 큰 이유는 국방에 대한 우려 때문이었다. 철도가 개통되면 험준한 지세가 바뀌어 천혜의 우위를 상실할 뿐만 아니라, 교전이 벌어질 경우 열강이 철도를 따라 들어올 수 있다고 생각했다. 또한 철도를 따라 서양인이 중국 내륙 깊숙이 들어와 마음대로 왕래하고 무역을 하게 되면 백성의 생계에도 영향을 미칠 우려가 있었다. 게다가 서양인들과 접촉이 빈번해지면 충돌을 빚기 쉽고, 백성들이 나쁜 서양 풍속에 노출되면 산간벽지의 양민까지 외국의 사교(邪敎)에 물들어 다스리기 어려운 '조민(刁民, 관에 저항하는 무리)'과 '간민(奸民, 불법을 일삼는 무리)'이 되어 "천하의 풍속을 해친다"라고 보았다.

1860~80년대 청 관료들은 대부분 철도 건설을 반대했다. 이들은 열강의 철도 건설뿐 아니라 자국의 철도 건설에도 반대했다. 철도를 건설하면 많은 농지를 점용하여 백성들의 거주지와 무덤을 옮겨야 했기 때문이다. 특히 무덤을 옮기는 일은 '풍수'를 파괴하는 행위였다. 당시 중국인들에게 '풍수' 의식은 매우 중요하고 보편적인 믿음이었다. 또한 철도가 건설되면 짐꾼, 마부, 사공과 같이 본래 배나 차를 부리는 일로 생계를 꾸리던 백성들이 일자리를 잃고 유민이 될 수도 있어, '천하의 인심을 잃게' 될 터였다.

일본에서도 처음에는 반대와 비판의 목소리가 적지 않았다. 먼저, 국방이 우선이므로 한정된 재정을 '급하지 않은' 철도 건설이 아닌 긴급한 군함과 병력 충원에 써야 한다는 이유를 들었다. 철도 건설은 국가 재정을 낭비하기 때문에 서양인이 일본에 철도 건설을 부추기는 데에는 속셈이 있다는 것이었다. 둘째, 철도 건설은 전답을 점용하므로, 철로 주변 농민과 전통 여관업, 운수업 종사자 들의 생계에 영향을 주어 농민의 저항을 촉발한다. 셋째, 철도가 서양인의 도쿄 왕래와 배로 실어온 수입 상품의 유통을 돕기 때문에 일본의 전통 산업을 파괴하고 농민과 상인, 수공업자의 실업을 초래할 우려가 있다. 넷째, 철도 건설로 농민들은 농지를 빼앗기고, 농사용 도로까지 끊길 우려가 있으며, 일본 고유의 미풍양속을 해치는 등 갖가지 충돌을 일으킨다는 것으로, 심지어 '철도 망국론'까지 나돌았다.

철도 건설 반대 중국에서 철도가 처음 도입될 당시에는 정부뿐만 아니라 일반인도 부정적인 반응을 보였다. 특히 철도 부설로 인한 풍수 파괴 문제는 매우 민감한 사안이었다. 그림에서처럼 철도 공사 지역 주민들이 공사를 방해해 인부들이 피해를 입는 일이 빈번하게 일어났다.

철도 건설 매진

중·일 양국에서 철도 건설을 반대하는 이들의 주장은 대체로 비슷했지만, 그에 대한 양국 정부의 최고결정권자의 반응은 다소 달랐다. 중국에서는 철도 건설 주장이 처음 나온 1863년 당시 중국인 대부분이 이구동성으로 철도 건설에 반대했다. 그런데 1876년 영국의 이화양행(怡和洋行)이 중국의 주권을 무시하고 상하이에 우쑹철도(吳淞鐵道)를 부설했다. 이에 청 정부는 항의와 교섭을 통해 철도를 사들인 후 서양인들에게 경고하는 의미로 지방 관리들을 시켜 철도를 철거해버렸다. 이후 청 정부 내에서는 철도 건설 문제를 둘러싸고 10여 년 동안 논쟁이 반복되었다. 자희태후가 장악한 조정은 어떤 결정도 내리지 못하고 우유부단한 태도를 보였다. 결국 1889년 철도를 건설하자는 주장이 득세하자, 청 조정은 철도 건설을 기본 국책으로 최종 확정했다.

일본의 철도 건설은 미국인이 에도에서 요코하마까지의 철도 부설권을 바쿠후로부터 확보한 것이 직접적인 계기가 되었다. 바쿠후를 대신한 메이지 정부는 미국인의 철도 부설권을 인정하지 않고 도쿄에서 요코하마 구간의 철도를 직접 건설하기 시작했다. 일본 정부의 철도 건설은 운송 물자가 늘어나 철도에 대한 수요가 발생했기 때문이 아니라, 봉건제 타파와 중앙집권 강화, 부국강병 실현 등 정치적 목적을 이루기 위해 단행되었다. 철도를 비롯해 서구 문명을 도입하려는 일본 지도층의 태도는 매우 단호했다. 또한 바쿠후 말기 구미에 파견되어 철도를 타본 경험이 있는 많은 사절과 유학생 역시 철도 건설 추진에 힘을 보탰다. 이들의 의견은 사이고 다카모리, 마에바라 잇세이 등의 '철도 무용론'을 압도했다. 1869년 일본 정부는 도쿄-교토, 도쿄-요코하마, 교토-고베, 비와코(琵琶湖)-쓰루가(敦賀) 철도를 건설하기로 결정했다. 1872년 일본 최초로 도쿄-요코하마 간 철도가 개통되었다. 개통식에는 메이지 천황이 참석하여 신바시(新橋)에서 요코하마 구간의 특별열차에 탑승했다. 신문, 잡지가 이를 앞다퉈 보도하면서 정부 안팎의 관리들에게 깊은 인상을 남겼다. 일본 국민은 철도의 편리성을 직접 체험하면서 철도라는 신문물을 적극 수용했다. 정부 내부에서는 '철도불요론'이나 '철도불급론'을 공공연히 주장하는 이들이 더 이상 나타나지 않았다. 이제 일본에서 철도 건설은 거스를 수 없는 대세가 되었다. 1880년대에 대규모 증세를 수반한 재정 긴축 정책(마쓰카타 재정)으로 수많은 농민이 몰락한 반면, 일부 지주들은 토지 집적의 기회를 얻었다. 이와 더불어 지주들은 철도 부지를 제공하거나 철도 건설에 투자하는 등 철도 건설에 적극적이었다.

철도는 운송 시간을 단축하고, 운송 비용을 절감하는 데 한몫했다. 또한 대량 운송을 가능하게 했을 뿐 아니라, 항만 운송과 연결되면서 수출을 늘리고 산업의 기계화와 규모를 확대하는 결과를 낳았다. 한편, 철도 건설로 인해 몰락한 농민은 전업하거나 도시로 이동해 새로운 노동력 시장을 형성했다. 이처럼 일본에서 철도 건설은 산업혁명을 일으키고, 경제 발전을 촉진하는 요인이 되었다.

일본 철도의 자립

도쿄에서 요코하마 사이의 철도 건설은 정부에서 관할했지만, 설계와 시공은 영국 기술자가 지휘했다. 건설 자금 또한 주로 영국에서 발행한 공채로 조달했고, 궤도·기관차 등 자재도 영국에서 수입했다. 측량과 건설에도 영국 기술자와 노동자가 투입되었으며, 영국 기관사가 철도를 운행했다. 그러나 영국은 직접 경영하지 않고 메이지 정부가 자체 관리를 하도록 권고하여 일본 기술자와 노동자를 키워냈다. 일본은 철도 건설과 운행 현장에서 직접 관련 기술을 익히고 관리 인력을 양성했으며, 나중에는 화물 차량과 여객 차량의 생산도 가능해졌다. 1880년 준공된 교토-오쓰(大津) 구간 철도는 일부 교량 설계를 제외하고는 터널 공정을 포함해 모두 일본인의 손으로 이루어졌다. 하지만 철로와 기관차는 장기간 영국, 독일, 미국 등지

철도가 놓인 요코하마 항구(1874)
도쿄-요코하마 간 철도는 미국인에게 주었던 철도 부설권을 취소하고, 1872년 일본 정부가 직접 나서서 부설한 일본 최초의 철도이다. 일본의 첫 개항지인 요코하마는 철도 개통으로 여러 가지 문물을 빠르게 도입하는 등 국제색이 뚜렷한 도시로 발전했다.

에서의 수입에 의존했다. 기관차 제조 기술은 20세기 초에야 자립하게 되었다. 철도 기술을 배우고 익힌 결과 일본은 빠르게 철도 경영의 자립을 실현했다.

이러한 일본 철도의 자립에는 중요한 국제적 배경이 있었다. 본래 중국과 인도에서 함포외교를 중심으로 제국주의 정책을 취했던 영국은 중국의 태평천국 봉기와 인도의 세포이 대봉기 등 저항에 부딪히자 식민지를 통치하거나 군사적으로 점령할 경우 막대한 대가를 치러야 한다는 사실을 깨닫게 되었다. 이에 영국은 '자유무역적 제국주의' 정책으로 전환해 가능한 한 평화적 수단을 사용하여 적은 비용으로 목적을 달성하려고 했으며, 목적을 달성하지 못할 경우에는 여전히 무력으로 무역을 강제했다. 영국은 당시 일본을 이러한 무역 상대국으로 육성하고자 했다. 따라서 일본 철도의 자립은 아시아 민중의 투쟁에 힘입은 것이라 할 수 있다.

일본의 철도 경영 형태는 관영철도와 사설철도로 나뉜다. 메이지 정부 초기에는 철도를 군사 분야와 관련돼 있다고 여겨 '정부 건설 및 운영 원칙'에 따라 민간투자를 허용하지 않았다. 정부는 자금이 부족하자 처음에는 동아시아 사정에 정통한 영국인 레이를 통해 외자를 공모했다. 그런데 공채 발행에 차질이 생기면서 메이지 정부는 외자를 조달하려던 당초 방침을 버리고 민간자본 활용을 고려하게 되었다. 이에 따라 사설철도가 탄생했다. 1881년 정부는 과거 다이묘(大名)와 구게(公家)에게 나누어준 공채를 자본으로 일본철도공사를 설립했다. 이후 정부의 적극적인 지원과 보호로 철도 사업에 막대한 이윤이 발생하자 투자자들이 몰려들었다. 1886~90년 제1차 철도 건설 열풍이 불어 10여 개의 철도회사가 세워졌다. 철도회사의 주식은 투기 대상이 되어 사람들이 앞다퉈 사들였다. 메이지 시기 일본 철도는 사설철도의 발전 속도가 관영철도를 앞지르는 특징을 보여주었다.

1890년 경제 위기를 맞자 사설철도 건설 계획은 대부분 중단되었다. 일본 정부는 그동안 민간자금에 의존해 철도를 건설하던 방침을 변경해, 경기에 좌우되지 않도록 정부가 철도 건설을 책임지는 방향으로 전략을 수정했다. 그러나 실업계의 태도에는 일관성이 결여되어, 경기가 좋아져 수익이 늘어나면 사설철도의 국유화를 반대했다가 경기가 나빠지면 국유화를 주장했다. 정부가 철도회사의 합병을 장려하면서 사설철도의 집중과 독점이 진행되었다.

한편, 철도는 1877년 세이난(西南)전쟁●과 1884년 지치부(秩父) 사건● 당시 병사와 무기 수송에 일정한 역할을 했다. 청일전쟁 발발 직전에도 히로시마까지 연장된 철도가 일본군 수송에 중요한 역할을 했다. 청일전쟁 이후 군부는 전시에 철도를 통일적으로 이용하려면 국유화해야 한다고 주장했다. 반면, 민간에서는 철도 사업에서 외국인 주주를 배제하지 못하므로 군사 수송 정보가 새어나갈 가능성이 있다는 이유로 국유화에 반대했다. 재벌 자본은 경영의 집중을 통해 운송 능력을 높이고, 운송비를 낮추어 경쟁력을 끌어올려 고액의 수매 자금이 확보되면 중공업에 투자하려는 목적에서 국유화를 지지했다.

1906년 철도 국유법이 의회에서 통과되면서 17개의 대규모 철도회사가 국유화되었다. 철도 총연장 노선의 91%를 차지하는 국철은 이렇게 탄생되었다. 사설철도는 단거리 지방철도와 경편철도(輕便鐵道, 경철)●만 경영할 수 있게 되었다. 또한 일본 의회는 '경부철도 수매법'을 통과시켜 서울과 부산을 연결하는 경부철도를 국영화했다. 같은 해 칙령에 따라 반관반민

세이난전쟁
1877년 사이고 다카모리를 수령으로 규슈에서 일어난 사족 반란. 세이난전쟁은 메이지유신 초기에 사족이 일으킨 최대 규모의 반란이자 마지막 반란으로, 메이지 신정부는 이 반란을 제압함으로써 권력의 기초를 확립했다. 세이난 전쟁 당시 도쿄-요코하마 구간과 교토-고베 구간 철도가 개통되었다.

지치부 사건
1884년 사이타마현(埼玉縣)의 산간 지역인 지치부에서 일어난 농민 반란. 1881년 이후의 경제 불황과 정부의 재정 방침으로 조세 부담이 커지고 잠사 농업이 불황에 빠지면서 농민들은 몰락할 위기에 처했다. 1883년 농민들은 부채 변제 연기와 잡세 감면 등을 요구하는 청원운동을 전개했지만 실패하고, 이후 농민군을 조직해 군청·경찰서·고리대금업자를 습격했다. 반란은 군경에 의해 간신히 진압되었다. 지치부 사건 당시 우에노-다카사키 구간의 철도가 활용되었다.

경편철도
일반적인 철도보다 규격이 낮고 저렴하게 건설된 철도.

(半官半民)의 남만주철도주식회사(南滿洲鐵道株式會社, 만철)가 설립되었으며, 1906년에는 일본 시모노세키와 부산을 연결하는 관부 노선이 국영화되었다. 이렇게 일본, 조선, 만주의 운송 시스템이 통합되어갔다.

중국 철도의 시작

중국 철도 사업은 양무운동의 와중에 어렵게 시작되었다. 처음 철도를 건설할 때, 청 정부는 외국의 기술을 활용해 독자적으로 건설하고자 했다. 또한 철도 이권을 빼앗기지 않기 위해 외채를 빌리지 않고 민간에 철도 건설을 장려했다. 하지만 투자자 확보가 어려워 정부가 나서지 않을 수 없게 되면서, 민간과 지방 당국이 외자를 빌려 철도를 건설하도록 허용했다. 청일전쟁 패배 후 철도가 국력 증강에 중요하다는 점을 한층 더 인식하게 된 청 정부는 독자적으로 철도를 건설하기 위해 적극 나섰다. 그러나 일본에 대한 거액의 배상금 지불로 국고가 바닥나면서 철도 건설 비용을 외채에 의존할 수밖에 없게 되었다. 철도 경영 지분과 철도 부근 광산 채굴권 등 많은 이권을 열강에 빼앗기면서 중국 철도의 종속화가 빠르게 진행되었다. 특히 1901년 '신축조약● 체결 이후 중국 철도는 거의 대부분 열강의 손으로 넘어갔다.

1903년 청 정부는 민간과 지방에도 철도 부설권을 개방했다. 이와 함께 중국 상인들 사이에 열강과 이권을 다투려는 의식이 싹트면서 민간에 철도 건설 열풍이 잠시 고조되었다. 1903~10년 전국에 19개의 철도회사가 새로 설립되었다. 민간 철도회사들은 외채를 빌리지 않으려고 했지만 당시 중국 상인과 민간자금에는 한계가 있었다. 민간의 참여가 저조하자 일부 철도회사는 정부를 등에 업고 상인들의 투자를 강요하기도 했다. 민간 철도회사로서는 충분한 자금을 조달하기 어려운 데다, 기술이나 경영 문제까지 겹치면서 민간 철도 건설 사업은 순조롭지 않았다. 이러한 상황에서 청 정부는 전국적인 철도망 구축을 위하여 간선철도 건설에 박차를 가했다. 1911

신축조약
1900년 8월 8개국 연합군이 의화단운동을 진압하고 베이징을 점령한 이듬해 영국, 러시아, 미국 등 열강이 청 정부를 압박하여 체결한 불평등 조약. '베이징의 정서'라고도 한다.

톈진철도 개통식에 참석한 리훙장(왼쪽 사진, 앞줄 왼쪽에서 네 번째)
중국 철도의 아버지라 불리는 잔톈유(오른쪽).

년 5월 '간선철도 국유 정책'을 내놓고 각지의 민간 철도를 나라에서 회수하여 외채를 빌려 철도를 건설해나갔다. 철도 지선의 경우에는 여전히 민간 건설을 허용했다.

　청 정부가 '간선철도 국유 정책'을 선포하자, 후난(湖南), 후베이(湖北), 광둥(廣東), 쓰촨(四川) 등지의 상인들이 모두 반대하고 나서면서 철도 국유화에 반대하는 보로운동(保路運動)이 일어났다. 혁명당 인사들이 이를 틈타 우창(武昌) 봉기를 일으키자 전국 각지에서 호응했다. 보로운동은 청조의 멸망을 앞당긴 중요한 요인이었다.

　1881~1911년의 30년 동안 중국은 총연장 9,100km의 철도를 건설했다. 이 가운데 국유철도가 52%였으며(이 중 외채로 건설한 철도는 83%), 외국 소유 및 경영 철도는 40%, 민간 건설 철도는 7%였다. 초기 중국의 철도 역사에서 기억할 만한 인물로 리훙장과 잔톈유가 있다. 청일전쟁 이전 즈리(直隸) 총독 겸 북양 통상대신이었던 리훙장은 철도 건설을 적극 주장하며 철도 정비를 청 정부의 국책으로 삼았다. 철도 노동자 양성학교를 세우고 젊은이들을 미국으로 유학시키는 등 중국 철도 사업의 기반을 확보하는 데 공헌한 리훙장은 '중국 철도계의 공로자'라 불린다. 한편, 예일대학 출신의

잔톈유는 철도 기술 확립과 노동자 양성에 힘쓴 공로로 '중국 철도의 아버지'라 불린다. 그는 기술총책임자로서 옌산(燕山) 산맥을 가로지르는 4개의 터널과 교량 건설의 기술적 어려움을 해결하면서 처음으로 중국인의 손으로 측량과 설계 등 전 과정을 진행한 징장(京張, 베이징-장자커우長家口)철도를 1909년에 건설했다.

조선의 철도

1880년대부터 조선에서도 철도 건설 문제를 둘러싼 논의가 시작되었다. 경의선(한성-신의주)과 경부선(한성-부산) 개발권을 외국에 빼앗기고 나자, 조선 정부도 철도의 산업적 가치를 인식하고 자체 역량으로 철도를 건설하려고 했다(독립협회를 중심으로 한성에서 일어난 민중운동도 철도 이권을 외국에 넘겨주는 것을 반대했다. 1권 3장 1절 참고). 1898년 정부는 한성-목포 구간 철도 건설을 계획하고, 철도사(鐵道司, 이후 한국철도원으로 개명)를 두어 철도 업무를 맡겼다.

조선인 최초의 철도 사업가 박기종
부산 지역에서 상업에 종사하며 일본어 통역관으로 활동하던 박기종(사진 한가운데)은 1, 2차 수신사의 일행으로 일본을 방문했다. 일본에서 근대화된 산업시설과 제도를 시찰하고 돌아온 그는 부하철도회사를 설립하는 등 민간 철도사업을 시작했으나, 일본의 방해로 뜻을 이루지 못했다.

조선 최초의 철도 경인선 군수물자 수송을 위해 철도 부설 작업이 시급했던 일본은 미국인 모스가 확보하고 있던 철도 부설권을 사들여 1900년 경인선을 개통했다. 사진은 경인선 개통 당시 미국인 기술진에 의해 조선에서 조립된 최초의 기관차로, 일본과 미국 국기가 나란히 걸렸다.

조선인 가운데 처음으로 철도 건설을 시도한 이는 박기종이라는 상인이었다. 1898년 박기종은 조선 철도 역사상 최초의 부하철도회사(釜下鐵道會社)를 설립해 부산항에서 하단포를 잇는 철도 건설을 계획했으나, 자금 부족으로 무산되었다. 그는 이듬해 다시 대한철도회사(大韓鐵道會社)를 설립하여, 경의선 부설 허가를 얻어 철도 건설 사업을 계속하려 했다. 그러나 일본의 방해로 부설권이 궁내부로 돌아가게 되었다.

경의선 철도를 독자적으로 건설하고자 했던 조선 정부는 1902년부터 먼저 한성-개성 구간 공사를 시작했지만, 역시 자금 부족으로 중단되었다. 일본은 대한철도회사의 한성-평양 구간 철도 건설을 허가하는 칙령을 은밀히 보내고, 나아가 다시 대한철도회사를 제일은행에서 빌린 채무에 묶어두는 방법을 통해 부설권을 탈취했다.

일본은 일찍이 조선의 철도 이권을 둘러싸고 서구 열강과 치열한 쟁탈전을 벌였다. 조선 철도는 대륙으로 '들어가는' 교량으로 반드시 확보해야 했기 때문이다. 1894년 청일전쟁 직전, 이미 조선 왕궁을 점령한 일본은 조선 정부에 '조일잠정합동조관' 체결을 강요하여 경인선과 경부선 부설권을 넘길 것을 요구했다. 이어 청일전쟁의 와중에 육군대장 야마가타 아리토모는

경부선 개통 기념엽서 경부선은 일본 기업에 의해 1904년 12월 27일 완공되어 다음 해 1월 1일부터 운행되었다. 개통 당시 서울 서대문에서 부산 초량까지 약 30시간이 걸렸으며, 개통식은 1905년 5월 25일 서울 남대문 정거장(지금의 서울역)에서 거행되었다.

천황에게 '조선 개혁에 관한 의견서'를 상주하여 일본의 동아시아 제패를 위해 조선 종관철도를 인도로 향하는 대도(大道)로 삼자고 제안했다.

1899년 인천에서 노량진까지 32km의 철도가 개통되었다. 이듬해 한성에서 인천까지 경인선이 개통되었다. 이는 조선 최초의 철도이다.

1901년에는 경부선이 각각 남북 양쪽에서 착공되었다. 1903년 가을, 일본과 러시아의 관계가 급격히 악화되자, 일본 군부는 군사 수송을 강화하기 위해 러일전쟁 개전 이전에 경부선을 완공할 수 있도록 철도 건설을 서두르라는 긴급 명령을 하달했다. 1904년 2월 개전 당시 경부선 공사는 3분의 1 정도밖에 진척되지 않았다. 일본 정부는 철도 건설을 가속화하기 위해 군대를 파견해 철도를 건설했다. 1905년 1월, 경부선 전 구간이 개통·운행되었다. 또한 러일전쟁이 진행되던 와중에 경의선과 경원선(한성-원산)도 군용 철도 명목으로 착공되었다. 러일전쟁의 영향으로 경의선 공사가 신속히 진행되어, 1901년 경부선을 착공한 지 5년 만에 부산에서 신의주까지 완공되었다. 이 과정에서 일본은 군사력으로 조선 민중의 노동력과 물자를 동원했다. 러일전쟁 결과 일본은 조선에서 러시아 세력을 물리치고 조선에 대한 지배를 강화했다. 일본의 조선 철도 독점은 조선이 자주성을 상실하는 과정과 함께 진행되었다. 1905년 을사조약 체결과 1906년 일본의 통감부 설치로 곧 조선은 식민지로 전락할 지경에 이르렀다. 조선은 마지막까지 호남선(대전-목포, 경부선의 지선) 부설권을 지키려 했지만, 그마저도 1909년 통감부가 철회하고 말았다. 결국 철도, 광산을 비롯해 한반도 전체가 식민지화의 운명을 피할 수 없었다.

2

식민지 통치와 동아시아 철도

타이완 철도

19세기 중반에서 20세기 전반까지 철도는 열강의 가장 중요한 식민수단이었다. 일본과 서구 열강은 동아시아 지역에서 철도 이권을 차지하기 위해 치열한 쟁탈전을 벌여, 일본이 최종 승자가 되었다. 일본은 청일전쟁, 러일전쟁, 만주사변 과정에서 타이완과 조선 그리고 만주 지역을 잇달아 식민지로 만들었다. 식민지의 철도 부설과 운영을 중시한 일본은 이를 경제 수탈과 정치 통제, 군사 확장의 지주로 삼았다. 나아가 일본은 식민지에 철도망을 부설해 당시 수운으로 교통이 불편하던 동아시아 지역을 매우 긴밀한 하나의 권역으로 묶어냈다.

타이완 최초의 철도는 지룽(基隆)에서 신주(新竹)에 이르는 철도이다. 타이완 순무(巡撫) 류밍촨이 1887년 청 정부에 건의하여, 1893년 완공되었다. 1895년 시모노세키조약을 체결한 후 일본군은 타이완을 점령해 타이완 철도를 정식으로 접수했다.

일본의 타이완 통치 초기, 점령 당국은 기존의 철도 노선을 복구·수리하는 동시에 새로운 철도 부설 계획에 착수했다. 1897년 타이완 초대 총독 가바야마 스케노리는 일본 정부에 기존 철도의 개량과 함께 타이베이(臺北), 타이중(臺中), 타이난(臺南)을 관통하여 다고우(打狗, 1920년 가오슝高雄으로 개칭, 이하 가오슝)에 이르는 남북 종관철도 건설을 건의했다.

일본 정부는 당초 민간자본으로 철도를 건설하려고 했다가 자금 부족과 타이완에서 빈번하게 일어나는 항일운동에 맞닥뜨리면서 건설 방침을 바꿨다. 철도 노선 문제를 놓고 군부는 철로의 방어와 항일 세력의 진압을 고려해 내륙철도를 주장한 반면, 철도 관료는 기술과 경제적 측면을 고려해 연해의 산업철도를 주장했다. 1899년 타이완 총독부에서 철도부를 설치함으로써 철도 건설과 관리 주체는 일본 육군성 철도대에서 총독부로 변경되었다. 또한 군사제일주의 노선이 수정되어 타이완 철도는 군사 전략과 산업 노선을 함께 고려하게 되었다.

1899년 남북 종관철도 건설이 시작되어, 1908년 지룽에서 가오슝에 이르는 총연장 404km의 남북 종관철도가 완공되었다. 남북 종관철도의 개통으로 타이완 서부 지역은 남북이 연결되었다. 이후 식민 당국은 인구밀도가 낮고 개발도 늦은 편인 타이완 동부의 개발과 교통 상황을 개선하기 위해 화롄(花蓮) 항구를 기점으로 하는 동해안선을 1909년부터 7년 동안 부설하기로 계획을 세웠다. 하지만 공사가 상당히 늦어져 1926년에서야 화롄에서 타이둥(臺東)에 이르는 170km의 철도(타이둥선臺東線)가 개통되었다.

타이완은 일본의 첫 해외 식민지였다. 일본은 타이완에서의 철도 부설을 매우 중요시했으며, 타이완 총독부는 투자금 대부분을 철도 건설에 쏟아부었다. 이후 타이완 철도의 운송 수입은 총독부의 주요 수입원이 되었다.

식민 당국은 대나무 뗏목과 우마차 등 타이완의 전통적인 운송 방식을 해체하기 위해 철도 운임을 인하하고, 경찰을 동원해 철도 이용에 관한 강연회를 개최했다. 전통 운송 부문에서는 운임 인하 등으로 완강하게 저항했지만, 식민 당국은 철도망과 도로망 정비는 물론 무력까지 동원해 그들의 저항을 무마했다. 20세기에 접어들면서 전통 운송망은 식민 당국의 운송 체제에 편입되었다. 일본 철도나 한국 철도와는 달리, 타이완 철도는 화물 운송을 위주로 운영되었다. 1908년 이후 철도의 화물 운송 수입은 여객 운송을 넘어섰다. 타이완의 주요 1차 산업 상품인 석탄, 설탕, 쌀, 목재는 식민지 시기 타이완 철도의 주요 운송 물자였다. 타이완 철도는 타이완의 농산물과 광산물을 가오슝, 지룽 등지의 항구로 실어가 일본으로 보내는 동시에 일본의 공업 제품과 비료 등을 타이완으로 들여왔다. 이처럼 타이완 철도는 일본 본토와 타이완 사이의 해운과 직접 연결되어 전형적인 식민지 철도 역할을 했다. 종관철도가 동맥이라면 지선인 제당산업철도(製糖産業鐵道)는 모세혈관과 같았다. 타이완제당을 중심으로 일본인이 경영하는 제당회사들이 철

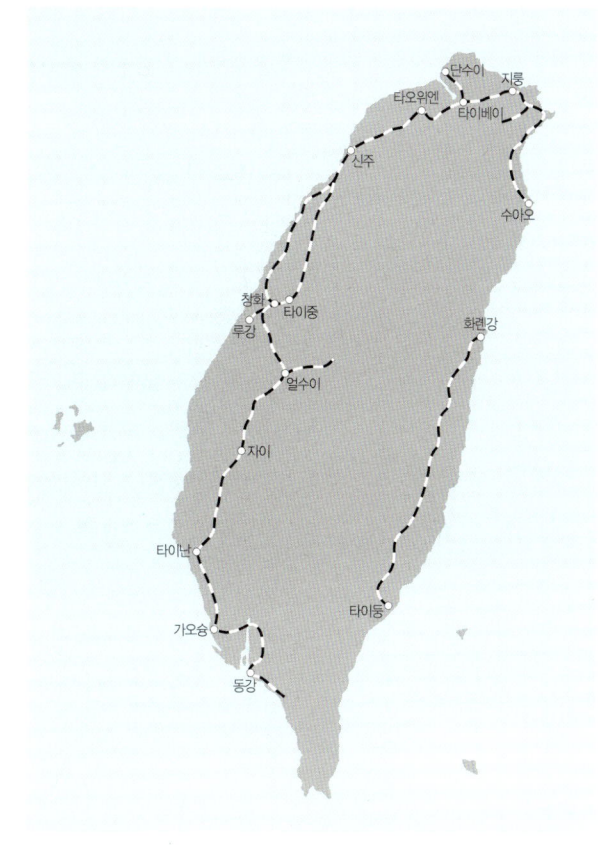

1945년 이전 타이완 철도

도 건설에 나서 1930년까지 7개 회사가 500km에 달하는 20개 노선의 철도를 건설했다. 제당회사들은 제당철도와 종관철도를 연계하여 설탕을 지룽과 가오웨이(高尾)까지 운송한 후 다시 일본으로 보냈다. 이처럼 철도를 매개로 타이완 경제는 일본 자본주의 체제에 완전히 편입되었다.

일본 식민지로 전락하기 이전 타이완은 동일된 시장을 형성하지 못하고 타이베이, 타이중, 타이난이 각각 독자적인 시장권을 형성하며 중국 푸젠(福建) 지역과 무역을 했다. 남북 종관철도가 개통된 후 타이완 전역은 곧 하나의 통일된 시장을 이루게 되었다. 또한 남북이 연결되면서 북부의 지룽과 남부의 가오슝은 타이완에서 중요한 항구로 발전했다. 해외 운송 물자가 두 항구에 대거 집중되면서, 본래 중국 대륙이나 동남아시아 심지어

서양 각국과 무역을 하던 단수이(淡水), 루강(鹿港) 등 서부의 다른 항구는 급속히 쇠퇴했다. 타이완의 무역 구조는 중국 대륙 위주의 수출에서 일본 수출 중심으로 개편되었다.

    타이완의 철도 산업 종사자들은 일본인과 타이완인이 비슷한 비중을 차지하고 있었다. 하지만 타이완인은 주로 현장직에 집중된 반면, 일본인들은 관리 부서를 독점했다. 그중에서 기관사, 토목 공정 등 숙련 노동 분야는 일본인이 부족해 타이완 노동자로 채웠는데, 그들은 일본인 기사로부터 높은 업무 평가를 받았다. 타이완 철도는 다른 철도와의 경쟁이 없는 독점 철도로서 복선화 역시 순조롭게 진행되어, 식민지 시기에 타이완 전역의 교통 운송 능력은 크게 개선되었다. 또한 철도로 인해 타이완에 대한 일본의 식민통치도 예전보다 강화되었다. 철로 부근의 도시는 인구 밀도가 높아지고, 인구 이동도 증가했다. 중일전쟁 당시 타이완에서는 전투가 벌어지지 않아서 철도가 직접적으로 군사행동에 휘말리지는 않았지만, 석탄 부족과 공습 위험으로 열차 운행에 어려움을 겪었다.

일본 통치하의 만주 철도

일본은 청일전쟁 이후 침략의 발길을 만주로 돌렸다. 1895년 일본은 시모노세키조약에 따라 랴오둥 반도와 타이완을 할양받을 예정이었으나, 러시아·독일·프랑스의 3국간섭으로 랴오둥 반도의 할양은 무산되었다.

    1896년 러시아는 시베리아 철도를 만주 북부를 경유해 직접 블라디보스토크로 연결하고, 이 노선을 다시 남만주의 항구인 뤼순(旅順)까지 연장하는 데 동의하도록 청 정부에 강요했다. 1903년 만저우리(滿洲裏)-하얼빈(哈爾濱)-쑤이펀허(綏芬河)에 이르는 철도 전 구간이 개통되었다. 이를 둥칭(東淸)철도 또는 중둥(中東)철도라고 부른다. 동시에 하얼빈-콴청쯔(寬城子, 지금의 창춘長春, 이하 창춘)-뤼순에 이르는 남만지선(南滿支線)도 개통되었다.

러시아가 만주를 독점하려 하자 영국과 일본은 강하게 반발했다. 특히 일본과의 갈등이 첨예해지면서 결국 1904년 러일전쟁이 발발했다. 러일전쟁에서 승리를 거둔 일본은 러시아로부터 중동철도 남만지선(창춘-뤼순·다롄大連)과 그 부속 권리를 빼앗았다. 이로써 일본은 러시아와 만주의 남부와 북부를 나누어 갖게 되었다. 하지만 하얼빈-창춘 노선은 여전히 러시아가 장악하고 있어 남만지선 전체를 확보할 수 없었던 일본은 항상 이 노선을 차지하려고 했다.

일본은 남만지선을 정비하는 것을 시작으로 만주 전체로 세력을 확장하려고 했다. 러시아와 일본이 교전하던 당시, 일본은 청 정부의 항의에도 불구하고 안둥(安東, 지금의 단둥丹東)과 펑톈(奉天, 지금의 선양瀋陽) 구간 철도를 부설해 남으로는 조선의 경의선과 연결시키고 북으로는 중동철도 남만지선과 연결시켰다. 안펑선 개통으로 일본은 한반도를 통과해 육로로 직접 만주의 중심부에 도달할 수 있게 되었다.

이처럼 일본은 철도를 이용해 대륙 침략에 박차를 가했다. 당시 미국 철도왕 해리먼은 세계 일주 철도망을 완성하기 위해 일본에 남만지선을 공동 경영하자는 제안을 했다. 한편, 일본 정부 내부에서는 전후 심각해진 재정 상황을 고려해 남만지선을 포기하자는 강경한 주장이 나왔다. 가쓰라 다로 수상은 미국과 함께 러시아의 남하를 막으려는 생각에서 가쓰라-해리먼 예비협정 각서에 서명했다. 그러나 강화회의에서 귀국한 고무라 주타로 외무대신은 이 각서에 대해 알게 되자 막대한 대가를 치르고 얻어낸 만주의 권익을 미국과 나누는 것에 반대하며 단독 경영 포기를 주장했다. 결국 예비협성 각서는 폐기되었다. 이후 미국은 '만주철도 중립화 방안' 등을 내놓으면서 문호 개방을 요구했다.

1906년 천황의 칙령으로 남만주철도주식회사가 설립되었다. 정부가 천황의 재결을 거쳐 만철의 총재와 부총재를 임명하고 회사 업무를 감독했다. 업무 내용도 통신·대장·외무 3대신(大臣)의 명령을 받는 등 만철은 주식회사인 동시에 정부기관이었다. 만철은 철도와 함께 철도가 지나는 양측의 부속지(附屬地)를 소유했다. 또한 터미널 등 철도 관련 시설이 있는 도시에서는 그 주변의 시가지 도로까지 부속지로 편입시키고, 부속지 내 각 도시의 시정 관리를 담당했다. 그뿐만 아니라 만철은 수운, 항공, 광산, 전력, 농림, 상업, 토지, 건물, 통신, 신문, 문화, 교육, 여관까지 경영했다. '만주경영정책경개(滿洲經營政策梗槪)'에 따르면 "만주 경영의 유일한 성공 비결은 철도 경영의 가면을 쓰고 암암리에 각종 책략을 실행에 옮기는 것"이라고 했다. 만철은 회사라는 이름으로 식민지 경영을 실시하는 일본의 만주 경영 핵심 기구였던 것이다.

하지만 일본의 만주 정책은 육군, 외무성, 관동도독부(關東都督府, 1919년 이후에는 관동청關東廳으로 바뀜), 관동군(關東軍, 본래 수비대였으나 관동청 설치 이후 관동군으로 독립), 정당 등 각 기관과 정치 세력에 의해 권력이 분산되어 있어 인사와 경영 방침을 두고 다툼이 끊이지 않았으며, 만철의 경영 방침 역시 자주 바뀌었다. 그 결과 만철은 회사로서의 영리 추구와 정부기관으로서의 국책 수행 사이에서 불안정하게 표류했다. 정당내각 시절 정치 투쟁의 영향으로 총재가 갑자기 경질되기도 하고, 정권이 바뀌면서 수뇌부가 바뀌는 경우도 있었다.

만철 설립 이후 철도와 관련된 이권도 안정적이지는 않았다. 러·일 양국은 만주 북부와 남부를 각자의 세력권으로 삼아 미국의 개입을 막는 협정을 맺었지만, 1909년 미국이 '진저우(錦州)-아이훈(愛琿)철도 차관조약'을 통해 처음으로 만주에서 이권을 확보하면서 만철을 위협하기 시작했다. 제1차 세계대전 발발 이후 서구 열강이 유럽에서 서로 싸우느라 바쁜 틈을 타 일본은 1915년 중국 정부에 '21개조 요구'를 강요했는데, 여기에는 안평선과 남만지선의 경영권 연한을 기존의 15년과 36년에서 모두 99년으로 연장하는 내용이 포함되었다.

1917년 러시아에서 10월혁명이 일어나자 일본·미국·영국·프랑스를 중심으로 하는 연합국이 시베리아에 출병하여 러시아혁명에 간섭했다. 당시 미국이 시베리아 철도와 중동철도에 관심을 보이자 일본은 이에 대항하기

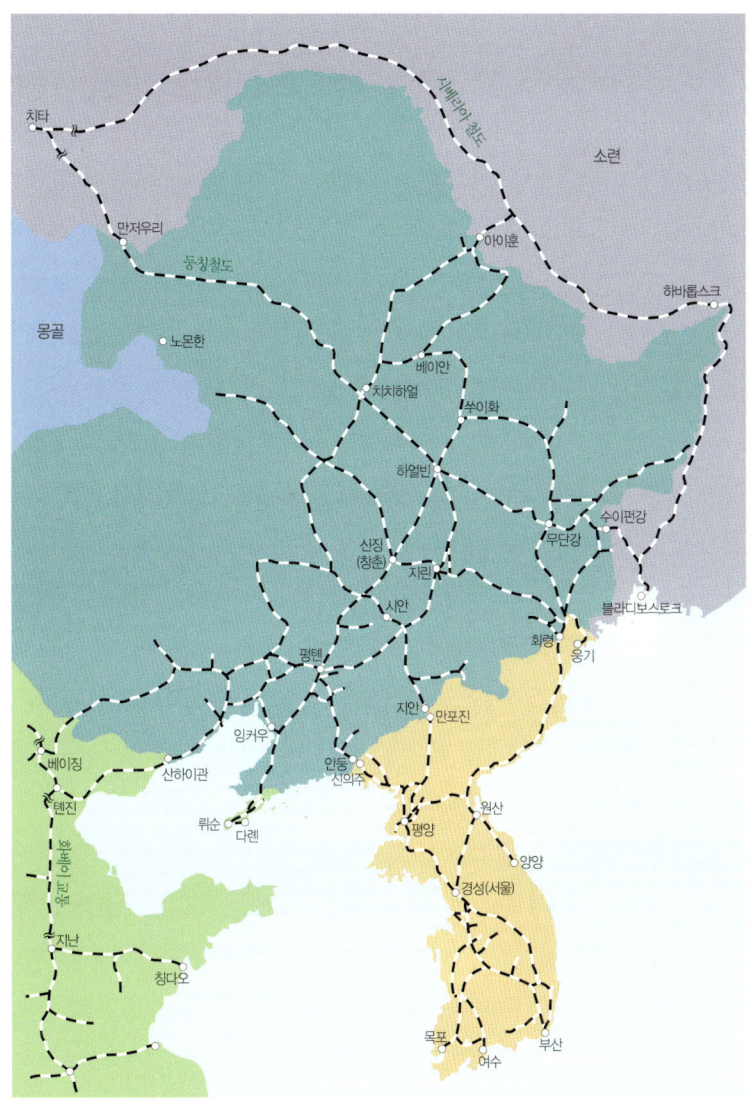

1945년 이전 만주 철도

위해 연합국의 공동 관리를 주장했다. 1919년 연합국 공동위원회가 설립되어 시베리아 철도와 중둥철도를 관리했다. 그런데 열강이 하나둘 철군하고 마지막까지 남은 일본군도 워싱턴회의에서 국제적 질책을 받고 철군하자 공동위원회는 자연히 해소되었다. 1924년 중국이 소련과 중둥철도 공동 경영 관리 협정을 맺으면서 중둥철도는 실질적으로 소련의 관리를 받게 되었다. 그러자 만철은 소련과 중동철도를 두고 다투게 되었다.

1920~1931년 중국은 만주에서 1,157km의 철도를 독자적으로 건설하고, 중동철도 부속 지역의 행정·사법권 등을 회수했다. 장쉐량은 후루다오(葫蘆島)에 항구를 건설하여 다롄을 대체하는 만주 지역의 창구로 삼고, 이를 기점으로 15년 안에 35개의 철도를 건설하려고 했다. 그러나 1931년 일본이 만주사변을 일으키고, 이듬해 만주에 만주국을 세워 전면적인 식민통치를 실행했다. 만주사변 이전 만주 지역 총연장 약 6,000km의 철도는 중국·소련·영국·일본에 나뉘어 귀속되어 있었다. 만주국 탄생 이후 만주의 모든 철도가 만주국 소유로 국유화되었지만(소련이 통제하는 중동철도만 만주국이 출자 수매함), 실질적으로는 일본이 통제하면서 만철에 경영과 관리를 일괄 위탁했다. 당시 만철은 관동군의 군사행동에 긴밀하게 협력해 군사 수송을 적극 담당하고, 항일 세력에 맞서기 위해 육군의 지휘로 특별 장갑열차를 마련하는 등 '군철일체(軍鐵一體)'라 불렸다.

일본 군부는 소련과의 개전을 고려하여, 만주로 군대를 최단거리로 수송할 해상 노선 개척에 관심을 쏟았다. 그리하여 지린(吉林)과 조선 북부의 회령을 연결하는 길회선(吉會線)을 건설하고자 했으나 만철은 북만주의 물자가 다롄을 경유하지 않고 조선 북부의 항구를 거쳐 일본으로 운송되는 길회선 건설에 소극적으로 임했다. 하지만 만주사변 이후, 관동군과 한 몸이 된 만철은 결국 길회선을 건설하고 나진 등 조선 북부 항구와 철도의 경영권을 확보했다. 만주국 내의 모든 철도 경영권을 확보하고 일본 해상 노선까지 추가되면서, 만철은 최전성기를 맞이했다.

만주국에서 일본의 치외법권과 철도 부속지에 대한 만철의 행정권 그리고 조선인을 포함한 '일본 국민'의 납세 면제 등의 특권은 만주국을 독립국가로 위장하는 데 장애물이 되었다. 일본은 1936년 이후 이러한 특권을 모두 폐기하고 만철 부속지도 돌려주었다. 또한 만철이 없으면 만주국이 지속 불가능한 상황을 해소하기 위해 관동군의 주도 아래 만철의 직능을 재조정해 다른 분야는 정리하고 철도 경영 관리에 집중했다. 만주국 시절 만철이 새로 부설한 철도는 총연장 5,300km, 30여 개 노선으로 대부분 군사선 또는 비(非)경제선이었으며, 만주 동부와 북부 변경 지역에 집중되었다. 대부분 조선과의 연락 확충과 소련 진격에 대한 방어에 그 목적이 있었다. 만주 철도가 없었더라면 1939년의 노몬한 사건●도, 1941년의 관동군 특종연습●이라는 대규모 동원도 없었을 것이다. 군사 수송이 만철의 경영을 압박하면서 주력이었던 객차 '아시아호'●도 운행을 중단하게 되었다.

만철은 '국책회사'와 영리기업의 이중적 성격으로 인해 정·관·군의 서로 다른 정책에 늘 휘둘렸다. 만철에 위탁되었다가 다시 위탁 관계를 해소한 조선 철도가 대표적인 경우였다. 하지만 괴뢰국가인 만주국의 수립을 통해 만철은 철도회사라는 본래의 위상을 되찾았다. 초기 만철이 모델로 삼은 영국 동인도회사처럼 만철도 같은 길을 걸어갔다. 즉 동인도회사는 인도가 대영제국으로 완전히 편입되자 식민지 통치 집행 과정에서 갈등이 표면화되어 결국 해산되었다.

만철은 여러 사업체를 동시에 경영했지만 항상 철도가 가장 큰 수입원이었다. 1920년대 후반 만철의 운임 수입 가운데 화물이 90%를 차지했으며, 화물의 60~70%는 대두(大豆)와 석탄이었다. 이 방대한 국책회사의 경영을 뒷받침한 것은 북만주의 대두와 푸순(撫順) 지역에서 생산된 석탄이었다.

설립 당시 자본금 2억 엔, 종업원 1만 명의 만철은 기본적으로 모두 일본인이 사원이었고, 현장의 고용 노동자도 일본인이 절반을 차지했다. 1944년 총자산이 14억 엔으로 늘고, 종업원이 30만 명을 넘는 등 1945년 패전 이전의 일본 식민지뿐 아니라 일본 국내에서도 최대 규모의 주식회사가 되었다. 40년에 달하는 만철 역사, 그 파란만장한 변신 과정은 일본의 만주 침략 역사의 축소판이었다.

식민지 조선의 철도

1910년 조선이 완전히 일본 식민지로 전락하자, 그해 일본은 조선총독부를

노몬한 사건
중국 몽골 국경 지역에서 일어난 일본군과 소련군·몽골군의 대규모 충돌 사건으로, 일본군은 2만 명의 사상자를 내는 등 치명적인 타격을 입었다.

관동군 특종연습
일본은 대소 작전을 준비하기 위해 훈련을 빌미로 만주의 관동군 규모를 확대해 70만 명의 병력을 결집시켰다. 흔히 '관특연'으로 약칭된다.

아시아호
만철이 1934년부터 1943년까지 다롄과 하얼빈 간 950km 구간을 운행했던 특급열차로 만철의 상징이었다.

설치해 식민통치의 중추로 삼았다. 총독부는 철도국을 두어 조선 철도의 운영을 담당했다. 1911년 11월 압록강 철도교가 준공되어, 조선 신의주와 중국의 안둥이 철도로 연결되었다. 경의선은 압록강을 넘어 만철 소속의 안펑선(안둥-펑톈)과 연결되었다. 1912년 일본 철도원(鐵道院)이 열차 시각표를 개편하면서, 일본 신바시에서 출발해 관부(關釜, 시모노세키-부산) 항로를 건너 조선의 경부선과 경의선을 따라 압록강 대교를 통과해 만철이 관리하는 안펑선, 남만선으로 선양과 창춘까지 이어지는 열차가 정식으로 개통되었다. 예전에는 일본에서 조선을 경유해 만주까지 약 한 달이 걸렸는데, 철도 개통으로 사흘 반나절로 소요 시간이 단축되었다. 이렇게 일본 정부는 일본 본토·조선·만주를 연결하는 철도 수송 체제를 구축했다. 한반도의 철도는 일본의 조선 지배와 개발(물자 약탈)에 이용되었을 뿐 아니라, 중국 대륙으로 유사시에 신속한 병력 동원이 가능해졌다. 타이완 철도와 비교할 때 조선 철도는 처음부터 군사적 색채가 농후했다.

1917년 전임 조선총독인 데라우치 마사타케 수상은 '만선일체화(滿鮮一體化)'를 부르짖으며, 조선총독부의 관할 아래 있는 모든 국유철도의 경영과 관리를 만철에 위탁하라고 조선총독부에 지시했다. 이는 조선과 만주의 교통 운송 체제를 일원화하려는 일본 정부의 의도가 깔려 있었다. 하지만 만주 철도와 조선 철도의 관계를 둘러싸고, 만철과 육군을 배후에 둔 총독부 사이에 경쟁과 대립이 나타났다. 만철은 철도로 화물을 다롄항에 집중시킨 뒤 배로 일본까지 운송하는 '다롄중심주의'를 취한 반면, 총독부는 조선을 통로로 하는 펑톈-안둥-조선·신의주-경성-부산-일본 본토 노선의 물류를 추진했다.

조선의 철도 정비 문제에 관심이 없는 만철에 총독부가 불만을 제기해, 1925년 만철과의 조선 철도 위탁경영 관계는 해소되었다. 조선 철도는 다시금 조선총독부 철도국 직영으로 귀속되었다. 총독부는 항일운동이 활발한 조선 북부 지역의 개발을 추진해 나진·청진·웅기 세 항구를 정비했으며, 1928년에는 함경선을 개통해 경성에서 원산을 거쳐 회령에 이르는 노선을 연결했다. 1926년에는 두만강 철교가 완공되어 조선 북부 철도와 만철이 연결되었고, 만주사변 이후에는 만주국 수도인 신징(新京, 창춘의 만주국 시절 이름)과 투먼(圖們)을 연결하는 징투선(京圖線)이 개통되었다. 1933년 조선 북부 철도가 다시 만철에 위탁되었다. 앞서 언급했듯이 관동군과 하나가 된 만철은 나진 등 세 항구를 위탁 경영하면서, 만주에서 조선 북부를 거쳐 니가타(新潟) 등 일본 연안의 각 항구를 연결하는 이 새로운 노선을 장악했다. 관부항로선, 다롄 노선과 함께 3대 노선이 된 일본 해상 노선은 동해 방면과 만주를 연결하는 최단 노선으로, 일본에서 만주로 향하는 주요 이민 노선이기도 했다.

1920~30년대 전반 조선 철도는 주로 일본이 조선의 자원을 약탈하는 데 이용되었다. 당시 매년 일본으로 수송된 쌀만 100만~140만 톤으로, 조선 쌀 생산량의 약 40~50%를 차지했다. 조선의 쌀이 일본으로 대량 수송되면서 조선 농민들은 만주에서 수입한 조나 수수를 먹어야만 했다. 이후 1930년대 중반부터 1945년까지 조선 철도는 주로 일본과 중국 대륙 사이의 군사 수송에 활용되었다.

일본의 다른 식민지 철도에 비해 조선 철도는 여객 운송의 비중이 컸다. 1920년대 초까지 조선 철도의 여객은 일본인이 조선인보다 많았다. 특히 경부선과 경의선 우등 열차와 장거리 열차의 여객은 대부분 일본인이었다. 이후 철도망이 확장되면서 조선 국내 여객도 점차 늘어났다. 그러나 만주사변 이후 중국 대륙을 오가는 일본 여객이 다시금 크게 늘었고, 중일전쟁 이후에는 병력 운송이 빈번해졌다. 간선철도는 장거리 열차가 대부분이었

1945년 이전 조선 철도

기 때문에 열차의 운행 시간 역시 장거리 운송에 편리하게 이루어졌다. 상대적으로 지방 단거리 보통열차가 적어 조선 민중이 국내 여행을 하는 데 큰 불편을 겪었다. 이 역시 식민지 철도의 특성이었다.

1910년에 조선 철도는 총연장 약 1,000km였다. 일본 패전 당시에는 한반도에 약 5,000km의 국유철도와 조선총독부의 보호 아래 민간인이 건설한 경춘선(경성-춘천) 등 1,400km의 사설철도●가 있었다.

조선 민중은 자연스레 철도에 강한 적대감을 보였다. 1904년 1만여 명의 조선 민중이 철도 건설을 위한 일본의 강제 토지 징발과 징용에 항의하며 철도 건설 현장에 모였다가 진압되었다. 분노한 노동자들은 폭동을 조직해

조선의 사설철도
사설철도의 주주는 대부분 일본 본토에 거주하는 일본인이었으며, 조선인은 극소수였다.

철도의 궤간

유럽 국가들은 거의 대부분 가장 먼저 철도를 개통한 영국의 규격을 채택하여, 철로의 간격(궤간)이 4피트 8과 1/2인치(1,435mm)이다. 이는 '국제표준궤'로 불리는데, 일부 국가는 전시에 주변 국가가 철로를 이용해 침입하는 것을 방지하기 위해 또는 지리나 경제적 이유로 궤간을 넓히거나 축소한다. 궤간이 다르면 기차와 차량의 통용이 불가능하다. 궤간이 커지면 차량도 커져 속도와 운송량이 약간 늘어나지만, 철로의 굴곡에 제약이 있고 건설비도 많이 든다.

일본 철도는 건설비 부담과 굽은 길이 많은 지리적 특성을 이유로 궤간이 3피트 6인치(1,067mm)인 협궤를 채택했다. 일본이 식민지에서 건설한 철도의 경우, 타이완은 협궤를 채택한 반면 조선은 대륙 철도와의 연결을 위해 국제표준궤를 채택했다. 청일전쟁 이후 조선에서 러시아의 영향력이 강해지자, 조선의 철도 궤간으로 광궤를 채택할 것인지 아니면 표준궤를 채택할 것인지를 두고 러시아와 일본이 대립했는데, 일본은 표준궤 채택을 강행했다.

서구 열강이 중국 각지에서 건설한 철도는 기본적으로 표준궤였다. 만주에서 러시아가 건설한 중동철도(둥칭철도)는 5피트(1,524mm) 광궤였다. 러일전쟁 과정에서 일본군은 자국의 기관차와 열차 사용 편의를 위해 뤼순부터 점차 협궤로 개조하기 시작했다. 포츠머스조약에서 일본이 러시아로부터 창춘 이남의 중동철도 남만지선을 얻게 된 후에는 창춘-뤼순 구간을 표준궤로 개편했다.

1911년 압록강 철교가 준공되자, 표준궤를 채택한 조선 철도는 만주철도와 바로 연결이 가능해졌다. 1935년 소련은 중동철도를 만주국에 매각했다. 만철은 즉시 표준궤로 개조하는 작업에 착수해, 이후 만주국의 철도는 모두 표준궤로 통일되었다. 만철의 장갑열차는 소련의 공격에 대비해 5시간 안에 표준궤를 소련과 같은 5인치 궤간으로 변경해 교체 투입할 수 있는 바퀴와 차축을 장착했다. 이처럼 당시에는 철도 궤간에도 각국의 세력권이 반영되었다.

철로 파괴 혐의로 처형된 조선인 일본은 철도 건설에 대한 조선인의 반감을 누르기 위해 폭력적인 방식을 동원했다. 그림은 강제로 동원된 사람들이 지켜보는 가운데 조선인 세 명을 철로 파괴 혐의로 처형하는 장면으로, 1905년 5월 21일 자 프랑스 일간지 《라크로와 일뤼스트레》에 실렸다.

관리자들을 죽이고 관공서를 파괴했으며 철로 폭파를 시도했다. 당시 일본은 철도 건설을 명목으로 터무니없는 가격으로 토지를 강제징발했다. 토지 보상비는 이사나 이장 비용도 되지 않을 정도여서 토지를 빼앗긴 민중은 생활이 곤궁해졌다. 이뿐만 아니라 일본군은 철로 주변의 조선 민중에게 내가도 없이 철도 방위 임무를 떠넘겼다. 심지어는 철로와 군용 전선을 방해하거나 파괴한 자들을 사형에 처할 때 근처에 사는 민중에게 연대 책임을 요구하여 알고도 신고하지 않은 자까지 함께 처형했다. 한성과 평양 두 곳의 토지 징발이 가장 심각했다. 한성 민중은 '우국(憂國)의 글'을 발표하여 일본군의 토지 징발을 비난하고, 관청에 가서 항의하는 등 일본 헌병 병사들과 충돌을 빚었으며, 평양 민중도 격렬한 저항운동을 펼쳤다.

3

철도와 민중의 생활

철도와 물류, 인구 이동

근대 이전 자연의 힘을 동력으로 이용하던 시절에는 수상 운송이 육상 운송에 비해 편리했기 때문에 고대 도시들은 대부분 강을 끼고 형성되었다. 자연히 강물의 흐름이 사람과 물자의 흐름을 제약했고, 본류와 지류로 형성된 하천의 구조가 도시의 지리적 배치를 비롯해 인구 이동과 상업 무역의 공간적 범위에 영향을 미쳤다.

전통적인 수운과 축력·인력에 의한 운송에 비해 철도는 안전하고 빠르며 운송량이 많고 운임이 싼 편이었다. 또한 지리·계절·기후에 영향을 적게 받았다. 이 때문에 철도 건설은 기존의 운송 동력원이나 수송 방식 그리고 속도 면에서 큰 충격을 주었다.

빠르고 편리한 철도는 이동 시간을 크게 단축했다. 한커우(漢口)에서 베이징까지 관도(官道)를 걸으면 27일이 걸렸다. 하지만 징한(京漢)철도가 개통되면서 이틀 반 만에 도착했다. 새외(塞外, 만리장성 밖)에서 베이징까지 과거에는 낙타를 타고 한두 달이 걸렸지만, 징장철도 개통 이후에는 기차로 8~9시간이면 충분했다. 일본도 마찬가지로 에도시대에 에도에서 교토까지 걸어서 15~16일 걸렸고, 마차로는 적어도 사나흘 걸렸다. 하지만 철도 개통 이후 약 20시간이면 충분했다. 도쿄에서 요코하마까지는 기차로 1시간밖에 걸리지 않아 당일 왕복이 가능했다. 조선시대에는 한양에서 부산까지 걸어서 14일이 걸렸지만, 1905년 경부선 개통 후에는 10시간밖에 걸리지 않았다.

철도는 여행 시간과 거리감을 크게 단축했을 뿐 아니라 강을 따라 자연스럽게 만들어진 길을 바꾸어놓았다. 산줄기나 강물과 같은 지리적 제약에 영향을 덜 받았으며, 수운과 같은 계절적 제약도 벗어나게 되었다. 수로 교통과 육로 교통의 지위는 점차 역전되었다. 중국의 하천은 대부분 동서 방향으로 흘러, 비교적 동서 방향의 수상 운송이 편리한 반면 남북 교통은 매우 불편했다. 따라서 철도를 건설할 때 남북 간의 교통에 주력하면서 자연환경에 맞춰 구축된 오래된 무역 구도를 극복했다. 일본에서는 철도가 발전하면서 전통 내륙 수운이 서서히 쇠퇴했다. 하지만 연안 해운은 정부의 보호 정책으로 서양식 기선을 도입해 항구에서 철도와 연결되거나 외국 항로와 연결되어 발전했다. 철도와 철도를 잇는 연락선도 취항했다. 조선에서도 겨울철에 결빙되는 한강 수운이 철도와의 경쟁 속에서 급격히 쇠퇴했다. 인천과 용산 간의 수운은 철도 개통 이후 운송량이 절반 이상 줄었다.

일본 전역에서 도쿄로 향하는 열차와, 지역 내에서 행정 중심지 등 대도시로 향하는 열차는 상행선이고, 그 반대는 하행선이었다. 사람들은 상행선을 타고 도시로 몰려들었고, 식품과 원료도 상행선을 통해 도시로 공급되었다. 도시에서 가공된 상품은 하행선을 통해 지방과 농촌에 공급되었다.

식민지 철도는 일본으로 향하는 열차가 상행선이었다. 타이완의 경우 총독부 소재지인 타이베이에서 지룽으로 향하는 열차가 상행선이고, 조선에서는 경성행이 아니라 부산행이 상행선이었다. 만주국 수립 이후 만철은 수도 신징에서 다롄 방향이 상행선이었다. 상행선은 설탕, 쌀, 대두, 석탄 등을 일본으로 운송했고, 전시에도 막대한 양을 실어갔다. 하행선은 일본의 공업 제품과 이민자, 그리고 군대와 군수물자를 식민지로 운송했다.

관내(關內, 만리장성 이남)의 베이징·톈진(天津)에서 산하이관(山海關)을 거쳐 만주로 들어가는 교통의 요지인 진저우에 철도가 개통되면서 인구의 대규모 이동과 장거리 이주가 가능해졌다. 근대 중국의 인구 이동 가운데 1920~30년대 관내 인구의 관외, 즉 만주로의 이동(속칭 '틈관동闖關東')은 최대 규모였다. 만주는 토지가 비옥하고 광물 매장량이 풍부하지만, 청 정부가 오랫동안 만주족의 '성지'로 여겨 이주를 금지한 탓에 인구가 부족했다. 청 정부는 1900년 이후부터 이 지역으로의 이주를 장려했다. 중화민국 시절 이주민은 수로와 육로를 통해 만주로 들어갔다. 이때 대부분 철도를 이용했는데, 철도 이용자는 이주민의 약 30%를 차지했다. 이주민의 절반은 만주에 정착하고, 나머지 절반은 봄에 들어갔다가 겨울철에 돌아갔으므로 막대한 여객 운송 수요가 생겼다.

철도의 발전에 따라 만주로 들어가는 이주민 수가 급격히 늘었다. 1930년까지 매년 40만~50만 명이 산둥(山東), 허베이(河北), 허난(河南) 등지에서 만주로 이주했다.

철도와 도시의 흥망

철도는 강력한 운송 기능으로 화물의 기본 흐름에 영향을 미치고, 기존의 운송망을 바꾸어놓음으로써, 기존의 도시 시스템을 뒤흔들었다. 도시 분포와 기능에 변화가 생기면서, 어떤 도시는 전통 운송망의 쇠퇴와 함께 쇠락의 길을 걸었지만, 어떤 도시는 철도 건설과 함께 발전했다.

중국의 옛 도시는 대부분 각급 행정기관 소재지나 군사 주둔지로서, 주로 정치나 군사적 기능을 담당했다. 철도가 건설되면서 수많은 도시가 새롭게 형성되었으며, 규모 또한 커졌다. 이 가운데 일부는 제국주의 열강의 철도 부설과 개발로 발전했다.

하얼빈은 본래 쑹화(松花) 강변의 자연 촌락이었다. 중둥철도를 건설한

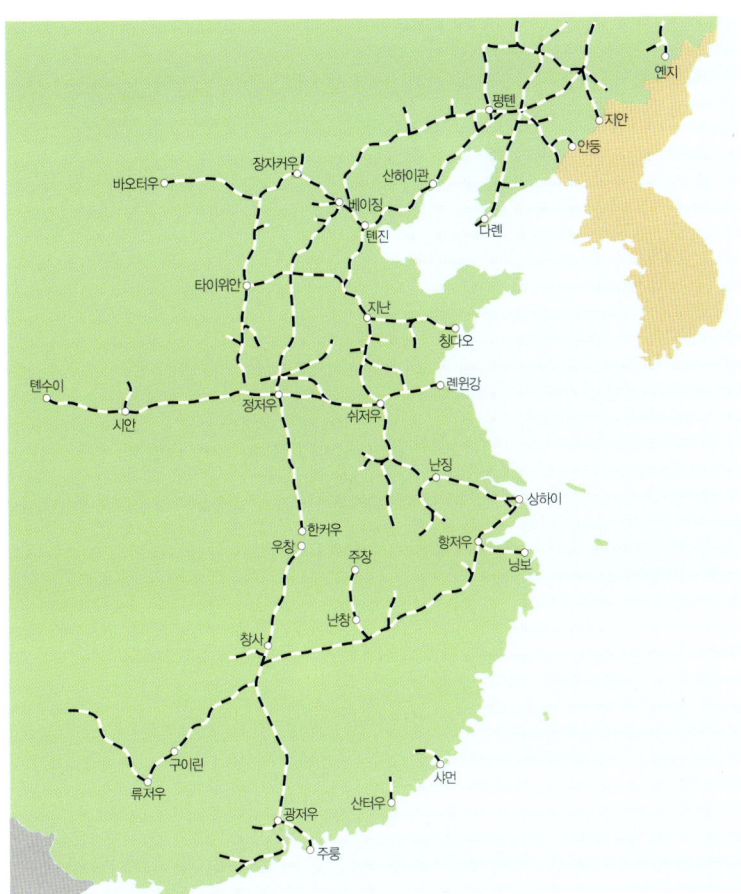

1945년 이전 중국 철도

러시아인이 이곳을 철도 집결지로 삼으면서 급격히 발전했다. 1900년에 약 2만 명이던 인구가 5년 후에는 10만 명으로 늘어, 남만주의 펑톈과 함께 곧 만주의 중심 도시이자 교통의 중추가 되었다.

다롄과 뤼순은 본래 '청니와(青泥窪)'라고 부르는 해변 백사장이었다. 남만지선 건설 후 그 지리적 입지의 우수성에 주목한 러시아인들이 1899년부터 항구와 부두를 짓기 시작했다. 이 지역은 1905년 이후 일본이 접수하면서 잉커우(營口)를 대체하는 만주의 무역 중심지로 빠르게 성장했다.

칭다오(青島)는 본래 자오저우만(膠川灣)의 외진 어촌이었는데, 독일이 자오지(膠濟, 칭다오-지난濟南)철도를 건설하면서 동쪽 종착역이자 무역항

1945년 이전 일본 철도

이 되었다. 칭다오는 빠른 속도로 발전하여, 1902년에 1만 6,000명에 불과하던 인구가 1904년 자오지철도 개통 이후 급격히 증가하여 1910년에는 16만 5,000명에 이르렀으며, 1937년에는 50만 명에 육박했다.

중국에서 철도의 발달은 도시의 운명도 바꾸어놓았다. 진장(鎭江)은 양쯔강과 운하가 교차하는 지점으로, 역사상 남북 상업이 교류하는 대표적인 항구였다. 이웃한 난징은 단지 정치 도시였을 뿐 상업과 무역은 발전하지 않았다. 하지만 진푸(津浦, 톈진-푸커우浦口)철도와 후닝(滬寧, 상하이-난징)철도 개통 이후 난징은 남북 철도 교통의 중추가 되면서 경제도 빠르게 발전했다. 반면, 진장은 대운하의 수상 운송 기능이 쇠퇴하면서 쇠락했다.

산과 강으로 나뉘었던 지역이 철도로 연결되면서 전통 운송로를 중심으로 형성되었던 기존의 지역사회와 경제권은 붕괴되었다. 농촌 경제와 도시

시장이 직접 연결되고, 농촌 노동력이 도시로 몰려들면서 중심 도시는 날로 번성한 반면, 농촌은 급속히 쇠퇴했다. 일본 간선도로는 도카이도 부근의 대도시에 집중되었으며, 철도 건설이 뒤떨어진 동해 연안은 우라니혼(裏日本)이라 불렸다. 1882년 일본에서 인구가 가장 많았던 니가타현은 15년 후에 5위로 밀려났다. 근대화의 흐름에서 위기의식을 느낀 지방 주민들은 철도 유치운동을 벌이며 돌파구를 찾으려 했다. 농촌을 기반으로 삼았던 입헌정우회는 1920년대 악명 높은 '아전인철(我田引鐵)' 정책을 채택하고 철도 건설을 득표 수단으로 삼았다.

1920~30년대 일본에서는 도쿄, 오사카 등 대도시 인구가 빠르게 증가했다. 도쿄 인구는 370만 명(1920년 기준)에서 541만 명(1930년 기준)으로 늘었으며, 오사카 인구는 259만 명(1920년 기준)에서 354만 명(1930년 기준)으로 늘었다. 도시 기능이 커지자 민간 철도기업이 주택구역을 개발하는 동시에 도시 근교의 철도 건설에 착수했기 때문이다.

조선에서는 대전의 부흥이 철도 건설과 직접적인 관계가 있었다. 철도 건설 이전, 한성에서 약 166km 떨어진 대전은 본래 한적한 농촌이었다. 이후 경부선 건설로 대전은 중요한 경유지가 되었다. 대전 기차역이 건립되면서 그 주변에 일본인 거주지가 형성되어, 기차역을 중심으로 주변 지역이 활기를 띠기 시작했다. 이어 호남선이 건설되면서 경부선과 호남선이라는 양대 철도의 교차점이 된 대전은 철도에 힘입어 빠르게 발전해 군(郡)으로 승격되었다. 이에 반해 인천에서 20km 떨어진 오류동은 과거 각지에서 경성으로 들어갈 때 거쳐가는 길목으로, 상업 여객의 왕래가 빈번했다. 하지만 경인선이 개통된 뒤에는 급속히 쇠퇴했다.

철도와 민중의 생활

철도는 인류의 생활 방식을 크게 바꾸어놓았으며 활동 영역도 확대했다. 편리하고 신속한 신식 교통으로 인해 바뀐 공간에 대한 거리감은 문학 작

우라니혼
일본 알프스의 서쪽 지역에 대한 호칭. 도쿄 등 태평양 연안 지역에 비해 발전이 늦은 지역이라는 뜻이 있다.

품에도 반영되어, '이별'이라는 오래된 주제 또한 이전과는 다른 새로운 정취를 갖게 되었다.

> 옛날에도 산천은 있었고, 수레와 배가 있었지.
> 수레와 배는 이별을 싣고, 마음대로 가다 멈추었네.
> 이제는 배(화륜선)와 수레(기차)가 함께 이별의 슬픔을 만들지.
> 짧은 순간임을 알지만 연연하도록 허락지 않네.
> 시계 소리 울리면 잠시도 머물지 않는다네.
> (중략)
> 보내는 이가 돌아오기도 전에 그대는 하늘 끝에 있구나.
>
> —황쭌셴, 〈오늘의 이별(今別離)〉

기차 차량에는 비록 등급이 있었지만, 승객들은 돈만 내면 평민이든 귀족이든 상관없이 선택하여 탑승할 수 있었다. 승차권에는 승차 시간·구간·등급·가격 등만 기재할 뿐 승객의 성명이나 신분 등은 적지 않았다. 기차의 집단 승차 방식은 말이나 가마를 타던 시대의 봉건적 신분 의식과 '남녀유별'의 진부한 관념을 타파했다. 이를 통해 새로운 인간관계와 사회 교

철도 관광과 승차권(아래쪽) 철도 개통으로 이동의 제약이 사라지면서 '관광'을 목적으로 기차를 이용하는 사람들도 나타났다. 아래 사진은 1937년 일본 철도국에서 발행한 일등석 승차권으로, 한 달 동안 기차를 자유롭게 이용할 수 있었다.

제 규칙이 탄생했다.

일본은 거의 대부분 지역에서 철도가 유일한 운송수단이었으며, 기차역은 그 지역의 문호(門戶)였다. 대도시로 향하는 기차에는 성공에 대한 꿈을 안고 떠나는 이들도 있었고, 일자리를 찾아서 어쩔 수 없이 가족을 떠나는 이들도 있었다. 역 앞 광장에서는 유명 인사를 환영하기도 하고 출정하는 병사를 송별하기도 했다. 사망자의 유골이 돌아오는 곳도 역시 기차역이었다.

근대적 시간개념의 상징, 기차와 시계 철도를 이용하는 사람들에게 기차 시간은 반드시 지켜야 할 필수 사항이었다. 철도 운행 초기에는 기차가 정확한 시간을 대표하는 상징으로서 종종 시계 광고에 함께 등장했다.

철도의 운행은 사람들의 시간 감각을 바꾸어놓았다. '기차를 놓치지 않기 위해' 사람들은 긴장감을 늦추지 않았고, 생활 리듬이 모르는 사이에 빨라졌다. '시간은 금이다'와 같은 근대적 관념도 점차 형성되었다. 조선에는 다음과 같은 우스갯소리가 있었다. 권세 있는 양반이 기차를 타고 외출할 채비를 하는데, 하인이 기차가 곧 떠난다며 재촉했다. 그러자 그는 하인에게 "기차에게 조금만 기다리라고 하거라"라고 분부했다. 기차는 물론 늦게 도착한 그를 다소곳이 기다리지 않았다. 그 후 그는 양반이라도 기차 시간은 지켜야 한다는 것을 알게 되었다고 한다. 전통사회에서 사람들은 '해가 뜨면 일하고 해가 지면 쉬면서' 하늘의 해·달·별 등의 변화를 살펴 일하고 쉬는 일상생활의 리듬을 정하곤 했다. 전통적인 농업 생산은 정확한 시간을 필요로 하지 않았으므로 시간개념이 두루뭉술하고 모호했다. 고대 황실에서는 해시계·물시계와 같은 시간을 재는 도구가 있었지만, 민간에서는 그저 해가 뜨고 지고, 달이 차고 기우는 것 그리고 닭 울음소리나 향이 타는 시간과 같은 모호한 방식으로 시간을 짐작할 따름이었다.

예전 중국에서는 시간을 재는 단위로 하루를 12개의 시진(時辰)으로 나누었다. 일본에서는 낮과 밤을 각각 6등분하는 방법을 줄곧 사용해왔다. 낮의 한 시간과 밤의 한 시간의 길이가 다르고, 낮의 한 시간은 다시 계절에 따라 달랐다. 옛날의 시간 계산 방법은 신식 교통 운행에는 적합하지 않았다. 일본은 1873년 1월 1일부터 양력을 채택했고, 그 전해에 철도는 먼저 24시간제를 채택했다. 기차 시간표가 분 단위로 열차의 운행 시간을 계산하면서 사람들의 시간관념을 바꾸어놓았고, 나아가 일상생활의 리듬에도 영향을 주었다. 기차 시간표에는 "늦어도 10분 전까지 기차역에 도착해 표를 구매하고 …… 발차 3분 전에 탑승구가 닫힌다"라고 써 있었다. 아이들의 교과서에도 "기차는 시간이 되면 1분도 더 기다리지 않고 그냥 출발한다"라고 적혀 있었다(《심상소학 독본 7》, 1904) 기차 시간표대로 서로 알지 못하는 사람들이 함께 움직이게 되면서 '철도 사회'로 진입했다. 시간이 세분되고 정확해지면서 사람들의 시간관념은 강화되었다. 일하고 쉬는 데에도 완전히 새로운 방식이 등장했다.

일본에 라디오가 널리 보급되기 이전에는 전국의 철도 기관사와 승무원 등 책임자가 정기적으로 도쿄에 모여 기관석 옆에 놓아두는 회중시계의 시간이 서로 맞는지 확인했다. 일본 철도의 정확한 발차 시간은 세계적으로도 유명한데, 시간을 엄수하는 일본인의 습관은 '철도 열차 사회'의 영향이라고 할 수 있다.

근대화의 상징인 철도가 외진 마을까지 도달하게 되면서, 시골 사람들은 이에 다중적 의미를 부여했다. 철도 운행 시간이 정확하고 규칙적이었기 때문에, 철로 주변 마을 사람들은 지나가는 기차를 시간을 재는 수단으로 삼았다. 국가의 표준 시각에 따라 운행되는 철도의 영향으로 철로 주변의 민중도 국가 표준 시각이라는 새로운 시간관념을 갖게 된 것이다.

4

1945년 이후
동아시아의 철도

자동차, 비행기와 경쟁하는 기차

1920년대 미국은 자동차 보급 시대를 맞이했다. 1950년대에 이 물결은 서유럽까지 미치게 되었고, 조금 후 다시 일본과 한국에도 밀려들어왔다. 자동차의 보급으로 그동안 주도적 지위를 차지하고 있던 철도는 밀려나고 사람들의 생활 방식에도 큰 변화가 생겼다.

일본에서는 1960년대 자동차 운송이 빠르게 발전해 1970년에는 자동차 여객 운송량이 철도를 넘어섰다. 자동차 운송이 일본의 고도 경제 성장을 뒷받침했다고도 할 수 있다. 이후 철도 운송이 상대적으로 정체된 반면 자동차 운송은 지속적으로 늘었다. 1969년 나고야(名古屋)와 고베를 연결하는 고속도로(메이신名神고속도로)와 나고야와 도쿄를 연결하는 고속도로(도메이東名고속도로)가 전면 개통되면서, 고속도로 시대의 서막이 열렸다.

한국은 1966년 당시 도로 여객 운송량이 이미 철도를 넘어섰고, 그 후 경제 성장에 따라 철도와 도로 교통 간의 격차는 빠르게 확대되었다. 식민지 조선이 건설한 철도망은 X자형의 남북 종관철도를 중시해 지방 도시 간의

일본 신칸센(왼쪽)과 중국 광저우 기차역(오른쪽) 도로와 항공 운송의 발전으로 철도의 역할이 이전 시기에 비해 축소되었지만, 고속철도의 등장 등 철도의 발전은 꾸준히 이어지고 있다. 1964년 개통된 일본의 신칸센은 시속 240~275km로 운행하며 일본 전역을 일일생활권 안에 들게 했으며, 중국에서도 철도는 대규모 여객 운송에 중요한 역할을 맡고 있다.

지역 연결이 충분하지 못했기 때문이었다. 게다가 1945년 해방 이후 후 남북 분단으로 X자형 철도망은 충분한 역할을 수행할 수 없었다. 같은 시기 일본과 비교할 때 독립 후 한국에서 철도는 사회·경제적 역할이 크지 않은 편이었다.

한국의 박정희 정권은 철도를 주로 산업 운송에 활용하고, 여객 운송은 대체로 도로 교통에 의존했다. 1970년 경부고속도로가 개통되면서 한국도 역사적인 고속도로 발전 시대를 맞이했다. 동서 냉전의 격화로 일부 고속도로는 군사적 수요(비행기 임시 활주로 등)로 활용되기도 했다.

중국의 자동차 보급은 개혁·개방 이후의 새로운 현상이었다. 1988년 고속도로 건설을 시작해 2009년까지 고속도로 총연장은 6만 5,000km로 세계 2위가 되었다. 1990년대 이후 중국은 자동차 보급 시대로 빠르게 접어들었다.

도로 교통과 철도 교통이 치열하게 경쟁한 결과, 철도는 기술, 경영, 서비스 등의 끊임없는 혁신으로 빠르고 편리한 화물과 여객 운송에 주력하는 한편, 철도와 도로의 연결을 통해 각자의 장점을 발휘하는 통합 운송 방식을 발전시키게 되었다.

제2차 세계대전 이후 제트 비행기가 보급되면서, 비행 속도와 경제성이 크게 제고되어 세계 항공 운송 역시 빠르게 발전했다. 속도 면에서 뚜렷한 경쟁력을 가진 항공 운송은 장거리 여객 운송 시장과 고부가가치 고속 화물 운송 영역에서 철도와 치열한 경쟁을 벌였다. 항공 운송의 발전은 철도의 속도 개선을 가져와 고속철도가 발전했다.

하지만 도로와 항공의 빠른 발전은 자원과 환경 면에서는 부정적인 영향을 가져왔다. 1980년대 이후 세계 에너지 자원 부족과 환경 악화에 따라, 점점 더 많은 이들이 지속 가능한 녹색 운송 시스템 구축의 필요성을 인식하기에 이르렀다. 철도는 에너지 소모와 오염이 적다는 장점을 갖고 있어 지속 가능한 발전의 수요에 적합하다. 세계적으로 철도 발전의 중요성이 재인식되면서 교통 시스템 가운데 철도의 지위와 역할이 재평가받고 있다. 철도는 다시금 새로운 발전의 계기를 맞이했다. 철도가 21세기에 과연 어떠한 모습으로 부활할 것인가, 인류의 평화와 풍요로운 생활을 어떻게 지탱할 것인가는 앞으로 세계 각국의 공동 과제가 될 것이다.

범아시아 철도망의 미래

철도는 나라와 나라를 이어주는 교량이자 대다수 국가에서 중요시하는 국방 전략 수단이다. 또한 지역 평화와 국제 관계에서 중요한 역할을 하고 있다. 철도는 동아시아 국제 관계의 긴장과 완화 국면에 종종 전면에 부상하곤 했다. 제2차 세계대전이 끝날 무렵 이미 한반도와 소련 극동 지역, 만주는 철도망이 구축되어 서로 연결되어 있었다. 하지만 한반도 분열로 인해 총연장 500km가 넘는 남북 교통의 대동맥인 경의선이 끊어졌다. 2000년 6월 평양에서 한국과 북한 정상이 역사적인 만남을 갖고 '남북공동선언'을 발표하면서, 그 후 양측은 경의선 재개 문제를 논의하게 되었다. 그리하여 남북 철도는 2007년 시운전을 재개했다. 이처럼 철도는 오랫동안 대치하고 있던 남과 북이 화해와 협력을 시작하는 상징이 되었다.

지도로 보면 호찌민-하노이-쿤밍(昆明)-청두(成都)-베이징-창춘-

경의선 복원 1906년 서울과 신의주를 잇던 경의선은 1951년 운행이 완전히 중단되기 전까지 한반도의 주요 철도로서 운수 교통량이 전국 철도 가운데 가장 많았다. 2000년 6월 남북정상회담 이후 경의선 복원 사업이 논의되어 2009년 서울역에서 문산역까지 광역전철이 개통되었다.

평양-서울-부산이 철도로 연결된다. 부산과 시모노세키를 페리로 연결한다면 도쿄까지도 이어진다. 동아시아는 이미 철도망으로 연결되었다. 현재 중국에 롄윈(連雲)-시베리아 철도-모스크바, 베이징-장자커우-울란바토르-이르쿠츠크 등 유럽과 연결되는 국제 열차가 운행한다. 철도로 보면 동아시아 지역 공동체의 기반이 이미 구축된 것이다.

근대화 과정을 보면 경제 글로벌화는 대세로서 국가 간 물자 교류와 인적 왕래가 나날이 긴밀해졌다. 국제 철도는 중요한 육로 연결 통로로서 역내 경제 발전에 중요한 역할을 해왔다. 국제연합 아태경제사회위원회가 1960년 처음으로 '범아시아 철도망' 구축 구상을 내놓았고, 당시 싱가포르에서 터키까지 방글라데시·인도·파키스탄·이란 등을 경유하는 총연장 1만 4,000km의 철도를 계획했다.

1990년대 중반 '아시아 육상 교통 인프라 발전 계획'이 통과되면서 범아시아 철도 계획이 다시 주목받게 되었다.

18개국 아태경제사회위원회 대표가 2006년 11월 부산에 모여 '범아시아 철도망 정부 간 협정'에 서명했다. 이 협정에 따르면 아시아는 4개 노선의 범아시아 철도를 건설하여 연결하게 된다. 여기에는 한반도·러시아·중국·몽골·카자흐스탄 등을 연결하는 북철도, 중국 남부·미얀마·인도·이란·터키를 연결하는 남철도, 러시아·중앙아시아·페르시아만을 연결하는 남북 철도, 중국과 아세안을 연결하는 중국-아세안 철도가 포함된다.

국제연합 아태경제사회위원회는 2009년 6월 11일 방콕에서 '범아시아 철도망 정부 간 협정' 발효를 경축하는 기념식을 가졌다. 범아시아 철도망은 각국의 기존 철도망을 기반으로 철도망 사이의 연결과 개통을 통해 총 연장 11만 4,000km로 28개 국가와 지역을 포괄하는 '철의 실크로드'라 불린다. 근 반세기에 걸쳐 이루어진 범아시아 철도망의 꿈이 드디어 현실화를 향한 결정적인 걸음을 내디뎠다. 범아시아 철도망의 구축은 앞으로 아시아 지역의 경제 발전과 공동 번영, 그리고 아시아와 유럽의 문화 교류와 국제 무역 촉진에 중요한 역할을 할 것이다.

4

이민과 유학―사람의 이동과 교류

● 이 시기 한·중·일 연표

1845	청, 상하이에 영국 조계 설치
1862	일본의 바쿠후, 최초의 유학생 네덜란드에 파견
1868	일본, 고베에 거류지 설치. 일본인 최초의 해외 이민(하와이·괌)
1871	일본, 최초의 여자 유학생 미국에 파견
1882	청의 군대, 조선에서 임오군란 진압, 이후 중국인 상인의 조선 이민 증가
1883	조선, 인천 개항과 동시에 일본인 거류지 설치(이듬해 중국인 조계 설치)
1902	조선인 최초의 해외 이민(하와이)
1905	대한제국 정부, '이민금지령' 발표
1906	남만주철도주식회사 설립, 뤼순·다롄에 일본인 이민 증가
1909	일본군, '남한대토벌작전'으로 호남 의병 탄압, 호남 지방에 일본인 이민 증가
1910	일본의 한국병합 이후 조선인의 만주 이주 증가
1911	취업을 목적으로 한 조선인의 일본 이주 본격화
1919	일본 도쿄의 조선인 유학생, '2·8독립선언' 발표
1933	조선총독부, 동만주에 집단부락 조성
1936	일본, '만주 농업이민 100만 호 이주 계획' 수립
1939	일본, 만주국에 '북변진흥계획' 실시, 중국 허베이 지역 노동자 대거 이동
1941	일본, 제2기 국책이민 5개년 계획 수립
1944	일본, 조선인의 징병제 실시
1945	일본, 조선인의 해외 강제동원 중지. 재일조선인연맹(조련) 결성
1946	재일본조선거류민단(민단) 결성
1948	재일코리안, 일본에서 한신교육투쟁
1955	재일본조선인총연합회(총련) 결성
1991	일본, 재일한국인에게 특별영주자격 부여
1993	일본, '외국인등록법' 개정, 영주자 지문날인 폐지

일반적으로 사람들은 사회적 기득권이나 생활에서 체득한 사회·문화적 감각을 접어두고 전혀 다른 환경에서 더 나은 삶을 개척하고자 할 때 이주를 선택한다. 특정한 시기에 많은 사람이 이주를 한다면 그 사회에 이주자를 밀어내는 구조적인 요인과 그 반대편에서 이주자를 끌어당기는 유인 요소가 있기 때문이다. 그래서 이주의 원인과 양상은 시기와 역사적 상황에 따라 다를 수밖에 없다.

개항기부터 1945년까지 한·중·일 3국 안에서 이루어진 이주는 대부분 침략과 지배, 전쟁과 관련되었다. 경제적 동기에 따라 자발적으로 이주한 경우도 있지만 정책적 유인에 따른 대규모 이주가 큰 비중을 차지했다. 따라서 상호 간의 문화 교류 속에서 각국의 문화가 공존하거나 새로운 이문화(異文化)가 형성되기가 쉽지 않았다. 동아시아에서 개인의 자유로운 이주와 각국의 활발한 문화 교류는 냉전이 해체된 1990년대 들어서야 비로소 가능해졌다. 하지만 이러한 이주 양상과 문화 현상도 동아시아만의 역사에 의해 규정되고 있음을 간과해서는 안 된다.

이주 양상 가운데 유학은 시대를 불문하고 상호 교류라는 측면보다는 선진적인 외국의 학문과 기술, 문화를 배우기 위해 일시적으로 정주(定住)하는 이주이다. 개항 이후 일본은 유럽의 선진 문물과 제도를 배우기 위해 유학을 장려했다. 한편, 조선과 청의 유학생은 문명화된 일본으로 모여들었다. 유학 후 귀국한 이들은 민족과 국가의 처지에 따라 유학지에서 배운 지식을 활용함으로써 사회에 큰 영향을 끼쳤다.

이 장에서는 개항기부터 1945년까지 한·중·일 3국의 일반적인 이주 양상을 개항·러일전쟁 시기·전시동원기로 나누어 개관하고자 한다. 그 과정에서 특히 조선과 중국에서는 근대화와 유학이 어떠한 관계에 있는지 살펴보고, 아시아·태평양전쟁이 끝난 직후 각국의 귀환 과정과 현황을 보면서 지금의 정주 상황과 연관지어 3국에 거주하는 세 나라 사람의 모습을 정리하겠다.

1

들어오고 나간 사람들의 역사

이주의 패러다임을 바꾼 개항

동아시아 국가는 전통적으로 해외 이주를 기본적으로 금지하는 해금 정책을 취했다. 빈번한 교류와 이동이 전통적인 지배질서를 흔들 우려가 있다고 생각했기 때문이다. 따라서 동남아시아 지역을 지배한 서구 열강이 커피와 천연고무 같은 열대 상품작물을 재배하기 위해 1830년대부터 중국인 노동자들을 대거 받아들인 것을 제외한다면, 경제적 동기에 따른 대규모 인구 이동은 외교 사절의 왕래나 특정 지역에서의 역내 교역 수준을 벗어나지 못했다.

그러나 개항을 통해 문호를 개방하고, 개항장에 외국인을 위한 특별 거주지인 조계 또는 거류지가 설치되면서 이전과 다른 모습이 나타났다.

영국은 1845년 청과 '상하이 토지장정'을 체결해 토지를 임대받았다. 이후 영역을 점차 확장하여 1847년에는 영국인의 거주지가 확정되었는데, 이것이 중국에서의 첫 조계이다. 처음 상하이 사람들은 조계지를 오랑캐의 장소라는 의미에서 '이장(夷場)'이라 불렀는데, 그로부터 30여 년이 지난

만주로 이주한 산둥성 출신의 노동자들 중국에서는 1897년 시베리아 철도를 건설하기 위해 대규모 노동자 모집이 이루어지면서 만주로 일거리를 찾아 떠나는 취업 이주민이 늘어났다.

후에는 '양장(洋場)'이라 불렀다. 이는 "옛날의 천하는 겨우 중국에만 국한하여 이에 속하지 않은 곳을 다 네 곳의 오랑캐[四夷]라고 했지만, 오늘의 천하는 사해(四海) 안과 밖으로 통하지 않는 곳이 없다"라는 말에서 알 수 있듯이 중국 중심의 세계관이 바뀐 결과였다.

개항은 중국 내에서의 인구 이동도 촉진시켰다. 특히 만주 북부 지역과 시베리아로 이동하는 사람들이 눈에 띄게 늘었다. 1860년대 초 톈진, 잉커우, 옌타이(烟臺)가 개항되자, 산둥성과 허베이성 출신자들이 걸어서 이동하지 않고 주로 기선(汽船)을 타고 만주 북부 지역과 시베리아까지 이주했기 때문이다. 만주와 인접한 산둥과 허베이 두 지역은 인구밀도가 매우 높고 노동력이 넘쳐났지만, 토지 소유는 매우 불균등한 곳이었다. 또한 베이징과 톈진 같은 도시가 가까이 있어 정치 상황도 혼란스러웠다.

이주자들이 몰려든 만주는 청의 발상지로, 청 정부에서 매우 신성시하여 오랫동안 일반인의 출입을 금지한 탓에 개간되지 않은 토지가 많았다. 19세기 중반 이후 청은 만주로 이주해 토지를 개간하는 사람을 적극적으로 막지 않았다. 재정을 확충할 필요가 있는 데다 헤이룽(黑龍, 아무르)강 일대로 영향력을 확장하려는 러시아를 견제할 필요가 있었기 때문이다. 또한 1894년 청일전쟁에 패배해 전쟁의 피해 복구와 배상금 지불에 따른 재정 압박 역시 중요한 이유가 되었다. 더구나 러시아가 1897년부터 시베리아 철도 건설을 본격화하고, 다롄을 계획도시로 건설하면서 중국인 노동자를 대규모로 모집하자 이주는 더욱 늘어났다. 이즈음부터 만주로 향한 중국인 이민은 농업 이민보다 육체노동자를 중심으로 한 취업 이민이 주를 이루었다.

한편, 일본에서의 최대 이민지는 에조치(蝦夷地), 지금의 홋카이도(北海道)였다. 메이지 정부는 러시아로부터 홋카이도를 지키고 이곳을 개척하기 위해 신분제 개혁●으로 실업한 사족(士族, 무사武士)을 모집해 대대적으로 이주시켰다. 실업한 사족에게 이주는 지배 계급에서 피지배 신분으로, 무사에서 농사 경험이 없는 농민으로 사회적 신분이 바뀌는 일이었으므로, 홋카이도로의 이주를 선택하는 데 대단한 결의가 필요했다. 메이지 정부의 개발 정책이 확대됨에 따라 개간에 참여하려는 각지의 사족과 농민의 이주도 늘어났다. 이로 인해 원주민인 아이누는 점차 생활공간을 빼앗겼다.

일본에 온 외국인이 처음 머문 곳은 개항장이었다. 요코하마·나가사키·고베·오사카·도쿄 등 외국과의 무역을 위해 개방한 주요 항구를 중심으로 중국의 조계와 비슷한 거류지가 생겼다. 1868년 거류지가 설치된 고베는 차를 수출하고, 영국의 면직물과 면사, 모직물을 주로 수입했다. 조약 개정● 이후 거류지가 1899년 일본에 반환될 때까지 영국을 비롯해 10여 국에서 온 2,000여 명의 외국인이 이곳에 거주했다.

당시 일본으로 이주한 중국인 역시 적지 않았다. 고베에 거류지가 생긴 지 1년 후인 1869년 중국인 수는 이미 500명을 넘었다. 거류지에 사는 외국인은 중국인을 하인이나 사용인(使用人)으로 고용하는 경우가 많았다. 중국인은 거류지의 서쪽 지역에서 일본인과 잡거(雜居)했는데, 이들이 사는 일부 지역을 난킨마치라 불렀다. 주로 푸젠성·광둥성·양쯔강 중하류 지역에서 온 남성이 대부분이었으며, 이들은 출신 지역별로 공소(公所)●를 설립해 관계망을 형성했다. 그리고 나중에 가족을 불러들여 정착했다. 1895년 청일전쟁이 끝난 뒤에도 중국인의 일본 이주는 계속되어 1900년경에는 6,800여 명이 일본에 거주했다. 이들 가운데 타이완 출신, 유학생, 푸

신분제 개혁
일본 정부는 중앙집권제를 강화하기 위해 1869년 지방의 번주와 무사 간의 주종 관계를 해소시키고 다이묘와 구게(公家)를 화족(華族), 일반 무사를 사족, 농공상 등의 서민을 평민으로 바꾸었다. 1871년에는 사민평등(四民平等)의 원리에 따라 사농공상의 신분제를 폐기하고 천민을 포함한 모든 사람에게 신분과 직업에서 법적 평등권을 주었다.

조약 개정
메이지유신 이후 일본 정부는 기존에 맺었던 불평등 조약을 개정하기 위해 노력했다. 당시 영국은 일본이 러시아의 남하를 저지하기를 기대하면서 일본의 조약 개정 요구에 응했으며, 그 결과 1894년 영일통상항해조약이 최초로 개정되었다. 개정 당시 일본이 1899년부터 내륙을 개방하는 대신 영국은 영사재판권을 철폐했다. 남은 관세권은 1911년 회복했다.

공소(公所)
같은 직업 또는 같은 고향 출신들이 모여 만든 사무소를 일컫는다.

젠성 출신의 행상(行商) 등은 개항장을 벗어나 새로운 상업활동과 서양 학문을 배우고자 도쿄와 교토 등지로 이주했다. 고베의 중국 상인 중에는 조선에 지점을 둔 이들도 있었다. 고베에서 공흥호(公興號)라는 잡화상점을 운영하던 중국 상인은 1883년 부산에 지점 격인 덕흥호(德興號)를 개업했고, 산둥성 옌타이에 본점을 둔 협기호(協記號)는 1890년 인천에 지점을 두었다.

조선에는 1882년 임오군란을 진압하기 위해 출병한 청의 군대와 함께 청 상인들이 본격적으로 들어왔다. 이들은 조선을 '근대적 속국'으로 만들기 위해 '속방화(屬邦化)' 정책을 추진하던 청 정부의 강력한 후원을 받은 특권집단이었다. 청은 조선에 내정 간섭을 강화하면서 자국 상인을 지원하기 위해 여러 곳에 상무공서(商務公署)를 설치했다. 또 청 상인을 위한 중화회관(中華會館)을 세우기 위해 폭력까지 동원해 조선 관료의 집터를 강제로 매수하는 월권행위를 저지르는 등 초법적 행동을 일삼았다. 청 상인의 증가로 개항지인 인천·부산·원산 등지에서 이루어진 조선과 일본·중국과의 전체 무역액 비율이 크게 바뀌었다. 1885년 개항 초기 82 대 18이었던 대일 무역과 대중 무역 비율은 7년 후인 1892년에는 55 대 45로 거의 비슷해졌다. 특히 세 도시 가운데 중국과 근접한 인천이 대중 무역의 중심지였다. 청 상인이 취급한 대표적인 수입 품목은 영국산 면포였다.

조선의 지배집단과 상인은 청 정부와 상인의 행동을 매우 민감한 문제로 받아들였으며, 청의 간섭을 벗어나야 한다는 생각을 절실히 하게 되었다. 결국 청일전쟁에서 청이 패하자 특권적 지위를 잃은 청 상인은 대부분 본국으로 돌아갔다. 그나마 남아 있던 상인들의 점포도 조선인의 공격을 받는 경우가 많았다. 1897년 대한제국을 선포한 후 정부는 사신을 위한 연회장인 남별궁에 원구단을 지었다. 한편, 독립협회는 중국 사신을 맞이하던 영은문과 모화관에 독립문과 독립관을 지어 자주독립의 면모를 세우려고 했다. 청일전쟁의 패배로 물러갔던 중국인은 1896년 아관파천 이후 다시 조금씩 늘어났으나 그 양상은 이전과 달랐다. 이때의 이주는 주로 1899년 중국에서 일어난 의화단운동 때문에 생명을 지키기 위해 이주한 사람이 많았다.

　　청 상인이 자국 정부의 비호 아래 조선에서 특권적 지위를 누리며 적극적인 상업활동을 펼친 데 비해, 조선에 이주한 일본인은 그렇지 못했다. 1884년 일본이 후원한 개화파의 갑신정변이 실패로 끝나자 일본은 조선의 정치에 공공연히 개입할 수 없는 처지가 되었다. 대신에 상업과 어업을 목적으로 도항한 일본인은 경제 기반을 확대하는 데 집중했다. 이주한 일본인은 거류민단과 상업회의소를 설립해 활동했다. 상업 관련자들이 주도한 거류

한·중·일 3국의 경계를 넘어서 이동한 사람들

개항 이후 기선 이용이 활발해지면서 이주의 범위가 해외로까지 확대되었다. 미국의 골드러시(gold rush)와 1860년대 대륙횡단철도 건설에 중국인이 참여하면서 중국인의 해외 이주는 본격화되었다. 미국 대륙으로 이주한 사람은 대부분 가난한 광둥성, 그중에서도 외국 무역이 빈번한 광저우, 마카오, 홍콩 출신이었다. 비슷한 시기에 하와이 사탕수수 농장에는 대부분 광둥성의 샹산현(香山縣, 지금의 중산시中山市) 출신자들이 이주했다. 정치적 혼란도 이들의 이주를 부추겼다. 하지만 1882년 미국에서 이민금지법이 제정되면서 중국인의 이주는 중단되었다.

미국에서 중국인의 이주가 중단되면서 부족한 노동력의 공백을 메운 사람은 일본인이었다. 일본인 최초의 해외 이민은 1868년 하와이와 괌의 사탕수수 농장에 이주한 사람들이었다. 메이지라는 새로운 시대의 개막과 함께 해외 이주가 이루어졌다는 의미에서 이들을 '가넨샤(元年者)'라고 불렀다. 이후 이주자들이 노예처럼 혹사당하자 메이지 정부는 1880년대 중반까지 해외 이주를 금지했다.

1880년대 후반부터 일본인의 해외 이주는 다시 늘어나, 많은 일본인이 미국 본토와 하와이, 캐나다로 건너갔다. 미국과 캐나다에서 중국인 이민을 제한하거나 금지하는 대신 중국인을 대체하는 노동력으로 일본인을 수용했기 때문이다. 일본인 이민이 급증하자 20세기 들어 이들 지역에서는 일본인 이민을 배척하려는 움직임이 나타났다. 1904년 러일전쟁을 계기로 일본인에 대한 백인의 경계심도 높아졌다. 미국과 캐나다에서 일본인 이민자 수를 대폭 제한하자, 이후 브라질과 페루를 비롯한 남미가 일본인의 새로운 이주지로 부상했다.

하와이 사탕수수 농장에서 일본인 대신 조선인 노동력을 모집한 것도 이즈음이었다. 중국인과 일본인 노동자를 고용했던 농장주들은 더 값싼 노동력을 확보하기 위해 조선에 눈을 돌렸다. 일본의 이민회사들은 서울에 대륙식민회사를 설치하고 조선인 노동자를 모집했다. 1902년 대한제국 정부도 담당 부서를 두고 이민사업을 실시했다. 이때부터 1905년 정부가 노동력 유출을 막기 위해 이민금지령을 내릴 때까지 7,000여 명의 조선인이 태평양을 건넜다.

인천 개항장의 외국인 거류지 아래쪽의 조선인 거주지와 중간 부분의 외국인 거류지 사이에 빈 공간을 두고 표지석을 세웠다. 언덕 꼭대기에는 당시 독일인이 운영하던 무역회사 세창양행(世昌洋行) 건물이 서 있다.

민단에서는 활동에 제약을 받고 있던 관리들을 대신해 조선에 대한 정보를 수집하고 지역에서의 영향력을 확대하며 일본 정부가 수행해야 할 공적인 기능까지 대신했다. 청일전쟁이 일어나자 일본인은 자신의 집을 군대의 숙소로 제공하고 의연금을 모았으며, 물자 운송에도 참여했다. 곧 조선 침략의 첨병 노릇을 한 것이다.

이주의 흐름을 바꾼 러일전쟁

20세기 초 일본인이 가장 많이 이주한 곳은 조선이었다. 러일전쟁 이후 일본이 조선을 독점적으로 지배할 수 있게 되었기 때문이다. 1905년 4만 명이 조금 넘던 일본인 이주자는 1910년 한국병합 시기에 이르면 17만 명이 넘을 정도로 급증했다. 조선의 일본인 사회는 해외의 일본인 집단 가운데 규모가 가장 컸다. 한국병합 직후까지도 일본으로 가는 조선인보다 조선으로 오는 일본인이 압도적으로 많았다.

일본인 이주자는 서일본, 특히 규슈 지역 출신자가 많았으며, 상인이 대부분이고 관리와 노동자는 소수였다. 이들은 개항장을 중심으로 도시에 거주했다. 거류지가 따로 없는 도시에 사는 일본인은 '일본 밖의 일본'을 만들어 자신들만의 독자적인 세계를 만들었다. 서울의 남촌, 곧 오늘날 명동과 충무로 일대가 바로 그런 곳이었다. 초기 일본인 이주자 가운데 잡업에 종사하던 인부들은 반나 맨발 차림으로 작업하기도 했는데, 이 때문에 일본인과 조선인 모두에게 멸시를 받기도 했다.

그런데 1910년 이전까지만 해도 일본인이 조선의 내륙 깊숙이 진출하여 상점을 열거나 농업을 경영하는 일이 쉽지는 않았다. 그 이유 중 하나는 바로 의병의 저항 때문이었다. 전라남·북도에서 일본의 침략에 대한 의병의 저항이 끊이지 않자, 일본군은 1909년 9월 1일부터 10월 30일까지 약 두 달에 걸친 '남한대토벌작전'을 실시하여 잔인하게 의병을 진압했다. 이듬해 통감부에 충원된 일본인 관료와 농업 이민자의 4분의 1이 이 지역으로 이주했다. 이는 일본식 식민 방식, 곧 군대가 특정 지역을 침략해서 저항 세력을 제압한 후 이민을 강화하는 방식을 전형적으로 보여주는 사례이다.

일본인의 조선 이민이 늘어난 이유는 일본이 조선을 독점적으로 지배하게 되었다는 배경 외에도 여러 가지가 있다. 메이지 정부는 개발과 국방 정책을 실시하기 위해 조선에 눈을 돌렸을 뿐만 아니라, 미국의 배일(排日) 열기를 자극하지 않으려고 미국보다 조선 등지로 이주를 장려했다. 러일전쟁 중 일본의 원로회의와 내각은 '대한 방침 및 대한 시설 강령'에서 "우리의 초과 인구를 위한 이식지를 얻고, 다른 한편으로 우리의 부족한 식량 공급을 증가"시키기 위해 조선에 농업 식민 정책을 취해야 한다고 밝혔다. 또한 미국을 비롯한 앵글로-색슨 국가들의 배일 열기를 자극하지 않으면서 동아시아에서 일본의 힘을 집중할 필요가 있다고 보았다. 동양척식주식회사가 조선에 농업 이민을 추진한 사례가 이 경우에 해당한다.

일본인의 이러한 처지와 반대로 조선에 이주한 중국인 화교(華僑)는 러일전쟁과 일본의 지배 정책으로 존립 기반이 더욱 취약해졌다. 즉, 조선에서 경제적 성취를 기대하기가 어려워진 것이다. 조선이 일본의 식민지가 된 이후, 국제 중계무역은 대부분 일본인에게 넘어갔다. 상업상의 지위를 유지할 수 없게 된 화교는 주로 요식업으로 업종을 바꾸었다. 조선에 '청요

조선으로 이주한 일본인 남한대토벌 작전 등을 실시해 의병을 진압한 일본 정부는 일본인의 조선 이민을 장려했다.

릿집'이 본격적으로 출현한 것도 이즈음이었다. 당시 중국인 이민자는 세 종류의 칼, 곧 전도(剪刀, 재봉 기술)·채도(菜刀, 요리 기술)·체도(剃刀, 이발 기술)로 기반을 닦았는데, 이를 삼파도(三把刀) 기술이라 한다.

조선이 일본의 식민지가 된 후 이주한 중국인은 대부분 영세 상인이거나 '쿨리'라 불리는 출가(出嫁) 노동자가 많았다. 1925년에는 화교 4만 6,000여 명 가운데 쿨리가 2만 1,000여 명을 차지할 정도였다. 이는 1920년대 중반 중국국민당의 북벌로 인한 중국 사회의 혼란과 조선총독부에서 대규모 토목공사를 진행한 것과 무관하지 않았다. 쿨리는 임금이 싸면서도 노동 효율이 높았는데, 대부분 봄에 단신으로 조선에 건너와 일하다 겨울이 되면 귀국했다. 조선에 정착하여 가정을 꾸리는 중국인이 극히 적어 남녀 성비는 7~8 대 1 정도였다. 조선에 이주한 화교의 생활 모습은 일본에 거주하는 화교와 많이 달랐다. 일본의 화교는 가정을 이루며 살아갔으며, 유학생이 화교 사회의 한 구성원을 이루었다.

한편, 조선에 대거 이주한 중국인 쿨리는 조선인의 노동환경을 악화시키는 요인이 되어 조선에서 저임금과 고용 불안 문제를 야기했다. 1929년 원산총파업 당시 일본은 노동쟁의를 파괴하기 위해 500여 명의 쿨리를 동원하기도 했다. 이처럼 쿨리 문제는 1920년대 조선에서 노동운동의 중요한

출가 노동자
소득이 높은 지역에 홀로 가서 일하며 소득의 대부분을 고향이나 고국의 가족에게 보내는 사람을 일컫는다.

현안이 되었다. 화교에 대한 조선인의 감정은 1931년 7월 일본이 만주에서 조장한 조선인과 중국인의 충돌, 즉 '완바오산(萬寶山) 사건'을 계기로 반화교 폭동으로 비화되기도 했다.

식민지 조선에 중국인의 개별 이주가 늘었듯이, 조선인도 개별적으로 일본으로 이주하는 경우가 많았다. 1910년 이전에는 소수의 유학생을 중심으로 이주가 이루어졌으나, 이후부터는 취업을 목적으로 한 일본 이주가 본격화되었다. 조선인 이주자는 1922년에 6만 명쯤 되었는데, 1925년에는 13만 명이 넘을 정도로 늘어났다. 이렇듯 갑자기 조선인 이주자 수가 급증한 배경에는 1910년대 조선총독부에서 추진한 토지조사사업으로 토지를 상실한 조선인이 이주를 선택함으로써 증가한 탓도 있지만, 그보다는 일본 경제 상황에 따른 영향이 더 컸다. 즉, 일본에서는 제1차 세계대전 시기에 급격히 경제 성장을 하면서 노동력 부족 문제가 발생했다. 또, 전쟁이 끝난 후에는 불황을 타개하기 위해 값싼 노동력이 필요했다. 일본 정부는 1922년 자유도항제를 도입해 조선인의 일본 이주를 도왔다. 1920년대 후반부터 일본 내 군수산업의 비중이 커지자, 주로 대도시에 모여 살던 재일조선인은 점차 규슈와 홋카이도 같은 새로운 산업지대로 퍼져나갔다.

민족적으로나 계급적으로 약자였던 재일조선인은 타향살이의 외로움을 달래고 자신의 권리를 스스로 지키기 위해 점차 마을을 형성하며 살았다. 하지만 집세를 감당할 능력이 없어 일본인 거주 지역이 아닌 공사장이나 하천부지 또는 소유권이 불분명한 국유지 등지를 터전으로 삼았다. 집들은 허름했지만 이러한 마을은 거주자들에게 일본 속의 한국이란 별세계였다.

조선인의 만주 이주도 일본으로의 이주처럼 1910년 일본의 한국병합 이후 급속히 늘어났다. 토지조사사업으로 인한 토지 상실뿐 아니라 일본의 식민지로 전락한 조선의 불안정한 정치 상황이 이주를 부추겼다. 만주의 조선인에 관한 정확한 통계 자료가 없어 불완전하지만, 1919년을 고비로 그때까지 만주로 이주한 조선인은 40만 명이 넘었다. 그들은 대부분 도시보다는 농촌에 정착했다. 일본으로 이주한 재일조선인 가운데 남부 지방

만주로 이주한 조선인 1910년 한국 병합 이후 식민지 삶이 힘들었던 조선인들이 만주로 이주했다. 이들은 대개 가족 단위로 이동했고, 도시보다 농촌에 정착해 농사를 지었다.

출신의 개별 이주자가 많았다면, 만주와 시베리아로 이주한 사람은 대부분 북부 지방 출신이었으며 가족 이민이 많았다. 이들은 만주라는 광활한 미개척지에 대한 희망을 품어서라기보다는 조선에서의 삶이 매우 어려웠기 때문에 이주를 선택할 수밖에 없었다. 이들에게는 일본의 자본주의 경제보다 경제적 수준이 낮은 만주가 적응하기에 더 수월했다.

처음 조선인의 만주 이주는 조·중 국경지대와 인접한 지역에 집중되었다. 특히 오늘날 옌볜(延邊) 조선족 자치주 지역과 범위가 거의 겹치는 동만주(東滿洲) 지역에는 조선인과 중국인의 인구 비율이 7 대 3 정도였다. 이때부터 오늘날까지 이 지역은 중국 조선족 사회의 교육과 문화의 중심지 역할을 담당하고 있다.

1910년대 후반으로 가면서 점차 많은 조선인이 만주 내륙 깊숙한 곳으로까지 이주하기 시작했다. 만주 내륙은 5월에도 서리가 내렸지만, 얼음을 제치고 수전(水田) 농사를 지을 수 있는 기술이 개발되면서 남만주와 북만주 지역으로 이주가 가능해졌다. 특히 벼농사의 수익성이 보장되면서 중국인 지주는 수전 농사 기술이 없는 중국인보다 조선인 소작인을 더 원했다. 농업 경영으로 만주에 정착한 조선인 가족 이민자는 이 지역에서 일어난 조선인 민족운동에 중요한 기반이 되었다.

중국인 또한 1910년대부터 만주 지역으로 많이 이동했다. 1911년 2,160만여 명에서 1931년 2,900만여 명으로 무려 740만여 명이 늘어나 사람들은 '격류와 같은 형세'라고 표현할 정도였다. 당시 만주로 이주한 중국인은 대부분 산둥성과 허베이성·허난성 출신의 단신 남성으로, 생활고에 시달리다 만주로 건너와 출가 노동자가 되었다. 이들 중 절반가량만이 만주에 잔류했다.

일본인의 만주 이주 양상은 중국인·조선인과는 달랐다. 러일전쟁에서 승리한 일본은 러시아가 조차(租借)하여 건설하고 있던 뤼순과 다롄을 차지하고 관동도독부를 설치했으며, 1919년 이를 관동청으로 개편했다. 1906년에는 남만주철도주식회사(만철)를 설립하여 철도와 그 부속지를 경영했다. 만주에 일본이 직접 관리하는 토지가 생기자, 정부기구와 만철에 근무할 일본인과 건설업과 운수업에 종사하는 일본인이 이주했다. 미쓰이물산을 비롯해 대기업이 만주의 대두산업에 뛰어들고 금융기관이 설립되면서 대기업에 종사하는 일본인도 늘어났다. 일본인을 상대로 하는 잡화상과 요리점도 생겨났다. 1920년 당시 16만 명가량의 일본인이 만주에 거주했다.

이들 이주자 가운데는 일본이 대륙을 침략할 때 첨병 역할을 한 사람도 많았다. 생활고에 못 이겨 만주로 이주한 조선인·중국인과는 기본적으로 처지가 달랐다. 일본인들은 중국인을 가정부로 고용하거나 러시아인과 교류하며 지내는 사람도 있었다. 이들은 서양 요리와 크리스마스 때 만찬을 즐기는 등 만주에서 새로운 라이프스타일을 경험했다.

전쟁과 이주 — '국책이민'과 징용

1920년대 후반 세계 대공황의 여파로 만주 지역에서도 실업자가 늘어나고, 농업 공황이 발생했다. 1931년 9월 일본의 만주 침략은 실업과 농업 공황에 시달리던 일본인 사회에 새로운 희망을 심어주었다. 만주국이란 통치기구를 운영하고, 만주국군이란 괴뢰군을 편성하는 과정에 수많은 일본인이 참가했다. 1930년 23만여 명이었던 일본인은 5년 후 26만 명가량 늘어 49만 1,000여 명에 달했다. 매년 평균 5만 명 이상 늘어난 것이다. 이후에도 만주국이 팽창하고 국책기업이 늘어나는 가운데 일본인은 만주에서 새로운 꿈을 이루고자 자발적으로 개별 이주를 선택했다.

한편, 일본인 이주자들 가운데는 관동군이 주도하고 일본 정부가 지원한 국책이민으로 만주에 이주한 사람도 있었다. 첫 국책이민은 1932년부터 1935년까지 실시되었는데, 1,400여 명 정도가 이주한 무장 농업 이민이었다. 실험적인 성격이 짙은 이러한 국책이민은 1933년 당시 브라질로 떠난 이민자가 2만 3,000여 명이었던 것과 비교하면 초라한 성적표였다. 첫 국책이민 당시 이주자는 제대 후 재향군인회 소속으로 30세 이하의 단신 남성이 다수를 차지했는데, 이들 가운데 만주에서 폭행, 무전취식 등으로 문제를 일으키는 사람도 많았다. 그래서 이들을 '위안(慰安)'하여 사회문제의 발생을 줄이면서 영구적으로 정착시키기 위해 1934년부터 배우자로서 '대륙 신부 하나요메(花嫁)'가 모집되기도 했다.

일본인 무장 이민단 일본인은 효과적인 만주 침략을 위해 무장 이민단을 보냈다. 사진은 만주국 수립 이후인 1932년 10월 13일 신징역에 도착한 일본인 무장 이민단 가족들의 모습이다.

일본인을 중심으로 만주 이민을 추진한 무장(武裝) 농업 이민 정책은 소련에 대한 방위와 항일무장투쟁에 대한 대응책의 일환이었다. 따라서 이 정책은 만주에서 조선인 자작농을 육성하여 조선의 과잉 인구 문제까지 해결하려던 조선총독부의 조선인 이주 정책과 대립했다. 더구나 1934년 싼장성(三江省) 투룽산(土龍山)에서 무장 이민단을 위해 대량의 토지를 강제로 매수하는 정책에 반발하여 중국인 농민이 무장봉기한 사건이 일어났다. 투룽산 사건은 일본인 이주자를 지주 또는 부농으로 육성하려던 정책이 실패했음을 의미했다. 반면, 이 사건은 관동군과 대립하고 있던 조선총독부의 입장에 힘을 실어주었다. 관동군은 무장 농업 이민 정책을 재검토할 수밖에 없었다.

그런데 일본에서 1936년 2·26사건●이 일어나 일부 군인에 의해 정당정치가 소멸되고, 중앙정부에 대한 정치군인의 영향력이 크게 확대되었다. 이제 경제적 합리성에 입각한 정책적 접근이 사실상 불필요하게 된 것이다. 관동군은 중앙정부의 협조를 얻어 본격적인 국책이민을 추진하고자 1936년 '만주 농업이민 100만 호 이주 계획'을 수립했다. 이로써 일본인의 만주 이주가 중소도시 거주자 중심의 이주에다, 새로 농촌에 거주하는 농업 이민이 대규모로 더해졌다.

새로운 이주 계획은 20년 후 만주 인구를 5,000만 명으로 예상하고, 그 10%를 일본인으로 채움으로써 만주국에서 오족협화(五族協和)●의 지도민족으로서의 지위를 확고히 하려는 장기적인 목표를 두고 추진된 국책이민 정책이었다. 이전까지의 이민 계획은 몇몇 정부기관에서 추진했지만 새로운 국책이민 계획은 20년간 100만 호를 이주시키기 위해 만주척식공사를 설립하는 등 말 그대로 범정부 차원에서 추진되었다. 또한 새로운 이주 계획은 일본 국내 농촌의 과잉 인구를 해소하고, 조선인의 일본 이민으로 실업자 문제가 더욱 악화되는 일도 경감시킬 필요가 있었다. 만주국 통치의 안정을 해치는 중국인과 조선인의 반만항일 무장투쟁에 대응하는 하나의 방안이기도 했다.

일본은 이주자를 주로 소련과의 국경지대에 배치하여 농사를 지으며 대소방위를 담당하게 했다. 그래서 이들을 '개척민'이라고도 불렀다. 하지만 이들이 이주한 입식지(入植地)는 중국인 농민이 이미 경작하고 있는 농지를 매우 저렴하게 매입한 곳이 대부분이었다. 결국 중국 농민은 일본 개척민의 소작인이나 쿨리로서 일하며, 우월감에 젖어 있던 일본인에게 부당한 대우를 받는 경우가 많았다.

일본은 거대한 국책이민 계획을 성공시키기 위해 일본 현지의 촌 주민 가운데 일부가 만주로 이주하여 마을을 형성하는 분촌(分村) 이민 형태로 추진했다. 때마침 일본 국내 경기가 회복되어 노동력 수요가 늘어나면서

2·26사건
1936년 2월 26일부터 29일 사이에 20대 청년 장교들이 1,500여 명의 병력을 이끌고 일으킨 쿠데타 미수 사건을 말한다. 이들은 군과 정부의 일부 원로를 간신배로 여겨 살해했으며, 천황이 직접 통치하는 쇼와 유신을 실현하려 했다.

오족협화
일본이 만주국을 건국할 때 주장한 이념으로, 다섯 민족이 서로 화합한다는 뜻이다. 여기서 오족이란 일본인·조선인·한족·만주족·몽골인 다섯 민족을 일컫는다.

이민자 모집에 지장을 초래할 우려가 있었기 때문이다.

그런데 일본은 1937년 중일전쟁을 일으킨 이후 전시동원체제로 전환되면서 오히려 농촌의 노동력이 부족해지고, 그로 인해 식량 증산에 지장이 초래되었다. 그리하여 통제경제 아래 기업 정리를 실시했으며, 폐업 위기에 몰린 소상인들과 공장의 직원, 노동자 등 전업(轉業) 이민자들이 개척단에 포함되는 경우도 있었다. 그러고도 일본은 27만 명의 개척단원을 만주에 입식하는 데 그쳐, 애초 목표를 달성하지 못했다.

국책이민은 군대식으로 '만주개척 청년의용대'를 편성해 추진되기도 했다. 일본 국내 농촌 지역의 촌락이나 가족 단위 이민과 더불어 1938년부터 14~15세의 청소년 8만 6,530명을 의용대로 편성해 입식했다. 이들을 모집하는 데 교사의 권유 등 교육계가 큰 영향을 끼쳤다. 조선인 청소년도 의용대로 편성해 만주로 보냈다. 의용대원은 개척민의 노동력을 보충했을 뿐만 아니라 관동군의 후방을 지원하는 활동도 벌였다. 이 과정에서 조선인 청소년 대다수가 희생되었다.

일본이 아시아·태평양전쟁에서 패전했을 때 만주에는 약 150만 명의 일본인이 있었다. 이들은 만주의 중국인이나 조선인과 교류하지 않고 별도의 집단 거주지에서 생활했다. 따라서 만주에 거주한 대부분의 일본인은 다른 언어를 배울 필요 없이 일본어만을 사용했다. 일본이 내세운 만주국의 '오족협화'는 사실상 껍데기에 불과했던 것이다.

조선총독부도 관동군의 국책이민 계획에 호응해 1936년에 새로운 이주 계획을 수립하고 조선에 선만척식주식회사를, 만주에는 만선척식주식회사를 세웠다. 국책이민 계획에 따르면 15년 동안 매년 1만 호 정도를 농만주와 동변도(東邊道) 지역으로 이주시킬 예정이었다. 이로써 조선인의 만주 이주를 저지하려던 관동군의 정책이 통제적 이주로 바뀌었으며, 조선인의 만주 이주 성격 또한 '이주'에서 '식민'으로 바뀌었다.

조선총독부는 계획적인 국책이민을 통해 조선 남부 지역의 인구 밀도를 완화하고, 생업을 찾아 일본으로 도항하는 조선인 노동자 문제도 해결하려

만주개척 청년의용대
일본·식민지 조선·만주국에서 만주와 몽골의 개척을 내세우며 청소년을 군대식으로 훈련하고 동원하려는 조직이다. 이 단체를 부르는 이름은 매우 다양하지만, '만주개척 청년의용대'와 함께 '만몽개척 청소년의용군', '만몽개척 청년의용대' 등으로 주로 불렸다.

만주개척 훈련소 1940년 이바라키현(茨城縣)에 위치한 우치하라(內原) 훈련소 모습이다. 이곳에서 만주로 떠나가는 의용대 대상자를 훈련시켰다.

고 했다. 하지만 1940년까지 1만 5,000여 호밖에 만주로 이주시키지 못했다. 이주지가 황무지인 데다 혹독한 추위와 같은 열악한 생활 조건 때문에 이주민을 모집하기가 쉽지 않았다.

그럼에도 조선인의 만주 이주는 1931년 만주사변 이후 크게 늘었다. 만주사변 이전에는 이주자가 연평균 약 1만 6,000명이었는데 이후에는 약 7만 명에 이르렀다. 이러한 '만주 붐(boom)'은 일본의 지배 아래 들어간 만주에서 새로운 기회와 꿈을 잡아보려고 이주한 조선인이 많았기 때문이다. 또한 조선인의 만주 이동이 비교적 자유로웠던 것도 이주에 영향을 끼쳤다.

일본 정부는 국책이민 계획이 지지부진하자, 1941년에 다시 제2기 5개년 계획을 세워 22만 호의 개척민을 만주로 보내려 했다. 조선총독부도 여기에 호응해 1942년에 매년 1만 호씩 조선인을 만주로 이주시킬 계획을 수립했다. 조선총독부는 이를 성공시키고자 조선 중남부 지역의 8개 도(道)에 있는 "읍·면 가운데 경지가 협소하여 영농 조건이 가장 불리한 읍·면을 지정하고, 해당 읍·면에서 현재 농업에 종사하는 사람으로서 노동력 1인 이상을 보유한 농가 가운데 적격자를 선정"하여 "분촌 계획에 따라 읍·면 단위"로 "계획적 송출을 시도"했다. 1934년부터 11년간 조선총독부가 송출한 집단이민의 경우 8개 도의 출신이 94.5%를 차지하며, 전체 집단개척민의 65%가 전라도와 경상도 출신이었다. 조선총독부의 새로운 계획적 송출 방식은 강제동원의 한 방식인 할당 모집으로, 이 시기 조선인 이주의 특징인 강제성을 잘 드러내고 있다.

일본 정부는 개척민에게 이전과 달리 군사적 역할보다는 식량 증산의 임무를 부여했다. 이에 따라 조선총독부는 조선인 개척민을 '농업전사'로 포장했다. 하지만 일본이 일으킨 아시아·태평양전쟁으로 그 계획은 수포로 돌아갈 수밖에 없었다. 일본 국내의 부족한 노동력을 보충하기 위해 많은 수의 조선인을 일본 본국으로 징용했기 때문이다. 1944년에는 만주에 남은 조선인 개척민이 3,000여 호에 불과했다. 심지어 배치된 개척지에서 탈출하는 조선인도 많았다. 만주에서의 조선인 개척민 정책은 사실상 유명무실해졌다.

1930년대 만주에서 또 하나 주목해야 할 인구 이동은 중국인의 대규모 이주와 만주 내에서의 조선인과 중국인의 이동이다.

1937년 관동군이 의욕적으로 추진한 '만주 산업 개발 5개년 계획'과 1939년부터 시작한 '북변진흥계획'에 따라 허베이 지역의 출가 노동자가 대거 만주로 이주했다. 1937년부터 1943년까지 6년 동안 이주한 중국인은 1,000만 명이 넘었다. 관동군은 농업이민 중심의 조선인 국책이민과는 또 다른 이주 정책을 중국인을 대상으로 추진한 것이다. 이는 관동군이 적극적으로 이주민을 모집한 결과이기도 했지만, 한편으로는 중일전쟁이 장기화되면서 생활고를 이기지 못한 산둥 지방의 중국인이 대거 만주로 이주했기 때문이다.

중일전쟁을 전후하여 만주 내에서도 집단부락 건설 등으로 인구 이동이 매우 활발하게 이루어졌다. 애초 집단부락은 동만주 지역의 항일유격대를 고립시키기 위한 목적으로 1933년부터 조선총독부에서 조성한 것이었다. 동만주 지역은 중국인보다 조선인이 많이 거주하는 데다 항일유격대원 가운데 90%가량이 조선인이었기 때문이다. 더구나 유격대원의 무장투쟁은 인접한 식민지 조선의 치안까지 불안하게 할 우려가 있었다. 관동군도 치안 대책 차원에서 집단부락 효과에 주목하면서 1934년부터 만주국을 통해 적극적으로 집단부락 건설을 추진했다. 그 결과 1939년에는 집단부락이 1만 3,000여 개에 이르렀다.

집단부락은 여기저기 흩어져 거주하는 조선인과 중국인 농민을 한곳에 강제로 모아놓은 마을이었다. 보통 1개 부락에 100~150호가 거주했는데, 1939년 당시 최소 670만 명이 수용되어 있었다고 볼 수 있다. 집단부락의 농민은 농사를 지을 때 외에도 마을을 출입할 수 있는 시간이 정해져 있어 오고 갈 때마다 매번 신고를 해야 했다. 마치 출퇴근 시간을 정해놓고 통제하는 것과 같은 방식이었다. 집단부락은 만주 곳곳에 조성된 거대한 수용소나 마찬가지였다.

1931년 만주사변부터 1945년 패전 때까지 15년간의 전쟁 동안 일본이 자국의 필요에 따라 사람을 대규모로 이동시킨 정책은 이뿐만이 아니다. 일본 정부는 1937년 중일전쟁을 일으키고 군대와 산업 현장에서 필요한 인력을 보충하기 위해 조선·타이완·중국 본토에서 많은 사람을 강제로 동원했다. 조선인의 경우 일본으로 강제동원된 사람은 70만여 명이었다. 만주와 사할린·남양군도와 동남아시아·중국 본토 등지로 강제동원된 조선인을 합하면 약 150만 명에 이른다.

일본 정부는 조선인을 동원하기 위해 '모집, 관(官) 알선(斡旋), 국민징용(응징사應徵士)'이라는 국민징용제를 실시했다. 이 세 가지 방법은 국가 차원의 동원 계획에 바탕을 두고 제정된 법령이나 행정명령에 의거하여, '일본 중앙정부-조선총독부-도-군-면'으로 이어지는 행정계통을 따라 관련 부서가 집행했다. '모집'은 조선인을 고용하고자 하는 고용주가 모집 신청을 하면 조선총독부에서 노무자를 지역별로 할당하여 동원하고 송출하는 형태로, 1938년부터 1945년까지 다른 동원 정책보다 가장 오랜 기간 실시되었다. 1942년부터 실시된 '관 알선'은 노무자를 끌어들이고 송출하는 과정에서 할당 모집보다 관의 간섭이 더 강력하게 작용했다. 국민징용, 곧 산업전사로서의 응징사는 국민징용령 제3차 개정에 근거하여 1944년부터 일본 정부가 직접 나서서 인력을 동원하고 송출하는 방식이었다. 그래서 사업주와 노무자 사이의 개인 고용계약이란 형식을 취했던 모집 및 관

알선과 달리, 국민징용은 국가권력이 이를 직접 담당했다. 응징사라는 이름의 동원을 거부할 경우 처벌할 수 있는 장치까지 마련되어 있었기 때문에 모집이나 관 알선보다 강제성을 띠었다.

그런데 일본은 1945년에 들어서자 동원과 송출을 전담했던 국가권력에 의한 동원 방식조차 실시할 수 없는 상황에 몰렸다. 그동안 너무 많은 조선인을 해외로 강제동원함으로써 양질의 우수한 노동력을 더 이상 확보할 수 없었기 때문이다. 게다가 조선과 일본을 오가는 선박의 출항이 어려워지고, 미군이 제주도를 비롯한 한반도에 상륙할 것으로 예상된 상황에서 한반도의 인력을 해외로 빼돌릴 수 없었던 것도 커다란 이유였다. 결국 일본 정부는 1945년 4월경 조선인의 해외 강제동원을 그만둘 수밖에 없었다.

2

유학을 통한 문화 교류

개항이 몰고 온 유학 열풍

한·중·일 3국 가운데 유학에 가장 앞장선 나라는 일본이었다. 바쿠후가 공식적으로 유학생을 파견하기 이전에 사쓰마번(薩摩藩)과 조슈번(長州藩)이 유럽에 유학생을 파견했다. 이 번들은 열강의 침략에 맞서 전쟁을 치렀으나, 전쟁에 패하자 오히려 서양을 배워야 한다고 생각하며 바쿠후의 쇄국 정책에도 불구하고 비공식적으로 유학생을 파견했다. 바쿠후에서도 1854년 개항 직후 관리를 중심으로 한 시찰단을 파견했다. 1860년에는 미국에 무려 80명의 시찰단을 파견했고, 1862년에는 38명에게 유럽 국가를 탐방하도록 했다.

일본은 주로 서양으로 유학생을 보낸 반면, 청과 조선은 주로 일본으로 보냈다. 청은 청일전쟁에서 일본에 패한 후 오히려 일본을 모델로 개혁을 추진하려 했다. 대국(大國) 청이 소국(小國) 일본에 패전한 현실 앞에서 그들은 '변법자강(變法自疆)'을 통한 전면적인 개혁을 도모했다. 아울러 풍전등화 상태의 나라를 구하기 위해 일본을 배워야 한다는 생각이 청 관료와

화흥회 1903년 일본 유학생을 주축으로 결성된 화흥회는 중국 혁명을 위해 활동했다. 1905년 도쿄에서 촬영한 화흥회 회원 사진으로, 앞줄 왼쪽 끝이 리더 황싱, 오른쪽에서 두 번째가 쑹자오런이다.

지식인 사이에서 퍼지기 시작했다. 그래서 지리적으로도 가깝고, 어떻게 전쟁에서 자신들을 이겼는지 알기 위해 일본으로 유학을 떠났다. 이즈음부터 청의 국비 유학은 미국 대신 일본에 집중되어 1906년에는 일본으로 간 국비·사비 유학생이 8,000여 명에 이르렀다.

1937년 중일전쟁이 일어나기 전까지 일본에 유학한 중국인 유학생 수는 10만 명에 이르렀다. 1931년 만주사변 후 일시적으로 급감했으나, 중일전쟁 직전인 1935년 말에는 8,000여 명에 육박했으며 이들 중 상당수는 정부가 파견하는 국비 유학생이 아니라 사비 유학생들이었다. 이들이 일본 유학을 선택한 요인에는 유학 비용이 구미 유학에 비해 저렴했다는 점, 일본은 거리가 가까워 왕래가 편리하고, 중·일 양국의 문화가 비슷하고 한자를 사용했다는 점 등을 들 수 있다.

구미 유학과 비교할 때, 일본에 유학한 중국 학생의 학력 수준은 낮은 편이어서 귀국 이후의 지위나 처우 역시 구미 유학에서 돌아온 학생에 못 미쳤다. 당시 "서양 1등, 동양 2등, 국내 3등"이라는 말이 있을 정도였다. 일본 유학생이 '이등품'으로 간주된 데에는 또 다른 이유가 있었는데, 일본은 서양 문화의 '중계역'에 불과하기에 일본에서는 제대로 된 서양 문화를 배울 수 없다고 보았다. 서양 유학생은 귀국 후 대부분 교육계와 학술계에 집중된 반면, 일본 유학생은 귀국 후 대부분 정치계와 군사계에 집중되었다.

조선에서도 개화 정책의 일환으로 일본에 유학생을 파견했다. 특히 메이지유신을 모델로 개화를 추진하려던 개화 세력이 유학에 적극적이었다. 일본이 청일전쟁에 이어 러일전쟁에서도 승리하자 일본 유학은 계속 늘어났다. 이것은 고등교육의 기회는 물론 중등교육조차도 열악했던 조선의 교육 현실을 그대로 반영했다.

증가세였던 조선의 유학생 수는 1910년 국권을 빼앗긴 직후부터 몇 년 동안 주춤했다. 이는 1911년에 제정된 '조선총독부 유학생 규정'과 관련이 있다. 이 규정에 따르면 사비로 유학을 가기 위해서는 이력서를 지방장관을 거쳐 조선총독부에 제출해야 했다. 또한 지방장관은 유학 신청자의 성품과 집안의 재산 상태까지 면밀히 조사하여 보고했다. 이렇게 까다로운 규정을 만든 조선총독부의 도일 유학 억제 정책은 일본의 우민화 정책에서 비롯된 것이었다.

1919년 3·1운동을 기점으로 실력 양성을 위한 움직임이 활발하게 일어나면서 조선의 해외 유학은 새로운 양상을 띠었다. 총독부의 해외 유학 정책이 개방 정책으로 바뀌고, 선교사의 주선 등으로 미국 유학이 확대된 것이다. 아울러 저렴한 학비로 사회주의 사상을 비롯해 최신 운동사조를 배울 수 있는 중국으로 유학을 떠나는 학생들도 늘어났다. 이로 인해 중국은 식민지 조선의 해외 독립운동의 거점이 되었다. 일본에서 간토대지진이 일어난 1923년에는 중국으로 떠난 조선 유학생이 크게 늘어 자그마치 3,000여 명이나 되었다. 그렇지만 중국은 과학·기술 분야 등 신학문 발달이 늦었기 때문에 중국 유학생은 일본에 비해 여전히 적은 편이었다. 식민 지배가 장기화되면서 일본으로 간 유학생 수는 폭발적으로 늘어나 1942년에는 무려 3만 명에 육박했다.

동아시아에서 앞선 나라로 인정받는 일본이었지만 일본에서 중국으로 유학을 떠난 이들이 없지는 않았다. 1901년 상하이에는 인재를 양성하고 일·중 간의 교류기반을 다져 경제면에서 결합력을 높이기 위해 동아동문서원(東亞同文書院)이라는 교육기관이 설립되었다. 이곳에는 일본 학생과 중국 학생들이 같이 다녔으며, 중국 학생은 모두 기숙사 생활을 했다. 외무성 산하기관으로, 1930년대에는 중국 농촌 조사보고서를 작성하는 프로그램도 있었다. 조사보고서는 일본 군부로부터 높은 평가를 받았지만, 보고서를 만드는 과정에서 학생들이 스파이 혐의를 받기도 했다.

고국을 떠나온 유학생들에게 유학은 그 자체로 대단한 경험이었다. 유학은 다른 문화를 경험하고 받아들이는 하나의 창구였다. 새로운 문명과 지식, 사고방식과 가치관 들은 개인을 넘어서 고국의 개화와 발전에 영향을 미쳤다. 특히, 중국인과 조선인들에게 유학은 제국주의 열강으로부터 고통받는 고국을 바로 세우기 위한 민족운동의 발아였다. 또한 억압받는 여성을 해방시켜야 한다는 각성의 시발점이 되기도 했다.

문화 교류 창구로서의 유학

> 메이지 초기에 일본의 사족은 서양풍에 심취해서 미친 듯이 의식주 전반에서 거리낌 없이 유럽을 모방했다. 논자들은 그 숭배가 심해서 외국에 아양을 떠는 기풍이 생기지 않을까 염려했다. 그러나 일본의 유신 30년은 실로 그에 힘입어 효력이 있었던 것이라 하겠다. 즉, 그것은 개혁의 시작 과정에서 거쳐야 하는 것이었다. (후략)

20세기 초 일본에 유학하고 있던 중국 유학생들이 펴낸 잡지에 실린 글의 일부이다. 사람의 교류는 문화의 교류로 시작된다. 당시 유학생들 사이에서 '아시아의 런던'이라고 불렸던 도쿄는 시내 어디를 가더라도 책방과 신문·잡지 열람소가 있고, 강연회가 개최되었다. 신지식을 얻을 수 있는 수단이 완비되어 있었던 것이다. 도쿄에서 유학을 했던 조선의 시인 최남선은 일본 사회의 향상과 진보 가운데 무엇보다 출판과 인쇄문화에 가장 큰 문화적 충격을 받았다. 또한 일본의 근대적 교육시설과 급행열차 역시 문화적 충격이었다.

유학생들에게는 새로운 문물만이 경이로운 문화적 충격이 아니었다. 자국의 문화와 근대화된 문화양식을 비교하여 깨닫는 각성의 과정 역시 유학생들이 겪어야 했던 생활의 일부였다.

중국 유학생 잡지에는 중국도 "진정으로 변법자강을 하려면 반드시 변발(辮髮)을 자르고 복장을 바꾸는 것에서부터 시작해야 한다"라는 주장이 실리기도 했다. 중국인 유학생이 변발을 자른 것은 손가락질을 받지 않기 위해서만은 아니었다. 일본에서 생활하면서 이른바 '개화'를 경험했기 때문이다. 머리를 자른 건 청의 유학생만은 아니었다. 시기는 다르지만 바쿠후 말기에 사쓰마번에서 서양으로 간 일본 유학생들 역시 "외국인은 모두 머리를 묶고 있지 않았기 때문에 배에 타면서 머리카락을 잘랐다"라고 했다. 조선에서 일본으로 간 유학생들도 머리를 자르는 것을 개화의 상징으로 여겼다. 중국 유학생들에게 '전족(纏足)'은 문명인과 야만인을 가르는 새로운 기준으로 등장했다. 전족을 옹호하는 사람은 야만인, 이를 비판하는 사람은 문명인이라는 이분법은 고국의 윗세대들과 충돌을 일으키기도 했다.

20세기 초에 일본을 다녀온 중국 유학생은 두 측면에서 중국 근현대사에 막대한 영향을 미쳤다. 첫째, 중국혁명동맹회●와 같은 단체를 결성하여 제정 타도와 신해혁명의 선봉에서 핵심 역할을 했다. 신해혁명 후 결성된 '혁명당' 당원 대부분이 일본 유학생 출신이었다. 둘째, 초기 근대화 과정에서 중국은 한때 일본을 모범으로 삼았다. 특히 1895~1915년 중국은 일본의 법률·군사·경무·문화·교육·사상·출판 등에 큰 영향을 받았으며, 이때 일본 유학생이 중요한 매개 역할을 했다. 당시 중국은 유학생을 통해 일본에서 서양 문화를 수입했다. 한때 도쿄는 중국 신사상운동의 중심지였다. 수많은 일본어 서적이 유학생들에 의해 중국어로 번역되었다. 20세기 초, 중국 신식학교의 교과서는 대부분 일본에서 번역되어 들어온 것이었다. 번역 과정에서 많은 일본어 어휘가 차용되어 현대 중국어 어휘로 정착되기도

중국혁명동맹회
1905년 쑨원이 중심이 되어 일본 도쿄에서 결성한 혁명적 정치단체를 일컫는다.

조선인 유학생 일본의 침략성을 깨달은 일부 조선인 유학생은 민족운동에 앞장섰으며, 1919년 3·1운동의 도화선 역할을 했던 '2·8독립선언'을 주도했다.

했다. 현대 중국어의 외래어 가운데 어원이 일본어인 경우가 가장 많다. 중국어 문체 역시 일본어의 영향을 받았다.

민족운동에 앞장선 유학생들

러일전쟁을 거치기까지 중국과 조선에서 건너온 많은 유학생에게 일본은 근대문명을 배울 수 있는 곳이자 서구 제국주의와 맞서 싸우는 곳으로 인식되었다. 그러나 막상 일본이 아시아에 대한 침략 의도를 드러내자 일본 내에서 자국을 지키기 위한 민족운동에 앞장서는 유학생이 늘어났다.

한국의 평안도 출신으로 일본에 유학하고 있던 21세의 최석하 역시 처음에는 일본을 서구 제국주의와 맞서 싸우는 선봉으로 여겼다. 그는 러일전쟁이 일어나자 러시아의 침략에 저항하는 일본을 높이 평가했다. 이 때문에 스스로 전쟁에 나가게 해달라고 일본 정부에 건의해 일본군 참모부의 통역관으로 종군하게 되었다. 그러나 최석하는 러일전쟁 후 일본의 침략 의도를 깨달았다. 그는 국가 존망의 가장 중요한 원인이 국민의 애국심 결핍에 있음을 지적하며 우리 스스로 조선의 혼을 불러일으켜 애국심을 고취해야 한

변절 유학생을 풍자한 신문 만평

다고 주장했다.

제1차 세계대전 이후 동아시아에서는 일본의 제국주의가 강화되고 있었다. 일본의 침략 의도를 깨달은 중국과 조선의 유학생들은 일본 내에서 민족운동을 적극 전개하기 시작했다. 도쿄의 조선 유학생들은 독립운동을 위한 조선민족청년단을 구성하고, 1919년 2월 8일 독립선언과 민족대회 소집 청원서 결의문을 일본 정부와 각국 대사와 공사를 비롯해 일본 귀족원과 중의원·조선총독부·일본 언론 등에 보냈다. 그리고 그날 오후 도쿄의 조선인 YMCA회관에서 약 400명이 모여 독립선언을 발표했다. 이들의 독립선언운동은 3·1운동을 일으키는 도화선이 되었다(2·8독립선언).

중국인 유학생들 역시 마찬가지였다. 당시 일본 정부가 중국인의 행동을 극도로 경계하고 있어 일반 장소에서는 집회를 열 수가 없었다. 1919년 5·4운동이 일어난 직후인 5월 6일에 도쿄 간다(神田)의 한 음식점에 유학생 대표들이 모였다. 회의를 시작하자마자 경찰 수십 명이 몰려와 이들을 폭행하고 경찰서로 압송했다. 일본의 탄압에 반감을 갖는 학생들이 늘어나

변절과 과시로 변질된 조선인의 유학

한반도에서 일본으로 초창기에 유학을 다녀온 사람들은 식민지(혹은 반식민지) 상태의 조국의 독립을 위해서, 또는 사회 계몽과 경제 발전을 위해 노력하겠다는 의무감을 갖고 있었다. 그러나 교류가 증가하고 유학이 확대되면서 유학의 목적도 자기 과시나 출세·현실 도피 또는 결혼하는 데 유리한 조건을 만들기 위해서로 바뀌었다. 이광수는 한국병합 직전 유학을 마치고 돌아와 오산학교에서 후진 양성에 힘썼다. 3·1운동 후에는 상하이 임시정부에서 일하기도 했다. 그러나 식민 지배가 장기화되면서 그는 친일의 길을 걸었다. 아시아·태평양전쟁이 한창일 무렵에는 일본식으로 이름을 바꾸고, 청년들을 전쟁터로 내모는 일에 앞장섰다. 결국 그는 해방 후 한국에서 친일파로 낙인찍혔다.
1930년대 식민지 조선에서는 여자 유학생도 많아졌다. 뚜렷한 유학 목적 없이 경제력만 뒷받침된다면 갈 수 있는 것으로 생각했다. 그들 가운데는 좋은 배우자를 만난다거나 일본 학생들에게서 느끼는 열등감을 해소하고자 유학을 가는 경우도 적지 않았다.

고, 심지어 자결하는 사람도 있었다. 결과적으로 중국 유학생들에게 일본 유학은 귀국한 뒤 항일 민족운동을 펼치는 계기가 되었다.

유학을 하는 동안 고국을 돌아보며 어떻게 변혁할 수 있을까 고민하던 이들 중 다수가 교육을 통해 새로운 세대를 기르는 일이야말로 가장 현실적이고 시급한 일이라고 생각했다. 유학을 마치고 돌아간 중국 유학생들 가운데는 학교를 세우거나 신식학교에서 교사의 길을 걷는 등 교육에 종사하여 후학을 가르치는 일에 몰두한 이들이 많았다. 시기는 다르지만, 일본의 경우도 같았다. 일본 최초의 미국 유학생 또한 귀국하여 교육에 종사했다. 1914년부터 1920년 사이에 귀국한 조선 유학생 역시 직업군에서 교원과 관리가 가장 많은 비율을 차지했다.

여성해방운동으로 확산된 유학

일본으로 유학을 떠난 중국과 조선의 유학생들 가운데는 여성들도 있었다. 여성 차별의 악습이 뿌리 깊고 여성 자신도 봉건적인 의식에서 크게 벗어나지 못한 시대였기에 당시 미혼 여성이 공부를 위해 집을 떠나 타국으로 건너가는 것은 그 자체로 혁신적인 행위였다. 이들이 유학을 통해 교사와 의사 자격증 등을 얻은 뒤 귀국하여 사회활동을 시작하면서 여성의 사회 진출은 현실화되었다. 아울러 사회적 변화와 여성의 의식 변화가 표면에 드러나게 되었다.

1881년 진야메이라는 17세 여학생이 미국 선교사의 도움을 받아 미국에 유학했다. 그녀는 미국에서 의학을 공부하고 돌아왔다. 그녀는 잠시 병원에 근무한 뒤 톈진에 의과학교를 설립하여 간호사를 양성하는 등 평생을 의료계에 종사했다. 여성들이 수준 높고 뛰어난 의술을 대중에게 선보임에 따라 사회는 이들을 달리 보게 되었다. 여성 유학생들은 여성교육과 여성에 대한 관념을 변화시키는 데 기여했다.

일본의 최초 여성 유학생 중 한 명인 쓰다 우메코는 미국 유학을 마치고

일본 최초의 미국 여자 유학생 사진 속 가장 어린 학생이 7세에 미국 유학을 떠난 쓰다 우메코이다.

돌아와 여자영학숙을 세워 여성교육에 앞장섰다. 그와 함께 유학을 다녀온 나가이 시게코 역시 귀국하여 교육에 헌신했다.

한국 최초의 여성 박사 김활란은 개신교 신자로 조선에서 선교와 교육에 힘썼다. 미국 유학을 마치고 귀국해서도 이러한 활동은 계속되었다. 김활란은 여성만의 민족통일전선을 지향했던 단체인 근우회에서 중심적인 역할을 하기도 했다. 그러나 일본의 지배가 장기화되자 각종 친일단체에서 활동했다.

여성 유학생은 여성의 사회 진출에만 영향을 미친 것이 아니었다. 히라쓰카 라이초 등은 여성의 각성을 위해 《세이토(青鞜)》를 발행하고, 여성 결사인 '세이토샤(青鞜社)'를 만들었다. 이들은 결혼이라는 것은 평생의 권력 복종 관계라는 주장을 내세우며 입센의 《인형의 집》에 나오는 주인공 노라를 '신여성'이라 생각했다. 1916년 발간된 《후진고론(婦人公論)》에서는 지식인들이 여성 문제를 본격적으로 다루기 시작했고, '모성보호 논쟁'을 비롯해 여성 문제를 둘러싼 여러 논쟁을 게재했다. 이러한 일본 사회의 움직임은 일본 내의 여성들뿐만 아니라 해외 유학 중이던 여성 유학생들에게까지 영향을 미쳤다.

중국의 여성 혁명가 츄진은 1900년대에 일본 유학 후 반제·반봉건 혁명운동에 투신했으며, 근대 여성교육에도 힘을 쏟았다. 그녀는 도쿄에서 중국혁명동맹회가 결성되자 가장 먼저 회원이 되었고, 저장성의 책임자로 선출되었다. 귀국 후에는 상하이로 건너가 《중국여보(中國女報)》를 간행해 여성의 자립을 계몽하는 활동을 했으며, 고향인 사오싱(紹興)에서는 '대도여학(大道女學)'의 운영을 주도했다. 그녀는 학문과 기술의 습득은 여성해방을 위해 반드시 거쳐야 하는 길이라 여겼다.

조선의 여자 유학생 중에는 나혜석이 여성해방운동의 선두에 섰다. 도쿄

여자미술학교 서양화과 재학 시절 '양부현부(良夫賢父)'의 교육은 없고, '현모양처(賢母良妻)'의 교육만 있는 것은 교육가의 상업적 정책에 불과하며, 부덕(婦德)을 장려하는 것도 여성을 노예로 만들기 위한 것에 불과하다고 주장했다. 귀국 후 화가로 활동하면서 정조관념의 해체를 주장하는 등 여성해방운동에 앞장서고, 이혼을 막기 위한 '시험 결혼'을 주장했다.

    여성 유학생들이 고국에 돌아왔을 때 고국은 근대화 과정을 겪으면서 여성의 사회적 역할을 강조하는 입장과 가정에서 여성의 역할을 중요시하는 입장이 부딪치고 있었다. 여성들 사이에서도 구여성과 신여성이 혼재되어 있었고, 여성 지식인들은 민족주의 우파에서 사회주의까지 다양한 정치적 입장을 갖고 있었다. 이러한 상황에서 근대 문명을 직접적으로 경험한 여성 유학생의 다양한 주장은 새로운 여성상을 모색하는 단초가 되었다.

3

종전과 귀환,
그리고 소수자로서의 이주자

전쟁의 끝, 돌아온 사람들과 남은 사람들

1945년 8월 15일, 마침내 기나긴 전쟁이 막을 내렸다. 식민지와 점령지에 나가 있던 일본인은 민간인 306만 명, 군인 353만 명으로 총 650만 명이었다. 그중 155만 명이 만주에 있었다. 일본 본토에는 약 117만 명의 조선인과 타이완인 및 외국인이 있었다. 미군은 이들의 귀환을 총괄적으로 지휘·감독하며, 일본군을 무장해제시키고 치안을 유지하는 데 노력을 기울였다. 소련이 한반도의 북위 38도선 이북 지역과 만주 지역에서 일본군 포로를 시베리아 부역에 동원한 것을 제외한다면, 1946년경까지 귀환 과정은 큰 탈 없이 마무리되었다.

해방과 더불어 일본에 있던 조선인들은 다시 현해탄을 건너기 위해 배에 몸을 실었다. 이는 마치 자발적인 귀국처럼 보였지만 실제로는 '추방'이나 다름없었다. 미군이 본격적으로 점령 정책을 실시하기 전 9월 1일 일본 정부는 강제동원한 조선인 노동자를 일본 본토에서 우선적으로 조선에 수송한다는 방침을 정했다. 이어 12월에는 조선인과 타이완인의 참정권을 정지

시켜 정치적인 추방을 단행했다.

조선인의 귀환은 앞서 언급한 조선에 거주하는 일본인의 귀환과 맞물려 전개되었다. 조선을 출발한 귀환선은 일본의 각 항구에 일본인을 내려놓은 뒤, 조선인을 싣고 한반도로 되돌아오는 항해를 반복했다. 중국과 타이완으로의 송환도 마찬가지였다. 귀환은 1946년 5월까지 이어졌다. 이 과정에서 1946년 3월까지 240만 명의 조선인 중 약 70%가 한반도로 돌아왔다. GHQ는 일본에 남아 있던 조선인 64만 명 중 귀국 희망자를 조사하여 약 80% 정도를 귀국시키려 했다. GHQ는 실질적으로 재일조선인의 규모는 13만 명 정도가 적정하다고 판단한 것이다. 하지만 한반도의 불안한 정세와 경제적 이유 등으로 귀국자 수는 현저하게 줄었다. 반대로 일본으로 되돌아가는 밀항자가 오히려 늘었다. 결국 약 60만 명이 일본을 삶의 터전으로 삼고 재일코리안●으로 살아가게 되었다.

패전 후 귀국길에 오른 일본인 북한에는 약 50만 명이, 남한에는 약 27만 명이 거주했고 만주에서 온 피난민 약 12만 명이 있었다. 일본인의 귀환은 1947년까지 완료되었다.

중국계 이주민의 경우는 어떠했을까? 현재 일본에서는 요코하마, 고베, 나가사키의 중국인 거주지를 3대 차이나타운으로 칭한다. 이 세 지역을 방문했던 관광객들 가운데 95% 이상이 주민들을 중국인으로 보지 않을 정도로 중국계 이주민들은 현지화에 성공했다.

중국인의 이민 역사로 따지면, 현재 일본에 살고 있는 중국계 이민자는 이민 4세나 5세 이상이어야 하지만, 실제로는 1세대에서 2세대로 세대 전환을 이룬 상태이다. 일본의 차이나타운 거주자는 대부분 일본이 패전한 이후 건너온 사람들이기 때문이다. 1970~80년대 일본의 고도 경제 성장 시기에 입맛이 국제화된 일본인이 차이나타운을 선호하면서 차이나타운이 번성하자 이와 함께 세대 전환도 이루어졌다. 때마침 일본에서는 1972년

재일코리안
한국 국적, '조선적'을 가진 사람 모두를 아우르는 개념이다.

요코하마의 중화가 0.2km²의 구역 내에 500개 넘는 상점이 영업하고 있는 동아시아 최대 규모의 차이나타운이다.

중·일수교를 계기로 '판다'로 상징되는 중국 붐이 크게 일었다.

1992년에는 한중 수교가 이루어지면서 한·중·일 3국의 이동과 교류는 더욱 촉진되었다. 최근 한·중·일 3국의 정주, 관광, 유학생 등의 급증은 역내 교역의 증가와 함께 나타난 중요한 변화라 할 수 있다.

한국의 화교, 중국의 조선족

2008년 현재 한반도의 남쪽에 사는 외국계 정주민 가운데는 중국계가 가장 큰 비중을 차지한다. 중화인민공화국의 정의에 따르면, 중국계 주민은 국적 취득의 여부에 따라 현지 국적을 취득한 '화인(華人)'과 그렇지 않은 '화교(華僑)'로 구분된다. 하지만 한국과 일본에서는 이런 구분에 대한 인식이 매우 낮아 중국계 주민을 모두 '화교'라 부르는 것이 보통이다. 이들의 거주지는 시기별로 다르긴 하지만 약 80~90% 정도는 아시아에 집중되어 있다.

현재 한국에 사는 중국계 주민은 2만 4,000명 정도로 추산된다. 이들 대부분은 1945년부터 1950년 사이에 산둥성 방면에서 왔다. 중국의 '국공내전' 당시 난민 혹은 망명의 형태로 바다를 건너온 이들은 대부분 국민당계나 친타이완 성향을 갖고 있다. 당시 한국과 중화민국은 동맹국으로, 냉전

이라는 시대 상황에서 이들의 한국 거주가 허용되었던 것이다.

하지만 한국에 이주한 중국인들은 거주는 허용되었으나 정착 과정은 힘들기 짝이 없었다. 1980년까지 한국 국적을 취득하는 일은 대단히 까다로웠다. 영주 외국인 신분으로는 공무원이 되거나 군 입대도 불가능했다. 경제활동도 마찬가지였다. 1961년 외국인의 토지 소유권을 제한하는 법률이 제정되면서 화교 대부분은 서둘러 부동산을 매각하거나 한국인 배우자 혹은 지인의 명의로 소유권을 변경해야 했다. 대기업 취직은 꿈도 꾸기 어려웠기에 화교들은 주로 타이완과의 무역에 종사했다. 그나마 2002년 출입국관리법이 개정되면서 장기 체류 외국인 가운데 만 5년 이상 한국에 합법적으로 거주한 사람과 해당자의 미성년 자녀는 영주권을 받을 수 있게 되었다. 따라서 현재는 부동산·금융 거래 등 재산 소유와 취학 등에서의 차별은 대부분 사라졌다. 그러나 최근 인터넷을 통한 사회활동이 활발해지면서 주민등록번호가 없는 외국인들은 금융 거래나 동호회 가입 등에 많은 불편을 겪고 있다. 주민등록번호란 한국인에게만 부여된 신분 증명 번호로 한국에서는 온라인상의 신원 조회에 필수적이다.

인천의 차이나타운 1884년 청의 조계지가 설치된 이후 면모를 갖추기 시작했으며, 현재 500명 이상의 화교가 거주하고 있다. 복원된 구일본 조계지 건물들도 인접해 있다.

한편, 한반도와 가까운 두만강과 압록강 주변의 중국 만주 지역에는 조선 후기부터 지속적으로 조선인의 집단 거주지가 형성되었다. 일본이 한국을 식민화한 이후 대륙 침략을 노골화하자 일부 중국인은 이들 조선족을 '소일본놈'이라 하며 공격 대상으로 삼기도 했다. 그렇지만 많은 조선족은 일본의 중국 침략 초기부터 중국인 무장부대와 연대하여 항일전쟁에 참가했다. 또한 일본의 패망 이후 중국의 국공내전과 한국전쟁에도 참여했다. 국공내전에서 인민해방군에 소속된 조선족은 약 10만 명으로 추산된다. 이들은 중국 통일에 일정한 공을 세웠다. 한국전쟁이 일어나기 전에는 조선족으로 구성된 3개 사단이 북한 인민군에 편입되었다. 이들은 한국전쟁에 참전했으며, 중국 인민해방군이 본격적으로 전쟁에 개입하자 통역을 맡기도 했다.

한국전쟁이 한창이던 1952년 지린성 옌볜 지역에서는 조선족의 위상을 규정하는 중대한 변화가 일어났다. 공산당의 지시에 따라 8월 29일 옌볜 5현 1시 85만 명의 주민을 대신해 주민 대표 300명이 모여 옌볜 조선민족 자치구 인민정부를 세우는 동시에 의회와 정부를 조직하는 조례를 만든 것이다. 그리고 1955년 옌볜 지역은 '자치구'에서 '옌볜 조선족 자치주'로 개칭되었으며, 조선족은 이곳에서 지금까지 삶을 이어나가고 있다.

현재 지린성에는 약 200만 명의 조선족이 살아가고 있다. 이 밖에도 헤이룽장성, 랴오닝성(遼寧省), 내몽골 자치주 등에 다수의 조선족이 살고 있다. 한·중 수교 후 한국인 관광객의 방문이 늘어났으며, 취업을 위해 한국으로 이주한 조선족 역시 눈에 띄게 많아졌다.

세 갈래로 나뉜 재일코리안의 어제와 오늘

일본에 사는 한국인의 법적 신분은 크게 세 가지로 나눌 수 있다. '조선적(朝鮮籍)' 또는 '한국' 국적을 가진 외국인 신분과 일본 국적을 취득한 '귀화' 등이다.

'조선'과 '한국'이라는 외국인 신분의 국적 가운데 '조선'은 지명일 뿐 국명이 아니다. 패전 후 일본은 조선 출신의 외국인은 모두 조선적으로 편입시켰다. 이후 1965년 한일기본조약이 체결되면서부터 조선적을 가진 사람들은 점차 한국 국적을 취득하기 시작했다. 그렇지 않은 이들은 여전히 조선적을 유지하고 있다. 지금 일본에 사는 재일코리안 가운데 약 3분의 2는 한국 국적을 갖고 있다.

현재 재일코리안 사회에는 '민단'과 '총련' 두 민족단체가 있다. 1945년

10월 사회주의자를 중심으로 '재일조선인연맹(조련)'이 결성되었고, 이 과정에서 중도파와 우파는 1946년 10월 '재일본조선거류민단(민단)'을 만들었다. 이후 한국전쟁 시기에 북한을 지지했던 사람들은 1955년 5월 '재일본조선인총연합회(총련)'를 새롭게 결성해 지금까지 이어오고 있다. 한반도의 남과 북 중 어디를 지지하느냐에 따라 재일코리안 사회도 나뉜 것이다.

'귀화'는 재일코리안들이 일본 사회의 차별을 피하기 위한 방법으로 선택했다. 식민지 시대 이후 현재까지 이어지는 일본에서의 차별은 취학부터 취업, 노후까지 사회생활 전반에 걸쳐 평생 동안 이어진다고 해도 과언이 아니다. 귀화를 선택한 뒤에도 재일코리안들은 평생 자신이 한국계임을 밝히지 못하고 사는 경우가 대부분일 정도로 곳곳에서 외국인에 대한 차별이 이루어지고 있다. 일본 사회의 제도와 일본인의 의식 속에 차별은 일상화되어 있다.

한편, 일본에서도 외국인 차별을 철폐하려는 시도는 계속되고 있다. 재일코리안 2~3세들이 주위의 일본인과 협력하거나 일본인 스스로 기존 정당이나 노조 등의 조직적 틀에 얽매이지 않는 자주적인 단체를 결성해 운동의 폭을 넓혀가고 있다. 이러한 차별철폐운동은 '박종석 사건'을 계기로 시작되었다.

1970년 재일코리안 박종석은 국적을 구실로 채용을 취소한 일본 대기업 히타치제작소(日立製作所)를 재판부에 제소했다. 재판은 원고의 승소로 끝났지만, 사건의 의의는 거기에서 그치지 않았다. 재판이 진행되면서 재일코리안에 대한 취업 차별이 대대적으로 부각되었다. 그리고 재판을 전후로 노조와 시민단체에서 국적으로 인한 취업 차별의 현실을 시정하자는 여러 운동이 전개되었다.

차별철폐운동은 1980년대에 들어와서 지문날인 거부 및 철폐운동으로 이어졌다. 당시 21세의 재일코리안 최선애가 외국인 등록을 갱신할 때 지문날인을 거부하여 형사재판을 받게 된 사건이 발생했다. 그녀는 법정 최후 진술에서 "나는 지문을 찍고 관리되기 위해 사는 로봇이 아니다. 당신들

지문날인 거부 재판정으로 향하는 최선애(왼쪽 끝)와 아버지 최창화(가운데)

과 마찬가지로 웃고, 울고, 기뻐하는 감정을 갖고 있는 인간이다"라고 말했다. 재판부가 벌금형을 선고하자 최선애는 최고재판소에 상고했다. 그런데 1989년 쇼와 천황이 사망하자 최고검찰청은 재판부에 면소 판결을 요청해 모든 지문날인 재판이 은사(恩赦) 처리되었다. 대사령(大赦令)에 따라 죄는 '사면' 되고, 재판은 '없었던 일'이 된 것이다.

그러나 지문날인 재판에 참여한 23인은 모두 '은사를 거부'했다. 이를 계기로 지문날인 차별철폐운동은 재일코리안 전체로 확산되었다. 결국 일본 정부는 1993년의 외국인등록법을 개정해 특별영주자 및 영주자의 지문날인을 폐지했다. 최선애는 14년 만인 2000년에야 특별영주권을 회복하게 되었다.

오사카에 살고 있는 재일코리안은 한 인터뷰에서 이렇게 말했다. "우리는 일본 사회에 살고 있고, 이 사회가 좀 더 건강하고 밝은 사회가 되기를 바랄 뿐만 아니라 노력하고 있다. 그런 노력이 빛을 발하려면 차별이 철폐되어야 한다. 일본 사회를 위해서도 반드시 필요한 일이다." 많은 재일코리안이 일본 사회에서 소속감을 갖고 긴밀한 관계를 맺으면서 살아가고 있다. 지속적인 차별과 고난을 겪으며 살아온 이주 1세대와 현재의 재일코리안은 서로 다른 특징을 갖고 있다. 세대교체, 국제결혼의 증가와 그 자녀, 올드카머(oldcomer)와 뉴카머(newcomer)●의 존재, 한류의 확산, 한국에 대한 인식들이 변화하면서 재일코리안이라는 민족적 정체성과 생활은 다원화되고 있다. 이러한 변화는 지금까지 생존해 있는 이주 1세대에게도 영향을 미쳐 일상화된 차별을 극복하려는 노력으로 이어지고 있다. 그러나 재일코리안에 대한 일상적인 차별은 여전히 뿌리 깊게 남아 있다. 차별의식을 어떻게 극복할 것인지, 일본 사회의 역사 인식과 실천적 역량이 절실히 요구되고 있다.

올드카머와 뉴카머
올드카머는 예전부터 거주하고 있던 재일코리안을 일컬으며, 뉴카머는 한국에서 태어나 최근에 일본으로 이주한 이민자를 일컫는다.

5
가족과 젠더 — 부모자식과 남녀의 관계

● 이 시기 한·중·일 연표

- **1880** 일본, 형법 제정, 여성에게만 간통죄 적용
- **1898** 일본, 민법 친족편과 상속편(가족법) 제정·시행, 호주제 설정. 청, 최초의 여학당 성립
- **1899** 일본, 고등여학교령 제정, 양처현모주의 제창
- **1907** 청, 여자사범학당장정과 여자소학장정 제정, 현처양모 교육 지향
- **1911** 일본, 히라쓰카 라이초가 문예잡지 《세이토》 창간
- **1912** 중국, 민률법안 작성, 남편의 재산계승 등 일부 승인. 조선총독부, 조선민사령 시행
- **1919** 대한민국 임시정부, 대한민국임시헌장에서 남녀평등과 공창제 폐지 표방
- **1930** 중국, 민법의 친속·계승편 제정·공포, 동성불혼제 폐지
- **1931** 중화소비에트공화국, 혼인조례 제정·공포, 결혼·이혼의 자유 규정
- **1934** 중국, 형법 제정·공포, 남녀 모두에게 간통죄 적용
- **1946** 일본, 여성 참정권 실현
- **1947** 일본, 민법을 개정하여 이에 제도 폐지, 형법 개정으로 간통죄 폐지
- **1948** 한국, 여성 참정권 실현
- **1950** 중국, 혼인법 제정·공포, 혼인의 자유와 일부일처제 등 규정
- **1956** 일본, 매춘방지법 성립
- **1961** 한국, '윤락행위 등 방지법' 제정. 일본, 배우자 특별공제제 신설
- **1987** 한국, 남녀고용평등법 제정
- **1992** 중국, 여성의 합법적 권익보장법 제정
- **1994** 한국, 성폭력특별법 제정
- **1997** 한국, 가정폭력방지법과, '남녀 차별 금지 및 구제에 관한 법률' 제정
- **1999** 일본, '아동매춘 및 아동포르노 처벌법' 제정
- **2001** 중국, 혼인가정법 제정. 일본, '배우자 간 폭력 방지 및 피해자 보호에 관한 법률' 제정
- **2004** 한국, '성매매 방지 및 피해자 보호 등에 관한 법률' 제정
- **2005** 한국, 가족법 개정, 호주 제도와 동성동본 불혼제 폐지. 중국, 여성권익보장법 실시

가족은 사람이 태어나서 자라고 일하고 나이 들어 생을 마치는 곳이며 자연스러운 사생활의 장(場)으로 영원히 변치 않을 존재처럼 보인다. 하지만 가족 구성원 간의 관계나 가족 구조는 시대마다 정치·경제 체제, 유력한 사상의 영향을 받으며 변화해왔으며, 이를 통해 가족의 역사가 만들어졌다. 근대 들어 국민국가가 형성되면서 가족은 사회의 기본 단위이자 병사와 노동자 등 미래의 국민을 양성하는 장으로서 중시되었다. 따라서 가족의 구성과 부부와 부모자식·친족 등 가족과 친인척 관계를 법률로써 규정해야 하는 중요한 과제가 근대 국민국가에 부과되었다. 이는 근대사회의 질을 좌우하는 현안이었다.

한국·중국·일본 3국은 모두 유교 문명권에 속해 있었다. 강고한 가부장권과 같은 유교적인 가족 규범은 오늘날까지도 많은 사람에게 깊은 영향을 미치고 있다. 근대 시기 한·중·일 3국의 가족 정책에서 중요한 과제는 각국의 체제 속에 뿌리내리고 있던 유교적 가족 규범을 재편하거나 폐기하는 것이었다. 3국이 서로 다른 근대화 과정을 밟아왔듯이, 근대 가족사 역시 각국마다 독자적인 형태를 취해왔다. 현대의 가족도 각국의 상이한 정치 형태와 사회 구조는 물론이고, 무엇보다 경제 정책의 영향을 크게 받고 있다. 한·중·일 3국에서는 공통적으로 1910년대에서 20년대에 걸쳐 재편된 근대의 가족 규범에 대해 여성 또는 남성들이 나서서 이의 제기를 했다. 현대에는 저출산, 가족 규범의 축소, 이혼 증가와 같은 현상이 공통적으로 나타나고 있다. 성폭력 근절을 목표로 한 여성운동이 일어난 것도 현대의 특징 중 하나이다. 이 장에서는 3국의 가족사를 자세히 살펴보고자 한다.

1

근대화와 가족

전통사회의 가족 관계는 어떠했는가

유교 문명에 근거를 둔 전통사회에서는 남녀 관계와 규범을 드러내는 다음과 같은 말들이 있었다. 남성과 여성, 남편과 아내의 역할과 자리는 명확히 다르니 남자는 바깥에서 활동하고 여자는 집 안에서 가사와 육아를 해야 한다는 의미의 '남녀유별(男女有別)'과 '내외법(內外法, 남녀 간의 자유로운 접촉을 금했던 관습 또는 제도), 여자는 무지하고 순종적인 것이 제일임을 뜻하는 '여자는 재능 없음이 곧 덕이다'라는 말, 그리고 여성은 처녀 시절에는 아버지를 따르고 결혼 후에는 남편을 따르고 남편 사후에는 아들을 따라야 한다는 의미의 '삼종(三從)'과, 시부모를 따르지 않고 아들을 낳지 않는 것 등의 이혼 사유로서 아내의 일곱 가지 죄를 의미하는 칠거지악(七去之惡), 아내는 두 남편을 섬기지 않는다는 의미의 '불사이부(不事二夫)' 등은 모두 전통사회의 남녀 규범을 나타낸다. 여존남비(女尊男卑)의 현대사회에서도 이러한 남존여비(男尊女卑)의 내용을 담은 문구를 흔히 듣거나 경험할 수 있다. '남녀유별'과 '남존여비'는 근대 시기 이전 전통사회에 공통적으로 나타난 특색인데, 이러한 규범은 언제부터 어떤 배경에서 만들어진 것일까?

중국에서는 기원전부터 부권(父權)을 중심으로 한 대가족이 형성되어 있었다. 남계(男系) 혈통을 이어가기 위해 가계(家系)는 남계를 통해 대물림되었으며, 남자는 집안을 번영시키고 부모를 섬기며 조상 제사를 담당했다. 토지는 남성을 통해 상속되었고, 남계 혈통을 물려주기 위해 아내의 정조를 중요하게 여겼으며 남녀 간의 격리가 이루어졌다. 이렇듯 남계 남자를 중심으로 한 혈연 집단을 종족(宗族)이라 불렀다. 이러한 장유(長幼) 구별과 부권에 순종해야 하는 여성의 지위는 춘추전국시대에 발전한 유학(儒學)에 반영되었고, 유학은 이후 가부장제를 강화하는 이데올로기가 되었다. '남녀유별', '칠거지악', '정절'은 모두 유교의 가족 규범을 담고 있다. 12세기에는 남자와 여자, 주(主)와 종(從)의 관계를 자연과 사회에 통용되는 원리로 체계화시킨 주자학(朱子學)이 성립되어 중국의 신분제 사회를 지탱하는 이데올로기로서 보급되었다. 주자학은 한국의 경우 고려 말에, 일본에서는 에도시대에 각국의 체제를 지탱하는 학문으로서 도입되었다.

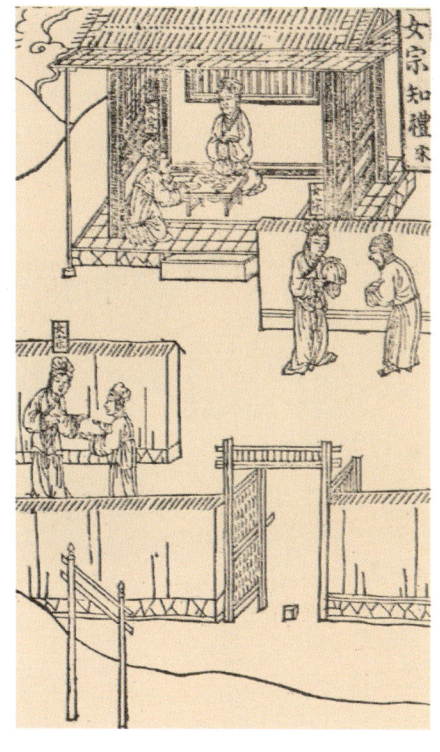

여종지례(女宗知禮) 중국 송나라 포소가 벼슬 후 첩을 얻었음에도 남편을 떠나지 않은 부인 여종에 관한 이야기를 그림으로 그렸다. '여종이 예를 안다'라는 뜻처럼 주인공은 가부장제 관념에 완전히 동화되었음을 알 수 있다. 이러한 유교사상은 전통시대 3국을 지배했다.

한국·중국·일본의 전통사회에서 남녀 차별은 탄생과 동시에 시작되었다. 중국의 가장 오래된 시집《시경》에서 남자아이가 태어나면 침대에 눕히고 여자아이가 태어나면 땅에 눕히라고 노래하고 있는 것처럼, 중국의 아버지는 남자아이의 출생은 성대하게 축하한 반면 여자아이는 무시했다. 또 여자아이에게는 어릴 때 네 발가락을 안으로 굽힌 뒤 천으로 단단히 묶어 더 이상 자라지 못하도록 하는 전족을 했는데, 여자는 작은 발이 아니면 좋은 결혼을 할 수 없다고 여겼기 때문이다. 또한 가난한 집에서는 어린 딸을 장차 남편이 될 사람 집에 팔기도 했다(민며느리제). 남자아이의 경우 잘사

조선의 혼인식 전통시대 한국에서는 남성이 여성의 집으로 찾아가 혼례를 올렸다. 그림은 사모관대를 한 신랑이 백마를 타고 신부 집으로 향하는 모습이다.

는 집에서는 6, 7세부터 사설학교(塾)에 보내 공부시켰으며, 이때 아이는 학명(學名)을 받아 정식 이름으로 삼았다. 여자아이는 문밖에 나서는 것을 좋지 않게 여겼으므로 공부하는 여자가 드물었으며, 태어날 때 받은 아명(兒名)밖에 갖지 못했다. 결혼은 본인의 의지와 무관하게 부모의 명령과 중매인을 통해 이루어졌으며, 여성이 남성의 집으로 시집을 갔다. 남녀는 다른 종족끼리만 결혼이 가능했다(동성 불혼). 결혼 후 여성은 친정집 성을 그대로 사용했는데, 이는 남계 혈통을 지키기 위한 조치였다. 정식 이름은 없었으므로 '누구의 안주인'으로 불렸으며, 격식을 차리는 자리에서는 친정성 앞에 남편 성을 붙여 썼는데, 예를 들어 남편 성이 장씨이고 아버지 성이 왕씨일 경우 '장왕씨'로 불렸다. 자식은 부친의 성을 따랐다. 부친이 죽은 후에는 모친이 결혼 결정권과 같은 강한 친권을 행사하며 가족 중에 가장 어른이 되었다.

조선에서는 어땠을까? 14세기 말 이후 조선의 지배층인 양반은 선조와 시조의 거주지인 본관(本貫)을 중요시했으며, 세습되는 부계 혈연 집단은 같은 성(姓)을 사용했다. 조상 제사는 아들과 딸이 함께 모셨으나 18세기 이후로는 아들만이 제사를 지냈다. 남성 중심의 부계 혈족을 유지하기 위해 유교의 가족 규범을 중시했다. '남녀유별'을 엄격하게 지켜 남자아이는 7세가 되면 여성의 주거 공간에서 남성의 주거 공간으로 옮겨갔다. 결혼은 부친의 명령과 중매인을 통해 이루어졌으며, 여성의 집에서 결혼식을 치른 뒤 남성은 태어난 자녀가 성장할 때까지 이곳에서 일정 기간 생활했다.

중국과 마찬가지로 부부는 각기 다른 본관과 성을 갖고 있었으며(동성동본 불혼제), 여성은 결혼 후에도 친정아버지의 성을 그대로 따랐다(성 불변의 원칙). 여성에게는 아명만이 주어졌기 때문에 호적에는 부친의 성 뒤에 '여(女)'라고만 기록되었다. 성이 다른 아이를 양자(養子)로 들이는 일은 원칙적으로 금지되었다(이성불양異姓不養의 원칙). 동성동본 불혼, 성 불변, 그리고 이성불양은 조선시대 가족 제도의 원칙이었다. 양반 인구가 늘어나면서 신분과 연령, 성별에 따른 유교 규범은 더욱 확산되었다. 부친이 죽은 후에 모권이 중국만큼 강하지는 않았으나 출세한 아들을 둔 어머니는 존경을 받았다. 부모에 대한 효도와 여성의 재혼 금지도 엄격하게 지켜졌다. 그러나 부친과 모친 쌍방을 통해 혈연관계를 계승하는 쌍계제, 아내의 재산에 대한 독자적 소유권과 소송권, 남녀 균분 상속과 여성의 제사 세습이 행해지던 고려시대의 사회 제도가 완전히 폐지된 것은 아니었다. 조선시대에도 아내의 집에서 혼인식을 치른 후 남편이 일정 기간 거주하는 것, 여성의 재산 상속권과 소송권 및 조상 제사의 의무가 남아 있었다. 이러한 고려시대의 풍속이 엄격한 남성 중심의 부계 가족 제도와 병존한 것이 조선 사회의 특징이었다.

일본의 도쿠가와 바쿠후의 지배 단위는 무사, 농민, 수공업자, 상인의 신분별로 형성된 '이에(家)'였다. '이에'란 선조 제사와 야고(屋號) 같은 가독(家督)●을 상속받은 장남 가장을 중심으로 하는 가족의 집합이었다. 당시 무사의 급여는 '이에'에 지급되었고, 농민과 정(町)에 거주하는 백성에 대한 과세도 '이에'를 대상으로 했다. 일본에는 부계 혈족 집단인 종족은 형성되지 않았다. '이에'의 계승을 위해 들이는 양자는 성이 달라도 무방했으며, 첩의 자식도 가독을 상속할 수 있었다. 결혼은 부친의 허가와 중매인이 필요했으며, 여성은 남성의 '이에'에 들어갔다. 결혼 후 여성은 친정의 성을 쓰는 경우와 남편의 성을 쓰는 경우가 있었다. 미혼·기혼 여성 모두 자유롭게 외출했으며, 농민의 아내는 남편과 함께 경작했다. 유교 규범 중 '삼종칠거'가 중시되었는데, 어머니보다 아내의 자세가 더 중시되었다. 아내가 남편 이외의 남성과 성관계를 갖는 간통은 처벌받았지만 남편이 첩을 두는 것은 공인되었다. 아내의 정조를 강조하면서 남편의 축첩을 공인하고

야고·가독
야고는 일본에서 성을 가지지 않은 농민의 집이나 도시에 상가를 가진 개개인의 집을 통칭하는 말이다. 가독은 에도시대 남성 가장이 상속하는 선조 제사권, 토지, 그 외 이에에 부속하는 재산 또는 이를 상속하는 남성 가장의 지위를 말한다.

창기를 매수하는 등 남녀의 대립적인 성규범과 부부에게 다르게 부과되는 처벌은 한·중·일 3국에 공통적으로 나타난 현상이었다.

　전통시대 3국의 가족 내 인간관계의 중심축은 효의 윤리로 대표되는 부모자식 관계와 아내의 정절로 대표되는 부부 관계였다. 그러나 어느 나라에서든 유교 규범 또는 법률과 실제 생활이 다른 경우가 많았다. 중국 송대 여성은 상속권과 소송권을 지녔으며, 조선시대 중반까지도 여성에게 상속권과 함께 소송권이 주어졌다. 일본의 여성은 가장이 되거나 토지를 소유하는 경우도 있었고, 이혼한 여성의 재혼이 많았다. 이렇듯 3국의 전통사회는 유교를 지배 이데올로기로 삼았지만 국가와 사회 구조에 따라 유교 규범을 수용하는 양상은 다르게 나타났다.

근대화와 가족

19세기 후반부터 20세기 초반에 걸쳐 국민국가의 형성과 좌절이 한·중·일 3국의 가족 제도에 어떤 영향을 미쳤을까? 또 전통사회의 연령과 성별에 관한 규범은 이 시기에 어떻게 변화했을까? 서구 국가에 비해 후진국이었던 일본은 문명화를 위해 서양 각국의 법률을 받아들여 일본 판으로 제정하는 일에 착수했다. 가족법은 시민사회의 인간관계를 규정한 민법의 친족·상속 편으로서 제정되었다. 가족의 인간관계를 권리와 의무의 관계로 규정하는 과정에서 가족의 전통적 도덕인 효와 정절을 파괴한다는 반대론이 강하게 일어 큰 어려움을 겪었다. 가족법 제정은 메이지 초기부터 논의되었는데, 일본 헌법 시행으로부터 10년, 청일전쟁 후 3년이 지난 1898년에 이르러서야 비로소 시행되었다.

　당시 일본 가족법●의 가장 큰 특징은 가록제(家祿制)●와 '이에' 단위의 납세제가 폐지되었음에도 에도시대 가독 제도를 존속시켜 가독 상속자를 호주로 삼고 그에게 가족의 거처를 지정하고 결혼에 동의하는 권리를 부여한 점을 들 수 있다. 호주는 가족을 부양할 의무를 졌다. 징병제와 의무교

일본의 가족법(메이지 민법과 결혼)
일본의 메이지 민법에서는 남자는 30세, 여자는 25세를 넘으면 부모의 동의 없이 결혼할 수 있지만, 호주의 동의는 받아야 했다. 그러나 메이지 민법상 호주권은 실질적으로 약해서 호주의 동의 없이 결혼이 이루어졌어도 호주가 혼인을 취소하는 일은 거의 없었다.

가록제
봉건영주가 가신(家臣) 개인이 아닌 가신의 '이에'에 급여로 쌀을 지불하던 에도시대 제도를 말한다.

육을 실시하기 위해 가족의 성원을 파악하는 호적 제도와 함께 호주 제도가 만들어졌다. 서자를 포함해 남성 상속자가 없는 경우에는 여자가 가독을 상속했다. 친권은 부친이 가졌으며 부친 사후에는 모친이 행사했지만, 상속과 같은 경제행위를 할 때는 친족회의의 조언을 받았다. 아내는 자신의 재산을 관리할 수 없었다. 결혼과 이혼은 관청에 신고할 의무가 있었으며(법률혼), 아내는 남편의 '이에'에 들어가 남편의 성을 따라야 했다. 이러한 부부 동성 제도는 1898년 제정된 민법부터 시작되었다.

재판 이혼을 할 때 아내가 신청한 경우를 포함해 이혼이 가능한 첫째 조건은 아내가 간통한 사실이 있거나, 남편이 간음죄를 저지른 경우였다. 하지만 일본 형법상 간통죄는 아내에게만 적용되었다. 호주 및 남편은 아내 이외의 여성과 낳은 자식을 아내와 상대 여성의 승낙 없이 입적(入籍)시킬 수 있었다. 따라서 형법상 중혼(重婚)이 금지되고 축첩 제도가 없어졌지만 남편은 성적으로 자유롭게 행동했다. 일본의 황실 제도와 구성에 관한 법률인 황실전범(皇室典範)이 여성 천황을 배제하고 남계 남자가 이어가는 만세일계(万世一系) 천황제를 확실히 하고자 황위 계승자에 서자를 포함하고 있기 때문에 일본 남성의 성적 개방은 천황을 포함해 공인된 것이었다. 이처럼 일본에서 호주의 부권(父權)과 부권(夫權, 가부장제)을 중심에 둔 가부장제 가족 제도(이에 제도)를 확대한 것은 남성 천황을 주권자로 한 국가였다.

당시 수신 교과서는 유교 규범을 남존여비라 하며 부정했다. 하지만 여성에게 아내와 어머니로서 가정을 운영하는 역할을 부여하는 한편, 남편에게 순종하고 시부모에게 효도를 다할 것을 요구했다. 19세기 말 일본에서는 시장경제가 발달함에 따라 샐러리맨 남편과 아내, 5명 전후의 자녀로 구성된 피고용자 핵가족이 출현했다. 1920년에는 부모와 자식으로 구성된 2세대 핵가족이 농민과 자영업자를 포함해 50%를 넘었다. 이혼 건수는 신고제로 전환된 이후 급감했다. 한편, 1925년 일본 내무성 사회국의 공장 조사에 따르면 신고하지 않은 사실혼이 노동자 세대 중 20%로 높은 비율을 차지했다.

일본의 호적 제도
일본에서 1871년에 제정된 제도로, 호적의 맨 앞에 오는 자가 남성 가장이었다.

도시 핵가족이 점진적으로 증가하면서 중매 자리에서 상대 남성에게 첩의 존재를 인정하느냐고 묻는 여성, 남성에 대한 간통죄 적용을 청원하는 기독교인, 결혼을 거부하는 여성들이 나타났다. 이렇게 부권(夫權)에 이의를 제기하는 여성에 대응하여 일본에서는 1919년에 '이에' 제도를 유지하기 위한 임시법제심의회를 설치했다. 그러나 1926년과 1928년에 제출된 답신(答申)에는 호주권을 제한하고 서자를 인지(認知)●할 때 아내의 승낙이 필요하다는 내용을 포함해 '이에' 제도에 대한 개혁안이 담겼다. 일본의 여성단체에서는 호주 제도 전반을 부정했지만, 가족법은 아시아·태평양전쟁이 끝날 때까지 개정되지 않았다.

조선의 근대화 과정에서 처음으로 여성의 사회적 지위 향상을 요구한 것은 1888년에 제출된 박영효의 개화 상소에서였다. 이 상소문에서 박영효는 여성 인격의 존중과 학대와 멸시 금지, 과부의 재혼 허용, 축첩과 조혼 금지, 내외법 금지, 그리고 여성교육의 필요성 등을 주장했다. 또한 동학농민군은 젊은 과부의 재혼 허가를 포함한 개혁안을 결의했다. 이에 따라 1894년 갑오개혁 당시 과부의 재혼 허용과 조혼 금지, 노비제 폐지와 인신매매 금지, 그리고 근대적인 학교 설립이 추진되었다.

여자교육론이 사회 여론화된 것은 1896년 《독립신문》이 창간되고 독립협회가 설립된 후부터였다. 《독립신문》은 인간평등 사상에 입각해 내외법·조혼제·축첩제를 비판했으며, 여성의 개화가 늦어진 책임이 남성에게 있다고 하면서 나라를 문명화하기 위해서는 여성 자신이 학문과 지식을 쌓아 국사를 논해야 한다고 주장했다. 이에 호응한 양반 관료의 부인들이 남녀평등과 그 실현을 위해 여학교 설립●을 제안했다. 양반 여성들이 한군데 모여 이야기를 나누고 의견을 표명한 것은 획기적인 일이었다. 1905년 을사조약 체결 이후 계몽운동가들은 여성이 남성과 동등한 국민이 되어 국권 회복에 기여할 수 있도록 교육에 힘써야 한다며 170개가 넘는 사립 여학교를 설립하고 운영했다. 한국 최초의 여성 의병운동가 윤희순은 을미사변 이후 〈안사람 의병가〉 등을 작사·작곡해 여성들의 항일 독립정신을 고취

인지
일본 메이지 민법에서 혼외 출생한 자녀에 대해 아버지가 자기 자식임을 확인하는 일을 일컫는다.

양반 부인들의 여학교 설립
1898년 9월 서울 북촌의 부인들이 모여 여학교 설립을 목적으로 단체를 만들어 선언문을 발표했는데, 이를 〈여권통문(女權通文)〉이라 한다. 이 선언문에는 근대 여권운동의 3대 요소인 참정권·직업권·교육권이 제시되어 있어 한국 근대 여권운동의 시발점으로 여겨지고 있다.

했으며, 1907년경에는 30명 정도의 여성 의병을 조직했다.

1919년 4월, 대한민국 임시정부는 '대한민국임시헌장'을 통해 남녀 귀천·빈부의 차이 없이 인민은 평등하다는 것과 함께 일본의 지배 과정에서 도입된 공창제를 폐지할 것을 내걸었다. 1920년대에는 《여자시론》,《신여성》과 같은 잡지에서 남녀평등과 자유연애·가족 개혁을 주장하

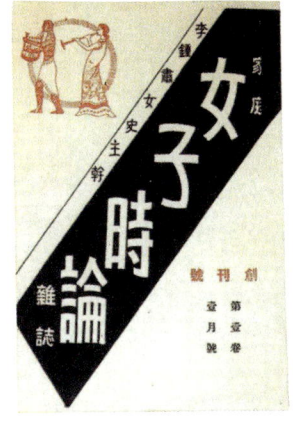 

1920년대 식민지 조선의 여성 잡지
《여자시론》과 《신여성》은 남녀평등과 가족의 개혁을 주장했다.

며 여성을 계몽하려 했고, 구식 대가족을 비판하고 자유 결혼을 해서 사랑이 있는 신가정을 만들자고 제안한 《신가정》 같은 잡지가 등장하기도 했다. 한국에서는 일본에 의한 식민지화로 가족 관계의 근대화가 더욱 어려운 과정을 밟아나갔다.

1908년 대한제국 시기에 발족한 법전조사국은 관습조사를 진행했는데, 일본의 민법 탄생 과정에서 중심적인 역할을 한 우메 겐지로가 민법을 기초하는 책임을 맡았다. 이러한 조선 민사관례 조사를 기초로 해서 민사 문제에 일본 법률의 도입을 시도한 조선민사령이 1912년 4월에 시행되었다. 조선민사령 제11조에는 친족·상속법이 조선의 관습에 의거한다고 되어 있으나 이후 세 차례의 개정을 통해 친권·후견·무능력 규정·혼인 연령·혼인과 이혼의 신고제·재판 이혼·인지·상속·재산 분여에 대해서 일본법이 적용되었다. 이 개정에 따라 법률혼이 실시되었고 동시에 약간이나마 남아 있던 여성의 상속권과 소송권은 소멸되었으며(미혼 여성의 소송권은 존속했다), 아내의 무능력 규정이 처음 도입되었다.

1939년 민사령 개정에서는 호주가 정하는 씨(氏)의 도입과 씨에 의한 가족 통합을 규정했으며, 다른 성(姓)을 지닌 남성을 들일 수 있는 양자제와 데릴사위제를 신설했다. 아울러 호적의 '성명'란을 '씨명'란으로 변경하여 조선인의 법률명을 성+명에서 씨+명으로 바꾸고, 씨명을 일본식으로 개

공창제
일본 에도시대에는 바쿠후가 특정 지역에 유곽 설치를 인정하고 유곽업자에게 세금을 징수했는데, 이를 공창제라 한다. 유곽에서 일하는 대부분의 여성은 10대이고, 부모가 업자에게 팔아넘겨 매매춘에 종사했다. 메이지 초기인 1870년대에 인신매매 제도라는 비판을 받자 여성의 의사에 따른다는 문구를 계약서에 넣고, 계약자도 여성 이름으로 하는 등 개정이 이루어졌으나 유곽의 여성(창기)은 계약 해지를 자유롭게 하기 어려웠다. 한국에서는 1904년 일본인이 설치한 유곽에서 매매춘이 등장했으며, 1916년 일본과 거의 같은 공창제가 도입되었다가 해방 후 미군정에 의해 폐지되었다.

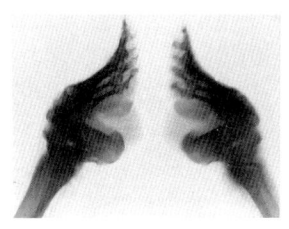

전족 중국에서는 여자가 발이 작아야 좋은 결혼을 할 수 있다고 여겼다. 송대부터 시작되어 19세기 말까지 이어진 이 풍습은 여성의 발 모양을 기형적으로 만들었다.

칭하도록 개정했다. 호적란에 성과 본관의 기입란을 남겨놓아 성(姓)의 명칭을 존속시켰지만, 이 법제들은 한국 가족 제도의 근간인 성 제도를 일본식 씨 제도로 전환시키는 '창씨개명' 제도였다. 이로 인해 모든 식민지 조선인은 씨명을 이름으로 사용해야 했다. 아내와 어머니는 남편과 자식의 성을 따르게 하고 일본식 양자제를 도입하여 '성 불변', '이성불양'의 원칙이 붕괴되었다. 부친의 성에서 남편의 씨로 바뀌게 된 어느 한 여성은 "내 개성에서 작은 하나의 표징이 사라졌으며, 남편 성을 따른다는 것은 뭔가 지니고 있었던 것을 버리는 것 같아 쓸쓸합니다"라고 말했다. 창씨개명 제도에 항의하며 자살한 남성들도 있었다. 창씨개명 제도는 1944년에 시행된 징병제에 대비해 일본이 자국의 군대에 조선 성을 가진 병사가 섞이는 것을 피하기 위해 도입했던 것으로 지적되어왔다. 하지만 창씨개명 절차를 밟는 과정에서 조선의 성을 그대로 씨로 남기는 경우가 있었기 때문에 궁극적으로는 부계 혈연 집단에 기초한 가족 제도를 일본의 씨 제도로 전환하는 것이 목적이었다고 할 수 있다. 일제 식민지 권력은 조선의 많은 관습을 파괴했지만, 동성동본 불혼제는 그대로 두었다. 1937년 이후에는 '내선결혼(內鮮結婚)'이 적극 추진되었다. 그 결과 1936년에 1,193쌍이던 조선 남성과 일본 여성 또는 일본 남성과 조선 여성의 결혼이 1944년 초에는 1만 쌍을 넘었다.

중국에서는 정치변혁기에 가족 제도의 개혁이 이루어졌다. 신해혁명과 5·4운동기의 신문화운동을 거쳐 국민정부와 공산당 정부가 맞서는 길을 걸어온 근대 중국에서는 남녀 지식인의 새로운 사상과 여성운동의 요구를 반영한 가족 제도의 변혁이 필수적인 정치 자본이었으므로 일본·한국과는 다른 역사를 밟아나갔다.

변법파의 캉유웨이·량치차오·탄쓰퉁은 조금씩 강조점이 다르긴 했어도 모두 남녀 관계의 개혁, 특히 전족의 폐지와 여자교육 추진을 주장했다. 20세기 전후부터 중상층의 여자교육은 외국 유학을 포함하여 급속히 진행되었고, 베이징대학에서 남녀공학과 남녀동등의 학교교육이 시작되었다. 한편, 태평천국운동과 의화단운동에 전족을 하지 않고 무장한 여성들이 참가하기도 했는데, 그럼에도 전족 폐지는 좀처럼 실현되지 않았다. 신해혁명 당시 일본에 유학한 후 혁명운동에 참가했다가 처형당한 츄진의 영향을 받은 일본 유학파 여성들을 필두로 많은 여성이 여군을 만들어 참가했다. 이들은 여성에게 정치적 권리가 없고 그 실현도 어려웠던 일본에서의 경험을 토대로 국민의회에 여성이 참가할 수 있도록 강력히 요구했다. 하지만 이 요구는 거부되었다(광저우 국민회의에서는 한때 여성을 선출하기도 했다).

중화민국의 헌법인 '중화민국임시약법'이 내걸었던 인민의 평등과 자유권에는 양성 평등 규정이 없었다. 1912년 제정된 민률법안에서는 결혼의 결정권은 부모에게 있지만, 아내의 지참 재산과 남편의 재산 계승권을 일부 인정했다. 중화민국 정부의 실권을 장악한 위안스카이는 포양조례(褒揚條例)●를 시행하면서 효행한 아들과 절개 굳은 부인과 열녀를 표창해 유교 도덕을 부활시켰다. 5·4운동 당시 남성 지식인과 여성 및 여성단체는 연애와 결혼의 자유를 요구하고, 유교적 가족과 성 도덕을 비판하며 새로운 문화를 창조하고자 했다. 이 시기 처음 등장한 양성 관계에 대한 변혁, 가족 개혁과 여성해방에 대한 요구는 중국 사회의 주요한 혁신 과제로 부상했다.

국공합작 시기인 1926년 1월에 개최된 중국국민당 제2회 전국대표대회에서는 남녀평등 법률 제정, 여성의 재산 계승권 부여, 인신매매 금지, 남녀 양성의 완전한 자유에 기초한 혼인과 이혼법 제정, 교육과 직업상의 남녀평등, 동일노동·동일임금과 모성보호 등을 실시할 것을 결의했다. 그 후 분열된 국공 양당은 이 결의를 각기 법제화해나갔다. 국민정부는 1930년에

츄진 일본 유학 당시 쑨원이 이끄는 중국혁명동맹회에 가입해 활동했다. 귀국 후에는 《중국여보》를 창간하고 사범학교 등을 운영하며 무기를 모으고 군사를 양성했다. 안후이성에서 일으킨 봉기가 실패하면서 1907년 서른셋의 나이로 처형되었다.

포양조례
세상의 풍기를 바로잡는다는 구실로 1914년에 중국 베이징 정부가 만든 법령으로, 정조를 지킨 여성에게 훈장과 장려금을 주도록 했다.

공포한 민법의 친속·계승편에서 조상 제사 규정을 삭제하고 동성 불혼을 폐지했다. 또한 남녀에게 재산 계승권을 부여하고 결혼은 당사자 의지에 기초하며, 따라서 부모의 의사로 결혼을 추진하는 포변(包弁)혼과 매매혼을 금지했으며, 결혼에는 예식과 2명의 증인이 수반되어야 한다고 규정했다. 또한 아내의 이혼 청구를 조건부로 인정했다. 당시 중국의 여성운동은 아내만을 대상으로 한 간통죄 폐지를 요구했다. 1934년 공포된 형법에서는 간통죄의 경우 남편과 아내 모두 처벌 대상으로 한다는 규정을 담았으며, 남편과 첩의 관계도 간통에 포함시켰다. 그러나 이 형법을 시행하기 전에 취한 첩의 경우는 인정하는 등 법망을 피할 길을 열어놓았다. 중국에서는 이렇듯 법제상으로는 전통적 가족 제도의 원리가 뒤집힘으로써 '무혈 사회 혁명'이 전개되었다. 그러나 장제스는 신생활운동을 통해 효와 정절을 칭찬하고 받드는 포양(襃揚)을 다시 부활시켰다.

1931년 중국공산당이 세운 중화소비에트공화국은 '헌법대강'에서 여성

> **통과의례 1 – 아이의 탄생과 생육**
>
> 한·중·일 3국에는 모두 아이가 태어나고 성인이 되어 나이 들 때까지 치르는 몇 가지 통과의례가 있다. 한국에서는 남자아이가 태어나면 마른 고추를, 여자아이의 경우엔 숯을 새끼줄에 엮어 대문 앞에 걸어놓았으며, 탯줄은 단지에 넣어 땅에 묻었다. 생후 100일은 집에서 축하를 하고, 첫돌에는 아이 앞에 쌀 또는 펜 등을 늘어놓았다가 아이가 집는 물건을 보고 어떻게 성장할지를 예견한다. 100일과 돌에는 이웃에 떡을 돌려 나눠 먹으며 아이의 건강과 장수를 빈다.
>
> 중국에서는 아이가 태어나면 친척과 이웃에게 알린다. 특히 남자아이가 태어나면 제일 먼저 아내의 집에 알렸다. 이를 '희보(喜報)'라 한다. 남자아이는 30일, 여자아이는 29일째 되는 날에 친척과 이웃을 초대해 축하 잔치를 열며, 첫돌에도 잔치를 연다.
>
> 일본에서는 임신 5개월째에 임산부의 배에 표백한 천을 둘러 축하하는 '오비이와이(帶祝い)'가 있으며, 생후 3일째에 하는 '밋카이와이(3日祝い)', 일주일째에 이름을 붙이는 '오시치야(お七夜)', 30일째에는 처음으로 외출해 씨족신(신사) 참배를 하고, 첫돌을 전후해서는 첫 식사 의식과 떡이나 돌 등에 업고 걷게 하는 의식이 있으며, 여자아이는 3월에 '히나마쓰리(ひな祭り)' 명절, 남자아이에게는 5월의 단오절이 있다. 3세, 5세, 7세에는 신사에 참배하러 가는 '시치고산(七五三)'이 있다.

해방의 철저한 실행을 보장하기 위해 혼인의 자유를 승인하고, 여성이 가정의 속박을 받지 않고 사회활동에 참여할 수 있도록 한다고 주창했으며, 국민정부보다 철저한 남녀평등의 혼인법과 이혼법을 제정했다. 같은 해 공포된 '혼인조례'에서는 등기혼(법률혼)을 규정하고 민며느리제를 폐지했다. 또, 약혼과 예식 없이 당사자의 의사만으로도 혼인이 성립할 수 있도록 했으며, 한쪽이 강하게 원하면 이혼이 성립하며, 이혼 후 자녀 양육비와 아내가 재혼할 때까지의 생활비를 남편이 책임지도록 하는 이혼제를 제정했다. 가부장제에 반하는 성격이 강했던 이 혼인조례에 대해 각지에서 아버지와 남편의 격렬한 반대가 이어졌다. 그 때문에 1934년부터는 홍군 병사의 경우 아내가 이혼을 원할 때는 남편의 동의를 얻도록 했다. 제2차 국공합작 이후 중국공산당의 자치 군정 지구인 변구에서 이혼 사유를 별도로 지목하고 혼인식을 반드시 치르도록 함으로써 가부장권을 부정했던 1931년의 혼인법에서 한발 물러섰다. 가부장제를 전면적으로 부정한 혼인법을 통한 개혁은 2천 년 중국의 전통을 개혁하는 것인 만큼 도시와 농촌 어디에서도 좀처럼 받아들여지지 않았다.

 한·중·일 3국에서 가족 제도의 근대화 과정은 각기 달랐다. 또한 이 시기 개혁의 주요 과제도 저마다 달랐다. 하지만 세 나라 모두 전통적 가족이 지니는 남권, 부권(父權), 부권(夫權)이 법적으로 일부분 제한되었다. 또한, 일부일처제를 받아들이면서도 첩 제도는 재편하는 데 그쳤고, 성규범은 남녀에 따라 불평등하게 적용되었다. 이는 서구의 근대 가족 제도와 크게 다른 점이다.

2

현대의 가족 제도

아시아·태평양전쟁이 끝난 후 한·중·일 3국은 독자적인 길을 걷기 시작했다. 중국은 사회주의를 기본 노선으로 삼는 중화인민공화국이 되었고, 한국은 일본의 식민지 지배에서 벗어나 새로운 국가 건설을 모색했으며, 한국전쟁을 경험했다. 일본은 미국과 동맹관계를 맺으며 전쟁 포기, 주권재민, 기본적 인권 존중의 국가를 표방했다. 이 시기에 근대화 과정에서 재편된 가부장제는 어떻게 개혁되었으며, 어떤 새로운 유형의 가족이 탄생했는지, 경제 발전은 가족에 어떠한 영향을 미쳤는지, 페미니즘을 비롯한 여성 인권운동은 가족 개혁에 어떠한 영향을 미쳤는지 살펴보자.

중국—사회주의와 경제개혁 속에서의 가족

1949년 9월 중화인민정치협상회의는 '신국가대강'에서 "여성은 정치·경제·문화교육·가정·사회생활 각 방면에서 남자와 평등한 권리를 지닌다. 남녀 혼인의 자유를 실행한다"고 선언했으며, 이 내용은 1950년에 공포·

시행된 중화인민공화국 혼인법과 1954년 헌법에 담겼다. 혼인법은 혼인의 자유, 일부일처제, 남녀평등, 여성과 아동 보호를 원칙으로 삼으면서, '부권(父權)'·'부권(夫權)'·'부권(父權)을 대행한 모권(母權)' 등을 배제한 혼인의 자유, 과부 재혼의 자유, 당사자의 의사에 따른 이혼을 규정했으며, 매매혼을 금지하고, 이혼한 여성과 아동의 이익을 보호했다. 또한 부부가 유산을 서로 계승할 권리를 인정하고, 축첩한 남성에게는 형법으로 죄를 물었다. 이 혼인법이 시행되어 수많은 여성이 이혼을 청구하자, 이들이 남편이나 일족에게 살해되는 일이 빈번하게 발생했다. 유교 도덕의 마지막 보루인 정절을 부정한 과부의 재혼 자유에 대해서는 저항이 강했다. 그 탓에 1953년 정부의 주도로 혼인법 관철을 위한 대운동이 일어났다. 국민당과 공산당 정부 시절부터 추진된 가족 개혁은 정부 주도 아래 본격적으로 전개되었다.

    1953년에 중국에서는 사회주의적 개조를 목표로 한 제1차 5개년 계획이 시작되었다. 농촌에서는 고급합작사(高級合作社, 토지 등의 집단 소유와 노동량에 상응하는 수익 분배가 이루어지는 단위)가, 도시에서는 상공업의 공사(公私) 합영화(合營化)가 추진되었는데, 가사와 육아도 조직 차원에서 공동으로 해결할 것을 목표로 삼았다. 자유와 인권을 부정당한 문화혁명기에는 '남자가 할 수 있는 일은 여자도 할 수 있다'는 마오쩌둥의 제창에 따라 여성의 사회진출이 진척되었다. 이때는 성별 분업의 해소, 남녀의 동일노동·동일임금, 남녀 가사분담의 실현을 추구했다. 1980년 혼인법 개정에서는 애정 파탄에 의한 이혼이 가능함을 명확히 했는데, 이로 인해 중산계급에서 이혼이 증가했다. 1978년 인구가 9억 7,000명에 달해 건국 직후의 두 배가 되자, 부부 간에 1명의 자녀만을 출산하는 계획 출산이 강조되면서 여자아이보다는 남자아이 출산을 바라는 경향이 다시 나타났다. 1978년부터 시작된 개혁·개방 경제로 중국 경제는 비약적으로 발전했으며 생활이 크게 변화했다. 가전제품이 보급되고, 여성 노동자가 증가했으며, 사람들의 이동과 이사가 빈번해졌다. 한편, 무엇보다 생산 효율성을 최우선하는 분위기가 확산되면서, 직장에서 밀려난 여성들이 가정으로 돌아가는 현상(이를 부녀회가婦女回家라 한다)이 늘었고, 새로운 부유층이 탄생했다. 그들이 거주하는 연안 지역은 물론이고, 도시와 농촌에서 성 관련 산업이 번영했다.

2001년에는 일반인의 의견을 널리 모아 법에 반영시킨 '중화인민공화국 혼인가정법'이 제정되었다. 이 법은, 부부는 상호 존중하고 고령자를 존경하고 유아를 소중히 여김으로써 평등하고 정겨운 가족 관계를 유지한다는 윤리를 내걸었다. 또한 기혼자와 타인의 동거를 중혼으로 간주해 금지했으며, 가정 내 폭력 금지와 피해자의 구제, 이혼시 그 책임이 있는 자에게 배상 책임을 물리고, 자녀의 면접권을 보장하며, 부양 능력을 가진 자녀의 조부모 부양 의무와 고령자의 재혼 존중 등을 규정했다. 또한 계획 출산이 독립법으로 법제화되었다. 중국에서는 남아 선호로 인해 남자 인구가 증가하여, 현재 남성의 결혼난 등이 사회문제가 되고 있다.

한국─호주권과 동성동본 불혼제의 폐지

한국에서는 1946년 10월에 미군정이 조선 성씨 복구령을 공포하여 창씨개명제를 폐지시켰다. 1948년 대한민국 정부는 제헌헌법에서 "혼인은 남녀 동권을 기본으로 하고 혼인의 순결과 가족의 건강은 국가의 특별한 보호를 받는다"고 규정했다. 1957년에 비로소 제정된 민법은 제4편에서 친족, 제5편에서 상속을 다뤘다. 제4편의 '호주와 가족' 조항은 호주제를 포함하는 등 일본의 구(舊) 민법과 같은 구성을 취하고 있었다. 자녀의 혼인에 대한 부모의 동의와 가족의 거처 지정 등의 호주권, 친권상의 부친 우선, 남성 우위의 상속제, 남편이 인지한 혼외 자녀의 입적 등 식민지 시대에 도입된 메이지 민법의 가부장제 규정도 그대로 남아 있었다. 동성동본 불혼제 또한 존속되었다.

이후 한국에서는 '전통'을 어떻게 해석할 것인가를 둘러싸고 치열하게 대립하며 호주 제도와 동성동본 금혼 제도를 중심으로 한 가족 제도 개혁

한국의 헌법과 결혼
한국의 헌법은 1980년에 '혼인의 순결'을 삭제했으며, 현행 헌법은 개인의 존엄과 양성 평등을 기초로 한 결혼 및 가족생활과 국가에 의한 보장을 규정하고 있다.

범여성 가족법개정촉진회
가족법 개정운동을 벌이기 위해 1973년 6월 28일 61개 여성단체가 연합해 결성한 단체로, 주로 개정 법안을 작성하고 국회 통과를 적극 촉구하는 운동을 벌였다.

가족법 개정을 위한 여성연합회
한국여성단체협의회 주관으로 41개 여성단체가 가족법 개정운동을 위해 결성한 단체이다.

이 추진되었다. 1973년에 '범여성 가족법개정촉진회'●, 1984년에 '가족법 개정을 위한 여성연합회'●가 결성되어 가족법 개정과 민주화 운동에 앞장섰다. 그 결과 한국의 가족법은 1977년, 1989년, 2005년에 개정이 이루어졌다. 1962년의 개정●에서는 결혼에 따른 분가를 인정했으며, 1977년의 개정은 당시 여성 의원을 비롯해 광범위한 여성단체가 10대 개정 항목●을 내걸고 운동을 추진했으나, 호주제 폐지와 동성동본 불혼제 폐지에 대한 내용이 강한 반대에 부딪혀 폐안 처리되었다가, 결국 부분 개정이 이루어졌다. 이로써 부모의 동의 없이 성년 자녀의 혼인이 가능해졌으며, 부모가 공동으로 친권을 행사할 수 있게 되었으며, 여자와 아내의 상속분이 확대되었다. 비록 호주제와 동성동본 불혼제는 존속되었으나, 1977년의 법 개정으로 수직적 가족 관계는 부부를 중심으로 한 수평적 가족 관계로 재편되는 진전을 이루었다.

사회 민주화가 일정한 성과를 거두면서 1989년에 가족법의 대폭 개정이 이루어졌다. 우선 가족의 거처 지정권과 후견제, 가족 성원에 대한 부양 의무 등 호주가 갖고 있던 권리가 모두 폐지되었다. 호주 지위의 상속을 포기할 수 있는 것으로 규정함으로써, 형식상 호주제가 남기는 했으나 가족 제도에서 호주의 권리와 역할은 사실상 소멸되었다. 이혼할 때 자녀 양육은 부모의 협의에 따르게 되었고, 친족 범위는 부부 모두 8촌 이내에 이른다는 내용도 포함되었다. 1974년에 한국부인회가 교사·학자·사법 관계자·회사원 등을 대상으로 실시한 설문조사에 따르면, 소속이 불분명한 재산의 부부 공유제에 70% 이상이 찬성했지만, 호주제 폐지에 대해서는 찬성 50%, 반대 26%, 더 검토가 필요하다는 의견이 24%였으며, 동성동본 불혼제 폐지는 찬성이 43%, 반대 40%, 검토가 필요하다는 의견이 17%였다. 1989년의 개정은 1970년대에 강한 반대가 있었던 호주제를 형식적인 존재로 바꾼 것이었다.

한국에는 세계에서 유례없이 금혼 범위를 넓게 설정한 동성동본 불혼제로 인해 결혼하지 못한 채 사실혼을 유지하는 남녀가 많았다. 이에 민간기

'범여성 가족법개정촉진회'에서 만든 홍보 포스터

1962년 가족법 개정
1962년의 개정 당시 개정 조항은 단 하나였지만, 결혼에 따른 분가가 법적으로 인정됨으로써 이후 한국에서는 모든 기혼 남성이 호주 지위를 가지게 되었다.

10대 개정 항목
10대 개정 항목은, 호주 제도 폐지, 친족 범위 결정에서 남녀평등, 동성동본 불혼제 폐지, 소유 불분명한 부부 재산에 대한 부부 공유, 이혼 배우자의 재산 분배 청구권, 협의이혼 제도의 합리화, 부모의 친권 공동행사, 적모서자 관계와 계모자 관계 시정, 상속 제도의 합리화, 유류분 제도의 신설 등이었다.

관인 한국가정법률상담소는 1977년에 동성동본 불혼 혼인 문제 신고센터를 설치했다. 1995년에는 동성동본이라는 이유로 혼인 신고가 거부되자 서울가정법원에 이에 대한 처분 철회를 청구하는 동시에 헌법에 규정된 행복 추구권과 '법 앞에 평등'에 위반한다 하여 헌법재판소에 제소한 사건이 있었다. 이에 대해 헌법재판소는 다수 의견으로 불혼제가 헌법에 합치되지 않는다고 판결했다. 국회는 그 후 수차례 공청회를 열었지만 결론을 내지 못했으며, 이는 2002년 대통령 선거에서 하나의 쟁점으로 떠올랐다. 2003년 총선거에서 열린우리당이 약진하여 호주제 및 동성동본 불혼제를 폐지하고, 재혼시 자녀의 성을 변경할 수 있도록 성 불변의 원칙을 폐지하는 내용을 포함한 민법 개정안이 2005년 3월에 국회를 통과했으며, 2008년 1월에 시행되었다. 조선

가족법 개정을 위한 노력 1984년 가족법 개정을 위한 거리 서명운동 모습으로, 1970년대 만들어진 포스터를 일부 문구를 수정해 활용하고 있다. 이때의 운동을 토대로 1989년과 2005년 가족법 개정이 이루어질 수 있었다.

시대에 성립된 남성 중심의 부계 혈통 가족을 유지하기 위한 동성동본 불혼제로 오랫동안 제약받았던 혼인의 자유라는 기본적 인권이 마침내 실현된 것이다.

여성에 대한 성폭력은 그동안 여성 개인의 사안으로 치부되어 피해자가 비난받아왔는데, 이 또한 1980년대 들어 사회문제로 가시화되었다. 1983년에 피해자의 구제, 성폭력 사건의 해명과 이론화를 도모하는 '한국 여성의 전화'가, 1991년에 '한국성폭력상담소'가 탄생했다. 이러한 여성 인권 단체와 개인 차원의 여성운동에 힘입어 1994년에는 '성폭력특별법'이 제정되었으며, 이어 1997년에는 '가정폭력방지법'이, 2004년에는 '성매매 방지 및 피해자 보호 등에 관한 법률'과 '성매매 알선 등의 행위에 관한 법률'이 제정되었다.

일본―고도 경제 성장에 필요한 가족의 형태

전후 일본의 가족 구조는 법률과 경제적 요청에 의해 규정되었다. 기본적 인권의 존중을 주창한 일본국헌법은 제24조에서 양성의 합의에만 기초하는 혼인과 동등한 권리를 규정했다. 이어 배우자의 선택, 재산권, 상속, 주거 선정, 이혼과 혼인에 관한 법은 개인의 존엄과 양성의 본질적 평등에 근거해 제정해야 한다고 규정했다. 첫 여성 의원이 참가한 국회의 24조 심의에서는 이들 규정과 함께 천황제, '이에 제도', 호주 제도를 둘러싼 격론이 벌어졌다. 사법위원회의 민법안 심의에서도 이에 제도를 온존하자는 의견과 24조의 취지를 실현시키자는 여성 의원 등의 의견이 맞붙었다. 개정된 민법은 호주 제도, 호주권 및 가독 상속제, 아내의 무능력 규정, 재판 이혼에서의 부부 불평등 규정, 서자 제도를 폐지했다. 혼인 연령을 남자 18세, 여자 16세 이상으로 정하여 혼인의 자유를 인정했으며, 친권은 부모가 공동으로 행사하도록 했다. 청년 남녀, 특히 아내나 며느리를 괴롭혀온 이에 제도도 폐지되었다. 그러나 호적은 지금까지도 존속하고 있으며, 혼인 연령의 남녀 차이에서 알 수 있듯이 철저하지 못한 개정이었다. 또한 부부 어느 한쪽의 성을 선택할 수 있는 부부 동성이 규정되었지만, 남편의 성을 사용하는 부부가 현재도 98%를 점하고 있다.

1954년, 일본의 자유당 헌법조사회 회장 기시 노부스케는 헌법 개정과 함께 옛 가족 제도를 부활시키려 했지만, 광범위한 사람들의 반대에 부딪혀 철회할 수밖에 없었다. 그 후 여러 번의 개정을 거쳐, 1996년에는 부부의 씨에 관해 별도 성을 희망하는 부부는 별성을 선택할 수 있게 하고, 혼인 연령을 남녀 모두 18세로 하는 개정안을 법제심의회가 답신으로 제출했다. 선택적 부부 별성안이 제출된 것은 별성을 바라는 여성의 요청이 많았으며, 이미 별성을 실행하고 있는 커플이 다수 존재했기 때문이다. 하지만 별성은 가족의 통합을 파괴한다는 보수정치가의 반대론이 강해, 여론상으로는 찬성파가 늘고 있지만 현재까지도 입법화되지 않았다. 이러한 배경에는 보수파가 '전통'을 계승하는 가족의 부활을 헌법 개정의 한 축으로 추진하고 있다는 사정이 있다.

1955년부터 시작된 고도 경제 성장에는 기업활동에 매진하는 남성 사원과 가정에서 그를 뒷바라지하는 아내의 존재가 필요했다. 가장 합리적인 가정 운영은 아내가 전업주부의 자리를 지키는 것이라는 인식이 사회에 확산되었다. 정부는 전업주부인 아내의 지위를 높이고 안정시키는 정책을 추진했다.

그 방법 중 하나가 1961년 신설된 배우자 공제 제도와 1987년의 배우자 특별공제제이며, 또 다른 하나는 1985년의 샐러리맨 아내에 대한 연금 제도였다. 배우자 공제 제도는 아내의 노동을 파트타이머 수준에 묶어두기 위해 연수입 103만 엔 이하인 아내의 납세 및 사회보험 지불을 면제해주는 동시에 남편의 급여에 배우자 수당을 가산하는 것이었다. 샐러리맨 아내의 연금 제도는 국민계 보험제라는 구호 아래 연금 혜택을 못 받는 아내가 없

통과의례 2 - 결혼

3국에서 전통적인 결혼식은 어떻게 치러졌을까? 중국에서는 남자 측이 중매인을 여자 측에 보내 예비 신부의 이름과 생년월일을 듣고 점을 보아 길흉을 점치고, 예비 신랑과의 궁합이 어떤지를 보았다. 길조가 나오면 예비 신랑은 예비 신부 측의 확답을 받은 후, 곧바로 예비 신부 측에 예물을 보내 약혼을 했다. 그 후 혼인 기일을 신부 측에 묻고, 신랑 측이 신부 집으로 신부를 마중하러 갔다. 신부는 붉은 가마를 타고 신랑 집으로 향했다. 신랑·신부 모두 붉은 예복을 입었다.

한국에서는 중매인의 소개로 결혼이 결정되면 예비 신랑 측이 생년월일과 태어난 시간을 알리고 예비 신부 측에서 길흉을 점쳐 결혼 날짜를 정했다. 이어 반지와 비단 등의 예물을 신부 집에 보내고 신부 집에서 결혼식을 치렀다. 19세기부터는 결혼 후 3일째 되는 날 신랑과 신부 일행이 신랑 집으로 갔다. 이를 신행(新行)이라 한다.

일본에서도 중매인이 남녀의 집 사이에서 주선을 했는데, 신랑이나 신부의 생년월일을 묻는 의식은 없고 예물을 보냄으로써 약혼이 이루어졌으며, 신랑의 집 또는 신사에서 결혼식을 치렀다. 결혼 후 신부의 혼수 도구를 이웃에게 보여주거나 여성의 신발을 숨기는 등 지역마다 조금씩 다른 풍습이 있었다.

현재는 세 나라 모두 결혼식을 예식장 등에서 피로연을 겸해 진행하며, 신부는 웨딩드레스나 전통의상을, 신랑은 턱시도 등을 입는다. 한국과 일본에서는 예식장이 결혼식의 모든 것을 맡아 하는 경우가 많다.

도록 하기 위해, 아내의 기초연금을 남편이 가입하는 후생연금 또는 공제연금에서 갹출함으로써 아내가 연금을 붓지 않고도 기초연금을 수령할 수 있게 하는 제도이다. 아동수당 등 다른 사회보장 제도를 합하면 자녀가 있는 주부가 사회보장에서 가장 우대를 받았다. 아내를 주부라는 지위에 머무르게 하면서 낮은 임금의 파트타임 노동자로 고용하겠다는 전략이었다. 근대의 '이에 제도'가 국가 체제를 지탱하는 역할을 했다면, 현재 전후의 가족 제도는 주로 경제 발전을 지탱하는 역할을 담당했다.

1990년에는 '성폭력과 싸우는 여성들의 네트워크'가 발족했다. 이후 일본 여성들이 10년 이상 운동을 전개한 결과, 2001년에 '배우자 간 폭력 방지 및 피해자 보호에 관한 법률'이 공포·시행되었고, '아동매춘 및 아동포르노 처벌법'(1999년)과 '스토커 규제법' 등 남성 우위의 성을 용인하는 분야에 규제를 가하는 법이 21세기 들어 제정되었다.

이상에서 살펴본 바대로, 사회주의 국가인 중국에서는 남녀 모두가 일하면서 사회적인 차원에서 가사와 육아를 담당하는 시설을 마련하는 한편, 근대의 과제였던 혼인과 고령자를 포함한 재혼의 자유, 이혼의 자유를 보장하는 정책이 경제 발전에 따른 가족과 남녀의 상황 변화에 대응해 정부 주도로 추진되었다. 현대 한국에서는 조선시대부터 이어진 동성동본 불혼제, 일본의 식민지 지배로 성립되었던 호주제가 폐지되었는데, 여기에는 여성운동이 커다란 역할을 담당했다. 일본에서는 전후 개혁을 통해 '이에 제도'에 기초한 남녀 차별은 개선되었다. 그러나 한국에서 폐지되고 중국에는 존재하지 않는 호적제가 아직도 존속하고 있다. 세 나라 모두 경제 발전에 따라 가정에서 성별의 역할이 재편성되었다.

일본의 전통 혼례 풍경 결혼식 날 신부는 해가 저문 뒤 하얀 모자와 하얀 기모노 차림으로 가마에 올라 초롱불을 밝히며 신랑 집으로 들어갔다.

3

현모양처와 새로운 여성, 남성들

문명화를 지탱해주는 일본의 아내와 어머니, '양처현모상'의 성립

가족은 어느 시대에나 사회의 기초 단위였지만, 특히 국민국가에서는 가족을 주목했다. 가족을 국가가 필요로 하는 국민과 인재를 육성하는 장이라 여겼기 때문이다. 따라서 여성에게는 미래의 국민을 길러낼 어머니이자 남편을 뒷바라지하는 아내로서의 역할을 요구했다. 국민국가가 요청하는 어머니와 아내 상은 동서양을 불문하고 일반적으로 '현모양처(賢母良妻)'라 일컬어진다. 한·중·일 3국에서는 이러한 현모양처상이 주장 또는 부정되어 왔는데, 이는 어떠한 배경에서 이루어졌는지 살펴보자.

3국에서는 국가 존망이 위태로운 시대에 이상적인 여성상이 만들어졌다. 이러한 여성상은 일본의 경우 메이지유신 시기에, 중국의 경우 무술변법운동 시기에, 한국의 경우 갑신정변 이후 시작되어 일본의 지배 의도가 강화되는 1890년대에 만들어졌다. 일본에서는 에도 바쿠후 말기에 요시다 쇼인 등이 남자아이를 가진 어머니를 대상으로 한 교육이 중요하다고 설파했으며, 유신 직후에는 몇몇 지역에서 나라를 다스리는 근본을 세운다 하여 여성을 위한 학교를 설립했다. 문부성 《학제 발행의 의사(儀伺)》에 "그 아이의 재능이 있고 없고는 그 어미가 현명한지 아닌지에 따르며", "지금의 여자는 미래의 어머니가 된다"는 글이 실린 것에서 볼 수 있듯이, 여성은 국민의 어머니로 자리매김해갔다. 1872년에는 문명 입국(立國)을 위해 남자만이 아니라 여자에게도 초등교육 의무교육제가 시행되었다.

1870년대에 모리 아리노리는 〈처첩론(妻妾論)〉을 집필해 성별 분업에 기초해 부부가 동등한 일부일처를 확립할 것과, 여자는 학문을 배워 가정을 담당하고 어머니는 신체가 건강해야 함을 설파했다. 나카무라 마사나오는 〈선량한 모친을 만드는 설〉에서 애정을 가지고 자녀를 키우는 어진 어머니상과 남자와 똑같이 학술·기예를 익히며 남편을 보조하는 아내상을 주장했다. 문명국에 필요한 학문을 하는 여성상, 상호 동등한 일부일처상, 자녀를 교육하는 어머니상, 가정을 담당할 수 있는 아내상이 제시되었다. 모리는 초대 문부대신 시절인 1887년경부터 군사국가 건설의 관점에서 병사를 길러내는 어머니상을 그리면서, 미래의 어머니를 교육할 여교사의 양성이 필요하다고 설파했다. 같은 시기 여성 교육자들도 국가를 지킬 병사를 길러낼 군국(軍國)의 어머니 양성을 주장했다. 후쿠자와 유키치는 유교를 거부하고 "남자도 사람이고 여자도 사람이다"라며 만인평등을 선언했으며, 일부일처의 대등한 부부와 단란한 가족을 강조하면서 산업사회의 가족상을 만들어냈다. 이와모토 요시하루 또한 대등한 부부의 역할 분업에 기초한 가정(home)을 제창하고, 가정의 아내와 어머니를 양처현모(良妻賢母)로 기술했다. 신문투고란에서도 몇몇 여성을 포함한 보통 사람들이 일부일처제와 역할 분업 부부의 동권론(同權論)을 둘러싸고 논쟁을 벌였다.

이러한 일본의 어머니와 아내상은 중등교육기관인 고등여학교 제도를 만든 1899년 이후, 문부대신 가바야마 스케노리와 기쿠치 다이로쿠 등에 의해 양처현모라 불렸다. 양처와 현모에게 필요한 품성●으로 온순(溫順)·정순(貞順)·화순(和順) 등 전통적인 부덕(婦德)이 포함되어 아내와 어머니에게는 여전히 순종을 요구하는 가족의 상이 유지되었음을 알 수 있다. 20

모리 아리노리 일본에서 초대 문부대신을 지낸 그는 여성평등과 더불어 여성교육의 중요성을 주장했다.

일본 남성에게 필요한 품성
병사가 될 남성에게 요구된 자질로는 강의(剛毅, 체격과 의지가 굳세고 강직함)가 있다.

세 이상의 남성에게 의무화된 징병제로 인해 남녀별 생애 주기가 명확해졌다. 20세기 들어 소년·소녀 잡지의 부록으로 생애 주기를 그린 '스고로쿠' 놀이판이 유행했는데, 남자아이가 도착하는 최종 목적지는 군대의 대장이나 장관이었고, 여자아이는 주부였다. 그러나 당시 양처현모인 여성이 활동할 수 있는 도시의 회사원 가정은 1920년 제1회 국세조사에서 8.5%로 나온 것처럼 실제 그 수는 얼마 되지 않았다. 압도적으로 많은 농촌의 여성에게는 양처현모를 빗댄 동처건모(働妻健母, 일 잘하는 아내, 건강한 어머니)가 권장되었다.

한국과 중국, 민족자강을 지탱하는 아내와 어머니

한국에서는 개화사상가 유길준이 서양을 견문한 후 집필한 《서유견문》에서 국가의 바탕이 되는 아동을 키우는 여성의 지위를 향상시키고 어머니의 학식을 중시할 것을 주장함으로써 어진 어머니상을 제시했다.

《독립신문》은 여성을 억압하는 옛 제도의 폐지와 함께, 인민의 교육이 국가의 기초이니만큼 나라를 문명개화시키기 위해 여성이 학문을 배워 국사를 논할 수 있어야 한다고 주장했다. 또한 아내가 남편과 마찬가지로 학문을 하고 지식이 있으면 가정이 원만하고 자녀가 잘 자란다고 여겨, 현명한 아내의 상과 원만한 가정에서의 남편과 아내 역할을 제시했다.

1898년에는 여성 계몽을 목적으로 한 《제국신문》이 창간되었다. 이 신문은 1903년 4월 16일자 〈여자교육의 관계〉라는 기사를 통해 오늘날 여자교육만큼 긴급한 것은 없으니 여성을 교육하여 '현명한 어머니와 좋은 아내'를 만들어야 하고, 현명한 어머니에게 교육받은 아이는 삼강오륜(三綱五倫)을 따르고 충군애국(忠君愛國)하게 된다고 주장하며, 부강한 국가 건설에 필요한 여성의 역할을 강조했다.

또한 을사조약 이후에는 나라를 안전하고 견고한 반석 위에 세우기 위해, 문명사회의 기초를 다지기 위해, 형제 간의 화목과 종족 간의 화합을

유길준 유길준은 《서유견문》에서 한국의 실정에 맞는 자주적 개화를 주장했는데, 그중에는 여성의 지위 향상에 관한 내용이 포함되어 있다.

1915년경 이화학당의 수업 시간 이화학당은 1886년 메리 스크랜튼이 설립한 한국 최초의 사립 여성교육기관이다. 개교 당시 양반층 여자는 입학하지 않았다.

위해, 나아가 민족의 자강을 위해 현모양처가 필요하다고 주장했다. 이처럼 현명한 어머니가 삼강을 지키는 아이를 기르고, 좋은 아내가 형제 간의 화목과 친밀한 종족 관계를 유지한다고 보았는데, 이는 이전 시기부터 부녀자의 덕목으로 여성에게 요구되어온 것이었다.

그렇다면 같은 시기에 잇따라 세워진 여학교에서는 어떠한 교육 이념을 내걸었을까? 그중 하나인 양규의숙(養閨義塾)●은 온량하고 정숙한 여성의 덕〔女德〕을 양성할 목적으로 설립된 일본의 화족(華族)여학교●를 모델로 해서 만들어졌다. 당시 여학교는 예전부터 내려온 부덕(婦德)을 전수하는 역할을 하기도 했다. 1895년 소학교령에서는 8세부터 15세까지 남녀 아동의 취학을 규정하고 있었지만, 사회와 대부분의 부모는 여자가 배우거나 외출하는 것을 원하지 않았다. 예를 들어 1886년에 미국인 선교사가 설립한 이화학당이 개교할 당시 양반층 여자는 입학하지 않았다.

중국은 어떠했을까? 중국 최초로 근대적 학교 제도를 규정한 1902년의 흠정학당장정(欽定學堂章程)은 소학당에서 대학당까지 학교체계를 제기했지만, 여성교육에 대해서는 전혀 언급하지 않았다. 변법파인 량치차오는 1897년 집필한 《변법통의(變法通義) - 논여학(論女學)》과 《창설여학당계(唱設女學堂啓)》에서 자녀를 교육하고 남편을 도울 수 있도록 여자는 교육

양규의숙
1906년 6월 진학주·진학신 등이 '학문과 여공(女工)의 정예와 부덕순철(婦德順哲)을 교육하여 현모양처의 자질을 양성·완비한다'는 취지로 설립한 여성교육기관이다. 6세부터 18세 사이의 여성을 모집해 수신·국문·한문·지지·수학·이과·재봉·습자·역사·어학·일어·영어 등의 교과목을 가르쳤다.

화족여학교
1885년에 설립된 일본의 여학교로 오늘날 가쿠슈인대학의 전신이다.

을 받아야 한다고 주장했다. 또, 교육하는 어머니와 남편을 보조하는 아내를 양성하기 위해서 여성교육을 부흥시켜 피폐한 민족의 부강을 꾀해야 한다고 주장했다. 같은 해 변법파의 조력으로 창설된 경세여학당(經世女學堂)은 지적 교육, 덕성 함양, 신체 단련을 통해 장래의 현모·현부(賢婦) 배양을 개교의 목적으로 내걸었다. 20세기 들어 현모와 양처라는 어구가 빈번히 사용되었다. 이들 단어는 현모양처의 생활이 초래할 의존심에서 벗어나야 한다거나, 신정부 수립을 위해서 필요하다거나, 여성은 국가에 충성하는 국민을 양성할 책임을 진 현모양처의 의무를 다해야 한다는 등 여러 가지 의미로 사용되었다. 이러한 주장은 모두 민족 자강과 부강한 국가 건설을 최종 목적으로 했다. 중국은 1907년 최초의 여자교육령인 '여자사범학당장정(女子師範學堂章程)'과 '여자소학장정(女子小學章程)'을 마련해 현처양모(賢妻良母)를 여성교육의 방침으로 삼았다. 여성의 덕을 교육 내용으로 삼았지만, 그 목표는 수기치가(修己治家)와 국가에 대한 충성, 곧 애국심을 양성하는 것이었다.

　이상과 같이 한·중·일 3국은 모두 국민국가 건설이라는 입장에서 종래의 부녀자 덕목을 전승하는 동시에 새로운 여성상, 양처현모(일본), 현모양처(한국), 현처양모(중국)를 내걸었다. 그러나 일본의 국가 건설은 한국과 중국으로 진출하는 군사국가의 건설이었고, 한국과 중국은 타국의 민족 억압에 대항하는 민족 자강의 국가 건설이었다. 새로운 부부 관계에 대해 언급한 것은 일본뿐이었다.

현모양처의 부정, 새로운 여성과 남성들

그 후 신여성상은 어떻게 전개되었을까? 가장 심한 변화를 겪은 곳은 중국이었다. 신해혁명기 혁명운동에 가담한 여성들은 여성에게도 의회 참여권을 달라고 요청했다. 그럼에도 임시약법에는 남녀평등의 내용이 담기지 않았고, 여성의 국민의회 참가도 거부되었다. 그런 의미에서 신해혁명은 남권(男權)에 의한 혁명이었다. 그러나 이러한 상황은 《신청년》이 창간된 1915년경부터 바뀌기 시작했다. 《신청년》은 노예적이지 않고 자주적일 것, 보수적이지 않고 진보적일 것, 쇄국적이지 않고 세계적일 것 등을 강령으로 채택했다. 천두슈는 이 잡지에 실린 〈동서 민족의 근본 사상의 차이〉라는 글에서 종법제(宗法制)에 기초한 가족주의는 충효의 도덕을 만들어 자주성을 해친다고 주장하며 남녀를 둘러싼 가족 윤리를 비판했다.

《신청년》 등을 통해 신문화운동을 펼친 지식인들은 위안스카이 정권의 복고 방침에 대해 위기감을 지니고 있었다. 따라서 5·4운동기에 남성 지식인들은 《신청년》을 통해 여성이 독립적인 인격을 형성해 《인형의 집》 주인공 노라처럼 기존 대가족 집이나 가장이 전제적으로 혼인을 결정하는 아버지의 집에서 나와, 남성과 연애로 맺어진 근대적 집이나 남편과 자녀의 가정을 만들어야 한다고 주장했다. 이는 부권과 모권에 의해 결혼을 강제당해 애인과의 관계를 고민하는 남성의 문제이기도 했다. 루쉰도 존경하는 어머니의 뜻을 따라 구식 결혼을 했는데, 그는 〈우리는 지금 어떤 아버지가 될 것인가〉라는 글을 통해 아이들을 자애롭게 가르쳐야 하며, 아들뿐 아니라 딸을 부권에서 해방시키는 것이야말로 각성한 부모의 역할이라고 주장했다. 자유연애와 자주적 결혼에 대한 주장은 20세기 초 현처양모론에서는 부정하지 않았던 가부장제 대가족을 비판한 것으로, 새로운 가정상과 남녀 관계를 제시한 것이었다. 루쉰의 남동생인 저우쮀런은 일본의 페미니스트인 요사노 아키코의 《정조론(貞操論)》을 번역 소개하며 남녀와 부부 쌍방이 함께 정조를 지켜야 한다고 주장했다. 또한 그는 자유연애와 자주적 결혼으로 맺어진 부부가 낳은 아이가 민족의 발전을 뒷받침한다며, 우생학(優生學)을 자신의 사상에 반영했다.

5·4운동기에 중국의 남성 지식인들이 모색한 근대적 가정상은 1920년대 들어 중국 여성들에 의해 더욱 발전했으며, 이들은 근대적 소가정에서 지식을 갖고 가정을 관리하는 신 현처양모상을 제시했다. 1930년대에는 부부가 서로 사랑하고 정조를 유지하고 육아를 하고 함께 일하는 현부양부

루쉰 중국 근대문학의 효시라 불리는 루쉰은 기존 도덕을 부정하고 인간성 해방을 주장했는데, 그 연장선에서 여성의 자주적 결혼을 주장했다.

《신청년》
창간 당시 잡지명은 《청년잡지》였다. 천두슈·리다자오·후스 등이 핵심 멤버로 참여했다.

종법제
종법은 제사와 혼인·복상(服喪) 등 친족 제도의 기본이 되는 법을 일컫는다. 중국 주나라 때 적장자 상속제 확립을 위해 만들어진 제도로부터 시작하며, 한국에서는 삼국시대에 전래되어 고려 말에 일반화되었다.

(賢父良夫)·현처양모의 맞벌이 가정상이 제기되었다. 모던걸이라 불리며 옛 도덕관습에 패션과 행동으로 저항하는 젊은 여성들도 출현했다. 모던걸은 한국과 일본에서도 출현했다.

그러나 이 시기에도 강제로 결혼식을 치르기 위해 가마를 타고 가던 중 자살한 여성이 있었으며, 세상을 떠난 젊은 약혼자의 뒤를 따라 자살한 여성이 있는가 하면, 양친의 사후 가장권을 쥔 사촌오빠가 학비 지급을 중단하는 바람에 병들어 죽어간 여성도 있었다. 이처럼 대부분의 중국 여성들은 여전히 구식 가족 제도에 휘둘리고 있었다.

일본의 이에 제도와 양처현모 교육은 일하는 여성을 포함해 모든 일본 여성을 사슬로 옭아맸다. 그것은 중매결혼-임신-출산-육아로 이어지는 사슬로, 이 연결고리 가운데 하나라도 빠지면 안 되었다. 20세기에 들어 시장경제가 확산되면서 학력주의와 입신출세주의, 개인주의가 나타났고, 또 몇 개의 여자대학교가 설립되었으며, 전문직이 확대되고, 여성잡지가 창간되는 등 여성의 활동공간이 넓어졌다. 이러한 사회 변화 속에서 결혼을 기피해 가출하는 미혼 여성, 이에의 권력을 대표하는 부친에게 저항하는 여성, 유부남과 연애하는 여성 등 기존의 여성 규범에서 벗어나 '신여자'라고 불린 소수의 여성이 1910년경부터 등장하기 시작했다.

이들 신여성의 최전선에는 여성해방사상가이자 운동가인 히라쓰카 라이초, 그리고 그의 여자대학 시절 동료가 편집하고 발간한 문예잡지 《세이토(青鞜)》가 있었다. 《세이토》의 동인들에 대해 사회적으로 비판이 일자 라이초는 〈신여성〉이라는 글에서 "신여성은 남성 편의를 위해 만들어진 구시대 도덕과 법률"을 파괴하고 싶어 하며, "신여성의 천직은 신왕국의 창조이다. 그러면 신왕국이란? 신도덕이란? 신법률이란? 신여성들은 아직 알지 못한다"라고 하면서 스스로가 신여성임을 선언했다. 《세이토》는 피임·

자유롭지 못한 결혼의 결말 가족에 의해 강제로 결혼이 결정되자 결혼식 전날 자살한 여성을 다룬 1909년경 중국의 신문 기사이다. 이와 비슷한 사건은 1920년대에도 일어났다.

《세이토》
일본의 여성들이 만든 여성 잡지로, 1911년 9월부터 1916년 2월까지 발간되었다. 푸른 가죽신이라는 뜻의 세이토란 용어는 영국에서 인습에 반대하는 여성을 'Blue Stocking'이라 한 데서 유래한다.

 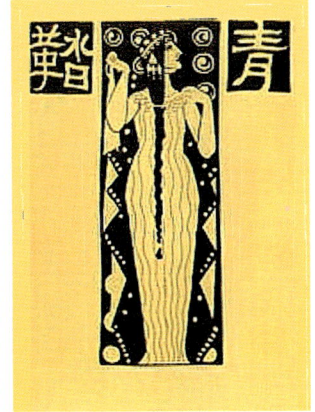

히라쓰카 라이초와 잡지 〈세이토〉
근대 일본의 대표적 여성운동가 히라쓰카 라이초는 가부장적 사회에 반발해 여성을 위한 잡지 〈세이토〉를 창간하고 새로운 여성관을 제시했다.

낙태·성매매 등 여성의 성생활에만 부과된 사슬을 하나씩 다루면서, 여성을 주체로 한 자율적 규범을 모색했다. 이에를 비롯해 사회의 모든 규범을 부정하는 이런 주장은 1930년대 초 다카무레 이쓰에● 등에 의해 다시 제기되었다.

참고로 라이초는 그가 50%는 아이이고 30%는 여성이고 20%는 남성인 사람이라고 표현했던 5세 아래인 오쿠무라 히로시와 동거하면서 자유로운 가정 분위기 속에서 2명의 아이를 키웠다. 라이초는 그 후 여성의 정치활동 자유의 실현과 자율적 가정 운영을 추구하며 소비조합운동을 전개했다. 이 시기에는 사회주의자인 야마카와 기쿠에와 야마카와 히토시 부부 등 자유롭고 대등한 가정을 꾸린 남녀가 탄생했다.

라이초는 '여성들이 신여성을 비난한다'고 비판했는데, 1910년대에는 그러한 서민들 사이에서도 연애와 결혼을 할 때 부모나 이에와 의견이 달라 고민하는 남녀, 연애결혼에 성공해 사랑하는 사람과 원만한 가정을 만들고 싶어 하는 커플이 서서히 늘어났다. 또, 남성은 경제적인 이유로, 여성은 남편을 따르는 생활에서는 희망을 찾을 수 없다는 이유로 결혼을 부정하는 경우도 있었다. 《요미우리신문(讀賣新聞)》의 〈신세상담란〉에는 여성의 정조를 논하기 전에 여성을 장난감 취급하는 남자의 의식을 거론해야 한다는 남성의 글이 실리기도 했다. 남성 지식인들이 아버지와 자식의 새

모던걸의 모습 1920년대와 30년대 한·중·일 3국에서는 옛 도덕관습에 패션과 행동으로 저항하는 젊은 여성들이 출현했다. 그림은 식민지 조선에서 발행된 《신여성》 1925년 6월호에 실린 짧은 치마와 뾰족구두를 신은 신여성의 모습이다.

다카무레 이쓰에
시인이자 평론가로, 아나키스트였던 그녀는 연애의 자유를 바탕으로 결혼 제도와 이에 제도 폐지를 주장했다. 히라쓰카 라이초에게 '나는 당신의 딸'이라고 표현했으며, 일본 여성사학의 시조라 불린다.

로운 관계와 영육(靈肉)이 일치하는 연애론을 주장하기 시작한 것도 1910년대이고, 양처현모와 대등한 관계를 요구하는 양부양부(良夫良父)상을 내세운 것은 1920년대에 들어서이다. 이는 중국에서 볼 수 있었던 맞벌이 부부상과는 다른 것이었다. 1910년대 후반에는 여성사상가 사이에서 직업과 가정의 양립을 둘러싸고 논쟁이 벌어졌지만, 여기서는 남성상의 변혁이 아니라 모성 보호 등 새로운 사회 제도를 요구했다.

한국에서는 소설가 이광수가 1918년에 〈자녀중심론〉이라는 글을 통해 예로부터 내려온 정조 관념을 일종의 종교적 미신이라고 일축했다. 또한 결혼은 계약이며 이혼과 죽음으로 혼인 관계는 소멸하는 것이니 열녀나 수절은 성립하지 않는다고 하며, 현모양처상의 정조 관념을 부정했다. 몇 년 후 그는 〈모성 중심의 여자교육〉이란 글에서 사회와 국가에 대한 여성의 의무는 어머니가 되는 것이므로 여자교육은 모성 중심이어야 하고, 긴급한 과제인 민족 개조를 위해서는 좋은 어머니가 필요하다면서 중국의 저우쭤런과 마찬가지로 우생사상에 기초한 민족 강화를 제기했다. 일본에서는 1910년대 민족우생학자● 나가이 히소무가 연애결혼을 통한 종족 보존을 언급했다.

1919년 3·1운동 이후 식민지 조선에서는 '신여자', '신여성'이라는 말이 사용되기 시작했다. 1910년대에 초등·중등교육을 받는 여성들이 점차 늘어나 여성 인구의 0.5%를 차지했으며, 수다를 떨며 당당히 길을 걷는 이들을 '신여자'라 불렀다. 스스로 신여자라 칭하는 여성도 출현했다. 김원주(김일엽)는 자택에 '신여자사(新女子社)'라는 간판을 내걸었으며, 1920년에는 잡지 《신여자》를 창간하고, 여성으로는 처음으로 강연회를 열었다. 그는 모든 인습적 도덕을 타파하고 합리적인 신도덕으로 자유연애와 자유로운 결혼·이혼을 실현할 것을 주장했으며, 유부남과 미혼 여성의 연애를 옹호했다. 또한 옛 도덕은 정조를 도구처럼 취급하지만 정조는 애정과 결합한 본능적인 감정이며, 애정이 식으면 동시에 정조 관념도 없어진다고 생각하며 가족 도덕의 축인 정조를 거부했다. 김원주의 '신여자사'에는 일본 유학

민족우생학
민족 장래의 유전적 소질을 육체적·정신적 측면에서 향상 또는 감퇴시키는 사회적 요인을 연구하는 학문 분야를 말한다.

나혜석의 가족 나혜석은 사회와 여성에 대한 이중권력을 지닌 두 남성에 의해 매장당하고 사회적 비난을 받았다. 사진은 나혜석(맨 왼쪽)과 남편 김우영, 오빠 부부와 여동생의 모습이다.

생 출신인 나혜석·박인덕·김활란 등이 참여했다. 김원주도 일본에 머물렀다가 귀국 후 《세이토》라는 이름을 본떠 청탑회(青鞜會)를 만들었다.

일본의 여자미술전문학교에 유학하고, 3·1운동에 참가하여 투옥된 경험을 지닌 화가 나혜석은 김우영의 청혼을 받자 그림 그릴 시간을 보장해줄 것과 시어머니와 전처의 딸과 별거할 것 등을 요구하고 결혼했다. 그녀는 3명의 아이를 낳았다. 그녀는 남편과 함께 유럽을 여행하던 중 오랜 친구인 천도교 지도자 최린과 스캔들이 나서 남편에게 이혼을 요구당했다. 나혜석의 바람과 달리 남편 김우영이 이혼을 강행한 후 재혼하고, 최린 또한 그녀의 파리 유학자금 지원을 거절하자 그녀는 최린을 상대로 정조 침해에 따른 손해 배상 청구 소송을 냈다. 나혜석은 유학 당시부터 억압적인 사회와 가정 앞에서 여성이 스스로를 유지할 때 비로소 해방·자유·평등을 얻을 수 있다고 생각했고, 폐쇄적인 미술계의 개혁 또한 바랐다. 그녀는 여성인 자신이 따를 근거를 성의 자유에 두었다. 그러나 나혜석의 생각과 행동은 식민지 국가에서 출세하여 사회와 여성에 대한 이중적 권력을 지닌 두 남성에게 매장당했고, 기존의 정조 관념을 가진 세상으로부터 비난을 받았다.

한편, 1920년대에는 《신여성》·《여자시론》·《신가정》과 같은 잡지와 《동아일보》 등의 신문을 통해 남녀 집필자들이 기존의 조혼과 축첩이 이루어진 부권(父權) 중심의 대가족에서 벗어나 상호적인 사랑과 평등 속에서 자녀 중심의 합리적 운영을 꾀하는 신가정의 상을 제안했다.

이상에서 본 것처럼 일본은 1910년대, 중국과 한국에서는 1920년대에 억압된 성과 관련해 사색하고 행동하는 여성이 나타나기 시작했다. 한편, 3국의 남성 또한 결혼과 연애의 자유와 대등한 부부로 이루어진 가정을 추구했으나, 성의 존재양식에 대해서는 논하지 않았다.

통과의례 3 – 장례식

한·중·일 3국의 장례 의식은 어떠할까? 현대 중국의 경우, 도시에서는 대부분 화장(火葬)을 하지만 농촌에서는 토장(土葬)이 유행하고 있다. 장례는 지역마다 다르지만, 도시에서는 일반적으로 죽은 자에 대한 고별식과 추도회를 열며, 농촌에서는 시신을 안치할 관을 생전에 준비한다. 부모에 대한 효를 표현하기 위해 장례는 빚을 내서라도 성대하게 치른다. 농촌과 작은 마을에는 아직 전통적인 장례식이 남아 있는데, 예를 들어 한족 풍습인 사후 7일마다 '주어치(做七)'라 하는 법요(法要)를 행하나, 49일째 행하는 주어치의 마지막 법요를 '두안치(斷七)'라 한다. 사후 100일이 되는 날에는 100일 법요를, 1년 후에는 1주기를 행하고, 이를 3주기까지 치른다. 돌아가신 부모에 대해 100세까지 10년마다 생일을 축하하는 제사를 지낸다.

한국에서는 1990년대 이전까지 토장이 행해졌지만, 지금은 대부분 화장을 하거나 화장 후 토장을 한다. 장례는 사후 2일 동안 사망을 확인한 뒤, 3일장 또는 5일장을 치른다. 또한 조선시대 양반들은 사후 만 2년이 지나서 탈상을 했지만, 1960년대 이후에는 일반적으로 죽은 뒤 첫 이레 만에 초재(初齋)를 치르며, 사십구일재(四十九日齋)를 지내고 난 후 탈상을 한다. 가정에서 치러지던 장례 의식은 별도의 장례식장에서 치러지고 있으며, 염(殮, 시신을 수의로 갈아입힌 다음 베나 이불 따위로 싸는 행위)을 하는 것에서부터 발인(發靷, 장례를 지내러 가기 위해 떠나는 장례 절차)에 이르는 모든 장례 절차를 장례대행업체인 상조회사에 의뢰하여 진행한다. 시신은 추모공원으로 조성된 납골당에 모시고 있으며, 최근에는 친환경적인 장례 방식으로 수목장(樹木葬)이 인기를 얻고 있다.

일본에서는 화장을 하는데, 깨끗이 한 시신을 안치하고 밤샘을 한 다음 날 장례를 치른다. 공영 화장터에서 시신을 화장한 후 첫 7일 법요를 하고 죽은 이에게 계명(戒名)을 붙인다. 사후 77기(49일째)·1주기·3주기 등이 이어진다. 어느 나라에서나 장례에는 많은 사람이 찾아오는데, 일본에서는 친족끼리만 하는 밀장(密葬)이나 생전장(生前葬)이 늘고 있다. 또한 일본에서는 유골을 안치하는 무덤을 둘러싸고 여성들로부터 이의 제기가 있어 '○○가'라고 하는 묘비에서 벗어나, 고인이 좋아하는 구절 등을 새긴 개인 묘나 혈연관계가 없는 사람들의 유골을 매장하는 집합묘, 허가가 필요하지만 유골을 바다에 떠내려 보내는 장송(葬送), 화단에 묻는 스캐터링 그랜드 등 다채로운 방식으로 죽은 이를 떠나보내고 있다. 이렇듯 죽음을 다루는 대응의 변화는 이제야 이에를 중심으로 한 부권(父權)·남권의 가족 제도가 붕괴되고 있음을 보여준다.

4

오늘날의 가족과 성

오늘날의 가족 형태

시장경제화가 진전되고 있는 중국, 신자유주의 경제 체제의 한국과 일본에서 현재 가족이라는 이름으로 맺어진 남편과 아내, 부모와 자식 관계는 어떤 모습을 하고 있을까? 중국은 1999년, 한국과 일본은 2000년의 통계자료를 토대로 살펴보자. 먼저 세대 구조와 규모를 살펴보면, 세 나라 모두 핵가족이 많다. 중국은 도시와 농촌의 차이는 있으나 평균 70%가 넘으며, 한국은 82%, 일본은 60%이다. 직계 3세대로 구성된 가족의 경우 한국은 1970년에는 18.8%였으나 2000년에는 8.0%로, 직계가족의 급감과 핵가족화가 급속하게 진행되었음을 엿볼 수 있다. 단독세대는 일본 25.6%, 한국 15%, 중국 9%이다. 일본에서는 가족의 개인화가 진행 중인데, 특히 고령자와 청년이 혼자 사는 경우가 증가하고 있어, 머지않아 단독세대가 핵가족을 넘어설 것으로 전망된다. 중국의 경우 3세대가 동거하는 확대가족이 점하는 비율이 23%가량 되는데, 이는 3국 중 가장 높은 수치이다. 중국 인구의 50%를 점하는 농촌에서는 도시보다 단독세대와 핵가족의 비율

핵가족
핵가족은 부부와 그들의 자녀로 구성된 가족을 말한다. 한국의 공식 통계에서는 '1인가족'을 핵가족에 포함시키지 않는다.

가족계획 홍보물 1980년대 이후부터 한·중·일 3국에서는 저출산이 진행되고 있지만, 그 이전에는 국가 차원의 가족계획이 실시되었다. 사진은 1960년대와 70년대 한국에서 유행한 가족계획 홍보물이다. '딸아들 구별 말고 둘만 낳아 잘 기르자'라는 내용의 포스터 하단에 피임약 광고가 인상적이다.

이 높다. 젊은 세대가 도시로 일하러 나갔기 때문이다.

세대 인원수는 중국의 경우 3.58명, 한국 3.1명, 일본 2.7명이다. 여기에는 세 나라 모두 진행되고 있는 저출산이 크게 영향을 미쳤다. 여성 1인이 평생 동안 출산하는 자녀 수를 나타내는 합계특수출생률을 살펴보면 한국은 2004년 1.16명, 일본이 2005년 1.36명, 중국이 1998년 1.8명이다. 한국의 출생률 1.16은 세계에서 가장 낮은 부류에 속한다. 1980년대부터 3국에서는 경제적인 이유(일본)나 교육적인 이유(한국, 중국) 등으로 저출산이 진행되었지만, 그 이전에는 국가 차원의 가족계획이 실시되었다. 일본은 1950년대에 정부와 기업이 추진한 신생활운동 속에서, 한국은 박정희 정권기인 1960년대에, 중국에서는 1970년대 말부터 엄격한 규제 속에서 가족계획이 강력하게 전개되었으며, 중국에서는 현재도 계속되고 있다. 한국과 중국에서는 '외동 자녀'가 늘고 있는데, 남아를 선호하는 경향이 있어 출생 유아는 남자 쪽이 더 많다.

출산 방식에서도 변화가 나타나고 있다. 세 나라 모두 병원에서 출산하지만, 일본에서는 남편의 입회 아래 이루어지는 출산과 자연분만이 1990년대부터 조금씩 증가하고 있다. 한국에서도 서서히 남편이 입회하는 출산이 늘고 있으며, 중국에서는 도시의 화이트칼라층 사이에서 출산 입회가 이루어지고 있다. 한국에서는 제왕절개 출산●이 많다. 이혼율은 세 나라 모두 서양과 비교하면 낮지만 점차 증가하고 있으며, 이혼에 대한 부정적인 시각 또한 사라져가고 있다.

아이는 어떻게 키우는가 – 육아문제

육아 문제에는 여성이 일하는 방식과 공적 보육시설이 얼마나 정비되어 있는지가 큰 영향을 미친다. 여성의 경제활동 참가율이 가장 높은 나라는 중국이다. 중국의 여성 노동자는 대약진운동기(1958~1960)부터 증가하기 시작했다. 노동력 비율은 20대부터 40대 전반까지 어느 연령층에서나 80%를 크게 웃돌고 있다. 그러나 개혁·개방 경제 이후, 특히 1990년대 들어 국영기업에서 불황 등을 이유로 여성 노동자를 일시 해고하고 서비스업에서 비정규직 고용을 늘리면서 2000년대 현재 도시에서는 노동력 비율이 60%대로 떨어졌다. 해고로 전업주부가 되는 여성이 적잖이 나오고 있으며, 전일제 보육 제도 등 문화혁명기까지 충실했던 공적 육아시설은 개혁·개방 경제 이후 증설이 거의 이루어지지 않고 있다. 또한 영재교육을 실시하는 민간 유치원이 늘고 있으며, 엘리트층 부부 사이에서는 농촌 여성을 가사·육아 노동자로 고용하는 경우가 많다. 일본·한국에 비해 중국 남편이 가사와 육아를 곧잘 분담하지만, 여성이 가족과 노동의 이중 부담을 지고 있는 점에서는 마찬가지다.

한국은 일본과 마찬가지로 연령별 여성 노동력 비율이 출산·육아기에 가장 낮아졌다가 육아 후 재취업으로 상승하는 M자형을 보인다. 1980년대 이후 20대 노동력 비율이 상승하고 있지만, 육아는 양가 부모나 친족 또는 이웃이 분담하고 있다. 산전산후휴가는 제도상 90일이며, 2001년 만들어진 육아휴직 제도를 통해 초등학교 취학 전 만 6세 이하의 아이를 둔 부모가 1년 이내의 육아휴직을 신청할 수 있는데, 이용자는 대개 여성이다. 육

한국의 출산 풍경
한국의 제왕절개 출산율은 2009년 기준 40%로 꽤 높게 나타나고 있다. 출산 후에는 산모의 산후 조리를 돕기 위해 도우미를 부리거나 산후조리원을 이용하는 것이 최근 한국의 출산 문화이다.

아휴직자 중 남성의 비율은 2008년 기준 2%이다.

일본에서는 1950년대 이후 일하는 여성들이 공적 보육시설을 설치하기 위한 운동을 일관되게 전개해왔다. 취학 아동 보육소도 이러한 운동 덕분에 설치되었다. 민간이 경영하는 보육소도 많다. 그러나 공적 보육시설 수가 수요를 따라잡지 못해 현재도 대기 중인 아동이 많다. 도시에서는 일반적으로 부부의 부모나 친족·이웃의 원조가 없어, 아내나 어머니가 불안을 안고 고립된 채 육아를 하고 있다. 1992년에 시행된 육아(개호)휴업법은 몇 차례의 개정을 거듭하며 남성의 육아휴직을 권고하고 있지만 2006년 기준으로 육아휴직 남성은 1% 남짓에 불과하다. 육아휴직을 하고 싶어 하는 사람은 많지만 직장 여건이 장애가 되고 있다. 보육소 등 조건이 정비되면 노동 현장으로 복귀를 희망하는 여성이 많아, 육아기에 일하고 있는 여성에다 이들을 더하면 연령별 노동력 비율은 결혼·출산 후에도 계속 일을 하는 중국처럼 사다리꼴 형태가 된다. 이러한 상황은 한국도 마찬가지다.

한국의 대졸 여성 중 일부는 자녀교육을 위해 일을 그만두기도 한다. 자녀교육에 관심이 많은 탓에 영어 습득을 위해 모자가 함께 영어권 나라로 유학하는 현상이 늘어나고 있다. 일본의 치맛바람 엄마(교육 마마)들은

한국의 보육시설
한국에서는 저소득층과 맞벌이 가정 부모를 위해 종일제로 운영하는 영유아 보육시설이 지속적으로 늘어나고 있으며, 초등학교에서도 다양한 돌봄교실을 운영하고 있다.

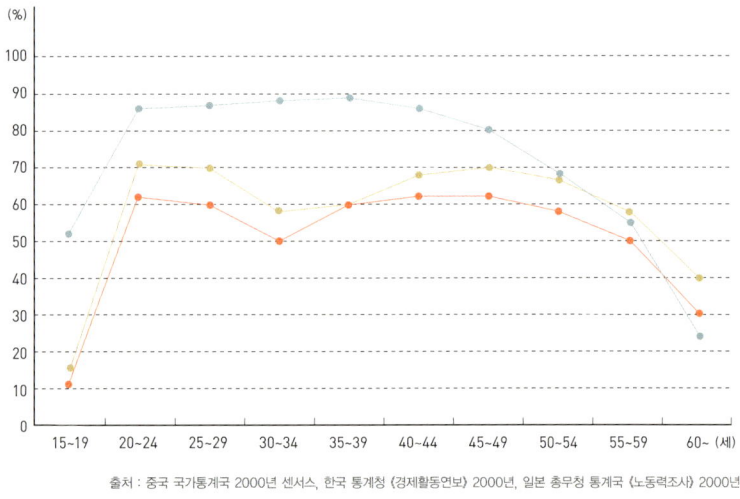

한·중·일 3국 여성의 연령별 경제활동 참가율(2000년 기준)
- 중국
- 한국
- 일본

출처 : 중국 국가통계국 2000년 센서스, 한국 통계청 《경제활동연보》 2000년, 일본 총무청 통계국 《노동력조사》 2000년

진학에 유리한 학교에 들어가게 하기 위해 분주히 움직이고 있다. 자녀교육을 위해 자금과 시간을 쏟는 부모 모습은 한·중·일 3국의 공통된 특징이다.

수발은 누가 드는가—노인 요양 문제

일본은 65세 이상의 고령자 인구가 2008년에 20%를 넘어 세계 최고가 되었고, 한국은 2010년에 11%였으나 2018년에는 13%가 될 것으로 예측되고 있다. 중국에서는 60세 이상 고령자가 2000년에 7.1%였으나, 2030년에 14%에 도달할 것으로 전망하고 있다. 여기서는 한·중·일 3국의 수발(돌봄) 문제는 어떤지 개관하고자 한다. 고령사회를 최초로 맞이한 일본에서는 2000년에 개호(介護, 간호 또는 수발)보험 제도가 발족했다. 이 제도는 40세 이상 국민이 개호보험료를 매달 납부하고, 심신의 상황에 맞춰 사회복지법인이나 영리법인으로부터 수발 서비스를 받게 되는 시스템이다. 이 제도의 도입으로 이제까지 며느리나 배우자 입장인 아내가 맡아온 시부모나 남편의 수발 부담이 다소 완화되었다. 그러나 배우자 또는 자식의 배우자가 수발을 담당하는 비율이 2004년에 45%이고, 자식이 수발을 담당하는 경우는 19%에 조금 못 미치는 수치인 데 비해, 사업자가 제공하는 수발 서비스는 13.6%에 머무르고 있어, 여전히 아내나 며느리 중심으로 수발이 이루어지고 있는 것이 일본의 현실이다. 육아·개호휴업제를 이용해 수발을 드는 남성은 20%를 조금 넘고 있어, 일본 기업이 육아휴직보다 노인 수발 휴직에 더 관용적임을 알 수 있다. 개호보험제는 노인 수발이 가족의 책임이라는 사고를 무너뜨리기 시작했다.

1970년대 한국에서는 노후를 맞이한 부모를 돌보는 일은 장남이나 아들들 혹은 부모 스스로 해결해야 한다는 생각이 주류를 이루었다. 그러나 1990년대 들어 아들딸을 불문하고 경제적으로 돌볼 능력이 있는 자녀와 정부 또는 사회가 맡아야 한다는 의견이 다수를 차지하기 시작했다. 2002년

한국의 인구 변화
2011년 통계청 자료에 따르면, 한국은 2018년에 65세 이상 인구가 1~14세 인구(12.7%)를 추월할 것이라 내다보고 있다.

통계자료에 따르면, 실제로 노인 수발을 맡는 사람은 장남 부부가 가장 많으며, 배우자, 딸 부부, 장남 이외의 아들 부부 순으로 이어지고 있다. '노인장기요양보험법'은 2008년에 시행되었다.

중국에는 이러한 사회적 돌봄을 위한 보험 제도가 없다. 노인 수발을 맡는 사람은 도시·농촌 모두 배우자가 가장 많고, 이어서 아들딸, 자식의 배우자, 직업적 돌봄 서비스 제공자, 퇴직 자원 봉사자 순이다. 일본과 한국에서 거의 볼 수 없는 퇴직 자원 봉사자의 돌봄 서비스가 이루어지고 있는데, 이 서비스는 지역의 기초 공동체인 사구(社區, community)에서 행하는 노인복지 사업의 일환으로 실시되고 있다.

노인 수발을 아내와 며느리가 대부분 담당하는 것은 한·중·일 3국 모두 동일하다. 노인 수발 분야에서 미비한 노인복지 제도를 보충하는 데에는 한국과 중국의 직계가족 개념과 일본의 근대 가족 제도가 규정하는 며느리의 역할이 여전히 크게 기여하고 있다.

자녀의 교육 매니지먼트를 합리적으로 수행하면서 부모의 수발도 담당하는 것, 이것이 현대 한·중·일 3국의 현모양처, 양부현부의 모습이다.

성매매와 섹슈얼리티

한·중·일 3국의 근대 성매매 제도는 다음과 같은 특색이 있다. 기존 창기 제도에 더해 일본이 조선과 만주에 진출하는 과정에서 이입한 유곽 지역이 형성되었다는 점, 식민지 타이완과 조선에 공창제가 도입되었다는 점, 1932년 이후 동아시아와 동남아시아를 뒤덮은 일본군 '위안소'를 축으로 성을 매매하는 사람(업자·여성)과 건물(성매매 시설·위안소) 간에 네트워크가 형성·전개되었다는 점을 들 수 있다. 그렇다면 현대에는 이러한 제도들이 어떻게 되었을까?

중국에서는 1949년 11월에 베이징시 인민대표회의가 실시한 기루(妓樓, 유곽) 폐쇄 결의에 근거해 시내의 기루를 폐쇄하고, 이곳 여성을 갱생시설에 수용해 교육 훈련을 한 후 취직과 결혼을 알선했다. 기루 경영자는 사형과 유기징역에 처해지거나 갱생시설에서 교육 개조를 받았다. 베이징시에 이어 각지 상황에 맞춰 전국적으로 기루 폐지가 진행되었다. 그러나 개혁·개방 후 경제 발전이 이루어지면서 성매매가 부활하여 점차 만연하고 있다. 1991년에는 처음으로 전국인민대표회의 상무위원회가 '성매매 엄금에 관한 결정'을 내렸다. 성을 파는 사람이 번화가와 오락장에서 성을 사려는 사람을 만나던 1980년대와 달리, 1990년대에는 농촌에서 도시로 유입되거나 실직하여 구직 중인 여성들이 댄스홀의 접대부 등을 하면서 매매춘이 이루어졌다.

한국과 일본에서는 전후 거의 같은 시기인 1950년대 초에 설치된 미군기지와 여성의 성에 대한 폭력 및 성매매가 밀접히 관계를 맺고 있다. 그 밀접한 관계는 첫째, 전쟁 전의 공창제가 한국에서는 미군정에 의해 폐지되고 일본에서는 GHQ의 지령으로 1946년 폐지되었으며, 기지 주변에 미군 병사를 대상으로 한 성매매업과 관련 오락시설이 들어섰다는 점이다. 기지촌 여성들은 미군 병사들의 폭력적인 언행을 견뎌야 했으며, 미군 병사의 성병 감염 예방을 위해 의무적으로 성병 검사를 받아야 했다. 일본에서는 패전 이후 연합군 상륙에 맞춰 위안시설을 마련했는데, 당시 이곳에서 일하는 여성들과 길거리를 지나가는 여성들에게 성병 검사를 강요했다. 기지촌 여성에게도 동일한 방식으로 성병 검사를 했다. 두 번째는 미군기지 주변에서 미군 병사에 의한 강간과 살상 사건이 계속되었다는 점이다. 한편, 한국에서는 일본군 '위안소'와 연합군 위안시설 경험을 바탕으로 한국전쟁 중에 한국군과 유엔군 병사의 위안시설이 설치되기도 했다.

일본 정부는 공창제를 폐지한 직후 곧바로 예전 성매매 집결지를 재편하여 다시 성매매를 인가했다. 때문에 인신매매를 당한 여성을 포함해 성매매가 퍼져갔다. 성매매에 반대하는 여성 의원들의 운동으로 1956년에 '매춘(성매매)방지법'이 제정되었지만, 처벌 대상이 여성에게 국한되고 또 성기 결합만을 금지한 탓에 다양한 성 관련 유흥산업이 오늘날 만연하게 되었다. 또한 1970년대에 한국·타이완과 동남아시아에 진출한 일본 기업 사원들 사이에 '기생 관광' 등 성매매 여행이 활발히 이루어졌다. 1961년에 한국은 일본의 '매춘방지법'과 유사한 '윤락행위 등 방지법'을 제정했으나, 동시에 관광산업을 장려하며 일본의 기생 관광 여행을 받아들였다(이 여행은 국제적인 비판을 받고 금지되었다). 그 후 타이·필리핀·한국 등지의 여성들이 중개업자를 통해 일본으로 건너가 성산업에 종사하고 있어, 일본은 국제적 인신매매 수용국이 되었다. 한편, 한국의 기지촌에서도 러시아 여성을 많이 볼 수 있으며, 일본에서도 동유럽 국가 출신 여성이 다수 일하고 있다.

1990년대 이후 일본과 한국에서는 청소년 성매매가 확산되고 있다. 한국에서는 2004년에 '성매매 알선 등 범죄의 처벌에 관한 법률'과 '성매매 방지 및 피해자 보호 등에 관한 법률'이 제정되었다. 당시 성매매 종사자들이 생계를 박탈하는 처사라며 반대를 표명하기도 했으나, 이들 법은 '매매춘' 대신 '성매매'라는 용어를 사용하며, 남녀 인간의 성 양태에 대해 문제를 제기하고, 피해자의 생활보장을 내걸고 성매매를 폐지했다는 면에서 일보 진전을 보였다.

앞서 2절에서는 아내에게 가해진 남편의 성폭력을 범죄로 규정한 법이 제정되었다고 언급했는데, 아내뿐 아니라 모든 여성에게 행해지는 성폭력과 성매매의 근간에는 여성의 성에 대한 남성의 지배가 자리 잡고 있다. 이는 근대 시기 첩 제도가 공인되던 동아시아 지역에 특히 해당하는 대목이

통과의례 4 – 장수 축하하기

중국에서는 20세에 다시 잔치를 한다. 이후 30세·40세·50세로 이어지다가 70세에 성대하게 잔치를 연다. 후난성의 한 지역에서는 70세 잔치 전날부터 축하가 시작된다. 향촌에서는 축하잔치 후 마당에 무대를 만들고 극단을 초청해 그 지역의 극을 상연한다. 이웃 사람들도 구경을 하고 불꽃놀이를 할 때도 있다. 한국에서는 만 60세가 되면 친척이 모여 환갑을 축하했다. 그러나 수명이 늘어나면서 최근에는 만 70세 또는 만 80세를 축하한다. 일본에서는 환갑에 붉은색 웃옷(하오리羽織)을 선물하고 축하 식사를 한다. 77세에는 희수, 88세에는 미수를 축하한다.

"성매매특별법 즉각 제정하라"
2001년 세계 여성의 날인 3월 8일 한국의 여성단체 회원들이 모여 성매매특별법 제정 등의 구호를 외치고 있다. 이러한 노력의 결과 성매매특별법이 2004년 9월 23일부터 본격 시행되었다.

다. 20세기 말이 되어 성을 둘러싼 정황은 복잡해졌지만, 그에 대해 근본적으로 되묻는 움직임이 싹트고 있다. 이러한 바탕 위에서 앞으로는 인간의 풍요로운 성의 양태와 함께 가족을 구성하는 데 다양한 인간관계가 모색될 수 있을 것이다.

6

학교교육 – 국민 만들기

● 이 시기 한·중·일 연표

1862   청, 경사동문관 설립으로 신식 교육제도 도입

1872   일본, 근대 학제 공포

1880   일본, 취학 의무화. 정·촌의 공립소학교 설치 의무 강화

1886   일본, 학교령 공포, 근대 교육제도 규정. 교과서 검정제 시행

1890   일본, 교육칙어 공포

1894   조선, 갑오개혁 이후 근대 교육체제 정비

1895   조선, 교육조서 발표. 소학교령 공포

1897   청, 최초의 근대 교육 교과서 〈몽학과본〉 발행

1898   청, 일본을 본뜬 근대 학제 도입, 경사대학당 창립

1902   청, 임인학제(1903년 계묘학제)로 정비해 근대 교육제도 구축. 교과서 국정제·심정제 구상

1904   일본, 소학교 교과서 국정제 시행

1905   청, 과거제 폐지, 학부 설립 등 근대 교육제도 정식 실시. 을사조약 체결 이후 일본의 한국 교육에 대한 간섭이 본격화됨

1909   대한제국, 교과용 도서에 관한 규정 반포, 검정제 도입

1912   중국의 난징 임시정부, 초등교육을 정비. 교과서 심정제 시행

1919   조선, 3·1운동 이후 교육열 상승, 조선총독부에 보통학교 증설 요구

1922   중국, 미국의 6-3-3제를 본떠 임술학제로 개편

1937   일본, 전쟁에 총동원하는 교육체제로 개편. 조선총독부, '황국신민 서사' 제정하여 암송·제창 강제

1941   일본·조선·타이완, 일제히 국민학교령 공포

1947   일본, 교육기본법 제정

1948   일본, 교과용 도서 검정규칙 제정

1950   한국, 6년간의 초등 의무교육 시작

1951   중국, 신학제 공포. 농민과 노동자를 위한 소·중학교를 정규 교육체제에 편입

1969   한국, 중학교 무시험 입학과 평준화 시작

1982   중국, 초등 의무교육 시작(중9, 일9, 한8)

1985   중국, 초급중학교 의무교육 실시

1986   중국, 교과서 제도 '심의제'로 전환, 초·중·고 교과서가 다양해짐

근대 이전의 교육이 상류층 중심으로 이루어졌다면, 근대 시기 교육은 대중을 대상으로 한다. 근대국가의 교육 목적은 사회에 잘 적응하고 국가 발전에 도움이 될 수 있는 '국민'을 육성하는 데 있었다. 국민을 통합하고 사회체제를 유지하는 것이 근대국가가 생각했던 교육의 중요한 기능이었다. 이에 반해 대중은 교육을 받으면 삶의 질이 향상되고, 나아가 사회적 지위가 높아질 것이라고 생각했다. 국가와 대중의 이런 기대감으로 교육에 대한 수요는 크게 확대되었다.

이처럼 근대사회에서 교육은 사회 구성원의 계층 이동을 촉진하는 동시에 사회 계층을 고착화하고 기존 사회 체제를 재생산하는 기능을 했다. 교육을 받은 국민은 사회적 권리를 가진 존재이지만, 국가가 만드는 사회 체제에 속한 존재이기도 하다. 유교 경전이나 역사를 배우던 전근대 교육과 달리 근대에 접어들어 실생활과 관련된 교육을 중시하게 된 것도 근대 교육의 이런 양면적 성격을 반영한다.

근대 교육의 특징을 가장 잘 보여주는 것이 초등교육이다. 초등교육은 공교육의 기초 단계이며 국민교육의 기반이기 때문이다. 초등교육의 확대는 곧 근대 국민국가에 필요한 인적 자원을 육성하는 방안이기도 했다. 한·중·일 3국의 초등교육을 통해 근대 교육의 전개 과정과 그 성격을 살펴보자.

1

근대 교육의 시작

서민으로 확대되는 전근대 교육

한·중·일 3국의 전근대 교육은 상류층 중심으로 이루어졌다. 상류층에 속한 사람들은 관리가 되어 나라를 다스리거나 사회풍속을 바로잡는 데 필요하다는 생각에서 공부를 했다. 이들은 옛 성현의 말씀을 배우고 역사를 공부했다. 때로는 자신의 품위를 지키고 여가를 즐기기 위해 시를 짓고 그림을 그리는 방법을 배우기도 했다. 이러한 교육은 하루하루 살아가기 바쁜 서민들의 일상생활과는 거리가 먼 것이었다. 한국과 중국에서는 제도상으로는 가난한 가문이나 농민의 자제도 교육을 받고 과거시험에 합격하여 관리가 될 수 있었으나, 실제로는 매우 힘든 일이었다.

이러한 전근대 교육에 점차 변화가 나타났다. 사회·경제적 변화로 인해 신분 외에도 경제력이 사회적 지위를 유지하는 유력한 수단이 되면서 교육을 받는 계층의 폭이 넓어졌다. 특히 서민을 대상으로 한 초급 수준의 교육 기관이 크게 늘어났다.

중국에서는 일찍이 송·원대에 성행했다가 명대에 한때 쇠퇴했던 서원

(書院)이 청대에 들어 다시 발달했다. 서원은 향촌 지역에 세워진 반관반민의 성격을 띤 사립 교육기관으로, 성리학을 교육하고 유교의 선현들에게 제사를 올리는 기능을 했다. 서원 교육은 주로 향촌의 유력층 자제들을 대상으로 했지만, 일부 서민도 서원에서 공부할 수 있었다. 서원은 중등 단계의 교육기관으로, 주로 과거시험에 대비한 교육을 했다. 초등교육기관으로는 사학(社學)과 의학(義學)이 있었다. 사학은 정부가 각 향마다 한 곳씩 설치했는데, 농민 자제를 대상으로 농한기에 기초 수준의 교육을 담당했다. 의학은 원래 빈민 자제를 위해 설립되었는데, 청대에는 각지의 소수민족지구에도 설치되어 아동교육을 담당했다. 그 밖에 향촌 곳곳에 사숙(私塾)을 비롯한 여러 형태의 민간 교육기관이 생겨나 부족한 공립 교육기관을 보충하고 기초 교육을 담당했다.

이 시기 일본의 에도 바쿠후나 한국의 조선 후기 사회에서도 초급 교육기관이 크게 늘어났다. 조선의 서당(書堂), 일본의 데라코야(寺子屋)가 여기에 속했다. 이들 교육기관에서는 문자와 유교 교육이 중심이었지만 점차 인물이나 자연, 사회현상 등 아동의 견문을 넓히고 실생활에 도움이 되는 교육도 실시했다. 서당은 조선 후기 들어 전국적으로 확대되었다. 양반뿐 아니라 중인과 부유한 상민(常民)의 자제도 서당에서 교육을 받았다. 아동들은 서당에서 글자를 익히고 글짓기를 했으며, 초보적인 유교 경전을 배우고 역사서를 읽었다. 일본의 데라코야는 개인이 운영하는 초급 단계의

청대의 서원(왼쪽) 중국의 서원은 사립 교육기관으로 중등교육을 담당했다. 성리학을 교육하고, 유교의 선현들에게 제사를 올리는 기능을 했으며, 주로 향촌의 유력층 자녀와 일부 서민을 대상으로 교육했다.

일본의 데라코야(오른쪽) 일본의 서민 교육기관인 데라코야에서는 한국의 서당과 마찬가지로 책 읽기를 중심으로 한 초급 단계의 교육이 이루어졌으며, 개별 지도를 원칙으로 했다. 서민·무사·승려 등이 교사를 맡았다. 에도 바쿠후 말기에 크게 늘어났으며, 점차 일상생활에 필요한 실용교육을 도입했다.

조선 후기의 서당 초급 단계의 전통 교육기관인 서당은 조선 후기에 그 수가 크게 늘어났다. 양반뿐 아니라 일반 상민의 자녀까지 서당에서 교육을 받았다. 이곳에서는 주로 문자와 초보적인 경전 위주의 유교 교육을 실시했다.

난학
에도시대에 네덜란드에서 전래된 지식을 연구한 학문을 말한다.

서민 교육기관으로, 주로 읽기·쓰기·셈하기 등 일상생활에 필요한 기초 지식을 가르쳤다. 데라코야는 학생 수가 수십 명으로 규모가 작은 곳이 많았지만, 때로는 수백 명 규모로 운영되는 곳도 있었다. 에도 바쿠후 말기에는 에도에만 1,000개 이상 있었으며, 전국적으로 3만~4만 개에 달했던 것으로 추정된다. 이러한 교육기관의 보급과 교육 대상의 확대는 근대 서양 교육의 도입에 긍정적인 영향을 미쳤다.

서양 교육의 도입

16세기 들어 유럽인의 아시아 왕래가 활발해지면서 한·중·일 3국은 서양과 접촉이 늘어나고 서양 문물에 대한 관심도 높아졌다. 에도 바쿠후 시기 일본에서는 네덜란드인을 통해 들어온 서양 학문이나 제도를 다루는 책들이 번역되면서 난학(蘭學)●이 발달했다. 난학을 통해 일본인은 서양의 지식과 의학을 접할 수 있었다. 중국에서도 19세기에 접어들면서 서양의 지리나 문화를 소개하는 책들이 편찬되었다. 이런 책들을 '한문으로 번역된 서양에 대한 책'이라는 뜻에서 '한역서학서(漢譯西學書)'라고 불렀다. 한역서학서는 조선과 일본에도 전해져 조선의 개화 지식인이나 일본의 유신론자들이 서양을 이해하는 데 도움을 주었다.

19세기 중엽 유럽 국가들과 충돌해서 패하거나 압력을 받아 문호를 개방하면서, 한·중·일 3국에는 서양 문물을 받아들이고 새로운 지식을 배워야 한다는 생각이 커져갔다. 이에 따라 서양의 지식과 학문을 가르치는 학교가 생겨났다. 1862년 베이징에 세워진 관립 외국어학교인 경사동문관(京師同文館)이 그 대표적 사례였다. 그렇지만 기존의 전통사상과 교육을 갑자기 서양의 것으로 바꾸기는 어려웠다. 따라서 '중국의 학문과 사상을 본위

후쿠자와 유키치와 게이오의숙 미국과 유럽 사절단으로 활동하며 일찍이 서구사상에 눈을 뜬 후쿠자와 유키치는 게이오의숙을 설립해 일본의 근대 교육에 힘썼다. 이곳에는 한국과 중국의 유학생도 많았다. 1893년 3월 게이오의숙 보통과를 졸업하는 조선인 유학생들과 함께 찍은 사진으로, 첫째 줄 가운데가 후쿠자와이다.

로 하여 서양의 기술을 받아들인다'라는 중체서용(中體西用), '옛것을 위주로 하고 새것을 참조한다'라는 구본신참(舊本新參)과 같은 주장이 제기되었다. 양무운동에 따라 청 정부가 세운 신식 학당이나, 조선의 개화파 관리와 지방 유지들이 서양 문물을 가르치려고 세운 원산학사, 조선 정부가 양반 자제들에게 영어와 서양 학문을 가르치려고 세운 육영공원은 모두 그러한 성격의 학교들이었다. 이에 비해 일본은 청이나 조선보다 서양의 지식을 수용하는 데 적극적이었다. 1860년대 들어 바쿠후와 주요 번(藩)은 유럽에 유학생을 파견했다. 이들은 메이지 후기에 유럽의 교육제도를 받아들였으며, 메이지 정부의 교육 정책을 주도했다.

한·중·일 3국의 개화 지식인들은 서구의 새로운 교육을 받아들여 인재를 기르는 것이 자주독립을 유지하고 나라를 부강하게 하는 길이라고 생각했다. 이들은 교육의 중요성을 강조하는 한편, 교육운동에 직접 뛰어들었다. 일본에서는 당시 사회에 큰 영향을 미친 사상가 후쿠자와 유키치가 교육의 중요성을 역설했다. 그는 고문(古文)을 읽거나 시를 짓는 전근대 교육 내용에서 벗어나 일상생활에 도움이 되는 학문을 가르치자고 주장했다. 예

근대식 교육을 받는 중국 아이들 무술변법운동은 보수 세력의 반발로 좌절되었지만, 변법파들의 교육운동은 신식 교육제도의 토대가 되었다. 사진은 1900년 의화단운동 이후 몰수된 사묘(寺廟)에 설치된 근대식 공립의숙으로, 학교시설이 부족해 사묘를 교실로 사용하고 있다.

를 들면 가나(假名) 글자 배우기, 편지와 회계 장부 쓰는 법, 주판 놓는 법, 저울 재는 법부터 배워야 한다는 것이었다. 후쿠자와는 1858년에 난학숙(蘭學塾, 1868년 게이오의숙慶應義塾으로 변경)을 세워 교육활동에 뛰어들었으며, 《서양사정(西洋事情)》(1866), 《세계국진(世界國盡)》(1869) 등을 편찬했다. 이 책들은 교과서로도 사용되었다. 그는 "전국의 모든 남녀 아이들이 어느 정도 나이를 먹으면 국가가 강제로라도 반드시 취학을 시켜야 한다"라고 주장하면서, 대중에게 의무교육을 시켜 국가가 필요할 때 활용하면 나라가 강대해질 수 있다고 보았다. 메이지 정부의 초대 문부대신이었던 모리 아리노리는, 여성은 국가의 일부이며 인간의 현명함과 어리석음은 어머니의 교육으로 결정되므로, 여성교육이 중요하다고 역설했다. 양처현모를 강조한 그의 여성 교육관은 교육의 목적을 국가의 이익을 위한 것이라 생각한 데서 비롯되었다.

중국에서는 1890년대 후반부터 량치차오, 캉유웨이와 같은 지식인이 무술변법운동(유신변법維新變法운동)을 일으켰다. 이들은 중국의 발전을 위해서는 일본의 메이지유신과 같은 제도 개혁이 필요하다고 생각했다. 특히 서구가 부강하게 된 것은 교육의 발전에 힘입은 것이라 생각하고, 교육의 일대 혁신을 주장했다. 량치차오는 "변법의 근본은 인재를 기르는 데 있으며, 인재를 기르기 위해서는 학교를 열어야 하고, 학교를 세우는 것은 과거제를 바꾸는 것"이라고 말했다. 그는 서양의 정치학을 근본으로 삼고 기술학을 함께 배워야 한다고 주장했다. 캉유웨이도 "중국에 새로운 세상을 열려고 하면 교육보다 급한 것은 없다"라면서 교육 진흥을 역설했다. 유신변법파들은 변법운동을 일으키기 이전부터 직접 학교를 세워 교육활동에 뛰어들었다. 1891년 캉유웨이는 광저우에 만목초당(万木草堂)을 열었으며,

1897년 창사(長沙)에 세워진 시무학당(時務學堂)에서는 슝시링이 제조(提調, 교장), 량치차오가 중문총교습(中文總教習, 중국어 교사 대표)을 맡아 근대 교육을 실시했다. 변법운동은 보수 세력의 반발로 좌절되었지만, 이들의 교육운동은 신식 교육제도의 토대가 되었으며, 실용주의 교육과 읽고 쓰기 쉬운 한자를 사용하자는 백화문(白話文)운동에도 큰 영향을 주었다. 교육에 대한 관심이 높아지면서 20세기 들어 사회 유지들이 학당을 설립하는 일이 많아졌다. 이들은 교육을 통해 사회개혁을 추구했다. 이런 경향에 힘입어 사립 학당의 수는 공립 학당을 능가할 정도로 늘었으며, 사숙과 같은 민간인이 세운 전통 교육기관도 점차 학당으로 바뀌어갔다.

19세기 후반 일본 소학교의 주판 수업 풍경 1872년 일본은 한·중·일 3국 가운데 가장 먼저 근대적인 학제 개편을 이루어냈다. 당시 학제는 실용주의적 학문을 교육이념으로 삼았다.

조선에서는 개화사상가들이 중심이 되어 서양의 교육을 받아들였다. 교육을 통해 실력을 길러야 나라의 주권을 유지할 수 있다고 생각한 이들은 스스로 영어나 일본어를 익히고 외국 유학을 통해 새로운 학문을 배웠다. 또한 신문을 창간하거나 학교를 건립해 근대 문화와 지식을 보급하는 데 힘썼다. 조선 최초의 서구 유학생 유길준은 유럽 여러 나라에서 얻은 견문을 바탕으로 조선 사회의 나아갈 방향에 대한 자신의 생각을 담은 《서유견문》(1895)을 집필했다. 이 책에서 유길준은 잘사는 나라와 못사는 나라의 차이를 국민의 교육 의욕에서 찾았다. 한 나라의 빈부·강약·존망은 국민의 교육 수준에 달려 있다는 것이다. 유길준은 국가도 교육에 힘써야 한다고 주장하면서, 그 이유를 국민의 사악한 점을 깨우치고 빈곤을 구제하기 위해서라고 보았다. 즉, 대중은 무식한 존재이므로 교육을 통해 깨우쳐야 국가가 정책을 추진하는 데 지장을 받지 않으며, 나라의 발전에 장애가 되지 않는다는 것이다. 대중을 바라보는 이러한 관점은 대부분의 계몽운동가에게서 엿볼 수 있다. 계몽운동가들의 이러한 생각은 사립학교 설립으로 이어져 대중교육을 확대하는 데 기여했다.

국민 만들기의 기반, 근대 학교 제도의 수립

일본의 메이지 정부는 병역·납세와 함께 교육을 국민의 3대 의무로 규정하고, 1872년 소학교와 중학교로 연결되는 근대 학제(學制)를 발포했다. 1877년에는 고등교육기관인 도쿄대학(나중에 '도쿄제국대학'으로 변경)이 설립되었다. 교육을 담당하는 정부 부처로 1871년에 문부성이 설치되어 교육 업무를 총괄했으며, 모든 국민에게 초등교육을 받게 했다. 학제에 따라 데라코야와 시주쿠(私塾)는 하나의 소학교로 통일되었다. 학제는 ① 입신출세주의 교육, ② 국민개학(國民皆學), ③ 실용주의적인 학문을 이념으로 삼았다. 학제 발포 이후 메이지 정부 주도로 소학교 설립이 진행되었다.

서구의 자유주의 이념이 들어오면서 일본에서는 이러한 정부 주도의 중앙집권적 교육에 대한 반발이 일어났다. 자유민권운동의 영향으로 1879년 학제가 폐지되고 자유주의적이고 지방분권적인 성격이 강한 교육령이 공포되었다. 그 결과 학교 설립 조건이 완화되어 사립학교 설립이 쉬워졌으며, 국민의 현실 생활을 고려한 교육 내용을 편성할 수 있게 되었다.

그러나 자유주의 교육 경향에 맞서 메이지 정부는 문부성의 간섭과 통제를 강화하고, 종래의 유교주의적 교육을 부활시켰다. 국가를 하나의 가정과 같이 인식하고, 천황과 국민의 관계를 부모와 자식 관계로 받아들여, 천황 중심의 국가 체제를 확립하려는 것이었다. 중앙집권적인 각종 법령과 규정을 만들고, 인의충효(仁義忠孝)의 도덕교육을 강조했다. 1880년에는 교육령을 개정하여 취학을 의무화하고, 정(町)·촌(村)의 공립소학교 설치 의무를 강화했다. 1881년에 제정된 '소학교 교칙강령(教則綱領)'은 오늘날의 학습지도요령과 같은 것으로, 이전에는 자유로웠던 학교 교과목의 편제를 일률적으로 규정했다. 소학교 교칙강령에서는 국민의 정신교육을 내세위 수신(修身)과 국사(國史)를 가장 중요한 교과목으로 삼았다. 1890년 천황의 명으로 발포된 교육칙어(教育勅語)는 이런 정책에 깔려 있는 교육이념을 잘 보여준다.

> 짐이 생각건대 우리 황실 조상들께서 오래전에 나라를 세우실 때 덕을 깊고 두텁게 베푸셨다. 나의 신민들은 충과 효로 모든 사람이 마음을 하나로 해서 대대로 그 아름다움을 이루는 것이 국체(國體)의 정화(精華)이며, 교육의 근원도 여기에 있다. …… 국헌을 존중하고 국법을 지키며 위급할 때는 충의와 용기로 황운(皇運)을 받들어야 한다.

교육칙어 1890년 10월 30일 일본에서 천황 중심의 통치 체제를 강화하기 위해 교육의 기본 방향을 제시한 것으로, 충성·효도·복종이라는 천황 숭배 신조를 바탕으로 국민정신을 개조하려는 의지가 담겨 있다. 제2차 세계대전에서 패한 후 1948년 6월 19일 중·참의원의 결의로 폐지되었다.

교육칙어는 국가주의 관점에서 교육의 기본 원리와 실천도덕을 규정했으며, 충성·효도·복종이라는 유교적 가치관을 담고 있다. 봉건적 윤리를 빌려, 국가에 충성하고 천황을 신성하게 여기며 유사시에는 천황을 위해 스스로 목숨을 바칠 수 있는 국민을 기름으로써, 천황제를 유지하고 천황 중심의 통치 체제를 강화하는 틀로 교육을 이용하려는 것이었다. 이처럼 전통 윤리에 의거해 통치자와 권력의 영향력을 강화하려는 시도는 당시 한·중·일 3국의 근대 교육제도를 정비하는 과정에서 공통적으로 나타난 현상이었다.

메이지 정부는 1886년 각급 학교령을 공포하여 학교제도를 정비했다. 소학교령에 따라 소학교는 4년제 심상소학교와 4년제 고등소학교로 재편되었으며, 심상소학교는 의무교육이 되었다. 그렇지만 여전히 수업료를 받았으므로, 수업료를 내지 못하는 아동을 대상으로 간소화된 교육을 하는 소학간이과(小學簡易科)를 두기도 했다.

중국에서는 청일전쟁에서 패한 후 교육제도의 개혁 문제가 대두되어, 일본의 근대 학제를 본뜬 교육개혁이 진행되었다. 1898년 전근대사회의 최고

교육기관이던 국자감(國子監)을 대신하여 중앙에 국립대학인 경사대학당(京師大學堂)을 만들었다. 1902년에는 경사동문관을 경사대학당에 편입시켰다. 서원이나 그 밖의 전통 교육기관도 개편하여 각 성(省)과 부(府)·주(州)·현(縣)에 고·중·소학당을 설립했다. 1898년 무술변법의 일환으로 추진된 이러한 교육개혁 조처는 100일 만에 보수파의 무술정변으로 중단되었다. 그러나 1900년 의화단운동 이후 시행된 신정(新政)으로 서원을 학당으로 개편하는 등 근대 학제를 정비하는 작업은 계속되었다. 근대 교육제도의 개혁은 1902년의 임인학제(壬寅學制)와 1903년 계묘학제(癸卯學制)로 어느 정도 실현되었다. 임인학제와 계묘학제에서는 몽학원(蒙學院, 유치원)―소학당(초등교육)―중학당(중등교육)―고등학당과 대학당(고등교육)으로 이어지는 근대적 교육체제를 갖추었다. 또한 학교행정과 교육행정을 분리했으며, 과거제를 폐지했다. 가난한 집안의 자녀들에 대한 무료 교육과 여성교육도 제도화했다. 이로써 청은 근대 교육의 토대를 확고히 했다.

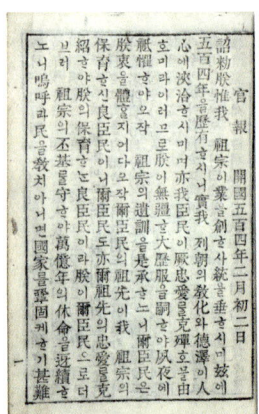

교육조서 1895년 2월 2일 고종이 조칙으로 발표한 교육에 관한 특별조서로, 교육입국조서(敎育立國詔書)라고도 한다. 교육에 의해 나라를 정립하겠다는 교육 입국의 의지를 천명했다.

그렇지만 교육관은 여전히 중체서용을 원칙으로 했다. 초등교육의 목적은 사회생활에 필요한 문자를 익히고, 지식을 배우는 데 있었다. 이와 함께 국민에게 필요한 지식과 윤리를 몸에 익혀 애국할 수 있는 기반을 마련하며, 신체 발달을 주요 이념으로 한 '국민'교육을 실시했다.

조선은 1894년 갑오개혁 이후 교육체제를 근대적으로 정비하는 데 힘썼다. 1895년 고종은 일본의 교육칙어를 본뜬 교육조서(敎育詔書)를 발표했다. "너희들 신민(臣民)의 조상은 곧 나의 조상이 돌보아 기른 어진 신민이었고, 너희들 신민도 너희 조상의 충군애국하는 마음을 잘 이어받았으니, 곧 짐이 돌보아 기르는 어진 신민이로다"라는 말에서 볼 수 있듯이, 교육조서는 국민을 신민으로 파악하고 충군애국을 강조하는 등 전제군주 중심의 통치 이데올로기를 담고 있다. 그렇지만 국왕의 교육개혁 의지를 확실히 하고, 전통 지식 중심의 교육 대신 지(智)·덕(德)·체(體)를 겸비한 교육을 강조했다.

조선 정부는 소학교령과 중학교령을 공포하여 소학교―중학교 학제를 갖추었다. 소학교 교육은 1895년 공포된 소학교령에 따라 "국민교육의 기초와 그 생활에 필요한 보통 지식과 기능을 가르치는 것"을 목적으로 했다. 소학교는 심상과 3년과 고등과 2~3년으로, 5~6년간을 수학 기간으로 했다. 이어 사범학교령, 외국어학교령, 의학교령이 차례로 공포되어 근대 학제가 자리를 잡아갔다. 또한 유학 교육의 최고 학부였던 성균관에 경학과(經學科)를 부설하여 유교 경전 외에 역사와 지리·산술 등의 과목을 가르쳤다. 그 결과 조선에서는 20세기 초까지 각종 학교가 설립되었다.

일제학습과 애국심 함양

서양의 교육이 도입되기 전 한·중·일 3국의 교육 방식은 글자를 익히고 유교 경전을 암송하는 것이었다. 교사는 정해진 교육과정이 아니라 관례나 자신의 판단에 비추어 가르쳤다. 같은 공간에서 공부를 하더라도 학생들은 똑같은 내용을 학습하는 것이 아니라 자신의 진도에 따라 공부를 했다. 교사는 학습 내용을 일일이 가르치기보다는 학생들이 공부한 내용을 확인하는 역할을 했다. 일종의 개별 학습이었다.

근대 학교의 생활은 전통 교육기관과는 전혀 다른 것이었다. 수업은 물론 학교 안팎에서 이루어지는 각종 교육활동이 제도화되고, 학생들의 복장이나 일상생활까지 규정에 따라 일일이 통제되었다. 학생들은 아침에 정해진 시간에 맞춰 등교를 했다. 이전의 책보 대신 가방을 메고, 그 안에다 교과서와 공책, 그 밖의 여러 학용품을 개인별로 넣어가지고 다녔다. 하루 수업이 시작되기 전과 수업이 끝난 다음에는 담임교사가 들어와서 조례와 종례를 했다. 이 시간을 이용하여 교사는 학생의 출석을 확인하고 여러 가지 전달사항을 알렸다. 수업이 시작하고 끝나는 시간을 알리기 위해 종을 쳤다. 수업 시작과 끝에 교사와 학생은 함께 인사를 했다. 하루 수업이 모두 끝나면 학생들은 정해진 순서에 따라 자기 학급이나 정해진 구역을 청소했다. 이러한 학교생활은 학생에게 질서 의식과 책임감을 길러주는 교육적

근대 학교의 시간표 일제시대 식민지 조선의 보통학교 5학년 남학생 반의 시간표이다. 국어독본을 의미하는 '讀'은 일본어독본이며, 조선어독본은 '鮮'이라 표시했다.

기능을 했다. 그러나 규격화된 수업과 학교생활은 규칙과 규율로 교사와 학생을 통제하려는 국가주의 교육 정책의 일환이었다.

학생들은 학급에 편성되어 학급 단위로 공부를 했다. 학급에는 담임교사가 지정되어 학생들을 지도했다. 교사가 학급 전체 학생을 대상으로 설명을 하고, 학생들이 똑같은 내용을 공부하는 일제학습은 전근대 교육에서 찾아볼 수 없는 근대 학교의 수업 모습이었다. 교사는 교육과정에 따라 정해진 내용을 가르치고, 학생들은 그 내용을 배워야 했다. 교육과정의 운영은 교사가 아니라 국가가 정했다. 교사는 학생들의 공부를 감독하고 확인하는 것이 아니라 공부할 내용을 직접 가르쳐야 했다.

근대 학교의 교육은 수업 이외의 활동을 통해서도 이루어졌다. 이전과는 달리 소풍, 운동회, 전시회 등 다양한 교육활동이 전개되었다. 이러한 교육활동은 학생들의 단결과 협동심을 높이고 창의성을 기른다는 목적으로 시행되었다. 그렇지만 국가가 국민을 통제하는 정책에 이용되기도 했다.

메이지 시기 일본에서는 학생들의 야외활동으로 원족(遠足)이 도입되었다. 원족은 처음 시행될 때 '원족운동'이라 불렸다. '운동'이라는 말에서 짐작할 수 있듯이 원족은 학생들이 먼 거리를 함께 걸어가는 운동의 일종이었다. 이를 통해 체력의 중요성을 일깨우고 단체 의식을 길렀다. 원족은 당시 문부대신 모리 아리노리가 제창한 군대식 체조(병식 체조兵式體操)의 영향을 받은 것이었다. 원족은 특정 행사가 있거나 기념일에도 행해졌다. 예를 들어 1888년 5월 일본 아이치현(愛知縣)의 한 소학교 일지에는 졸업 기념 원족을 다음과 같이 기록하고 있다.

> 오늘 본교 졸업생 19명을 인솔하여 야쓰하시촌(八橋村)으로 원족을 갔다. 오전 10시에 교문을 출발해서, 학생들 전원이 목총을 들고 배낭을 짊어지고 행군하면서, 원기왕성하게 군가를 소리 높여 불렀다. 지나가던 사람들이 행렬을 보면서 감탄했다.

시골학교 운동회 근대 학교에서는 체육활동을 통해 단결심을 기르고 애국 의지를 다진다는 취지에서 운동회가 자주 열렸다. 사진은 한국 소학교 운동회 장면으로, 갓을 쓴 사람과 댕기머리 아이, 모자와 넥타이를 맨 사람이 뒤섞여 있다.

학교에서 야쓰하시촌까지의 거리는 10km였다. 학생들은 군장을 한 채 왕복 20km를 행군한 것이다. 학생들은 야쓰하시촌에 가서 신사참배를 했다. 이처럼 학생들이 역사적 장소까지 행군해 가서 참배를 한 다음 학교로 돌아오는 것이 원족의 일반적 절차였다.

비슷한 성격의 야외활동은 한국에서도 행해졌다. 대한제국 시기 상당수 학교가 학생들의 정신자세를 다지는 계기로 소풍을 이용했다. 학교를 벗어나 산이나 강 등 자연환경이 좋은 곳에 가서 하루를 즐겼지만, 오가는 동안 일사불란하게 행동했다. 소풍지에 가서도 놀이보다는 애국심을 고양하는 연설을 하거나 노래를 부르는 것이 주요 행사였다. 구체적인 내용에서는 차이가 있겠지만, 소풍의 성격은 일본 메이지 시기의 원족과 별 차이가 없었다. 이 때문에 일본에 강제병합된 후 일본의 원족은 자연스럽게 식민지 조선에 들어왔다. 1911년 6월 27일, 서울 경신학교의 원족은 학교에서 약 20km 떨어진 행주산성을 왕복하는 것이었다. 학생들은 주먹밥 두세 덩이를 넣은 책보를 메고 교사의 지휘 아래 행주산성을 왕복했다. 오늘날의 관점으로 보면 '소풍'이 아니라 '행군'이었다.

이러한 야외활동과 함께 운동회도 실시되었다. 운동회는 대체로 학교 운동장에서 했지만, 야외로 원족을 가서 그곳에서 하는 경우도 많았다. 1년에 한 차례씩 대규모 운동회를 열었는데, 이 행사는 학생이나 교사뿐 아니라 인근 지역 주민까지 참가하는 공동체적 모임의 성격을 띠었다.

중국의 근대 학교에서도 상무정신(尙武情神)을 강조하고, 교육과정에 군사 과목을 포함시켰다. 특히 의화단운동 이후 1900년에는 군국민(軍國民)교육이라고 해서 군인교육을 학교에까지 확대했다. 소학교·중학교·고등학교를 소대·중대·대대로 구분하여 학생들을 군대식으로 편성했다. 학생들의 신체를 단련하고 정신자세를 강화하기 위해 체육을 비롯한 학습활동을 군사교육과 연결시켰고, 체조·체육·운동회가 각급 학교의 중요한 학습활동에 포함되었다. 소학교에서는 아동들에게 용맹스럽고 기율을 지키는 태도를 길러주기 위해 군대식 체조를 이용했다. 고등학교에서는 체조 외에 사격이나 검술 등 군사 훈련을 시키고 기본적 군사 지식을 익히도록 했다. 운동회나 야외활동도 학생들의 체력을 기르는 방향으로 전개되었다. 연합운동회를 열어서 학교 간 경쟁을 유도했으며, 눈 덮인 산길을 총을 메고 행군하는 활동을 하기도 했다. 또한 신문·연극·문학·미술 등의 문화활동으로 학생들에게 국민정서를 함양하고 정기를 불어넣고자 했다.

중국 근대 학교의 군국민교육 1905년 중국 학부에서는 "동서의 각 나라는 온 국민이 모두 군인"이라는 '군국민주의'를 바탕으로 '상무'를 교육 방침의 하나로 확립했다. 그리하여 각급 학교에서는 체조·체육·운동회 등의 학습활동을 군사교육과 연결시켰다.

근대 교육에서 교사의 역할

근대 교육에서는 교사의 능력이 중요했다. 학급에 편성된 학생들을 대상으로 일제학습을 시행하기 위해 교사는 수업 내용을 잘 알아야 했으며, 이를 학생들에게 효과적으로 전달하고 이해시켜야 했다. 교사는 교실 수업 외에 학생들의 생활지도와 행정 업무도 맡았다. 강당이나 운동장에서 이루어지는 학생활동뿐 아니라 학생들의 예의범절과 방학 중 생활까지 지도했다. 또한 학생활동에 금지 사항을 두거나 상과 벌을 주었다. 학교 내 각 실의 관리·경비·외빈 접대·학당 건축 등도 교사의 몫이었다.

그렇지만 근대 교육 초기에 이런 능력을 가진 교사는 거의 없었다. 따라서 근대 교육을 받아들이면서 한·중·일 3국은 서둘러 교사 양성 문제를 해결하려 했다. 그중에서도 초등교사 양성이 가장 커다란 당면 과제였다.

2

국가를 중심에 두는 교육 정책의 강화

교육에 대한 열망과 초등교육의 확대

"마을에 배우지 않는 가구가 없고, 집에 배우지 않은 사람이 없게 한다." 일본의 학제는 그 취지를 이렇게 규정했다. 메이지 정부는 모든 국민이 교육을 받도록 하겠다는 의지를 표명했다. 이런 정책의 결과로 학교에 들어가는 학생 수가 크게 늘어났다. 1878년 전국의 소학교는 1만 2,500개, 아동의 취학률은 41.26%에 달했다. 그러나 이러한 국가 주도의 초등교육 확대 정책은 대중의 적극적인 호응을 이끌어내지는 못했다. 교육 내용은 여전히 현실과 유리된 경우가 많았으며, 교육비 부담은 배우는 것을 주저하게 만들었다. 1886년 심상소학교가 의무교육이 됨으로써 초등교육을 받는 아동이 더욱 늘어났다. 근대 교육이 자리를 잡아가면서 교육의 필요성에 대한 인식이 높아진 것도 취학률을 높이는 데 기여했다. 그 결과 20세기에 접어들어 남학생의 소학교 취학률이 90%를 넘었으며, 1910년에는 대부분의 남녀 학생이 소학교에 들어갔다.

갑오개혁으로 근대 교육제도를 도입한 조선 정부도 초등교육에 가장 먼저 관심을 쏟았다. 서울에 소학교를 세운 것을 시작으로, 조선시대 감영을 두었던 전국 주요 지역 10여 곳에 공립 심상소학교가 설립되었다. 이어 1896년에는 20여 곳에 소학교를 세워 초등교육을 확대하는 데 힘썼다. 일본과 달리 의무교육이 시행되지 않았으며 초기에는 공립학교 취학률도 높지 않았다. 하지만 대한제국 말엽에 이르러서는 관공립학교와 학생 수가 꾸준히 증가했다. 1905년 22개교에 학생 수가 1,900여 명이었는데, 일본에 강제병합되기 직전인 1909년에는 101개교에 약 1만 7,000명으로 늘어났다.

또한 당시에는 공립학교 교육보다 사립학교 교육이 활발했다. 1905년 을사조약을 전후해서 교육을 통한 실력 양성이 구국의 길이라고 생각한 계몽운동가들이 전국 곳곳에 학교를 세우기 시작했다. 1908년경에는 이들이 세운 사립학교가 수천 개에 달했다. 이 중에는 초등학교 수준의 교육을 담당하는 학교들이 많았다. 그러나 을사조약 이후 다른 분야와 마찬가지로 교육 또한 일본의 간섭을 받았다. 일본은 각급 학교에 시학관(視學官)을 파견해 학교행정에 관여했으며, 1906년과 1909년 두 차례에 걸친 학교령으로 교육체제와 내용을 통제했다. 소학교는 보통학교로 명칭이 바뀌었으며, 역사 과목이 사라졌다. 통감부는 1908년에 사립학교령을 공포하여, 한국인의 민족교육을 억압했다.

1910년대 일제의 식민통치로 조선의 초등교육은 아동들에게 보편적으로 시행되지 못했다. 많은 조선인들은 일본의 식민지 교육을 달갑지 않게 여겼다. 더구나 조선의 전통적 지식인들은 여전히 서당과 같은 전통 교육기관을 선호했으며, 일반 사람들도 근대 교육의 필요성을 절실히 느끼지 못했다. 이런 분위기가 바뀐 것은 3·1운동 이후였다.

3·1운동 이후 교육의 필요성에 대한 사회적 인식이 확산되면서 교육열이 크게 높아졌다. 사람들은 조선총독부에 보통학교 증설을 요구했다. 조선인들은 1면 1개교를 요구했지만, 조선총독부는 3면에 1개교씩 보통학교를 세우겠다는 방침을 정했다.

중국의 근대 교육에서도 초등교육은 주요 관심사였다. 중국에서는 임인

학제와 계묘학제로 학제를 정비하면서, 가난한 집안 자녀들에 대한 교육을 제도화했으며, 여성교육을 정식 학제에 포함시키는 등 교육의 대중적 확대에 힘썼다. 신해혁명 직후인 1912년 난징 임시정부는 청 말의 학교제도를 개혁하면서 초등교육 강화에 힘을 쏟았다. '보통교육 잠행변법(暫行辦法)'과 '보통교육 잠행과정'을 공포하여 초등교육을 정비했으며, 종래의 유교교육을 대변하던 경학과를 폐지하는 대신 수신과(修身科)를 설치했다. 또한 역사·지리·이과 등의 실과 과목과 음악·수공·도화 등의 예능 과목을 중시했으며, 소학교의 남녀평등과 공학을 인정했다. 이렇게 초등교육 강화에 힘을 쏟은 결과, 1912년 300만 명이 되지 않던 소학교 학생 수는 1915년에 400만 명을 돌파했으며, 1919년에는 570여만 명으로 늘어났다. 1922년 임술학제(壬戌學制)에서는 미국의 6-3-3학제를 본떠 소학교 6년, 초급중학교 3년, 고급중학교 3년, 대학교 4~6년으로 학제를 개편했다.

아동 중심 교육을 위한 움직임

서양 학제와 교과목의 도입은 자연히 서양 교육이념에 대한 관심을 불러일으켰는데, 한국과 중국은 일본을 통해 서양의 교육이념을 받아들였다. 처음에는 프로이센의 교육이념이 영향을 미쳤다. 견고한 도덕적 품성을 갈고닦는 것을 교육목적으로 삼았으며, 교육방법에서는 관리와 교수·훈육을 통한 아동 훈련에 초점을 맞추었다. 국가는 가르칠 내용을 자세히 담은 교수요목을 정했으며, 실제 수업에서는 강의를 중시했다. 그러다가 점차 진보주의와 실용성을 중시한 미국의 교육사상이 학교교육의 주된 방향이 되었다. 20세기에 들어온 다양한 구미 교육사상은 신교육운동의 원동력이 되었는데, 특히 초등교육이 확대되고 아동교육에 대한 관심이 높아졌다. 아동의 개성과 자발성을 존중하고, 아동을 교육받는 수동적 존재가 아니라 교육의 주체로 세우려는 운동이 일어났다. 여기에 큰 영향을 준 것이 미국의 교육학자 듀이의 교육론이었다.

중국을 방문한 듀이와 부인 앨리스
1919년 일본에 이어 중국을 방문한 듀이는 1921년까지 2년여 동안 베이징대학과 난징대학 등에서 강의하면서 중국의 민주주의 형성과 교육에 영향을 주었다.

일본에서는 아동의 실생활에 토대를 두고 흥미와 관심을 중시한 듀이의 영향으로 '자유교육론'·'자학교육론(自學敎育論)'·'자동교육론' 등 아동 중심 교육이 제창되었다. 또한 다이쇼 데모크라시 시기에는 '다이쇼 자유교육'이라 불리는 교육개혁운동이 일어났다. 이 운동을 본격적으로 실천에 옮긴 사와야나기 마사타로는 1917년 세이조(成城)소학교를 세워 자유주의적 교육방법에 따라 아동교육을 실시했다. 세이조소학교에서는 개성을 존중하는 교육, 자연과 가까워지는 교육, 심정(心情)교육, 과학적 연구에 토대를 두는 교육을 슬로건으로 내걸고, 소수의 인원으로 학급을 구성하여 가르쳤다. 자유교육운동은 일부 사립학교와 사범학교 부속 소학교를 중심으로 전개되었다.

중국에서는 1910년대에 교육종지(敎育宗旨)를 발표해 교육의 근본을 도덕교육에 두고, 프랑스혁명을 본떠 자유·평등·박애를 교육이념으로 삼았다. 위안스카이가 집권하면서 봉건 윤리에 토대를 둔 도덕교육이 강조되었으나, 위안스카이가 죽고 5·4운동이 일어나면서 서양의 교육이념이 더욱 확산되었다. 듀이는 1919년 5월부터 2년 2개월 동안 중국에 머물면서 11개 성에서 강연을 했다. 그 영향으로 실용주의 교육이념이 확산되고, 직업교

어린이날과 방정환 어린이운동의 선구자, 방정환은 어린이를 하나의 인격체로 존중해야 한다고 주장했다. 그는 한국 최초의 아동잡지인 《어린이》를 창간하고, 아동에 대한 사회적 관심을 높이기 위해 어린이날을 정했다.

육이 강화되며, 아동 중심 교육운동이 일어나는 등, 듀이의 교육사상은 중국의 근대 교육이념에 큰 영향을 미쳤다.

타오싱즈는 듀이의 이론을 받아들이되 중국의 실정에 맞게 적용하여 실천에 옮기고자 했다. 그는 "교육은 생활이며, 학교는 사회"라는 듀이의 이론을 "생활은 교육이며, 사회는 학교"로 바꾸었다. 학교에 다니지 못하는 사람이 많은 중국의 상황을 염두에 둔 것이었다. 그리고 교육의 범위·방법·도구 등을 중국의 실정에 맞게 확대해 학교 외의 사회 경험을 통한 교육, 생활을 통한 교육을 제창했다. 타오싱즈는 이러한 교육이론에 따라 어린이와 대중의 생활 해방을 주창하면서 민간학교운동에 힘썼다. 타오싱즈의 교육이론은 1930~40년대 항일전쟁 시기에 교육의 중요성을 강조하는 이론으로 이용되었으며, 이후에도 중국의 주요 교육이론으로 유지되었다.

식민지 조선에서도 1920년대 들어 듀이를 비롯한 여러 교육철학자의 이념이 소개되었다. 1920년대에는 방정환이 '어린이운동'을 펼쳤다. 그는 아동이 어른과 동일한 하나의 인격체라는 의미로 '어린이'라는 용어를 사용했으며, 부모나 사회의 아동 존중과 관심을 촉구했다. 방정환은 한국 최초의 아동잡지인 《어린이》를 창간하고, 아동문화단체인 색동회를 조직해 아동문학의 보급과 예술 진흥에도 힘썼다. 또한 아동에 대한 사회적 관심을 높이기 위해 5월 1일을 어린이날로 정했으며, 이후 5월 5일로 바뀌어 현재까지도 지속되고 있다.

교과서 발행제의 변천―인정에서 검정으로, 다시 국정으로

교과서는 서양의 지식과 문화를 받아들이는 중요한 통로였다. 서양 문물을 소개하는 책들이 신식학교의 교재로 발행되었으며, 때로는 서양의 학교 교과서를 번역해 사용했다. 근대 교육 도입 초기에는 교과서를 중시하면서도 교과서 발행에 별다른 규제를 취하지는 않았다. 당시 교육제도가 완비되지 않은 탓도 있었지만, 교과서 발행에 국가가 개입해야 한다고 생각하지 않았기 때문이다.

일본에서는 국가의 교육통제가 강화되면서 교과서 검정제가 도입되었다. 1880년 메이지 정부는 "국가의 안정을 방해하고 풍속을 어지럽히는" 내용이 들어 있다는 이유로 교과서로 사용할 수 없는 책의 목록을 발표했다. 금지 서목 가운데 가장 많은 부분을 차지한 것은 근대 민주주의 정신을 소개한 책들이었다. 금지 서목은 국가의 이념이나 정책에 어긋나는 책을 교과서로 사용하지 못하게 하는 데 목적이 있었다. 그렇지만 아직까지는 국가가 교과서 발행에 본격적으로 관여한 것은 아니었다.

이처럼 소극적 목적으로 시작된 국가의 교과서 관여는 점차 교육에 대한 적극적인 통제로 바뀌어, 마침내 교과서 검정제가 도입되었다. 메이지 정부 시기인 1881년 교과서 개신제(開申制, 신고제)와 1883년 문부성 인가제를 거쳐, 1886년 교과서 검정제가 시행되었다. 이러한 교육 정책은 소학교의 국정교과서 제도로 이어졌다. 1902년 교과서 채택을 둘러싼 의혹 등 검정교과서 문제가 발생하자 메이지 정부는 소학교 교과서의 국정화를 추진했다. 1904년 일본의 모든 소학교에서 수신, 국어, 국어독본, 역사, 지리 과목에 국정교과서를 사용했다.

일본의 《심상소학 수신서》 메이지 정부는 소학교 교과서의 국정화를 추진해 1904년 일본의 모든 소학교에서 수신·국어·국어독본·역사·지리 과목에 국정교과서를 사용토록 했다. 《수신서》는 일종의 윤리 교과서로, 황민의 자세와 예절 등에 관한 내용을 담고 있다.

일본의 교과서 제도는 제국주의적 간섭과 식민통치를 거치면서 한국에 그대로 전해졌다. 1894년 갑오개혁이 시작되고 이듬해 고종이 교육조서를 발표한 후, 조선의 학부(學部)에서는 교과서를 발행하기 시작했다. 요즈음의 개념으로 보면 '국정도서'라고 할 수 있지만, 교과서 발행이나 채택에 별다른 규정을 두지는 않았다. 또한 민간에서 발행한 교과용 도서도 많았으므로, 교과서 국정제를 시행한 것은 아니었다. 사립학교들은 자체적으로 교과서를 만들어 민족 의식을 고취하기도 했다.

1905년 을사조약 이후 일본은 교육에 대한 간섭을 본격화하면서 대한제국의 교과서 발행·배포·사용을 통제해나갔다. 통감부는 이전까지 배우던 영어 대신 일본어를 선택 과목으로 편성하고, 모든 교과서를 일본어로 발행하려고 했다. 이 정책은 한국인의 강한 반발에 부딪혀 취소되었지만, 교과서 통제는 갈수록 강화되었다. 1909년 교과용 도서에 관한 규정을 발포하여 검정제를 도입하고, 검정심사에 통과한 교과서만 사용할 수 있게 했다. 또한, 출판법을 내세워 일본에 비판적인 내용이 담긴 교과서는 발매를 금지했다. 1910년 일본의 식민통치가 시작되면서 식민지 조선의 보통학교 교과서는 일본과 마찬가지로 국정제가 되었다. 보통학교 교과서는 대부분 조선총독부에서 발행했으며, 중등학교 교과서는 일본에서 발행한 것을 조선총독부의 심사를 거쳐 그대로 사용했다. 이러한 교과서 제도는 해방이 될 때까지 이어졌다.

중국인의 손으로 펴낸 최초의 근대 교과서는 1897년 남양공학외원(南洋公學外院)이 발행한 《몽학과본(蒙學課本)》이었다. 《몽학과본》은 동식물·사계절·자연현상 등 아동이 알아야 할 기본 지식들을 담았다. 그러나 이 책은 어휘도 많고 내용도 번잡하여 아동들이 이해하기 어려웠기 때문에

철도와 일본의 교과서 보급

일본의 근대 교육 확대는 철도와 밀접한 관련이 있다. 자동차 시대에 들어서기까지 철도는 각종 교육시설에 이용된 건축자재와 국정교과서를 수송했다. 취학률의 상승으로 교과서에 대한 수요 또한 크게 늘어났다. 1910년을 전후하여 도쿄지구에 있던 국정교과서 공동 판매소의 판매 실적은 1907년 1,988만 8,600권에서 1914년 4,028만 4,948권으로 두 배가 되었다. 균일화된 국정교과서는 대부분 도쿄에서 간행되었기 때문에, 다음 학기 시작에 맞춰 교과서를 배송하는 데 철도는 매우 중요한 역할을 했다. 정부는 국정교과서의 수송 운임을 할인해주는 등 정책적으로 철도를 통한 교과서 수송을 우대했다.

1910년에 수정된 《몽학과본》이 발행되었다.

중국은 처음에는 일본의 교과서 제도를 받아들여, 일본 교재를 번안하거나 편역해 사용했다. 1902년 임인학제에서 교과서의 국정제와 심정제(審定制)가 구상되었다. 교과서는 고등교육기관이면서 교육행정 업무를 담당했던 경사대학당이 편역한 것을 따르되, 만약 학교에서 자체 제작한 교과서가 있으면 경사대학당의 심정을 거친 다음 사용하도록 했다. 전자가 국정제라면 후자는 검정제에 해당했다. 1902년 문명서국(文明書局)은 여러 종의 몽학교과서(蒙學教科書)를 발행했는데, 1903년 이후 수신·역사·지리·화학·식물, 체조 등 23종에 달했다.

임인학제에 따라 1903년 교과서의 국정제와 심정제를 원칙으로 정하고, 학무대신을 교과서 발행과 심정의 주체로 삼았다. 소학당의 교과서는 국가기관인 편서국(編書局)에서 만든 것과 학무대신이 심정한 것을 사용하되, 학당 소재지의 형편에 따라 선정하도록 규정했다.

신해혁명 후 난징 임시정부는 1912년에 '심정교과도서 잠행장정(審定教科圖書暫行章程)'을 공포하여 소학교의 교사용과 학생용 교과서, 중학교 학생용 교과서의 심정제를 시행했다. 이에 따라 교육부는 교과서 내용은 물론 인쇄용지·책의 규격·가격 등 교과서 발행과 관련된 전반적 사항을 조사할 수 있었다. 이후 교과서 심정제는 중국 교과서 발행제도의 기본이 되었다. 난징 국민정부가 1929년 1월 공포한 '교과도서 심정규정(教科圖書審定規定)' 제1조는 "학교에서 사용하는 교과도서는 국민정부 행정원 교육부의 심정을 거치지 않은 것이나 심정의 효력을 상실한 것은 발행하거나 사용할 수 없다"라고 규정하여, 심정을 거친 책만 교과서로 사용하도록 했다.

교과서에 나타난 국가주의

일본 정부는 국정제를 도입함으로써 교과서에 메이지 정부의 통치이념을 뒷받침하고 정책을 홍보하는 내용을 강화해나갔다. 일례로 국정제 도입 이후 처음 발행된 소학교 4학년용 수신 교과서 내용을 살펴보면 다음과 같다.

> 진무천황(神武天皇)이 황위에 오르시고 나서 오늘날까지 2500여 년이 됩니다. 그동안 대대로 천황은 신민을 자식처럼 사랑해주시고, 신민 또한 황실이 번영하도록 기원했습니다. 우리도 좋은 일본인이 되어 황실을 공경하고, 우리 대일본제국을 지켜야만 합니다.
> —《심상소학 수신서》 4학년용, 문부성, 1904

이처럼 천황을 찬미하고, 대일본제국과 천황의 충성스러운 신민으로 자라야 함을 강조하는 내용은 교과서 곳곳에서 찾아볼 수 있다. 러일전쟁에서 전사한 '군신(軍神)' 히로세 중좌와 같이 국가를 위해 희생한 개인을 영웅시하기도 했다.

대한제국 학부에서 발행한 교과서도 황실의 전통을 강조했다. 일본에 강제병합당하기 직전 발행된 《보통학교 수신서》의 한 부분을 보면 다음과 같다.

> 우리 황실은 태조고(太祖高) 황제 이래로 성자신손(聖子神孫)이 오백 년을 계승하야 우리 대한제국을 통치하옵시는지라. 성쇠치란(盛衰治亂)은 이수(理數)의 면(免)키 어려운 바인 고로 변천함이 무상(無常)하나 그러나 역대 열성(列聖)이 다 민속을 돈화(敦化)하고 국위를 선양함에 초간유우(肯肝惟憂)하옵시니라.
> —《보통학교 수신서》 권4, 학부, 1910

식민지 조선을 통치하는 조선총독부가 발행한 교과서에서는 대한제국 황실 대신에 일본 황실이 그 위치를 차지하는 것으로 바뀌었다. 일본의 《수신서》와 같은 내용이 된 것이다.

일본이나 대한제국과 마찬가지로 중국의 교과서에도 황제의 권위를 높이고 국가에 충성할 것을 요구하는 내용이 들어갔다. 중국 학부에서는 중

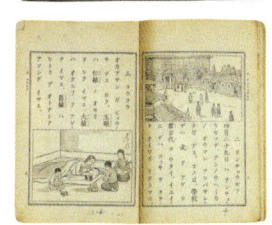

식민지 조선의 《보통학교 수신서》 조선총독부에서 발간한 《보통학교 수신서》에는 기존의 대한제국 황실에 관한 내용이 일본 천황에 대한 내용으로 대체되었다. 사진은 1922년 발간된 수신서로, 천황의 생일인 천장절(天長節)에 관한 내용이 담겨 있다.

국인들에게 가장 부족한 것으로 상공(尙功)·상무(尙武)·상현(尙賢)을 꼽으면서, 개국 이래 역대 조종(祖宗)의 공적과 근래의 사변, 성군(聖君)의 우환과 노고, 외환의 원인, 내정에 시급한 일, 없어져야 할 금기 등을 참조하여 그 내용을 선택적으로 편집하고 교과 내용에 넣어야 한다고 지시했다. 이렇게 해야만 충군(忠君)이 이루어진다는 것이다. 그렇지만 교과서 내용의 이런 경향은 이미 그전부터 나타났다. 예를 들어 1902년 발행된 중국의 아동용 교과서에는 국민이 황제를 찬양한다는 다음과 같은 내용의 애군가(愛君歌)가 실려 있다.

> 대청 황제가 천하를 다스리니 우리 국민 보우하사 만만세. 국민이 나라를 사랑하여 황제를 부르니, 만세 만세 만만세 소리가 우레와 같네.
>
> ―《몽학독본전서》, 1902

3

전시하 초등교육

전쟁과 국가주의 교육의 강화

1930년대에 접어들면서 한·중·일 3국의 교육은 국가주의적 경향이 강화되었다. 전쟁은 이러한 경향을 더욱 부추겼다. 1931년 만주사변이 일어나자 일본에서는 사회 전반에 걸쳐 국가주의 교육이 강화되고 군국주의적 색채가 짙어지기 시작했다. 마르크스주의는 물론 자유주의나 민주주의 사상과 학문이 탄압을 받았다. 서양 사상의 전면적 청산을 주장하는 국체명징(國體明徵)운동이 일어났으며, 이것은 이후 문교 정책의 슬로건이 되었다. 문부성은 일본은 천황(황실)을 중심으로 하는 하나의 대가족국가로, 신인 천황에게 절대 복종해야 한다고 강조하는 《국체의 본의(本義)》를 편찬하여 교육의 지침으로 삼았다.

1937년 중일전쟁 이후에는 국민을 육체적·정신적으로 전쟁에 총동원하는 방향으로 교육체제가 개편되었다. 이로 인해 소학교 학생들도 국민정신 총동원의 대상이 되었다. 문부성은 《국민정신총동원과 소학교 교육》(1938년 1월)·《시국과 초등교육자의 사명》(1938년 10월) 등의 팸플릿에서 이를

'황국신민 서사'를 암창하는 학생
조선총독부는 1937년 10월 황국신민 서사를 제정하여 학생들에게 큰소리로 암창하게 했다.

위한 소학교의 구체적인 교육 방안을 제시했다. 이에 따라 아동들은 신사 참배와 청소, 군인 유가족의 위문과 봉사활동, 출정 병사의 환송 행사, 위문편지 쓰기와 위문품 발송, 각종 근로봉사 등에 동원되었다.

이러한 교육 정책은 식민지 조선의 교육에도 반영되었다. 조선총독부는 1937년 '황국신민 서사'를 제정하여 학생들에게 큰 소리로 암창(暗唱)하게 했다. 아동들은 날마다 다음과 같이 제창해야 했다.

1. 우리들은 대일본제국의 신민입니다.

식민지 조선의 국어(일본어) 상용 카드

식민지 조선에서는 1938년 조선어 수업이 폐지되면서, 학교생활에서도 조선어 사용이 금지되었다. 담임교사는 학생들에게 '국어(일본어) 상용 카드'를 나누어주고, 조선어를 사용하는 학생들을 보면 이 카드를 주도록 했다. 카드를 많이 갖고 있으면 벌을 받았으므로, 학생들은 어떻게 해서든 다른 사람에게 이를 넘기려고 했다. 일본어 상용 카드는 일본이 류큐왕국을 일본에 편입시켜 오키나와현으로 만든 뒤, 일본어 사용을 확대하기 위해 썼던 방법이기도 했다.

2. 우리들은 마음을 합하여 천황 폐하께 충성을 다합니다.
3. 우리들은 인고단련(忍苦鍛鍊)하여 훌륭하고 씩씩한 국민이 됩니다.

1938년 개정된 조선교육령에서는 '국체명징·내선일체·인고단련'을 조선 교육의 3대 강령으로 내세웠다. 또한 소학교와 보통학교, 고등보통학교와 중학교, 여자고등보통학교와 고등여학교로 이원화된 학교 명칭을 소학교·중학교·고등여학교로 통일하고, 교육에서 조선인과 일본인의 차이를 일체 없애겠다고 밝혔다. 일본의 이러한 식민지 교육 정책은 조선과 일본의 제도적 차별을 없애서, 전쟁 상황에 적합한 황국신민을 육성하고, 유사시 전시동원을 원활하게 하기 위한 것이었다. 이에 따라 '충량한 황국신민의 육성'을 더욱 강조하고, 황국신민화를 위한 동화교육을 강력히 시행했다.

중국에서도 국가주의 교육이 다시 강조되었다. 20세기 초 널리 퍼져 있던 국가주의 교육사조는 1910년대 말부터 1920년대 전반까지 민주주의 교육사상이 퍼지면서 잠시 약화되었다가 1920년대 중반 이후 다시 고개를 들었다. 1926년 중화교육개진사(中華敎育改進社)는 중국 교육의 이념을 애국하는 국민 양성에 두고, 그 핵심 방안을 다음과 같이 제시했다.

일본어문 연습도 일제의 '국어(일본어) 상용' 조치로 일본어를 모르고서는 일상생활에 어려움이 많았다. 사진은 윷놀이와 비슷한 놀이를 통해 일본어를 익힐 수 있게 고안된 학습 놀이판으로, 《시문신독본(詩文新讀本)》의 부록으로 제공되었다.

1. 중국 문화에 주력하여 민족정신을 발휘한다.
2. 군사교육의 실시로 강건한 신체를 기른다.
3. 국치교육을 알맞게 실시하여 애국하는 지조를 기른다.
4. 과학교육의 촉진으로 기본 지능을 증대한다.

수업 외의 교육활동이나 생활에서도 애국과 민족정신이 강조되었다. 학교생활에서는 질서가 특히 중시되었으며, 학생들은 단체로 자선기관을 방문하거나 청소를 하는 등 봉사활동을 했다.

중화교육개진사
1921년 베이징에서 결성된 교육운동 단체이다. 이전의 여러 단체를 통합하여 결성되었는데, 미국의 교육가 몬로와 듀이가 명예이사를 맡고, 타오싱즈가 총간사로 활동했다. 교육 현황 조사, 교육 연구, 교육 개선 등을 목표로 했으며, 향촌의 실생활 교육운동을 펼쳤다.

전시체제하 일본과 식민지 조선의 군국주의 교육

전쟁이 확대되면서 일본과 식민지 조선의 학교는 전시체제로 바뀌었다. 1941년 일본이 미국을 비롯한 연합국을 상대로 전면적인 아시아·태평양 전쟁에 뛰어들자, 전시총동원을 위한 교육이 본격화되고 군국주의 교육이 더욱 강화되었다. 교육기관의 역할을 해야 하는 학교는 그 성격이 크게 변질되어 병영의 색채를 띠었다. 이제 교육은 오직 천황과 국가에 충성을 하는 신민을 기르고 전쟁을 합리화하는 데 목적을 두었다. 이 같은 교육은 1945년 제2차 세계대전이 끝날 때까지 계속되었다.

학교교육의 편제와 내용도 전시체제에 맞추어 바뀌었다. 1941년 일본과 식민지 조선, 타이완에서 일제히 국민학교령이 공포되었다. 소학교는 천황의 충성스러운 신민인 '국민'을 길러낸다는 취지에서 '국민학교'로 이름이 바뀌었다. "황국의 도(道)에 따라 초등보통교육을 실시해서 황국민의 기초적 연성(鍊成)을 한다"라는 교육목적에서 볼 수 있듯이, 국민학교는 황국민의 기초를 닦는 교육기관이었다. 국민의 정신자세를 강조하는 교과로 수신을 중심으로 국어(일본어)·역사·지리를 묶어 '국민과'라 칭했다. 국민과는 황국신민을 육성하는 핵심 교과목이었다. 또한 남학생은 군사교육, 여학생은 실과교육이 강화되었다.

교실 수업 외에 각종 학교행사에서도 전시교육의 색채가 짙어졌다. 국민학교 3학년 이상의 아동은 소년단에 가입하여 단체활동을 했다. 소년단은 단체로 전쟁에 출정하는 군인들을 환송하거나 위문하기도 했다. 1944년 8월 이후에는 미군기의 공습과 본토 결전에 대비해 국민학교 아동에 대한 집단소개(集團疏開) 정책이 실시되었다.

정규 수업 외에 동아리 활동도 군사 훈련이나 체육 등에 치중되었다. 직접적으로 무기를 다루는 동아리도 있었다. 일본의 세노 갓파가 지은 《소년H》를 보면, 1943년 H가 들어간 고베 제2중학교에는 럭비부·야구부·스모부·유도부·검도부·활공부(滑空部)·총검도부·교련사격부·승마부 등의

총을 들고 노는 아이들 전쟁이 확대되면서 일본에서는 수업 시간뿐 아니라 각종 학교행사에서도 전시교육의 색채가 짙어졌다. 어린아이들은 총을 들고 "오이치니, 오이치니(하나둘 하나둘)" 하며 군인처럼 행군하는 놀이를 하기도 했다.

동아리가 있었다. 대부분 체력을 기르고 단결심을 강조하는 체육이나 군사훈련과 같은 활동을 하는 동아리들이었다.

교과서는 전쟁에 필요한 황국신민의 정신자세를 강조했다. 일본을 신의 나라로, 천황을 신으로 떠받드는 내용이 교과서 곳곳에 들어갔다. 이런 내용들을 집중적으로 담은 일본과 식민지 조선의 수신 교과서는 그 내용이 거의 동일했다. 초등학생용 수신 교과서에는 일본은 "아마테라스 오미카미(天照大神)의 핏줄을 이은 천황이 다스리는 신의 나라"이며, "나라가 시작될 때부터 군(君)과 신(臣)의 신분이 나뉘어 있다는 것이 일본의 가장 고귀한 점"이라고 강조하고 있다.

역사 교과서에는 '어력대표(御歷代表)'라고 하는 천황의 가계(家系)가 실렸으며, 국어나 수신 교과서에는 전쟁에 몸을 바치는 이야기들로 채워졌다. 러일전쟁이나 아시아·태평양전쟁에서 전사한 일본군 이야기가 사람들이 본받아야 할 영웅적 행동으로 추앙되었다. 예를 들어 1943년 간행된

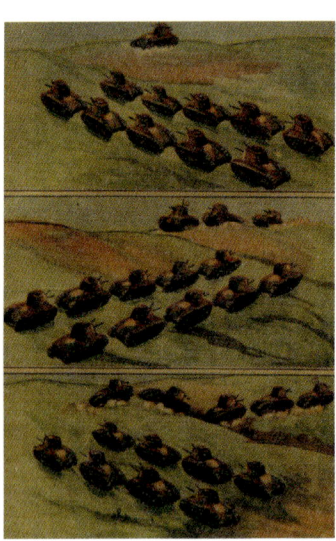

셈본 교과서와 전쟁 전쟁 중 일본 교과서는 내용뿐 아니라 삽화까지도 전쟁과 관련된 내용으로 구성되었다.

《초등과 수신》 5학년용에는 '군신의 모습'이라는 단원을 두어 러일전쟁에서 전사한 다치바나 슈타 중좌와 미얀마 전투에서 전사한 가토 다테오 소장을 군신으로 추앙하고 있다. 다치바나의 전사 장면을 교과서는 다음과 같이 감동적으로 서술하고 있다.

"한 번 국기를 세운 이 고지, 한 걸음도 물러서지 마라. 전멸해도 적군 손에 넘기지 마라."

중좌는 큰 소리로 외쳤습니다. 왼손도 이미 제2탄을 맞고 제3탄은 복부에 맞았습니다. 굴하지 않고 분전하는 사이 다치바나 대대장은 드디어 그 자리에 쓰러졌습니다. ……

"오늘은 황태자 전하님께서 태어나신 날이다. 이 경사스러운 날에 한 몸을 천황 폐하의 나라에 바치는 것은 진정한 군인의 바람이다"라고 하면서 조용히 두 눈을 감았습니다. 손과 발은 조금씩 차가워졌습니다. 해가 질 무렵이었습니다.

―일본 문부성, 《초등과 수신》 5학년용, 제9과, 1943 ;
조선총독부, 《초등 수신》 5학년용, 제9과, 1943

교과서는 당시 진행 중이던 전쟁 상황을 서술하기도 했다. 특히 일본군의 전승을 강조했고, 전쟁에서 일본이 거둔 승리는 곧바로 교과서에 실렸다. 아시아·태평양전쟁 초기 싱가포르의 함락을 비롯하여 일본이 동남아시아에서 거둔 전과를 국민학교용 교과서에서도 상세히 서술했다.

항일전쟁기 중국의 초등교육

중국에서는 사회주의 사상이 보급되면서 마르크스 이론이 교육에 영향을 미쳤다. 사회주의 사상가들은 교육이 정치·경제의 제약을 받는 동시에, 거꾸로 정치·경제에 영향을 미친다고 보았다. 천두슈는 교육과 정치가 분리되어야 한다는 주장을 신랄하게 비판했으며, 리다자오는 인간의 심신 발달에서 교육의 작용을 중시하고, 교육에 의한 정신 개조를 주장했다. 양시엔장은 마르크스 이론에 입각한 교육사와 교육이론 도서를 간행했는데, 그의 저서는 중국공산당의 혁명 근거지의 학교에서 교재로 사용되기도 했다.

초등교육에 대한 관심은 항일전쟁 시기 혁명 근거지에서도 지속되었다. 중국공산당은 자치 군정 지구인 변구에 소학교를 세우고 농민의 자녀들을 교육했다. 변구 정부는 1촌 1개교를 원칙으로 소학교 설립에 힘썼다. 그 결과 7,000여 개의 소학교가 변구에 세워졌으며, 입학 아동은 3만 6,000명에 달했다. 산둥의 근거지에는 학령 아동 중 3분의 1 이상이 소학교에 들어갈 정도였다. 입학 아동이 85%에 달하는 지구도 있었다.

1939년 8월 변구 정부가 공포한 '산간닝변구 소학교법(陝甘寧邊區小學校法)'에서는 소학교를 초급소학 3년, 고급소학 2년의 5년제로 규정했다. 소학교의 교육 방침은 혁명전쟁을 맞이하여 민족적 각오와 계급 의식을 다지고 민주정신을 육성하며, 아동의 지식을 증진시키고 체력을 기르는 데 두었다. 교육과정은 정치교육과 기초 지식교육의 두 과정으로 나뉘었다. 정치교육에서는 항일전쟁의 항전 의식을 기르고 정세를 이해시키는 데 중점을 두었다. 기초 지식교육으로는 중국어·산술·자연·역사와 지리·정

중국 혁명 근거지의 교육 항일전쟁 시기에 중국의 혁명 근거지에서도 농민의 자녀들을 대상으로 초등교육이 실시되었다.

치·상식·노동·체육·창가·도화 등의 과목을 가르쳤다. 변구 교육 초기에는 항전정신을 기르는 정치교육에 중점을 두었지만, 점차 지식을 기르는 것을 중시하여 과학 지식 교육의 내용이 증가했다.

혁명 근거지의 교육은 현실적인 여건상 통일된 교과서를 개발하지 못하고, 각 지역의 상황에 맞추어 교재를 만들어 사용했다. 교사들은 처음에는 전통적인 주입식 교육방법을 사용했지만 점차 실물 교학법(敎學法), 현장 교학법 등 새로운 교육방법을 개발하여 아이들을 가르쳤다.

4

전후 교육의 발전과 과제

전후의 교육개혁과 초등교육

제2차 세계대전의 종전이 한·중·일 3국에 각각 다른 의미로 받아들여졌듯이, 전후 교육 분야의 과제도 달랐다. 일본은 전쟁 전과 전쟁 중에 이루어졌던 황국신민화 교육을 종식시키고, 새로운 민주주의 교육을 수립해야 했다. 일본의 식민지였기에 동일한 성격의 교육을 받았던 한국에서도 일본과 같은 과제를 안고 있었다. 그러나 한국에서는 여기에 더해서 새로운 독립국가 건설에 필요한 민족정신을 심어주고, 국가 건설의 토대가 될 인재를 기르기 위한 교육의 기초를 닦아야 했다. 이와 달리 신중국[●]은 전근대 봉건교육은 물론, 근대 이후 추진되어온 자본주의적 교육을 일소하고, 새로운 사회주의 교육제도를 세우는 것을 교육의 과제로 삼았다.

전후 일본에서는 GHQ의 주도 아래 종전의 군국주의 교육을 일소하기 위한 교육개혁이 추진되었다. 종전의 군국주의 교육 대신 미국식 민주주의 교육이 등장했는데, GHQ의 점령 정책이 시행되는 상황에서 이는 자연스러운 현상이었다. 일본의 교육은 '황국신민'을 기르는 교육에서 '민주시민'

신중국
1949년 중화인민공화국 수립 후 새로운 중국을 일컫던 말. 이전의 중화민국을 '구중국', 중화인민공화국을 '신중국'으로 구분했다.

을 기르는 교육으로 방향이 전환되었다. 1947년에 헌법과 함께 교육기본법을 제정해서 이러한 교육개혁을 제도적으로 뒷받침했다. 교육기본법은 군국주의 교육을 철폐하고 모든 국민에게 평등한 교육권을 부여했다. 또한 남녀평등교육을 지향하면서 남녀공학을 시행했다. 6-3-3-4학제가 정착되고 '국민학교'라는 이름은 다시 '소학교'로 환원되었으며, 의무교육은 중학교까지 9년으로 확대되었다. 황국신민화 교육의 상징이던 국민과는 사회과로 대체되었다. 1948년에는 교육을 일반행정에서 독립시키고, 지방분권화하는 정책이 추진되었다. 그렇지만 교육에 대한 중앙정부의 영향력이 실질적으로 줄어들지는 않았다. 또한 일본 정부는 재일코리안의 민족교육권을 인정하지 않고, 1948년에 일어난 한신교육투쟁● 등 민족교육운동을 탄압했다. 교육기본법도 '국민' 교육의 틀을 벗어난 것은 아니었다.

해방 후 한국의 교육개혁도 민주시민을 이념으로 내세우고, 미국식 민주주의 교육의 영향을 크게 받았다는 점에서 일본과 비슷한 방향으로 나아갔다. 국민과가 사회과로 바뀌고, 아동과 생활 경험을 중시하는 듀이의 교육론에 영향을 받아 새교육운동이 일어났다. 그렇지만 일본과는 달리 '국민학교'라는 이름은 존속했다(1996년부터 초등학교로 변경).

35년간 일본의 식민통치에 시달렸던 한국에서는 민족정신에 토대를 둔 민족교육을 해야 한다는 목소리도 높았다. 이에 따라 민족의 뿌리에 관심을 기울였으며, 특히 민족의 시조인 단군에 대한 관심이 높아졌다. 민족주의계 학자들을 중심으로 국사 교육의 재건에 관한 논의가 전개되었다. 국가의 최고 교육이념으로 "널리 인간을 이롭게 한다"라는 '홍익인간(弘益人間)'이 채택된 것은 당시 사회 분위기를 반영한 것이었다. 그렇지만 이러한 민족주의 교육론은 미국식 민주주의 교육을 도입하려는 움직임과 충돌을 빚었으며, 남한에 정부가 수립된 후에는 이승만 정부의 통치 이데올로기로 이용되었다.

일본·한국과는 달리 중국의 교육개혁은 봉건 잔재 청산과 자본주의적 교육요소 철폐라는 두 가지 과제를 안고 있었다. 마오쩌둥의 신민주주의

한신교육투쟁
1948년 4월 일본에서 일어난 재일코리안의 민족교육투쟁을 말한다. 문부성의 조선학교 폐쇄령에 맞서 학교를 존속시키기 위한 투쟁을 벌였으며, 결국 일본의 교육기본법과 학교기본법을 준수하되, 조선학교를 사립학교로 인가하는 것으로 일단락되었다.

이론에 따라 민족적·과학적·대중적 교육을 교육방향으로 삼았다. 신중국은 소련의 교육을 받아들여 이러한 과제를 해결하고자 했다. 소련 교육학자인 카이로프의 《교육학》을 비롯한 소련의 교육이론이 소개되고, 소련의 교육 전문가들이 중국에 초빙되기도 했다. 또한 소련의 대학을 모델로 한 대학이 세워지고, 소련으로 유학을 가는 학생이 늘어났다. 기업들은 소련에 대규모로 실습생을 파견했다. 소련의 교육 경험은 중국 사회에 맞게 변형되어 정착되어갔다. 1950년대 후반 중국과 소련의 사이가 벌어지면서 소련의 교육이론에 대한 비판도 나타났다. 즉, 소련의 교육은 계급성이 부족하다는 것이었다. 중국에서는 소련의 교육이론이 지식 중심·수업 중심·교사 중심이며, 문학이나 예술에서 수정주의적 경향을 보인다고 비판했다. 그렇지만 이러한 비판은 원론적인 것으로, 실제 교육제도나 수업 방식 등은 별로 달라지지 않았다.

교육과정과 교과서의 변화

일본에서는 전쟁이 끝난 후 천황을 신성시하고 제국주의적 침략과 전쟁을 합리화하는 내용을 담은 교과서의 사용이 중지되었다. 그렇지만 교과서 제도를 개편해서 새로운 교과서를 금방 마련할 수 있는 상황은 아니었다. 그래서 교과서 내용 가운데 문제가 되는 부분만을 지운 '먹칠 교과서'가 등장했다. 그리고 교과서 제도의 개편이 완성되기 이전에 종전의 군국주의적 내용요소를 없앤 임시 국정교과서가 편찬되었다. 1946년 문부성이 발행한 소학교용 《나라의 발자취》나 중학교용 《일본의 역사》가 그러한 책이었다.

1947년 8월에는 문부성에서 사회 교과서의 일종인 《새로운 헌법 이야기》와 《민주주의》(상·하)를 발행했다. 중학교용인 《새로운 헌법 이야기》에서는 민주주의의 중요성을 설명하고, 특히 헌법의 '전쟁 포기'를 강조했다. 고등학교용인 《민주주의》(상·하)에서는 민주주의 개념이나 민주정치의 원리를 설명했다.

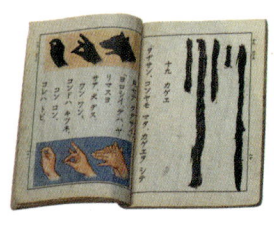

먹칠 교과서 1945년 패전 후 일본에서는 천황을 신성시하고 침략전쟁을 합리화하는 내용을 담은 교과서 사용이 중지되었다. 하지만 당장 대체할 만한 교과서가 없어 문제가 되는 내용을 지운 '먹칠 교과서'로 수업을 했다. 먹칠 교과서는 새 교과서가 발행된 1946년 9월까지 1년 동안 사용되었다.

해방 직후 한국의 임시 교재 해방 후 한국에서는 일본어와 일본 역사 대신 한국어와 한국 역사를 공부했다. 사진은 교과서로 쓰기 위해 군정청에서 급하게 만든 책들이다.

1948년 '교과용 도서 검정규칙'이 제정되어 "평화의 정신을 해치는가? 진리를 왜곡하는 점이 있는가? 교과서로 부적격한 점이 없는가?" 등을 교과서 검정기준으로 삼았다. 1948년 7월에는 '교과서 발행에 관한 임시조치법'이 시행되었다. 이에 따라 1949년부터 검정교과서가 사용됨으로써 국정교과서는 자취를 감추었다. 이처럼 전후 일본에서 교과서 검정제도가 도입된 것은 교육이나 교과서 통제를 목적으로 한 것이 아니었다. 그러나 일본 사회의 우경화와 함께 1950년대 중반 이후 문부성의 교과서 검정이 강화되면서 검정제는 점차 교과서 내용의 통제수단으로 이용되었다.

한국에서도 해방 직후 새로운 사회와 민주교육에 적합한 교과서가 없었다. 그래서 이념성이 약한 이과 과목들은 일본어로 된 교과서를 번역해서 사용하거나 복사물로 수업했다. 그러나 교과서가 없던 국어 과목이나, 대부분 일본사를 통해 군국주의 이념을 반영했던 국사 과목은 그렇게 할 수가 없었다. 그래서 미군정은 한글 연구단체와 역사 연구단체에 의뢰해서 국민학교와 중학교용 국어·국사·사회 과목의 임시 교재를 만들었다.

교육체제가 정비되면서 미군정은 국민학교와 중학교에서 배우는 과목과 시수, 내용을 규정한 교수요목을 발포했다. 교수요목에 따라 교과서가 개발되고 검정심사를 거쳐 학교 현장에서 사용되었다. 그렇지만 일본과는 달리 한국에서는 정부가 들어선 이후에도 국민학교 교과서는 국정, 중·고등학교 교과서는 검정으로 발행하는 국정·검정제를 혼용한 교과서 제도가 시행되었다. 1970년대에 시행된 제3차 교육과정에서 정부는 교과서 정책의 근간을 국정제로 바꾸었다. 초등학교는 물론 중·고등학교까지 대부분의 교과서가 국정으로 발행되었다. 1980년대 이후 중·고등학교 교과서는 국정에서 점차 검정으로 바뀌었다. 그렇지만 초등학교 교과서는 여전히 국정제를 유지하고 있다.

중국에서는 신중국 정부가 수립되면서 교과서 검정제 대신 국정제가 시행되었다. 교육부와 인민교육출판사가 주도하여 교육과정을 개발하고, 인민교육출판사가 독점적으로 교과서를 제작·공급했다. 국정교과서는 공산주의 이념을 보급·확산시키는 역할을 했다. 그러나 개혁·개방을 추진하면서 교육에서도 실용성과 다양성이 중시되어, 1980년대 중반 이후 교과서 발행제도는 검정제로 바뀌었다. 이에 따라 현재 중국에서는 여러 종류의 교과서가 사용되고 있다.

의무교육의 확대와 교육의 중앙집권화

전후 한·중·일 3국의 교육은 양적으로 크게 확대되고, 질적으로도 발전을 거듭했다. 3국은 교육을 국가 발전에 필요한 인적 자원의 육성으로 보고, 교육 기회를 넓히는 데 힘썼다.

중화인민공화국은 "인민의 문화 수준을 높이고, 국가 건설의 인재를 양성하고, 봉건적·매판적·파쇼적 사상을 일소하고, 인민에 봉사하는 사상을 발전시킨다"라는 목표 아래 정부 수립 후부터 학교교육의 확대에 노력했다. 1951년 '학제 개편에 관한 결정'으로 신학제(新學制)를 공포하여 기존 학교들을 정규 교육체제에 편입시키고 학교 편제를 정비했다. 신학제는 농민이나 노동자의 자제가 초등교육을 받을 수 있도록 힘썼다. 1953년 시작된 제1차 경제개발계획 시기에는 소련에 유학생과 실습생을 대규모로 파견하고, 5년간 54만 3,300명의 대학 신입생을 모집하여 고등교육의 양적·질적 확대를 꾀했다. 그러나 이 시기 초·중등교육의 개선은 양보다는 질에 집중했다.

초·중등교육이 양적으로 크게 확대된 것은 1950년대 말 대약진운동 시기였다. '교육대혁명'이라는 이름 아래 학교교육의 대대적인 확대가 추진되었다. 이 시기 중국에서는 의무교육제가 도입되었다. 유아교육과 초등교육이 발전했으며, 여성교육에도 힘을 쏟았다. 1960~70년대 문화대혁명 시기에는 학교교육이 위축되고 정신교육이 강조되었으나, 이후 다시 국민 전체를 대상으로 한 교육의 필요성이 제기되었다. 1982년 초등 의무교육을 시작으로, 1985년에는 초급중학교 3년을 포함한 9년간 의무교육이 결정되

2002년 판 《중국역사》 교과서 중국에는 한족 외에 55개 소수민족이 있으며, 조선족도 그중 하나다. 중국은 소수민족의 언어로 교과서를 별도 발행하기도 하는데, 대부분 중국어 교과서를 번역해 사용한다. 사진은 중국어와 한글로 된 2002년 발행 8학년(초급중학교 2학년) 실험본 《중국역사》 하권 교과서이다.

어, 1986년 7월 1일부터 중국 전체에 시행되었다.

해방 이후 한국에서는 초등교육이 크게 발달했으며, 1950년대에는 중등교육의 수요가 확대되었다. 1950년 6월 초등학교 6년간의 의무교육이 시작되어 교육 기회가 보편화되었다. 이후 의무교육의 확대는 지지부진하다가, 1994년 군 단위에서 중학교 의무교육이 시행되었으며, 2004년에는 전국적으로 중학교까지 9년제 의무교육이 도입되었다. 그렇지만 1993년에 이미 중학교 진학률이 99%에 달해 사실상 모든 학생이 중학교에 진학하는 상황이었다.

한국이나 중국보다 일찍이 초등교육을 의무화한 일본은 전후 중·고등교육에 초점을 두고 교육의 확대와 교육 기회를 균등화하는 정책을 추진했다. 5개로 나뉘어 있던 복선학교제도를 단선화하고, 의무교육을 6년에서 9년으로 연장했다. 또한 시간제 및 통신제 고등학교와 대학을 개설했으며, 신제대학(新制大學)●을 신설했고 각 지방에 1개 이상의 국립대학을 세웠다. 이처럼 확대된 교육에 필요한 교원의 수요를 충당하기 위해 사범학교를 폐지하는 대신 국립대학에 교육학부를 두었으며, 사립학교에서도 교원 양성교육을 실시했다. 이러한 일련의 교육개혁을 실시한 결과 일본의 중등 및 고등교육 인원이 크게 확대되었다.

교육의 급속한 확대로 여러 가지 문제점도 생겨났다. 교육행정의 지나친 중앙집권화와 교육 내용의 통일은 한·중·일 3국 교육의 특징 중 하나이다. 일본의 학습지도요령, 중국의 교육대강과 교육과정 표준, 한국의 교육과정 등은 법적 구속력을 갖고 학교교육의 내용을 좌우한다. 일본에서는 냉전 체제의 심화와 '역코스(逆Course)'● 정책에 따라 1950년대 접어들어 교육의 중앙집권화와 국가의 교육통제가 강화되었다. 공선제(公選制)였던 교육위원이 임명제로 바뀌고 교원의 근무평정제가 시행되었다. 한국은 남북 분단과 한국전쟁을 거치면서 반공교육과 도의교육(道義教育)이 강화되었다. 이는 정부의 이념이나 정책을 정당화하고, 교육을 통제하는 데 이용되었다. 중국의 교육은 대약진운동, 문화대혁명, 개혁·개방과 같은 국가

신제대학
전후 새로운 교육제도에 따라 만들어진 대학. 6-3-3-4제의 미국식 학제에 맞춘 대학으로, 전쟁 전의 구제고등학교에서 이루어지던 교양교육은 4년제 대학으로, 구제대학에서 이루어지던 직업전문교육은 대학원으로 옮겨 해당 교육을 강화하고자 했다. 사립과 일부 공립대학교는 1948년, 국립대학교는 1949년부터 설립했다.

역코스
1950년 이후 '일본의 민주화, 비군사화'에 역행하는 정치·사회·풍속의 움직임을 말한다. 중국에서 공산당이 내전에서 우세를 점하는 등 냉전이 격화됨에 따라 GHQ의 점령 정책은 일본을 반공의 교두보로 건설하는 쪽으로 변질되었다.

1970년대 한국 초등학교의 콩나물 교실 1970년대 인구 증가와 도시 집중 현상으로 도시 학교에는 학생 수가 급격히 늘어났다. 학급당 학생 수가 60명이 넘었으며, 교실 수도 모자라 한 교실에 2개의 학급이 오전반, 오후반으로 나누어 수업을 했다.

정책에 따라 방향이 크게 달라졌다.

교육의 급속한 양적 확대에 따르지 못하는 교육기반은 큰 문제 중 하나였다. 전후 한·중·일 3국은 교사 부족 문제를 겪었다. 특히 경험 있는 교사가 적었다. 이를 보완하기 위해 교원 양성 과정을 확대하고, 대학 졸업생의 교사 부임을 장려하거나 필요한 경우에는 임시 교원강습소를 운영했다. 그러나 이러한 정책은 교원의 질을 떨어뜨리는 결과를 낳았다. 더구나 교사에 대한 대우와 사회적 지위가 낮아서 유능한 교사를 확보하기 어려웠다.

인구가 급격히 늘어난 도시에서는 교실을 비롯한 교육시설이 크게 부족했다. 그래서 초등학교에서는 상당 기간 동안 한 교실에서 2개 학급이 돌아가면서 공부하는 2부제 수업을 하기도 했다. 반면, 도시에 비해 발전이 더뎠던 농촌 아동들은 도시 아동들보다 교육 기회에서 소외되었다. 국가의 교육 정책이 제대로 미치지 못하면서, 도시와 농촌 사이에 교육 인프라의 차이가 벌어졌다. 무챠쿠 세이쿄가 펴낸 《메아리 학교》는 전후 일본 농촌과 산촌의 교육 상황을 보여준다. 1950년대 일본에서는 아동의 생활에 토대를 둔 민간 실천교육운동이 일어나기도 했다. 한국에서는 뒤떨어진 농어촌교육을 진흥시키기 위한 방안으로 1960년대 초에 정부가 향토교육운동을 추진했다. 신중국의 교육 보급과 정책 역시 도시와 농촌 사이에 차이가 있었다. 중국 정부는 농촌의 학교 설립과 환경 개선, 자원 봉사자를 동원한 농촌교육 지원, 농촌 교육의 수준을 향상시키는 정책 등을 펼쳤다.

하지만 아직까지 한·중·일 3국의 교육은 여전히 많은 문제를 안고 있다. 특히 의무교육 추진에 더 많은 정책적 협조가 필요하다. 교육에 대한 정부 재원이 부족하여 교육 인프라가 충분하지 못한 반면, 민중의 교육비 부담은 여전히 과중하다.

경쟁 교육이 가져온 문제

근대 교육을 도입하는 과정에서 한·중·일 3국의 국가와 사회체제는 국민에게 새로운 가치관과 충성심을 강요했다. 제2차 세계대전 후에도 교육의 이러한 성격이 근본적으로 바뀐 것은 아니었다. 국가가 교육행정에 관한 권한을 가지고 교육을 통제했으며, 자율적이고 창의적인 인간을 기르는 교육보다는 지식을 전달하는 데 치중했다. 또한, 사회의 높은 교육열은 학생들을 입시 경쟁으로 내몰았다. 제2차 세계대전 이후 한국과 일본에 도입된 미국식 교육체제와 이념은 교육의 평등보다 수월성을 중시했다. 그 결과 사람들은 교육을 사회·경제적 지위를 높이는 수단으로 생각했다. 사회의 높은 교육열은 치열한 입시 경쟁을 낳았다. 특히 '일류' 대학에 진학하기 위한 입시 경쟁은 치열하다. 이 때문에 일본과 한국에서는 사교육(私敎育)이 크게 확대되었다.

입시 경쟁은 초등교육에까지 영향을 미쳤다. 한국에서는 한때 초등학교 단계에서 '일류' 중학교에 진학하기 위한 경쟁이 치열했다. 1960년대 후반 중학교 입학시험이 폐지되면서 초등학생의 입시 부담은 줄어들었다. 반면, 일본의 경우 공립중학교는 시험 없이 진학하지만, 국립이나 사립 일부 중학교의 입시 경쟁은 여전히 치열하다. 중국에서도 '좋은' 학교에 진학하기 위한 경쟁이 치열하다. 특히 1명밖에 없는 자녀의 장래에 극도로 신경을 쓰는 사회 분위기는 이런 경향을 더욱 부추기고 있다.

경쟁을 강요하는 교육은 학생들을 자기중심적인 인간으로 만들었다. 이제는 사회에서 일어나는 여러 문제점을 학교에서도 흔히 찾아볼 수 있다. 근래 문제가 되고 있는 '집단 따돌림' 현상이 그 대표적인 예이다. 경쟁 교육은 학생들에게 많은 스트레스를 주어, 집단 따돌림 현상을 가져오는 주요 원인 중 하나로 지적되고 있다. 처음에는 고등학생층에서 문제가 되던 집단 따돌림은 점차 연령이 낮아져 초등학생들 사이에서도 흔히 찾아볼 수 있게 되었다.

사회의 다원화와 학교교육의 과제

사회 교류의 확대와 세계화는 한·중·일 3국의 교육에 새로운 과제를 가져왔다. 유럽이나 미국과 달리 근대까지 세 나라에서는 여러 인종을 대상으로 하는 소수민족 교육이나 다문화 교육이 그리 큰 관심의 대상이 아니었다. 그러나 현대에 들어와 정치·사회적 변화와 국제 교류가 활발히 이루어지면서 한·중·일 3국의 사회에는 서로 다른 문화적 배경을 가진 사람들이

이지메와 왕따

집단 따돌림 현상을 일본에서는 '이지메', 한국에서는 '왕따'라고 한다. '이지메'는 한 사람의 몫을 뜻하는 '이치닌마에(一人前)'에서 나왔다. 사회에서 한 사람의 몫을 하지 못하는 사람을 다른 사람들이 도와주기보다는 비난하고 괴롭혀 집단에서 배제시키려는 행위이다. '왕따'는 '따돌림'이라는 단어에 최고통치자를 뜻하는 '왕'을 덧붙여 가장 심한 따돌림이라는 의미로 사용된다.

이지메와 왕따 같은 집단 따돌림은 가해자와 피해자가 같은 또래이며, 가해자보다 피해자에게 원인이 있는 것처럼 여겨지는 경향이 있다. 경우에 따라서는 가해자와 피해자가 뒤바뀌면서 따돌림이 계속되기도 한다. 집단 따돌림은 폭력이나 등교 거부 등으로 이어져 학교교육의 심각한 문제가 되고 있다.

이지메와 왕따는 경쟁 교육과 집단주의 문화의 산물이다. 지나친 경쟁에서 비롯되는 스트레스는 자신보다 약해 보이거나 일반적인 구성원과 다른 모습을 보이는 동료를 집단적으로 소외시키고 괴롭히는 모습으로 나타나기도 한다.

함께 살고 있다. 그리고 이들을 대상으로 하는 소수민족 교육이나 다문화 교육의 필요성이 높아졌다. 특히 이주민의 자녀나 후세들이 사회에서 살아가는 데 기반이 되는 초등교육은 중요한 당면 과제이다.

한국은 체류 외국인이 지속적으로 증가했는데, 법무부 발표에 따르면 2007년 8월에 100만 명을 넘어섰으며, 2007년 말에는 인구의 2%를 차지할 정도로 늘어나 본격적인 다문화 사회로 들어섰다. 이에 따라 정부와 지방자치단체들도 본격적으로 다문화 교육에 나서고 있다. 교육은 주로 이주민이나 다문화 가정의 구성원이 한국 사회에 적응할 수 있도록 돕는 데 초점을 맞추고 있다. 이민자와 체류 외국인을 위한 한국어 교육을 실시하고, 다문화 가정 자녀의 언어 발달을 지원하는 것이 대표적인 예이다. 이들에게 한국 문화를 습득하게 하고, 한국인과의 교류를 활성화하며, 이주 외국인이나 다문화 가정에 대한 사람들의 인식을 바꾸려는 노력을 하고 있다. 그렇지만 한국의 다문화 교육은 아직 시작 단계이다. 이주민들을 기존 한국 사회에 동화시키는 방향으로 전개되고 있으나 사회 구성원의 다양성을 인정하고 발달시키는 데는 아직 미흡하다.

일본에서도 1980년대 말, 1990년대 초에 다문화 교육에 대한 관심이 높아졌다. 1980년대 '버블경제'가 전개되면서 일본 사회에는 이주 노동자가 크게 늘어났다. 일본 정부는 1989년 일본계 외국인이 일본 안에서 제한 없이 취업활동을 하기 위해 필요한 자격을 얻을 수 있는 방향으로 법을 개정했다. 이에 따라 인종이나 출신 국가, 문화적 배경이 다른 사람들이 함께 살아갈 수 있게 하는 다문화 교육에 대한 관심이 높아졌다. 다문화 교육은 인권 교육과 국제 이해 교육을 중심으로 이루어지고 있다. 학교뿐 아니라 행정기관·지역사회 등에서 다문화 가정 학생의 일본 사회 적응을 돕고 있으며, 다문화지원센터를 두어 인적·물적 지원을 하고 있다. 그러나 지역차가 커서, 상당수 지역에서는 다문화 교육에 별로 신경을 쓰지 않고 있다. 다문화 가정을 위한 일본어 교육도 주 1~2회에 그치고 있다. 따라서 언어와 마음의 벽을 넘어설 수 있는 다문화 교육을 위한 지원 체제를 갖추고 재정을 확보하는 일이 과제이다. 또한, 일본 거주 외국인 가운데 가장 많은 비중을 차지하는 재일코리안의 민족교육에 대해 일본 정부는 여전히 차별적이고 억압적인 태도를 취하고 있다.

다민족 사회인 중국에서는 신중국 성립 초기부터 소수민족 교육이 커다란 과제였다. 중국에는 한족 외에 55개의 소수민족이 있다. 1949년 이전 시기 소수민족이 거주했던 지역은 경제와 사회가 대부분 낙후되었으며 현대식 교육은 거의 공백 상태였다. 중화인민공화국이 들어선 이후 60년 동안 다섯 차례에 걸쳐 전국 민족교육 공작회의가 열렸다. 중화인민공화국 헌법과 관련 법률에는 소수민족의 교육을 발전시키기 위한 지원 조항이 포함되었다. 또한 중앙과 지방의 각급 교육행정 부서에 민족교육처 또는 전문 인력을 두어 민족교육 업무를 담당하게 했다. 그 결과 중국의 소수민족 교육은 크게 발전했다. 교육을 받은 소수민족 인구가 크게 늘어났다. 1951년에는 각급 학교를 다니던 소수민족 학생 수가 99만여 명이었지만, 2008년 말 현재 2,199만여 명으로 22배가량 늘었다. 이 가운데 일반 고등교육기관 재학생은 133만 8,800여 명에 달하는데, 이 수는 전국 대학 재학생의 6.23%를 차지한다. 소수민족 교육에도 9년제 의무교육이 보급되어 청·장년층의 문맹이 어느 정도 해소되었다. 또한 소수민족 지역의 중등직업교육도 빠르게 발전했다. 그러나 소수민족 지역은 경제 기반이나 사회 환경이 뒤떨어지고 자연 조건도 그리 좋은 편이 아니다. 민중의 교육열도 상대적으로 낮아 서부 지역의 소수민족 교육은 아직도 크게 지체되고 있다.

7

미디어 – 만들어진 대중의 의식과 감정

● 이 시기 한·중·일 연표

1827   중국 최초의 근대 신문 《광둥 레지스터》(영문) 창간

1870   일본의 일간신문 《요코하마마이니치신문》 창간(1972 《유빈호치신문》《도쿄니치니치신문》 창간)

1872   중국 상하이에서 영국인 상인이 《선바오》 창간(1909년 중국인 상인이 소유함)

1883   조선의 통리아문 박문국에서 《한성순보》 창간(1886년 《한성주보》로 복간됨)

1896   조선 최초의 민간 신문 《독립신문》 창간. 중국 상하이의 쉬위안에서 최초로 영화 상영

1898   한국, 《매일신문》·《제국신문》·《황성신문》 등 창간

1899   일본 최초로 제작한 실사 영화 《피스톨 강도 시미즈 사다키치》 상영

1905   중국 베이징의 펑타이 사진관, 경극 영화 《딩쥔산》 제작

1909   일본, 신문지법 공포. 중국 상하이에 영화회사 '아세아영희공사' 창립

1910   일본, 한국병합 후 한국인이 발행하는 신문 폐간

1912   중화민국, 임시약법에서 언론의 자유 인정, 신문 발행 급증

1913   중국 상하이에서 최초의 극영화 《난부난처》 촬영

1920   조선총독부, '문화통치'하에서 조선어판 신문 발행 제한적 허가

1925   일본에서 라디오 방송 개시

1926   조선의 나운규가 감독·출연한 영화 《아리랑》이 대성공을 거둠

1927   중국 상하이 신신백화공사에서 라디오 방송국 설립. 조선에서 경성방송국이 개국하여 라디오 방송 개시

1928   중국, 최초의 전국 라디오 방송국인 중앙방송국 개국. 일본, 쇼와 천황의 즉위대례가 라디오로 전국 중계

1935   한국 최초의 유성영화 《춘향전》 상영

1939   일본에서 영화법 공포

1940   일본, 내각에 정보국 설치, 전쟁보도에 대한 일원화된 관리 체제 구축

1945   일본 천황, 라디오 방송으로 항복 선언. 연합군총사령부(GHQ)가 프레스코드와 라디오코드로 일본 보도를 제한함

1949   중화인민공화국, 신문 발행과 영화 제작 국영화

1953   일본방송협회(NHK)의 텔레비전 방송 개시

1956   한국에서 HLKZ-TV가 텔레비전 방송 개시

1958   중국에서 베이징방송국이 텔레비전 방송 개시

근현대 교체기에 신문·잡지·서적 외에 영화·라디오·TV 등 각종 매체를 통해 정보가 전파되면서 다양한 대중문화 형식이 나타났다. 근대에 가장 먼저 나타난 미디어는 신문이다. 19세기 전반에 중국이 근대 신문을 발행했고, 얼마 후 동아시아 각국에서도 신문 발행이 시작되었다. 영화는 1895년 프랑스 파리에서 처음으로 상영되었고, 이듬해 동아시아로 유입되었다. 20세기 들어서는 라디오가 출현해, 문을 나서지 않고도 정보를 얻고 음악을 들을 수 있게 되자 사람들은 라디오에 푹 빠졌다. 이러한 미디어는 동아시아 사회에 어떤 영향을 미쳤을까? 일례로 1931년 만주사변에서 일본 패전까지의 역사적 시기에 신문·라디오·영화 등 미디어는 일본 침략의 선전수단인 동시에 민중의 저항과 민족해방의 메시지를 전달하는 메신저 역할을 했다.

제2차 세계대전이 끝난 이후 동아시아 각국은 수준 차이는 있었지만 자국의 상황에 따라 미디어를 관리했다. 이와 함께 대중문화의 영향력은 국경을 넘나들며 확대되었다. 일본·한국 등은 하드웨어 산업 영역과 대중문화 등 소프트웨어 산업 영역에서 모두 미국의 영향을 크게 받았다. 사회주의 진영 역시 서구 진영에 대항하는 새로운 문화를 만들고 보급하려고 시도했다. 이 밖에도 미디어는 인적 동원 측면에서도 큰 역할을 했다. 냉전이 끝나자 동아시아 지역에서는 미디어 관련 산업이 이념의 차이를 극복하면서 발전하여 거대한 시장을 확보했다.

사람들에게 즐거움을 주는 매력을 갖고 있지만, 민중 동원의 수단이 되기도 하는 미디어는 앞으로 어떤 모습으로 발전할 것이며, 사람들에게 어떤 영향을 끼칠까? 이 장에서는 한·중·일 3국의 미디어의 역사를 되짚어보는 동시에 미디어와 대중문화의 미래를 살펴보고자 한다.

1

근대로의 전환과 미디어

신문을 둘러싼 통제와 저항

중국과 일본에서 최초로 발간된 근대 신문은 모두 외국인의 동아시아 진출과 관계가 있다. 중국 최초의 근대 신문은 1827년 창간된 영자지 《광둥 레지스터〔廣東紀事報〕》이다. 1840년 아편전쟁 이후 중국은 서구 열강에 의해 강제로 문호가 개방되었는데, 근대 신문은 바로 이를 배경으로 탄생했다. 이후 1850년 상하이에서 창간된 영자지 《노스차이나 헤럴드〔北華捷報〕》(후에 《노스차이나 데일리 뉴스〔字林西報〕》로 변경)는 근대 중국에서 가장 영향력 있는 매체였다. 1872년 상하이에서 영국 상인이 창간한 《선바오(申報)》는 흥미로운 뉴스의 신속한 보도로 재빨리 판로를 넓혔다.

《선바오》에 실린 뉴스는 독자의 흥미를 불러일으켰다. 게다가 《선바오》는 다양한 광고를 실었는데, 이는 상품의 시장 판로 개척에 자극제가 되었고 독자들 사이에 시대적 유행과 화제가 되기도 했다. 《선바오》는 1909년 중국인이 인수하면서 중국에서 가장 긴 역사를 가진 대형 상업신문으로 발전했다.

중국의 《노스차이나 헤럴드》 제작 조판실(1908년경, 왼쪽)과 창간호(오른쪽)
1850년 8월 3일 중국 상하이 조계에서 영국인에 의해 주간지로 발행된 《노스차이나 헤럴드》는 이후 1864년 6월 1일부터 일간 《노스차이나 데일리 뉴스》로 바뀌었다.

　《노스차이나 헤럴드》·《선바오》와 같은 근대 중국의 초기 신문은 외국인이 조계에서 발행한 것으로, 청 정부는 다른 신문의 발행은 승인하지 않았다. 1898년 무술변법 당시 한때 신문 창간이 허용되었으나 그 후 자희태후의 정변으로 철회되었다. 하지만 20세기 초 청 정부는 신정을 시행하면서 신문 금지령을 다시 해제하고, 1908년 일본의 관련 조례를 참고한 '대청보율(大淸報律)'을 반포해 신문을 관리했다.

　1912년 탄생한 중화민국은 '임시약법'을 통해 국민은 언론의 자유 등 각종 자유와 권리를 누린다고 규정함으로써 신문 발행량도 급증했다. 당시 전국적으로 60여 도시에서 수백 종의 신문이 창간되었다.

　제1차 세계대전 와중에 중국은 경공업을 중심으로 하는 민족산업이 황금기를 맞이했다. 베이징·상하이·톈진·광저우·한커우 등의 대도시를 비롯한 전국의 도시가 발전했으며, 도시 인구도 늘어났다. 근대 학교교육제도를 통해 초등학교 교육이 보급되고, 도시의 노동자와 점원 등을 대상으로 하는 평민 교육운동이 확대되었으며, 도시 민중의 식자율(識字率)도 빠르게 높아졌다. 대중 계몽을 목적으로 하는 신문화운동과 함께 중국의 신문이 크게 발전하여 주요 미디어가 되었다. 중국의 신문은 미국과 마찬가지로 톈진 《다궁바오(大公報)》, 상하이 《선바오》와 《스바오(時報)》 등 대도시의 지역신문이 전국지의 역할을 했고, 전국의 중소도시에서도 지역신문을 발행했다. 일본 정부가 내놓은 21개조 요구 반대와 5·4운동 등 제1차

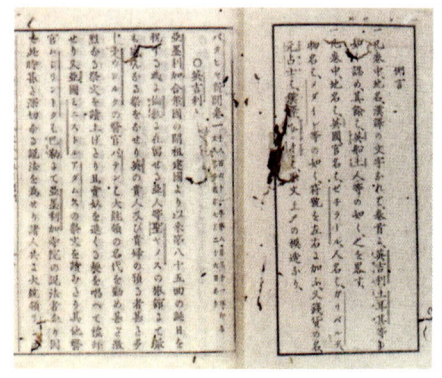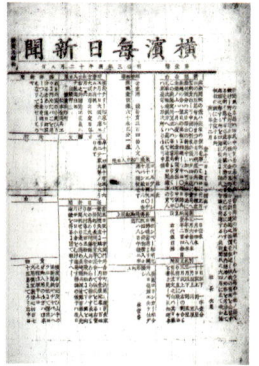

관판 《바타비아신문》(왼쪽)과 일본 최초의 일간신문 《요코하마마이니치신문》(오른쪽) 1862년 네덜란드 본국과 식민지 바타비아에서 발행된 《야바쉐 쿠란트(Javasche Courant)》를 번역하여 발행한 일본 초창기 신문. 번역과 인쇄·제작은 번서조소에서 맡았으며, 판매는 민간이 운영하는 서점에 위탁했다. 이후 1871년 1월 처음으로 일간신문 《요코하마마이니치신문》이 발행되었다.

번서조소
1856년에 세워진 에도 바쿠후 직할의 양학 연구 교육기관. 양서조소, 개성소로 이름을 바꾸면서 활동을 이어갔고, 후일 도쿄대학으로 흡수되었다.

좌막파
바쿠후를 보좌한다는 의미이며, 바쿠후를 타도하려던 도막파(倒幕派)와 대비되는 용어로 사용되었다.

세계대전 중에나 그 직후 일어난 중국 민족운동이 전국으로 확대된 배경에는 신문의 보급과 발전이 있었다.

《다궁바오》는 1920년대 중반 '부당(不黨)·불사(不私)·불매(不賣)·불맹(不盲)'을 주장하며 비판적 여론을 주도했다. 하지만 1927년 국민당 집권 이후 《중양르바오(中央日報)》와 같은 당보를 중심으로 삼민주의의 '당치(黨治)' 사상을 홍보하면서, 민간 신문 특히 정치적 언론에 제약을 가했다. 1933년부터 국민당은 신문에 대한 검열을 실시했다. 1934년 《선바오》 사장 스량차이는 신문에 자유주의 발언의 기사를 실었다가 국민당의 노여움을 사서 군 정보요원에 의해 암살되었다.

일본 근대 신문의 기원은 1862년 에도 바쿠후가 발행한 관판(官板)《바타비아신문》이었다. 바쿠후의 양학 교육기관인 번서조소(蕃書調所)●는 네덜란드령 바타비아(지금의 인도네시아 자카르타)에서 발행되던 네덜란드 총독부 기관지를 번역하여 발행했다. 최초의 민간 신문은 하마다 히코조가 1864년에 창간한 《신분시(新聞誌)》(이후의 《가이가이신문(海外新聞)》)였고, 좌막파(佐幕派)● 서학자들이 창간한 신문은 주로 해외 정보를 실었다.

메이지유신 이후 신정부는 1868년 허가 없이 신문을 발행하지 못하게 엄금함으로써, 정부나 외국계 신문을 제외한 민간 신문은 폐간되었다. 이듬해 1869년 '신문 인쇄·발행 조례'가 공표되면서, 허가제를 전제로 신문 발행이 승인되었다. 이듬해 일본 최초로 일간지 《요코하마마이니치신문(橫濱每日新聞)》이 발행되었고, 1872년 《유빈호치신문(郵便報知新聞)》과 《도쿄니치니치신문(東京日日新聞)》이 발행되었다. 당시는 친정부 뉴스가 대부분이었는데, 영국인 블랙이 1872년에 발행한 《닛신신지시(日新眞事誌)》는 사설과 투고란을 두었다. 이후 대다수 신문이 사설과 투고란을 만들면서 신문은 자유민권운동에 중요한 매체가 되었다. 이에 정부는 1875년 '신문지조례'를 제정해 통제를 강화했다.

1889년 공포된 대일본제국헌법에 따라 법률이 허용하는 범위 안에서 언론의 자유가 인정되었지만, 여전히 정부가 신문 허가를 철회하거나 신문의 정·휴간을 명령할 수 있는 신문지조례가 존속했기 때문에 조례 개정이나 폐지 문제는 의회의 중요한 논쟁거리가 되었다.

일본 신문의 논조는 청일전쟁 이전부터 점차 대외 강경론으로 기울었다. 1894년 청일전쟁이 일어나자 주요 신문사들은 종군기자를 파견해 치열한 취재 경쟁을 벌였다. 신문은 중국에 대해 공격적이고 침략적인 주장을 펼치며 독자의 시선을 끌었다. 신문의 판매 부수가 늘어나, 1893년에서 1894년까지 신문·잡지의 판매량은 32%나 성장했다. 청일전쟁 강화 논의 당시 러시아, 독일, 프랑스 세 나라가 간섭하자 신문들은 비판적 입장을 취했는데, 그 가운데 특히 러시아를 비판하면서 러일전쟁을 위한 국민 동원을 꾀했다.

신문사들은 상업계의 투자를 이끌어내기 위해 경제 분야의 보도에 주력했다. 또한 연재소설을 실어 독자를 끌어들였다. 1909년 공포된 '신문지법'은 내무대신의 신문 발행 금지 권한(제23조)과 외무대신과 해군대신의 관련 보도 금지 권한을 두었다.

제1차 세계대전 이후 요시노 사쿠조와 오야마 이쿠오 등 평론가가 《주오코론(中央公論)》 등 종합잡지와 신문 지상에 등장하면서 보통선거운동●이 확대되었다. 이에 따라 《오사카아사히신문(大阪朝日新聞)》, 《오사카마이니치신문(大阪毎日新聞)》의 발행 부수가 늘어, 1924년에는 두 신문사의 일일 발행 부수가 합해서 100만 부를 넘었다. 1923년 간토대지진 당시 도쿄의 신문사가 막대한 타격을 입었고, 이 두 신문사의 지원으로 《도쿄아사히신문(東京朝日新聞)》과 《도쿄니치니치신문》이 양대 일간지가 되었다. 신문 가운데 독점 신문이 나타나면서 일본의 신문 분야에 새로운 문젯거리가 되었다.

보통선거운동
보통선거 실시를 요구하는 운동으로, 1897년 보통선거기성동맹회의 발족으로 본격화했다. 다이쇼 데모크라시와 맞물려 고조되었으며, 1925년 보통선거법의 제정으로 막을 내렸다.

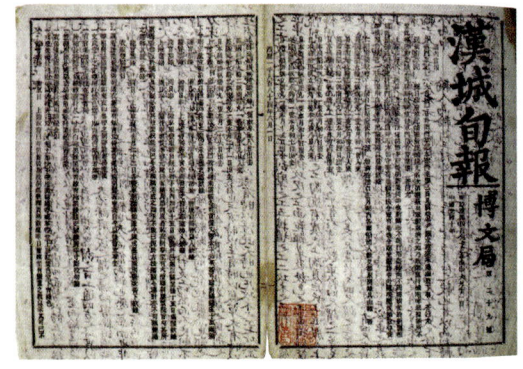  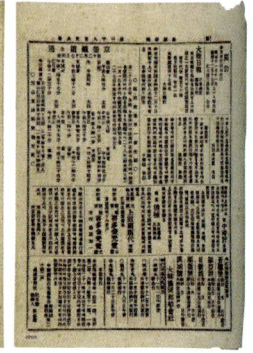

한국 최초의 근대 신문 《한성순보》(왼쪽)와 《황성신문》(오른쪽) 《한성순보》는 통리아문 박문국에서 10일에 1회씩 발간한 관보이다. 한국 최초의 근대 신문으로서 외세에 대한 경계 의식과 자국에 대한 국민 의식을 높이는 한편, 개화 문물과 지식 등을 국내에 소개했다. 《황성신문》은 1898년 창간된 일간신문으로, 을사조약이 체결되자 장지연의 〈시일야방성대곡〉이라는 사설을 실어 매국노를 신랄하게 비판했다.

조선 최초의 신문 역시 정부가 창간했다. 1883년부터 통리아문(統理衙門) 박문국(博文局)에서 《한성순보(漢城旬報)》를 발행하기 시작했다. 《한성순보》는 외국 신문의 소식을 번역해 소개했는데, 여기에는 《선바오》, 《중와이신바오(中外新報)》 등 중국 신문과 《지지신보(時事新報)》, 《도쿄니치니치신문》 등의 일본 신문이 포함되었다. 1884년 갑신정변 당시 박문국의 인쇄 설비가 모두 불타는 바람에 《한성순보》는 발행이 중단되었다가, 1886년 《한성주보(漢城周報)》로 복간되었다. 《한성주보》는 한자와 한글을 병용하거나 순 한글로 뉴스와 보도를 싣기도 했으며, 처음으로 상업광고를 게재했다.

1896년에는 조선 최초의 민간 신문인 《독립신문》이 창간되었다(《독립신문》 창간일인 4월 7일이 현재 한국의 '신문의 날'이다). 4면의 지면 가운데 3면은 한글로, 나머지 1면은 영문으로 편집했다. 《독립신문》은 민중의 대변자를 자청하면서 민중 계몽을 위해 적극적인 활동을 펼쳤다. 또한 정부에 개혁 압력을 행사하고, 열강의 침략상을 폭로하는 등 국권 수호를 위한 여론을 조성했다.

1898년에는 《매일신문》, 《제국신문》, 《황성신문》 등이 잇달아 창간되었다. 《황성신문》은 일본에 대한 저항 색채가 강하기로 유명했다. 1904년 '한일의정서'가 강제로 체결되자 《황성신문》은 즉각 체결 진상을 보도했지만 관련 내용을 삭제당했다. 이에 항의해 《황성신문》은 활자를 거꾸로 인쇄하는 '벽돌신문'을 발행했다.

1904년 창간된《대한매일신보》는 발행인이 영국인이었다. 그 덕분에 일본의 간섭을 피해 침략 정책을 반대하는 등 가장 영향력 있는 언론기관이 되었다. 그러나 한국병합 후 일본 식민 당국의 압박으로 조선총독부의 기관지가 되어, 이름을《매일신보》로 바꾸어 계속 발행되었다.

일본 침략 정책에 대한 언론의 비판이 계속되자, 1907년 한국통감부는 일본의 신문지조례를 모방한 '신문지법'을 제정하여 신문을 엄격하게 관리했다. 1910년 일본은 강제병합 이후 신문지법에 따라 조선어 신문의 발간을 제한하고, 유일한 한글 신문으로 총독부 기간지가 된《매일신보(每日申報)》(1934년 4월《每日新報》로 개칭)를 통해 주로 일본의 통치 정책을 홍보했다.

1919년 3·1운동 이후 일본이 조선 통치 방식을 '문화통치'로 바꾸면서, 제한된 범위 내에서 조선어 신문 발행을 허용했다. 1920년 민간 신문인《조선일보》,《동아일보》,《시사신문》의 발간이 허가되었다. 하지만《시사신문》은 1921년 폐간되고, 1924년에 국한문 혼용판《시대일보》(이후《중외일보》,《중앙일보》,《조선중앙일보》로 개칭)가 창간되어,《조선일보》,《동아일보》와 더불어 3대 민간 신문이 되었다. 조선의 민족운동 진영이 해외에서 적극적인 항일운동을 전개하면서 국내 여론의 호응을 얻자, 이 3대 민간 신문의 논조 또한 항일 색채를 띠었으며, 조선과 처지가 비슷한 세계 다른 국가들의 독립운동과 민족운동에도 관심을 두었다.

영화―새로운 오락거리의 탄생

1895년 프랑스에서 탄생한 영화는 이듬해 동아시아 최초로 중국 상하이 쉬위안(徐園)에서 상영되었다. 각국의 풍토와 인정을 반영한 영화는 중국 관객들에게 큰 반향을 불러일으키며 외부 세계에 대한 호기심을 자극했다. 영화는 상하이·베이징·톈진·한커우·광저우 등 점차 중국 대도시를 중심으로 상업적 시장을 확대해 전통 공연을 대체하면서 도시 주민의 일상적인 문화생활이 되었으며, 소비·유행·언어 등 생활 방식에도 영향을 주었다.

일본에서는 1896년 고베에서 처음으로 에디슨이 발명한 초기 영사기를 사용해 영화를 상영했다. 1903년 도쿄에 영화 전문 상영관이 생기면서 영화는 점차 일본 도시 민중의 주요 오락거리가 되었다. 당시 근대화를 추진 중이던 일본에서 영화는 서양 근대화의 상징이자 오락성이 강해 국민의 환영을 받았다. 초창기 영화는 무성영화였기 때문에 영화관에서는 영화를 상영할 때 관객을 위해 해설하는 사람이 있었는데, 이들을 '활동변사'라고 불렀다. 변사는 영화 줄거리에 대한 해설뿐 아니라 즉흥적으로 영화 대사까지 표현했다. 어떤 의미에서 변사는 영화에 대한 관객의 인상을 좌우했다.

한국에서는 1897~98년에 처음으로 영화가 상영되었을 것이라고 추정된다. 1897년 에스터 하우스라는 영국인이 조선연초주식회사와 공동구매 방식으로 프랑스 단편 영화를 수입해 상영했다. 초창기에 영화는 '활동사진'이라 불리면서 영화 내용은 차치하고라도 새로운 볼거리로서 큰 인기를 끌었다. 1903년 여러 나라의 뛰어난 경치를 찍은 영화를 상영할 당시 매일 밤 사람들이 전차를 타고 몰려왔는데, 수천 명에 이르렀다고 한다.

동아시아 각국에서 영화 시장이 형성되자, 자국의 언어와 소재에 기반을 둔 영화 제작이 이어졌다.

일본에서는 1898년 도쿄 고니시(小西)사진관에서 처음 영화를 제작했으며, 1899년 일본에서 촬영된 최초의 연극 실사 영화가 상영되었다. 1912년에는 일본 최초로 영화 전문 스튜디오 니카쓰(日活, 일본활동사진주식회사)가 도쿄에 설립되었다. 오락산업에 부속되었던 영화는 금세 주류로 부상했다. 대략 1910년대 중반부터 기반을 마련한 일본 영화는 곧 아시아에서 독보적인 지위를 확립했다. 일본 영화는 구미의 기법을 도입해 독자적인 문화적 특성을 표현했다. 일례로 미조구치 겐지의 〈기원의 자매(祇園の姉妹)〉(1936)는 교토 게이샤의 억압적인 생활과 고통받는 여성의 감성을 섬세하게 표현했다. 오즈 야스지로의 〈외아들〉(1936)은 가족을 통해 시대를 반영한 작품이다. 1930년대는 일본 영화의 첫 번째 황금기였다.

상하이의 영화 산업 '동양의 할리우드'라는 별명에 걸맞게 상하이의 영화 산업은 1937년 일본이 침략하기 전까지 번영을 누렸다.

1905년 중국 베이징 펑타이(豊泰)사진관에서 중국 최초의 영화인 경극 영화 〈딩쥔산(定軍山)〉을 제작했다. 그러나 중국 영화의 중심지는 베이징이 아니라 상하이였다. 상업 도시 상하이는 영화 산업 발전에 필요한 조건들, 즉 경제적 기반과 사회적 다양성, 개방적 문화 환경 등을 갖추고 있었기 때문이다. 1909년 중국 최초의 영화사인 아세아영희공사(亞細亞影戱公司)가 상하이에서 탄생했다. 1913년에는 중국 최초의 극영화인 〈난부난처(難夫難妻)〉가 상하이에서 촬영되었다. 1920년대 중반 장편 극영화가 상하이에서 제작되기 시작하면서 중국의 연간 영화 제작 규모는 100편을 넘었다. 이후 〈화소홍련사(火燒紅蓮寺)〉 시리즈 등 중국의 문화적 특성을 드러낸 사극이나 무술 영화가 대거 제작되었으며, 1930년대에는 도시 하층민의 생활을 통해 사회 현실을 폭로한 좌익 영화 〈거리의 천사(馬路天使)〉(1937) 등이 관객의 사랑을 받았다. 영화와 함께 당시에 관객들의 폭넓은 사랑을 받는 영화 스타가 탄생했다.

식민지 조선에서는 1919년에 김도산이 처음으로 〈의리의 복수(義理的仇討)〉라는 연쇄극을 제작했는데, 이는 연극과 영화의 중간 형태로서 완전한 영화는 아니었다. 1923년에는 한국 최초의 영화인 〈월하의 맹서〉가 상영되었는데, 이 영화는 희곡을 영화로 각색한 극영화였다. 당시 많은 영화가 위

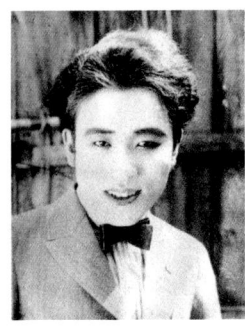 

나운규와 〈아리랑〉 〈아리랑〉은 민족 정서를 잘 표현하여 선풍적인 인기를 끌었던 기념비적인 한국 영화이다. 천재적인 배우이자 제작자였던 나운규(왼쪽)가 감독과 주연을 맡았는데, 1926년에 전편, 1930년에 후편이 제작되었다. 오른쪽 사진은 〈아리랑〉의 한 장면이다.

생이나 방역의 중요성을 강조했던 것처럼, 이 영화도 조선총독부에서 저축을 장려하기 위해 만든 전형적인 계몽 영화였다. 1924년 조선의 인력과 자본으로 만든 〈장화홍련전〉이 큰 성공을 거둔 이후, 고전에서 소재를 취한 영화들이 주를 이루었다. 1926년 나운규가 직접 시나리오를 쓰고 감독과 주연을 맡은 〈아리랑〉은 리얼리즘 기법으로 일본의 침략과 통치를 폭로해 큰 성공을 거두었다. 이후 영화의 주제곡인 〈아리랑〉은 식민지 조선의 대표적인 민요가 되었다. 영화에 감동받은 관객들이 영화관에서 이 노래를 따라 부를 때마다 경찰은 영화 상영을 중단시켰다. 이후 1930년대 초까지 사회주의적 색채가 짙은 카프(KAPF, 조선프롤레타리아예술가동맹) 영화 등 저항 영화가 제작되었다.

라디오—발성 매체의 등장

한·중·일 3국의 라디오 산업은 세계 각국과 비슷한 시기에 발전했다. 1920년 미국 피츠버그에서 세계 최초의 라디오 방송국이 방송을 시작한 지 불과 몇 년 후, 한·중·일 3국에도 라디오가 등장했다.

1923년 중국 최초의 라디오 방송국인 중국무선전공사(中國無線電公司)가 상하이에서 미국인에 의해 설립되었다. 1926년에는 동북 하얼빈에서 중국인이 설립한 최초의 라디오 방송국이 방송을 시작했다. 1927년 상하이 신신백화공사(新新百貨公司)가 중국 최초의 민영 방송국을 설립하면서, 상하이는 곧 중국 라디오 방송의 중심이 되었다. 당시 민간에서 운영하던 상업 라디오 방송국은 "사회적인 오락거리를 제공하여 모든 이의 귀를 즐겁게"라는 구호를 내걸었다. 방송국은 가곡·희곡·라디오 소설 등 주로 오락 프로그램을 내보냈다. 경제 동향이나 업계 소식과 관련된 프로그램도 있었지만 시사·정치 프로그램의 비중은 높지 않았다. 1927년 집권한 국민당은 방송 미디어의 홍보와 통치 역할을 중요시했다. 1928년 중국 최초로 전국 규모의 라디오 방송국인 중앙라디오방송국이 설립되었다. 이후 독일 설비를 도입해 당시 아시아에서 송출 파워가 가장 큰 방송국이 되었다. 1937년 중일전쟁이 발발하기 전 중국의 수신기 수는 불과 20만여 대로, 주로 대도시에 집중되어 있어 보급률과 청취 지역에 제약이 컸다. 라디오 청취는 주로 부자들의 소일거리였다.

라디오 체조 1925년 보험사업을 시찰하러 미국으로 건너간 체신성 간이보험국 감독과장에 의해 도입되었다. 1928년 8월 1일 오사카에서 첫 방송을 탄 이래, 1929년 2월에는 전국으로 방송되었다.

일본의 라디오 방송은 1925년에 시작되었다. 도쿄·오사카·나고야에서 잇달아 라디오 방송국이 세워져 뉴스·교양·음악·로쿄쿠(浪曲)● 등 다양한 정보와 오락을 제공했다. 수신기 가격이 비쌌지만, 1925년 연말까지 세 방송국은 예상을 훨씬 넘는 25만 건의 계약을 체결했다. 일본 정부는 1915년 "무선전신·전화를 정부가 전적으로 통제한다"라는 '무선전신법' 조항을 들어 뉴스 방송에 대해 체신성(遞信省)의 사전 검열을 거치도록 했다. 또한 방송국의 일원화를 주장하며 세 방송국을 해산해 사단법인 일본방송협회(NHK)로 통합했다. 이처럼 대중문화로서 라디오는 정부의 강경한 통제 아래 출발하여, 정부 통제를 바탕으로 대중화의 길을 걸었다.

일본에서 라디오의 전국 방송은 1928년 11월 쇼와 천황의 즉위식 중계방송으로 시작되었다. 같은 해 라디오 체조도 시작되었다. 미국 생명보험회사의 라디오 광고에서 아이디어를 얻은 체신성 간이보험국은 육군성의 협조를 얻어, 1931년 '라디오 체조회'를 발족하고 각지에 보급을 시작했다. 1938년에는 국민정신총동원 운동의 일환으로 전개되어, 개인의 신체와 시간까지 국민화하는 데 활용되었다.

로쿄쿠
메이지시대 초기에 시작된 예능 중 하나이며, 전통악기인 샤미센(三味線)을 반주로 삼아 이야기를 풀어낸다.

경성방송국 1927년 2월 16일 오후 1시, 첫 방송을 시작한 경성방송국은 한·일 양국어를 동일 채널에서 방송하는 혼합방송이었다. 당시 라디오 수신기의 보급 상황은 개국 1주일 후인 2월 22일 총 1,440대의 라디오가 등록돼 있었는데, 그중 일본인이 1,165대이고 조선인은 275대뿐이었다.

식민지 조선에서 최초로 라디오를 방송한 곳은 1927년 탄생한 경성방송국이었다. 당시 한 신문은 이를 "하늘에 닿을 듯이 무시무시하게 높이 솟은 공중선 쇠기둥이 무엇보다도 먼저 눈에 띈다"라고 보도했다. 사실 높이 45m의 송신탑에 비해 그 출력은 극히 낮아 경성과 주변 지역 정도만이 방송을 들을 수 있었다. 1928년 일본의 방송 출력이 증강되어 조선에서도 일본 라디오 청취가 가능해지자 경성방송국은 일본 방송을 중계하기 시작했다. 이 때문에 일본 청취자는 증가했지만, 조선어 방송 시간은 단축되었다.

조선은 일본 식민지였기 때문에 라디오는 식민 당국의 엄격한 통제를 받았다. 조선인의 민족 감정과 반항 정서를 자극하는 프로그램은 금지되고, 일본 식민통치의 공적을 자랑하는 선전 프로그램이나 식민통치에 방해가 되지 않는 오락 프로그램은 적극 장려되었다. 1932년에 이중언어 방송이 실시되어 조선어 음악과 희곡 방송 프로그램이 전보다 늘어났다.

2

전쟁과 미디어

신문 – 전쟁 동원과 반전의 도구

동아시아가 전쟁에 휘말리면서 신문은 엄격한 국가 통제 아래 정부의 정책 선전도구로서 역할하는 한편, 일본 침략에 저항하는 항일투쟁 소식과 민족 독립에 대한 소망을 전달하는 희망의 메신저 역할도 했다.

중일전쟁 당시 중국 신문은 전쟁의 피해를 입었지만, 대다수 언론인은 자신의 자리를 지키면서 민족의 항전 소식을 보도했다. 중국 정부가 충칭으로 옮겨가면서부터 충칭은 후방 신문산업의 중심지가 되었다. 여러 신문사가 충칭으로 이전하여 보도를 계속하며 민중의 항일 의지를 다졌다. 일본군 비행기의 잦은 폭격 등 위험한 전시 환경에서 많은 기자와 편집자가 희생되었다. 일본군이 홍콩을 공격했을 때, 《다궁바오》의 후정즈 사장은 외투 안에 구리 단추 세 개를 숨겼다가 일본군에게 발각되면 삼켜 순국하려 했으며, 이후 동료들과 작은 삼판선으로 바다를 건너 돌아오는 위험을 무릅썼다. 이처럼 어려운 환경 속에서 후방의 신문 매체(중국공산당 항일 근거지의 신문 포함)들은 다양한 형식의 보도와 선전으로 민중의 항전 의지를 굳

'불허가' 사진 1937년 제2차 상하이사변 격전지에서 포로로 잡은 중국군 병사의 사진으로, 포로의 사진은 군에 불리하므로 게재하지 못한다는 육군성령에 의해 불허가되었다.

건히 다지면서 항전 과정에서 중요한 역할을 했다.

일본 신문이 전쟁에 협조하는 방향으로 편집 방침을 바꾼 것은 1931년 9월 만주사변 이후였다. 일본 신문은 중국군의 공격으로 일본군과의 충돌이 발생했다고 보도하고, 이때부터 발행 부수 150만 부 이상의 대형 신문이 앞장서 관동군의 허위 발표에 맞추어 뉴스를 보도했다. 이어 신문은 중국에 대한 증오를 부추기고 일본군의 분전과 승리를 칭송했으며, 심지어 국제연맹을 적대시하는 기사까지 나왔다.

1937년 중일전쟁 발발 후 신문은 전쟁 홍보에 한층 열중하여, 종군기자가 전쟁 과정의 살인을 '영웅'적 행위로 묘사하거나 심지어 병사들이 전쟁터에서 찍은 영상 자료까지 보도에 직접 활용했다. 그러나 일본에 불리한 보도 내용은 당국이 '불허가' 도장을 찍어 싣지 못하게 했다. 1938년 4월 공포된 국가총동원법에 따라 전시 칙령에 따른 신문의 보도 제한이나 금지가 가능해졌다. 1940년 12월 내각에 정보국을 설치해 전쟁 관련 보도에 대한 일원화된 관리체제를 구축했다. 이렇게 일본의 신문은 군국주의 전쟁의 궤도에 끌려들어갔다. 신문에 대한 각종 보도 금지령도 점점 늘고, 발행 규모도 1938년의 739종에서 1942년 108종으로 줄었다. 아시아·태평양전쟁 개전 이후 신문은 군부의 입장에 영합하여 열광적인 전쟁 분위기를 선동했다. 일례로 1942년 일본 해군이 미드웨이 전투●에서 대패했지만, 신문은 오히려 일본군 사상자는 경미한 반면 적의 손실은 심각하다고 보도했다. 또한 전사한 자들이 용감했다며 '군신'으로 칭송하고 갖가지 미담을 보도하며 일본군과 일본 국민의 사기를 북돋웠다.

    1930년대 만주사변 이후 일본은 대륙 침략 정책을 추진하기 위해 식민지 조선에서도 언론통제를 강화했다. 조선총독부는 신문사에 체제에 순응하거나 협력할 것을 강요했다. 중일전쟁이 발발하자 조선총독부는 사설과 논설을 통해 전쟁 관련 유언비어를 퍼뜨리지 말고, 전황을 함부로 보도하지 않도록 신문의 자중을 촉구했다. 언론인 역시 전시체제에 협력했는데, 그들은 중일전쟁의 중요성을 설파하는 강연을 하거나 조선인의 인적·물적 동원 방안을 마련하는 데 일조했다. 그러나 조선총독부는 전쟁이 장기화될 조짐을 보이자 용지 부족 등 물자난을 해소하기 위해 신문사의 구조조정을 제안했다. 이에 따라 황국신민화에 방해가 된다는 이유로 조선인이 발행하는 한글 신문인 《조선일보》와 《동아일보》를 1940년 8월 강제폐간시켰다.

라디오의 대중 의식 동원

1937년 중일전쟁의 발발로 중국 방송은 막대한 영향을 받았다. 상하이와 연해 대도시가 일본군에 점령되면서, 민영 방송국은 방송을 중단하거나 일본 괴뢰정권의 통제를 받게 되었다. 방송을 계속하는 라디오는 대부분 일본 괴뢰정권의 선전도구가 되었다. 오락 프로그램조차 〈지나의 밤〉, 〈만주 아가씨〉와 같은 가요를 반복해서 내보내는 등 괴뢰정권의 문화 선전 분위기에 휩쓸리는 경우가 많았다. 또한 중앙라디오방송국이 중국 정부를 따라 충칭으로 옮겨가면서 중국 방송의 중심 또한 서쪽으로 이동했다. 중국인과 결혼한 일본 여성 미도리카와 에이코(본명은 하세가와 데루코)는 전쟁 당시

미드웨이 전투
아시아·태평양전쟁 중 1942년 6월 하와이 북서쪽 미드웨이섬 앞 바다에서 벌어진 미군과 일본군의 해전. 암호 해독으로 일본군의 작전을 간파한 미군의 대승으로 끝났다. 이 전투를 계기로 미군은 전쟁의 주도권을 장악했다.

한커우방송의 일본어 아나운서로 활동하며 중국의 항일선전에 가담했다. 중국 청중들은 그녀를 향해 "당신의 부드러운 목소리에는 천둥 번개를 치게 하는 힘이 있다"라고 칭송한데 반해 일본인들은 '교성의 매국노'라고 비아냥거렸다. 일본군 병사는 방송을 듣고 일본 단카(短歌)● 형식으로 "충칭방송을 몰래 들어보니, 유창한 일본어에 마음이 어지럽다"라고 자신의 감상을 적기도 했다. 중국 정부는 전시 후방의 라디오를 통해 대국민 항일선전의 주도권을 장악했다.

중일전쟁이 일어나면서 식민지 조선은 중요한 정보 공급기지가 되었다. 1932년에 출범한 조선방송협회는 당시 중요 지점에 건설하던 지방 방송국의 완성을 서둘러야 했다. 조선에서의 방송 출력을 높인 까닭 또한 전시 통제를 하기 위함이었다. 아울러 중일전쟁 발발을 전후해 경성방송국이 경성중앙방송국으로 개편되고, 부산·평양·청진 등 지방 방송국이 개국함으로써 전국에서 조선어 방송을 수신할 수 있게 되었다. 중국과 소련 등지에서 전송하는 조선어 방송 수신을 막기 위해 경성중앙방송국의 출력을 도쿄방송보다 높였다. 중일전쟁이 진행되면서 방송 프로그램은 엄격한 통제를 받기 시작했다.

만주사변 이후 일본 NHK는 "라디오의 기능을 총동원하여 생명선 만몽(滿蒙)을 철저히 인식하고 대외적으로는 일본의 정의로운 국책을 과시하며, 대내적으로는 국민의 각오와 분기를 촉진하여 여론의 방향을 이끌기 위해 노력한다"라면서 전쟁에 협조할 것을 표명했다. 이러한 경향은 중일전쟁 후 한층 심해져 뉴스를 하루에 여섯 차례 편성하고, 수시로 임시 뉴스를 보도하면서 국민에게 전쟁 협조를 호소했다. 1940년 조직된 정보국이 프로그램 기획과 편집을 지휘했다. 또한 라디오를 통해 조나이카이(町內會)●에 관련 사항을 전달하고, 조나이카이가 회의를 열 때에는 모두 함께 라디오를 듣고 정책을 철저히 이행하도록 했다. 일본 정부는 나치 선전부장 괴벨스를 따라 NHK를 '국가 정책을 철저히 실시하고', '여론을 지도하며', '국민 투지를 고취하는' 준국가기구로 만들었다.

단카
일본의 전통 정형시인 와카(和歌)의 한 형식으로, 글자 수가 5·7·5·7·7을 유지한다.

조나이카이
중일전쟁을 계기로 농촌과 도시에 걸쳐 조직된 주민들의 기초 조직. 산하에 도나리구미(隣組)를 거느리고 전쟁 수행에 협력했다.

라디오는 식민지 통치와 대외선전에도 이용되었다. 1931년에는 타이완 라디오협회가, 1932년에는 조선방송협회가 발족했으며, 1933년에는 만주전신전화주식회사가 설립되었다. 1935년 해외 단파가 개통되었으며, 1940년에는 매일 12시간 11개국의 언어로 방송을 시작했다. 그러나 중국의 선전은 시종일관 난징(후에 충칭으로 옮김)의 중국 측 방송인 중앙라디오방송국(XGOA)이 이끌었고, 그 영향력이 계속 확대되는 것이 일본의 고민거리였다.

1945년 8월 일본이 더 이상 전쟁을 수행할 수 없게 되자, 천황은 그동안 사기 진작의 무기였던 라디오를 통해 항복을 선포했다. 수많은 일본 민중은 이를 듣고 일본의 패전을 실감했다.

전쟁 중의 오락과 동원

일본의 침략전쟁이 중국 영화의 정상적인 발전을 가로막으면서 중국 영화는 몇 갈래로 나뉘어졌다. 중국 항일전쟁의 후방인 우한(武漢)과 충칭의 항전 영화, '고도(孤島)' 상하이에서 제작된 오락 영화, 일본의 통제 속에서 일본의 전쟁 국책을 홍보하면서 중국의 민심을 마비시킬 목적으로 제작된 만주국 영화, 그리고 아시아·태평양전쟁 이후 상하이에서 제작된 영화 등이다. 항전영화는 후방에서 민심을 진작하는 역할을 했지만, 제작 여건이 불리해 작품 수가 많지 않아 상하이에서 내놓는 오락 영화들이 여전히 전국적으로 영향력을 가지고 있었다.

1937년 만주국이 설립한 국책영화회사 '만주영화협회'는 중국 만주 지역의 영화 제작과 배급을 독점했다. 일본에서 온 영화인과 중국 직원들이 영화를 공동제작하면서 전후 중국 영화계의 기술 인력을 키워냈다. 그러나 중국 관객들은 그들의 작품을 받아들이지 않았다.

중일전쟁이 장기화되면서 일본은 다사카 도모타카의 〈5인의 척후병〉(1938) 등 전쟁 영화를 제작했다. 대부분의 영화는 전쟁을 미화하고 전투

의지를 선동했지만, 가메이 후미오의 〈전사들〉(1939)은 행군과 전투에 지친 군대와 비참한 전쟁터, 중국 민중의 표정 등 전쟁의 실황을 보여줌으로써 전쟁에 대한 불만을 우회적으로 표출했다. 이 때문에 가메이는 감독 자격을 취소당했다. 1939년 반포된 '영화법'으로 영화의 제작·배급에 대한 엄격한 심의 제도가 도입되고, 영화감독과 연기자의 자격 등록 제도와 영화 시나리오의 사전 검열이 실시되었다. 이 밖에도 영화관에서 극영화 상영과 함께 소년지원병을 늘리는 데 공헌한 〈하늘의 소년병〉(1941)과 같은 전쟁 홍보 영화 등 소위 '문화 영화'라는 다큐멘터리를 의무적으로 상영하도록 했다.

1941년 12월 아시아·태평양전쟁 발발 이후 정보국의 통제가 더욱 강화되면서 자체 창작은 큰 제약을 받았고, 주로 일본의 침략전쟁을 미화하는 영화들이 제작되었다. 일본의 침략을 미화한 야마모토 가지로의 〈하와이·말레이 해전〉(1942), 일본의 아시아 해방이라는 전쟁 목적을 정당화하려는 아베 유타카의 〈저 깃발을 쏴라(あの旗を撃て)〉(1944)가 그 예이다. 이 가운데 대부분은 정보국 통치 아래 일본인을 자아도취시켜 전쟁에 동원하는 등, 일본 영화의 앞선 기술은 전쟁 동원의 효과적인 수단이 되었다. 또한 전쟁의 실상을 도외시한 일본인의 자기도취의 산물에 지나지 않았다.

1935년 조선 최초의 발성영화(유성영화) 〈춘향전〉이 큰 인기를 끈 후, 조선 영화계는 발성영화라는 새로운 도전을 맞이했다. 영화 제작비가 점점 상승하자 당시 영세한 영화계가 치열한 경쟁에서 살아남을 방법은 조선만의 '지방색'을 살려 이를 기반으로 일본 시장에서 인정받거나 일본 영화와 합작하는 것뿐이라는 생각이 일반적이었다. 일본은 1926년 '활동사진필름 검열규칙'의 제정을 시작으로 영화에 대한 검열을 시작했다. 1940년대 초 전시총동원체제 아래 일본은 관제 조선영화제작주식회사●를 만들어 영화인을 등록시키고, 일본 침략을 미화하고 침략전쟁에 협력하는 선전 영화만을 제작하도록 했다. 1942년 조선어 영화 제작이 금지되면서 이후 일본 패전 때까지 일본어 영화만이 제작되었다.

조선영화제작주식회사
1942년 8월 식민지 조선에서 영화를 제작한 유일한 회사로서, 1940년 조선 영화를 총독부의 통제 아래에 둔 '조선영화령'에 근거하여 발족되었다.

3

전후의 미디어

전후의 신문

1945년 중일전쟁이 끝나고 중국에서 국공내전이 발생하면서, 국민당과 공산당 모두 신문 보도와 홍보를 통해 동원 정책을 펼쳤다. 1949년 10월 중화인민공화국 탄생 이후, 전국지의 출판·발행에 관해 국영화가 이루어져 중국공산당 중앙 기관지인 《런민르바오》는 가장 중요한 전국지가 되었다. 계획경제체제 아래 국가 예산으로 신문을 지원하면서 보도 내용은 경직되었다. 신문 매체의 선전 보도를 통해 새로운 국가 정체성을 구축하고 민중의 인식을 통일시키면서 민중이 배워야 할 새로운 인간상을 만들어냈다. 해방군 전사 레이펑●은 1960년대 신문에서 집중 선전했던 영웅이었다. 신문의 종류는 다소 줄었지만 발행 부수가 크게 늘어났으며, 전국적인 우편 보급이 실현되어 산간벽지에서도 신문을 볼 수 있게 되었다.

1978년 개혁·개방 이후 중국 신문은 크게 발전했다. 특히 지방지와 도시의 신문이 급속도로 성장했다. 1978년 '진리 기준 문제'●에 관한 토론이 신문 논설로 시작되었다는 사실은 개혁·개방 추진에 대한 중국 매체의 역

레이펑
중국 인민해방군 병사. 1940년 빈농의 아들로 태어나 중국공산주의 청년단에 들어가 봉사활동을 했다. 이후 인민해방군에 들어가 트럭 운전병으로 매사에 솔선수범하다가 1962년 23세의 젊은 나이에 사고로 죽었다. 사후 '인민을 위해 봉사하며 살겠다'라는 레이펑의 일기가 공개되면서 그를 본받자는 운동이 크게 일어났다.

진리 기준 문제
1978년 덩샤오핑은 "실천이 진리를 검증하는 기준"이라고 주장하면서 문화대혁명에서 탈피하여 사회개혁에 나섰다. 이에 전국적으로 인간과 사회의 본질에 대한 다양한 관점이 제기되면서 진리의 기준을 둘러싼 논쟁이 벌어졌다.

GHQ의 검열로 보류로 취급된 기사
1945년부터 일본의 모든 출판물이 GHQ의 검열 대상이 되면서, 신문 기사 가운데 보류 판정을 받아 게재되지 못하는 기사도 늘었다. 사진은 적기 사용 금지에 관한 기사를 보류 취급해 오려낸 것이다.

할을 잘 보여주었다. 산업으로서 신문의 성격이 주목받으면서 광고 수익이 국가 예산을 대신하며 신문의 성장을 뒷받침했다. 보도 내용이 다양해지고 비판적 보도가 주목을 받으면서 과거에는 '소시민적'이라고 여겼던 사회 뉴스가 늘어났지만, 기사 내용이 저속화되는 문제점도 나타났다.

아편전쟁 이후 영국의 식민지로서 줄곧 자본주의 제도를 유지한 홍콩 지역에서 신문은 대륙과는 달리 시민 생활 보도를 중심으로 성장했다. 다른 매체와의 경쟁 속에서 한때 왕성했던 석간신문이 발행난을 겪으면서 1996년 홍콩에서 모두 사라졌다.

타이완 지역은 일제 식민지 시대에 한때 중국어 신문 발행을 제한하고 금지했다. 1945년 타이완이 중국에 반환되고, 1949년 국민당이 타이완으로 후퇴하면서 관영 신문이 주도하는 시대로 접어들었다. 1988년 타이완에서 '보도 금지'를 풀면서 신문이 자유롭게 발전하게 되었지만, 보도 수준이 떨어지는 현상도 일부 나타났다.

1945년 8월 일본 패전 이후 GHQ가 일본 개혁을 진행하면서, 점령 정책의 순조로운 집행을 위해 미디어에 주목하고 민간정보교육국(CIE)을 설치했다. 또한 미디어 준칙으로 통칭되는 '일본 신문에 대한 규정'을 발표하고, 패전 이전 제약으로 작용하던 천황제 비판 금지령을 해제하는 한편, 연합군 비판과 원폭 관련 보도는 엄격히 제한했다. 1945년 9월부터 1949년 10월까지 뉴스뿐 아니라 일본의 모든 출판물이 GHQ의 검열 대상이 되었다(이 가운데 신문은 1948년 7월까지 사전 검열을 실시했고, 이후 사후 검열로 바뀌었다). 신문·출판사는 검열로 인한 발행 금지가 두려워 스스로 규제를 강화하고 연합군과 미국에 대한 비판을 미리 자제했다. 전시의 보도관제(報道管制)부터 이어진 자체 규제는 근대 일본 검열 제도의 전후 영향에 다름 아니며, 오늘날 일본 미디어의 보도 자세에도 영향을 주었다.

또한 일본 본토에서 분할되어 1972년까지 미군이 점령한 오키나와에서는 검열 제도가 1960년대까지 유지되었다. 정당의 기관지, 학생들의 동인지와 교원단체에서 편집한 애창곡집까지, 모든 분야의 미디어가 발행 정지 처분을 받기도 했다. 하지만 1960년대 오키나와 미군기지 반환운동으로 검열제는 사실상 유명무실해졌다.

GHQ의 5대 개혁지령 가운데 하나는 노조 설립 협조였다. 이를 기반으로 각 신문사가 노조를 설립했고, 신문의 전쟁 책임을 물어 사장과 간부를 퇴진시키려는 움직임이 있었다. 요미우리신문사는 편집부 간부 중심의 노조가 전 경시청 간부 쇼리키 마쓰타로 사장 등에게 전쟁 책임을 요구하자, 쇼리키 사장이 도리어 다섯 명의 편집부 간부를 해고했다. 이에 노조가 자체 신문 편집·발행으로 저항하면서 전후 최초의 대규모 쟁의로 발전했다. 1945년 12월 쇼리키 사장이 GHQ에 의해 A급 전범으로 지명되면서 쟁의는 노조 측의 승리로 끝났다. 12월 12일 《요미우리신문》은 논설을 통해 "앞으로 《요미우리신문》은 진정한 민중의 벗이며, 인민의 영구한 기관지이다"라고 선포했다.

그런데 중국공산당의 우세가 확실해지면서 공산당이 이끄는 중국 혁명이 승리하자, GHQ의 대일 점령 정책에 중대한 변화가 생겼다. 바야흐로 '역코스의 시대'가 도래한 것이다. 이어서 1950년 한국전쟁이 발발하자 '적색분자 추방(red purge, 일본 국내의 공산주의자 및 그 동조자가 공직에서 해임되거나 민간기업에서 해고됨)'을 감행하여 일본 국내의 공산주의자를 추방했다. 언론기관도 탄압을 받았다. NHK·요미우리·아사히·마이니치·교도(共同)·지지(時事) 등 신문사와 통신사·방송국 등 언론기관에서 공산당 또는 그들의 편으로 분류된 직원이 갑작스럽게 해고당했다. NHK 119명, 아사히신문 104명 등 전국적으로 모두 50개 신문사의 704명이 연루되었다. '적색분자 추방'을 감행하는 한편, 초기 점령 정책으로 공직에서 쫓겨났던 이들이 풀려나면서, 쇼리키 마쓰타로는 나중에 다시 요미우리신문사 사장이 되었다.

미국 점령 정책의 전환으로 전쟁 전의 보수 세력이 부활하면서 일본 신문업계는 전쟁 책임을 철저히 묻지 못했다. 또한 입법·행정·사법에 이어 '제4의 권력'으로서 미디어는 민주주의 사회라는 가치관을 지켜내지 못했다. 1955년 가을, 보수 계약에 기반한 자유민주당과 좌우 양파가 통합하여 탄생한 일본사회당이 대항적 '55년체제'를 형성했다. 쇼리키 마쓰타로가 사장이 된 《요미우리신문》은 국민 가운데 보수층을, 《아사히신문》과 《마이니치신문》은 혁신층을 독자층으로 하는 구도가 장기간 지속되었다.

1945년 광복 이후 한국에서는 여러 신문이 창간되었다. 1945년 한 해에만 40종이 넘는 신문이 창간되었지만 혁신적 신문은 미군정의 언론탄압을 받았다. 1948년 이승만 정부가 수립된 이후에도 한국에서 언론의 자유가 보장되기까지 많은 시간이 걸렸다. 한국전쟁을 전후하여 정부가 '국가 안보'를 이유로 민간 신문에 대한 엄격한 통제를 실시하면서 신문 발행 부수가 급격히 줄었다. 1950년대 중반 이후 신문 발행에 점차 숨통이 트였으나, 1961년 박정희가 군사 쿠데타로 집권한 이후 다시 상당수의 민간 신문이 폐간되었다. 이후 민영 신문사의 경영이 점차 가능해졌지만 보도 내용과 범위는 여전히 정부의 엄격한 통제를 받았다. 1980년 전두환이 군사 쿠데타로 집권한 이후에도 일부 신문을 폐간하고 언론통폐합을 진행했다. 이러한 통제 과정에서 친정부 성향을 가진 소수 대형 일간지가 크게 성장했다. 한편, 정부의 언론통제에도 불구하고 이에 저항하는 언론과 언론인도 여전히 존재했다.

1987년 '6·10민주화운동' 이후 민주화가 진전되면서 미디어에 대한 통제가 완화되고 신문 검열이 폐지되자, 일간지 수가 크게 늘었다. 그중에는 민간 기금 공모 방식으로 창간된 신문도 나타났는데, 1988년 창간된 《한겨레신문》이 그 예이다. 정부의 언론탄압으로 해고된 기자들이 계획하고 준비하여 민중이 주식을 사는 방식으로 정식 창간된 《한겨레신문》은 창간 취지를 '민주국가와 민족통일 실현을 목표로 개방적이고 공정한 국민의 언론 형성'이라 밝히고, 한국 종합 일간지 가운데 처음으로 한글 전용과 횡판 인

55년체제
보수정당인 자민당과 혁신정당인 사회당이 주축이 되어 전개된 전후 일본의 정치 체제. 보수정권이 추진하던 역코스와 개헌에 대항하기 위해 사회당이 통합하면서 형성되었다.

쇄 출판 방식을 시도했다. 오늘날 한국에서는《조선일보》·《중앙일보》·《동아일보》의 3대 일간지가 전국 대부분의 시장을 차지하는 등 독점 문제를 아직 해결하지 못하고 있다. 하지만 그 대안으로 시민들의 언론활동이 활발해지는 현상도 강화되고 있다.

라디오 방송의 다양화

일본을 점령한 GHQ는 미디어 준칙으로 신문과 출판 분야를 제약한 뒤, 1945년 9월에는 라디오 규칙을 만들었다. 군국주의 방송을 금지하는 동시에 연합국, 특히 미국의 점령 정책을 비판하지 못한다는 내용이었다. 길거리의 목소리를 전달하는 〈가두녹음〉, 첨예한 사회 풍자와 풍부한 유머의 〈일요 오락판〉, 전쟁의 진상을 폭로하는 〈진상은 이렇다〉 등 전시 정보국의 통제에서 벗어난 새로운 프로그램을 들으며 사람들은 전쟁이 끝났음을 실감했다. 1950년 4월 전파 3법(전파법·방송법·전파감리위원회설치법)이 실시되면서 국가의 강력한 통제를 벗어난 민간 라디오가 방송을 시작했으며, 방송의 정치적 중립과 공정성 보호를 위해 제삼자로서 전파감리위원회도 설립되었다.

그러나 미국은 중화인민공화국의 수립과 한국전쟁의 발발 등에 따라 일본을 반공 보루로 삼고자 정책을 전환했다. 이에 요시다 내각이 즉각 화답하면서 방송에 대한 압력을 확대했다. 1952년 미군의 점령이 끝나고 일본이 독립하면서 요시다 내각은 즉각 전파감리위원회를 폐지하고, 라디오와 TV를 우정성(郵政省)의 관할 아래 두었다. 같은 해 사회를 풍자하던 〈일요 오락판〉도 외압에 못 이겨 "안녕, 한 걸음 먼저갑니다"라는 말을 남기고 사라졌다.

중국에서 방송은 1950년대 이후 크게 발전했다. 1949년 10월 1일 중화인민공화국 수립일에는 라디오 방송을 통해 현장이 생중계되기도 했다. 이어 중국은 중앙·성(省)·현시(縣市)의 3단계 방송망을 구축하면서 방송의 국유화와 전국적인 방송망을 실현했다. 중국 농촌 지역에까지 가능한 한 모두 무선국을 설립하여 농민 가정에 정규 무료 방송을 전송했다. 방송은 뉴스와 정치선전 외에 농업 기술 지식(화학비료 사용법 등)과 현지 업무 소개, 통보(회의 소집 통지 등) 등을 전하며, 농촌에서 정보 보급과 연락 소통의 기능을 담당했다. 이후 중국에서 개혁·개방 정책이 추진되면서 방송은 1980년대 최전성기를 맞았다. 과거에 비해 가장 두드러진 변화는 라디오 방송국의 기능이 세분화되고 방송 내용이 다양해져, 지방 뉴스와 오락, 서비스 프로그램이 방송의 주요 콘텐츠가 되었다.

중국의 농촌 무선국

한국에서 미군정은 전후 경성중앙방송국을 접수해 당시 문맹률이 높던 한국인들에게 라디오 방송을 통해 미군정의 정책과 활동을 적극적으로 알리기 시작했다. 1950년 한국전쟁이 발발하자 라디오 수요가 크게 늘었다. 1950년대 후반부터 국영 방송체제를 벗어나 민간 방송국이 잇따라 개국하면서 명실상부한 라디오 전성시대가 열렸다. 그러나 1961년 '5·16 군사 쿠데타'가 발생하자, 서울중앙방송국이 확대된 KBS(한국방송공사)는 쿠데타의 당위성을 선전하는 가장 유효한 수단이 되었다. 이후 민간 상업방송국이 속속 개국하면서 국영 방송과 민간 방송 사이에 청취자 확보와 프로그램 개발을 위한 경쟁이 가속화되었다.

그러나 1970년대 이후 TV 보급으로 라디오 방송의 인기가 크게 줄고 광고 수익도 급감하자, 한·중·일 3국의 방송계는 새로운 활로를 모색하지 않을 수 없었다.

TV-새로운 대중매체의 등장

TV는 이미 제2차 세계대전 당시 발명되었지만, 전쟁이 끝난 이후에야 세계 각국에서 빠르게 보급되어 20세기 후반 미디어의 중심이 되었다. 화면이 흑백에서 컬러로 바뀌고 시청 범위도 국내에서 세계로 확대되었다. 사람들은 영상을 통해 정보와 문화·오락을 즐겼다. 이는 미디어가 사람들의 의식과 문화에 커다란 영향력을 발휘하기 시작했다는 것을 의미했다.

일본은 샌프란시스코강화조약과 미일안보조약에 따라 미군의 주둔을 받아들였다. 전후 일본 TV의 발전은 1920년대부터 TV 연구를 시작한 다카야나기 겐지로●와 NHK에서 시작되었으며, 이 밖에 미국 측의 강력한 지원이 있었다. 미국 방식(NTSC방식)●의 TV시스템이 냉전 심리전의 강력한 무기가 되었고, 경찰관료 출신 쇼리키 마쓰타로가 중요한 역할을 했다. 공직에서 물러났다가 다시 요미우리신문사 사장으로 복귀한 쇼리키는 미국 방식을 채택한 니혼(日本) TV 방송망 주식회사 설립에 착수해, 1953년 2월 NHK 도쿄방송국 개국에 이어 8월에 니혼 TV 방송국을 개국했다. 니혼 TV가 번화가에 설치한 '가두 TV'에서 스모 프로그램 등이 열풍을 일으켰다. 사람들은 특히 역도산의 공수도에 갈채를 보냈다. TV는 점차 각 가정에도 보급되었으며, 〈명견 래시〉, 〈우리 아빠 최고〉 등 미국이 싼값으로 제공한 오락 프로그램이 날마다 방송되었다. 이러한 프로그램은 '부유한 미국'과 '부드러운 미국인'의 이미지를 형성하며 사람들에게 친미 정서를 심어주었다.

1959년 영국 여왕의 대관식을 모방한 황태자(현재의 천황)의 혼례가 TV에 방송되었다. 1960년대 '3종 가전(TV·냉장고·세탁기)'과 '3C(자동차·에어컨·컬러 TV)' 등의 단어가 탄생하고, 1970년대에는 TV 보급률이 90%에 달하는 등 TV는 새로운 소비 촉진의 견인차가 되었다.

1958년 평론가 오야 소이치는 "가장 선진적인 미디어의 지휘로 '1억 총 백치화' 운동이 전개될 수 있다"라고 했다. 이 발언은 TV가 사람들을 대량 소비사회 속에 뛰어들게 만들고, 수동성을 형성하는 역할을 한다는 경고였

다카야나기 겐지로
물리학을 전공했으며, 일본 TV의 아버지라 불린다. 1920년대부터 TV를 연구하여 전후 TV 수상기를 제작하는 데 성공했다.

미국 방식(NTSC 방식)
NTSC는 'National Television System Committee'의 약자로, 1953년 미국에서 컬러 TV에 채택한 표준 방식이다. 기존 흑백 TV와 컬러 TV의 양립을 위해서 밝기 신호에 색 신호를 사람의 시각에 맞추어 교묘히 삽입해 전송하는 방식으로 회로가 간단하다는 특징을 갖고 있다. 주로 미국, 일본, 한국에서 채택하고 있다.

가두 TV 1953년 8월 니혼 TV 방송망이 첫 민간 방송국으로 개국한 뒤, 야외 여러 곳에 설치한 가두 TV는 폭발적인 인기를 얻었다. 사진은 구 니혼극장 앞 가두 TV 앞에 모여든 사람들 모습이다.

다. 1950~60년대 TV는 유행, 친미 정서, 천황제 지지가 민중에게 스며드는 데에 큰 역할을 했다. 또한 근검절약 중심의 일본인의 소박한 생활 방식이 대량 생산, 대량 소비 방식으로 바뀌는 데에도 TV가 큰 역할을 했다.

중국에서는 1958년 5월에 베이징방송국이 방송을 시작했다. 당시 중국은 경제 발전 수준이 낮아 TV 보급률이 아주 낮은 편이었다. 일부 고급 간부와 지식인 가정을 제외한 일반인은 표를 사서 특정 장소에서 TV를 시청했다. 하지만 TV는 시청자들에게 깊은 인상을 남겼다. 1978년 개혁·개방 정책 실시 이후 중국의 TV 방송은 크게 발전했다. 1980년대 컬러 TV는 모든 중국 가정에서 가장 갖고 싶어 하는 가전제품이었다. 컬러 TV의 보급으로 설날이면 집집마다 CCTV의 설 특집 방송을 시청하면서 화제로 삼는 '신풍속'이 나타났다. 설날 특집 프로그램에서 나온 표현이 곧 유행어가 되기도 했다. 2009년 설날 특집 프로그램의 만담에 등장했던 '돈은 충분해'라는 말은 세계 경제 위기 상황에서 중국인의 자신감을 유머로 표현한 것이었다. TV에서 방영하는 드라마와 광고·정보 등은 중국인의 사고와 행동 및 생활 방식에 영향을 미쳤다. 지방 방송국이 위성 전송 방식으로 전국 각지에 중계되면서, 방송국 간의 경쟁이 강화되었다. 홍콩과 타이완 TV는 모두 지역 뉴스 보도를 중심으로 발전했으며, 타이완 방송국은 시청률 경쟁이 매우 치열하다.

한국에 최초로 TV 수상기가 선보인 것은 1954년이었다. 당시 미국 기업 RCA가 한국 시장을 개척하기 위해 서울 보신각 앞에 텔레비전을 설치하여 행인들의 이목을 끌었다. 한국 최초의 텔레비전 방송국은 1956년 개국한 HLKZ-TV였다. 1961년 KBS의 전신인 서울텔레비전방송국이 박정희 당국이 '국민에게 주는 선물'로 문을 열었다. 이후 TBC(동양방송, 1964)와 MBC(문화방송, 1969, 라디오 방송국은 1961년 개국), SBS(서울방송, 1990)도 개국했다. 1970년대 텔레비전이 보급되면서 텔레비전은 사람들의 일상 소비와 생활 방식에 영향을 미치기 시작하면서 대중에게 파급력이 가장 큰 미디어가 되었다. 텔레비전 프로그램도 다양해졌는데, 특히 텔레비전 뉴스의 현장성·속보성·전파성이 크게 향상되었다. 1974년 8·15 광복절 기념식 행사에서 박정희 대통령의 영부인이 암살당하는 사건이 텔레비전으로 전국에 중계되어 사람들에게 큰 충격을 주었다. 1980년 5·18광주민주화운동을 무력으로 진압한 군부 세력은 상업방송의 폐해를 극복한다는 명분으로 언론 통폐합을 단행해 방송산업을 독점하고, 모든 방송을 공영 체제로 강제 개편시켰다. 그러나 이는 오히려 일부 방송인의 정치·사회적 책임감을 불러일으켰다. 그들은 KBS 시청료 납부를 거부하는 시청자 운동을 통해 공영제 실현이라는 방송 본연의 기능을 찾고자 노력했다.

또한 방송계 내부의 민주화 노력을 통해 정부의 통제에 반발하는 등 민주화 운동이 고조되었다. 1990년대 한국의 방송은 공영·민영 체제로 복귀하는 한편, 케이블 TV와 위성 TV의 등장으로 뉴미디어 시대가 열렸다. 또한 방송사 간 시청률 경쟁이 더욱 심화

"장금이가 온다" 한국 드라마 〈대장금〉은 한류 열풍을 불러일으키며, 동아시아뿐만 아니라 세계 각국 사람들에게 큰 인기를 받았다. 사진은 2007년 8월 일본 도쿄돔에서 열린 〈대장금〉 관련 행사 포스터이다.

되었는데, 시청률은 광고 수입과 미디어의 영향력으로 직결되었다. 방송 산업의 확대는 프로그램의 소재와 유형, 형식 등을 다채롭게 변화시켰다. 드라마의 경우 일일극·주중 드라마·주말극·미니시리즈 등의 다양한 형식을 갖추었고, 소재 측면에서도 멜로드라마·사극·모험극 등 다양해졌다. 사극 형식으로 한국의 역사와 음식 문화를 결합시켜 한 여성의 성공 스토리를 다룬 드라마 〈대장금〉(2003~2004)은 동아시아에 '한류' 열풍을 일으켰다.

영화―오락과 예술로

동아시아에서 영화는 가장 대중적인 오락 콘텐츠였다. 중국과 한국처럼 영화를 정책 계몽의 수단으로 활용한 경우도 있지만, 영화인들은 개성 있는 영화를 만들어 관객의 사랑을 받았고, 나아가 각종 영화제에서 수상하면서 국제적인 명성을 얻었다. 이제 국제 영화계에서 동아시아는 최대의 시장으로 성장하고 있다.

1945년 중일전쟁이 끝나자 중국의 영화는 되살아나기 시작했다. 상하이에는 중국 영화의 선두답게 여전히 많은 민영 영화사가 있었다. 또한 국민당 정부의 통제 아래 중앙전영촬영장(中央電影撮影場)과 중국전영제편창(中國電影制片廠)으로 대표되는 국영 영화사 역시 크게 발전했다. 많은 오락 영화를 제작하는 한편, 민중의 고단한 삶을 반영한 리얼리즘 영화도 제작되었다. 민영 쿤룬전영공사(崑崙電影公司)에서 출품한, 차이추성 감독의 〈봄날의 강물은 동쪽으로 흐른다(一江春水向東流)〉(1947)는 민중의 질곡을 반영했는데, 여주인공이 "하늘이여, 어디로 가야 합니까?"라고 외치며 강물에 투신자살하는 마지막 장면은 관객의 눈물을 자아냈다. 영화 〈까마귀와 참새(烏鴉與麻雀)〉(1949)는 시대 변천을 배경으로 이름 없는 이들의 운명을 통해 보통 사람의 생활상을 생생하게 보여주었다.

1949년 중화인민공화국이 탄생하면서 중국의 영화 시스템은 개인에서

〈봄날의 강물은 동쪽으로 흐른다〉
1940년대 중국의 대표적인 리얼리즘 영화이다. 멜로드라마의 구조를 취하면서도 중국의 항일전쟁 시기와 전후의 이상주의를 그려내 대중의 폭넓은 사랑을 받았다.

국영으로 전환되었고, 상하이, 베이징, 창춘은 3대 영화 제작기지가 되었다. 당시 제작된 영화는 사회주의 리얼리즘을 취지로 혁명선전의 역할이 강조되었고, 영화 내용과 형식의 통일 및 대중성과 파급력이 강조되었다. 영화 양식도 확장되어, 과거 거의 제작되지 않았던 전쟁영화가 많은 관객의 사랑을 받으면서 크게 성장했다. 영화관의 숫자와 관객 규모도 크게 늘었다. 영화는 당시 중국 민중에게 가장 주요한 문화·오락거리로, 도시뿐만 아니라 농촌에서도 정기적으로 영화가 상영되었다. 1930년대 자오단 등 22명의 영화 스타의 사진이 한때 영화관마다 걸려 수많은 관객의 시선을 사로잡았다. 1950년대 이후 홍콩 영화의 성장세가 두드러졌다. 영화계에서 홍콩의 무협 쿵푸(功夫) 영화는 독보적이었으며, 쿵푸 영화 스타 리샤오룽은 해외에서 중국인의 이미지를 대표하게 되었다. 타이완에서도 1960~70년대 비약적 경제 발전에 따라 영화 산업도 크게 발전했다.

일본 패전 후, GHQ는 국가주의를 선전하거나 봉건적 충성과 폭력적 보복 등을 소재로 하는 영화를 금지했다. 전반적으로 영화 제작의 자유가 확대되면서 전시에 당국의 전쟁 영화에 참여했던 영화인들 역시 노조를 결성하고, 반전 의식을 담은 영화를 제작했다. 〈오조네 가의 새벽(大曾根家の朝)〉(1946) ·〈우리 청춘에 후회는 없다(わが靑春に悔いない)〉(1946) ·〈전쟁과 평화〉(1947) 등 양심적인 작품은 수많은 관객에게 감동을 주었다.

하지만 이러한 자유는 오래 지속되지 못했다. 미국의 점령 정책이 바뀌면서, 전쟁 중 행위로 공직에서 물러났던 영화사 경영진이 영화계로 복귀했다. 이들은 GHQ와 일본 정부의 힘을 등에 업고 반전과 민주주의를 선전하는 영화인을 '적색분자'(즉, 공산주의자)라고 모함하면서 탄압했다. 그 와중에 도호쟁의(東寶爭議)가 일어났으며, 얼마 후 적색분자 추방이 진행되어 가메이 후미오, 야마모토 사쓰오 등 많은 영화인이 영화계에서 축출당했다. 이들은 어려움 속에서 독자적으로 제작 팀을 꾸려 〈진공지대(眞空地帶)〉(1952) ·〈원폭의 아이들〉(1952) ·〈히메유리의 탑(ひめゆりの塔)〉(1953) 등 우수한 작품을 내놓았다. 당시 일본 영화는 국제적으로 호평을 받았다. 구

도호쟁의
1948년 도호영화사에 소속된 사회주의적 성향의 영화인들이 회사 측과 대립하며 일어난 노동쟁의. 경찰과 미군의 개입으로 문제가 해결되긴 했으나, 이후 영화인들 간의 극한 대립으로 이어졌다. 도호영화사는 제2차 세계대전 중에 일본 최대의 영화사였으나 전후 노동쟁의로 심각한 인력난을 겪었다.

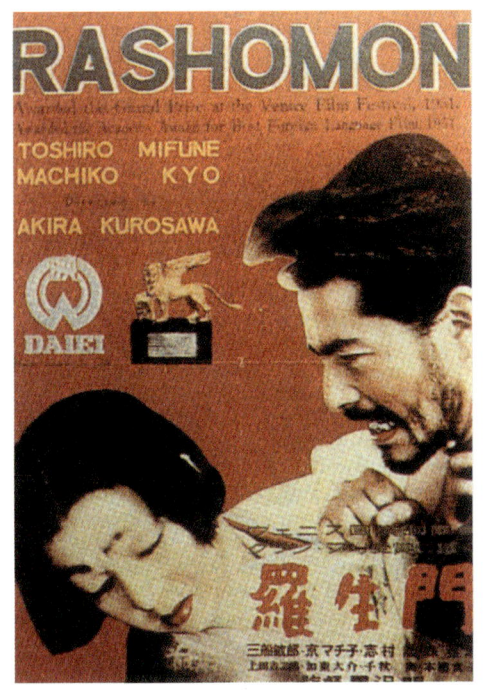

〈라쇼몽〉 헤이안시대를 배경으로 살인 사건을 둘러싼 사람들의 엇갈린 진술을 통해 진실에 대한 문제 제기를 한 영화로, 이탈리아 베니스 영화제에서 황금사자상을 수상했다. 원자폭탄과 패망에 대한 실존주의적 고민을 담고 있다는 평을 받기도 했다.

로사와 아키라의 〈라쇼몽(羅生門)〉(1950)이 이탈리아 베니스 영화제에서 수상하고, 미조구치 겐지의 〈오하루의 일생(西鶴一代女)〉(1952)·〈우게쓰 이야기(雨月物語)〉(1953)·〈산쇼다유(山椒太夫)〉(1954)도 국제영화제에서 연속 수상했다. 관객 수가 연인원 10억 명을 넘으면서, 일본 영화는 '제2의 황금기'를 맞이했다.

1950년대의 영화 발전 속에서 비록 야마모토 사쓰오의 〈전쟁과 평화〉(1947)와 고바야시 마사키의 〈인간의 조건〉(1959)과 같이, 전쟁과 그로 인한 사회 현상을 반영한 작품이 출현했지만 전반적으로는 줄어들었다. 아시아 침략의 실상을 날카롭게 그린 영화가 전후 일본 영화계에 충분하지 못했던 것이다. 부정적인 역사를 솔직하게 마주할 수 있는 작품의 제작은 지금까지 일본 영화계의 과제로 남아 있다.

1945년 해방 이후 한국 영화계는 취약한 기반 등의 여러 불리한 요인으로 한때 기술적 퇴행 현상이 일어나면서, 16mm 무성영화가 제작되기도 했다. 그러나 영화 시장에서는 주로 미국 영화를 상영했다. 한국전쟁으로 한국 영화 산업은 심각한 타격을 받았지만, 일부 영화인들은 국방부나 미군에 소속되어 군사 홍보 영화를 제작할 수 있었다. 한국전쟁이 끝나고 한국 정부가 영화 산업에 면세 정책을 취하면서 영화 산업이 빠르게 발전했다. 1959년 한 해만 해도 한국 영화 제작 편수는 100편이 넘었고, 소재와 표현 형식도 다양해졌다. 영화가 중요한 대중적 오락거리가 되면서 한국 영화는 황금시대를 맞이했다. 1960년대 들어 박정희 정부는 영화 산업에 대한 육성과 통제를 목적으로 '영화법'을 만들었다. 한국 영화는 이때부터 점차 불황기로 접어들었다. 국가의 엄격한 검열과 TV의 보급 등으로 영화 제작 편수와 관객 수가 줄었다.

중국의 영화는 '문화대혁명' 당시 정체되었다가 문화대혁명이 끝난 후 되살아났다. 1979년 중국 영화 관객 수는 연인원 293억 명으로 중국뿐만 아니라 세계 최대 기록을 세웠다. 개혁·개방 이후 영화인의 창작의 자유가 크게 확대되면서 장이머우·천카이거 등 신세대 영화인들이 두각을 나타냈으며, 그들의 대표작인 〈붉은 수수밭〉(1989)·〈패왕별희〉(1993) 등은 독특한 표현력과 개성으로 국제 영화제에서 거듭 수상했다. 하지만 TV의 보급과 비디오 플레이어의 발전 및 여가 방식의 다양화 등 경제·사회·문화 환경의 변화로 인해 1980년대 후반기부터 영화는 새로운 난제에 부딪혔다. 이후 중국 대륙 영화는 시장화로의 방향 전환과 함께 미국 할리우드 영화를 수입·상영하는 등 영화 시장이 점차 되살아나면서 안정적으로 발전하고 있으며, 자국 영화의 시장 점유율이 50%를 넘는다.

1997년 홍콩의 중국 반환 이후 홍콩 영화가 중국과 협력하여 대륙 시장을 개척하면서, 홍콩 영화의 중국 상영이 일반화되었다. 1980년대 이후 허우샤오셴의 〈비정성시〉(1989)로 대표되는 타이완 뉴웨이브 영화운동으로, 타이완 영화의 국제적 영향력이 확대되었다. 1990년대 세계로 진출한 가장 유명한 타이완 출신 감독인 리안 감독은 〈와호장룡〉(2000) 등 무협 형식으로 중국의 문화 전통을 그려내 관객들의 사랑을 받았다.

1960년대 중반부터 일본 영화는 정상에서 내리막길을 걷기 시작했다. TV의 보급으로 영화 관객이 급감했기 때문이다. 그러나 1990년대 들어 일본 영화 산업은 점차 안정되었다. 복합상영관의 유행과 비디오테이프와 DVD의 보급으로 관객들이 영화를 즐길 수 있는 공간이 확대되었다. 일본의 독특한 애니메이션과 다큐멘터리 영화는 국제적으로 상당한 영향력을 확보하고 있으며, 중국과 한국에서도 많은 팬이 있다.

한국은 1987년 6·10민주화운동 이후 민주화시대에 접어들면서 영화 발전에도 유리한 여건이 조성되었다. 영화에 대한 검열권이 정부에서 영화진흥위원회로 넘어가면서 검열 기준이 완화되었고, 1993년에는 검열 제도 자체가 폐지되었다. 이 과정에서 영화 소재도 다양해지고, 표현도 자유로워

부산국제영화제 아시아 영화의 발전에 기여하고 한국 영화의 위상을 높이고자 1996년 창립된 한국 최초의 국제 영화제. 해마다 출품작이 늘어 아시아 최고의 영화 견본시장이라는 명성을 얻었으며, 세계 각국의 배우, 감독, 제작자, 영화·영상 관계자들과 일반 관객들이 소통할 수 있는 장이 되고 있다.

졌다. 강력한 대중성과 한국적 특색을 살린 영화들이 관객의 환영을 받으면서 한국 영화는 제2의 황금기를 맞이했다. 1999년 〈쉬리〉의 상영을 기점으로 한국 영화의 국내 시장 점유율은 이미 40%를 넘어섰다. 이창동·김기덕·박찬욱 등 대표적인 중견 감독이 찍은 영화가 국제 영화제에서 계속 수상하면서 한국 영화의 국제적인 명성을 드높였다. 1996년 한국은 부산국제영화제를 조직해 아시아와 세계에서 영향력 있는 영화제로 성장하며 전 세계의 주목을 받고 있다. 스크린쿼터제(자국 영화 의무 상영 제도)는 한국 영화를 미국 영화의 독점으로부터 보호하는 데 큰 역할을 했지만, 2006년 진행된 한미자유무역협정(한미FTA) 논의 과정에서 정부는 한국 영화인의 강력한 반대와 문화 다양성을 지지하는 국제 여론에도 불구하고 스크린쿼터제 폐지를 주장하는 미국의 의견을 일부 받아들여 한국 영화의 의무 상영 일수를 줄였다. 그러나 한국 영화인들은 여러 사회·경제적 어려움에도 불구하고 한국 영화의 독창성을 지켜내면서 세계적으로 주목을 받으며 인구에 회자되는 뛰어난 영화를 만들어내고 있다.

4

소비되는 미디어
－새로운 도전 속에서

신문－상업화와 대중의 신뢰

주요 대중매체로서 신문의 가장 중요한 기능은 뉴스 정보의 전달이다. 신문은 뉴스와 사설을 통해 독자들의 가치관과 행동에까지 영향을 미친다. 또한 신문은 오락·교육 기능이 있어 간접적으로 국민의 정서와 국가관이나 세계관 형성에 한몫한다. 이 밖에 신문은 수익이 막대한 문화 산업으로서의 상품성을 갖는 동시에 공공재적 성격으로 인해 강력한 정치성을 갖고 있다.

한·중·일 3국의 신문의 역사는 공통점과 함께 각자 뚜렷한 개성이 있다. 중국의 신문은 독특한 사회 환경과 근대 이후의 상황으로 한때 강한 정치적 성향을 띠며 민족의 독립투쟁과 개혁·개방 과정에서 중요한 역할을 했다. 그러나 이러한 특정 시기의 과도한 정치화로 인해 신문의 발전과 공신력에는 악영향을 미쳤다. 일본의 신문은 과거 군국주의의 지배를 받으면서 침략전쟁을 선전하는 나팔수로 전락했고, 전후에도 전쟁에 대한 반성과 전쟁 책임에 대한 추궁이 불충분했다. 한국의 신문은 민주화 과정에서 상

중국의 신문 가판대

당한 변화가 있었지만, 신문의 정경 유착은 보도의 자유와 뉴스 선정에 영향을 주었다.

뉴미디어가 발전하면서 종이 매체인 신문 역시 새로운 도전을 맞이했다. 한·중·일 3국의 신문이 당면한 공동과제는 매체 간의 치열한 경쟁 속에서 신문의 지속적인 발전을 유지하고, 광고(광고비) 개입에 따른 대기업의 영향과 통제를 극복해야 한다는 것이다. 또한 뉴스 보도의 독자성과 공공적 성격을 유지하며, 언론 종사자의 부패를 방지하는 등의 과제도 남아 있다.

이러한 공동과제 외에 한·중·일 3국의 신문은 각자 해결해야 할 과제도 안고 있다. 한국과 일본의 경우, 정부와 광고주의 간섭에서 벗어나 민중의 매체를 실현해야 한다. 한국에서는 최근 들어 재벌 또는 특정 정치 성향의 매체가 새로운 매체를 만들면서 여론의 독점화를 우려하는 목소리가 나오고 있다. 2011년 3월 일본 후쿠시마(福島)에서 원전 사고가 발생하면서, 그동안 원전 발전 추진이라는 국책을 추종한 대형 신문사의 보도가 민중의 알 권리와 안전을 무시한 보도였다는 지적이 제기되었다. 중국은 뉴스 소스와 신문 사설의 다양화와 공공 분야에서 신문의 영향력과 감독 역할에 주목할 필요가 있다. 깊이 있는 보도가 가능하고 장기적으로 보존된다는 점에서, 신문은 여전히 다른 매체가 대체할 수 없는 역할과 경쟁력을 가지고 있다.

라디오·TV의 다양화

한·중·일 3국은 국가 체제의 차이가 있지만, 라디오와 TV 시스템에는 상당한 공통점이 있다. 라디오와 TV에 대한 국가의 통제가 서구에 비해 엄격한 편이다. 중국의 CCTV는 국가 방송국으로 정부의 공공 정책 선도 기능을 담당하고 있다. 일본의 NHK, 한국의 KBS 역시 공영 방송국으로, 정부와 비교적 긴밀한 관계를 가지면서 정부의 정책에 대해 어느 정도 선도 역할을 담당하고 있다.

일본의 민영 라디오와 TV는 신문과 긴밀한 관계를 맺고 있고, 전후 발전한 민영 라디오와 TV는 대부분 신문사를 기반으로 성장했다. 업종 간 소유 제한이 없는 일본에서는 TV 방송이 시작된 이후 《요미우리신문》과 니혼방송국, 《아사히신문》과 아사히방송국, 《마이니치신문》과 TBS, 《산케이신문》과 후지방송국, 《일본경제신문》과 도쿄방송국'이라는 신문·방송 네트워크를 형성했다. 중앙TV 방송국이 신문사에 의해 독점되고 신문사로부터 독립적인 방송국은 중앙으로 진입할 수 없게 되면서, 신문과 TV가 거대 매체가 되어 지배적 지위를 차지했다.

일본 법학자인 가이노 미치타카는 일찍이 1958년에 'TV의 언론자유 실현'을 위한 대전제로 아나운서의 창의적 기획과 지위 보장을 꼽았다. 이 발언은 2001년 발생한 정치가의 NHK 프로그램 간섭 사건●을 떠올리게 하는데, 청취자의 알 권리와 자유로운 제작권을 보장하기 위한 대전제를 제시한 것이다. 일본의 방송은 민중에게 개방적이면서 정부에는 독립적인 시스템 구축이 가장 큰 과제이다.

한국의 라디오·TV 체제는 공사(公私) 이원병립이라는 특징을 갖고 있으며, 라디오·TV와 정부는 종속 관계도 적대 관계도 아니다. 한국의 방송은 정부에 대해 비판하면서 협력도 하고 있다.

중국의 국영 라디오·TV 역시 시장경제에 따른 경쟁 적응 문제와 국영체제 아래 라디오·TV 고유의 비판과 감독 역할 발휘 문제가 있다.

신문과 달리 TV는 글자를 몰라도 영상을 통해 직관적 이해가 가능하고, 언어가 달라도 더빙과 자막을 통해 소통할 수 있어 대중문화 교류에 비약적인 발전을 가져왔다. 한·중·일 3국 모두 TV 보급률이 거의 100%라는 점이 그 기반이 되었다. 1983년 봄에 방송을 시작한 일본 NHK 아침 연속극 〈오싱〉은 얼마 후 중국에서도 방송되어 '오싱 열풍'을 일으켰다. 중국의

NHK 프로그램 간섭 사건
2000년 12월 도쿄에서 일본군 '위안부' 제도를 고발하는 여성국제전범법정이 열렸는데, 이를 보도한 NHK의 프로그램 내용을 놓고 우파 정치가와 관련 단체가 압력을 가해 내용을 바꾸었던 사건이다. 하지만 법정에서는 수정 강제 사실을 인정받지 못했다.

TV 오락 프로그램이 아직 부족한 시절, 야마구치 모모에 등 일본 대중가수와 연기자가 큰 인기를 끌었다. 일본 애니메이션 〈도라에몽〉, 〈마루코는 아홉 살〉 등도 한동안 유행했다. 이 밖에 〈삼국지〉 등 중국의 TV 영화가 일본에서 높은 인기를 누렸고, 한국의 〈겨울연가〉는 일본에서 한류 열풍을 일으켰다.

결론적으로 TV 방송은 동아시아 대중문화의 교류를 심화하고 정치·경제·교육 등 정보를 공유하며 새로운 동아시아 문화권의 형성을 촉진할 수 있다.

영화—교류의 세계화

21세기 들어 한·중·일 3국의 영화 산업이 빠르게 발전하여 이미 미국, 유럽과 함께 세계 3대 영화 문화권을 형성했다.

한·중·일 3국은 비슷한 문화적 배경을 가지고 있어, 동아시아에서 대중문화 소비 형태의 하나로 영화는 광범위한 교류와 협력의 가능성이 있다. 그러나 여러 요인으로 인해 세 나라의 영화 교류가 항상 순조로운 것은 아니었다. 제2차 세계대전 이전 중국과 일본은 각자 상대방 국가의 영화에 대한 시장 규모가 크지 않았지만 이후 변화가 나타났다. 또한, 제2차 세계대전 이후 중국·타이완·한국은 역사적인 이유 때문에 한때 일본 영화의 상영을 강력히 제한했지만, 이후 상황의 변화에 따라 한·중·일 3국 사이에 영화 교류가 활발해지면서 민중의 정서적 소통을 통해 독특한 문화를 전달하는 역할을 했다. 일본 영화는 중국의 문화대혁명 이전, 중국 대륙에서 가장 자주 상영되던 자본주의 국가의 영화였다. 개혁·개방 이후, 중국 대륙에서 처음으로 상영된 자본주의 국가의 영화 역시 일본 영화였다. 〈망향(望鄕·Sandakan House No 8.)〉(1974)과 〈그대여 분노의 강을 건너

오키나와에서 촬영된 한국 드라마
한국 드라마가 일본에서 촬영되는 등 한·중·일 3국의 활발한 문화 교류가 이루어지고 있다.

라(君よ, 憤怒の河を渡れ)〉(1976)는 당시 큰 반향을 불러일으켰고, 일본 남자 배우 다카쿠라 겐은 당시 중국 젊은 여성의 이상형이었다. 중국에서 제작한 〈비성물요(非誠勿擾)〉(2008)는 일본 홋카이도의 아름다운 풍경을 그려 중국에서 홋카이도 관광 붐을 일으켰다. 중국 영화도 일본과 한국에서 상영되었으며, 중국 고전인《삼국지연의》를 소재로 한 영화 〈적벽대전〉(2008)이 세 나라에서 공히 관객들의 사랑을 받았다. 21세기 들어 한국 영화가 중국과 일본에서 상당한 영향력을 갖게 되면서, 한국 영화 속의 선남선녀를 비롯해 한국의 풍속과 인정, 그리고 음식까지 인기를 얻고 있으며, 한국 남자 배우 배용준은 일본에서 많은 아줌마 '팬'을 확보했다.

현재 한·중·일 3국의 공동제작 영화가 점차 늘어나면서, 많은 영화인과 투자자들의 관심을 끌고 있다. 예를 들어 일본인이 투자하고, 타이완인이 제작자로 나서며, 홍콩인이 감독하고, 중국 대륙에서 중국 연기자가 출연하여 한국 영화 기술로 촬영한다면, 진정한 공동제작 영화가 된다. 그러나 진정한 동아시아 고유의 문화를 세계에 선보이려면 역사 인식의 차이를 극복하고, 문화적 격차를 해결하면서, 시장을 제대로 겨냥하여 과거 한·중·일 3국 영화의 지역성을 극복해야 한다. 이처럼 한·중·일 3국에는 실천 속에서 해결해야 할 과제가 많다.

8

전쟁과 민중 – 체험과 기억

● 이 시기 한·중·일 연표

1931　만주사변 발발

1932　일본군, 상하이에 최초로 위안소 설치

1937　중국, 산시성 위현에 중국공산당 지부 성립. 중일전쟁 발발. 난징 대학살. 일본군 109여단 1연대, 위현을 공격

1938　일본군, 위현 헌성 점령. 조선에서 육군특별지원병령 공포

1939　일본, '노무동원계획' 각의 결정

1940　중국, 백단대전 개시. 일본군, 허둥촌 점령

1941　일본군, 중국의 시엔진에서 학살, 난서에서 학살

1942　일본군, 싱가포르에서 중국인 학살. 타이완에서 500명의 제1회 고사(高砂)정신보국대를 필리핀에 파견. 필리핀 점령. 태면철도 공사 개시. 중국인강제동원 각의 결정

1944　일본, 여자정신근로령 공포

1945　오키나와 전투 개시와 종결, 하나오카 사건 발발. 히로시마와 나가사키에 원폭 투하. 일본군 위현에서 철수. 한국, 해방과 동시에 신사 철거. 일본의 야스쿠니신사에서 임시 초혼제 개최

1949　한국, 3·1절, 8·15광복절을 공휴일로 지정

1954　일본, 히로시마 평화기념공원 건립

1959　야스쿠니신사, 조선인 해군 군속 대규모 무단 합사

1970　한국원폭희생자위령비, 히로시마 평화기념공원 밖에 세움

1975　일본, 오키나와 평화기념자료관 공식 개관. 한국 정부, 오키나와 평화기념공원 근처에 한국인 위령탑 건립

1982　일본의 역사 교과서 검정이 동아시아에서 외교문제화됨, '근린 제국 조항'을 설정으로 일단락됨

1985　중국, 침화일군난징대도살우난동포기념관, 갑오전쟁박물관 개관

1987　중국, 베이징에 중국인민항일전쟁기념관 건설. 한국, 독립기념관 개관

1991　한국, '위안부' 생존자가 처음 실명으로 증언하고 일본 정부에 사죄와 배상을 요구하며 제소. 중국, 9·18역사박물관 건립

1992　한국, 서대문에 독립공원 건립

1994　중국, '애국주의교육실시강요' 공포

1995　한국, 조선총독부 청사 철거. 일본, 오키나와 평화기념공원에 '평화의 비' 건설

만주사변 이후 15년간의 기나긴 전쟁은 전선과 후방이 따로 없는 '총력전'이었기에 누구도 전쟁과 무관하게 살아갈 수 없었다. 일본 민중은 국가에 의한 동원과 통제 아래 군수공장에 나가거나 병사로 동원되어 학살에 가담했다. 중국에서도 군인뿐만 아니라 민간인까지 총탄과 포화 속에 내던져졌다. 일본군은 중국에서 총포·도검 외에도 독가스와 세균·생체실험으로 학살을 자행했다. 식민지 조선과 타이완에서는 노동자와 군인 혹은 군속으로 동원된 많은 사람이 고향을 떠난 뒤 다시 돌아오지 못했다. 또한 식민지와 점령지에서는 수많은 여성이 성적 피해를 당해야 했다.

일본이 일으킨 침략전쟁은 수많은 민중의 행복을 앗아갔고, 침략의 명분으로 내걸었던 '대동아 해방'은 허울뿐인 구호였다. 전쟁 중 일어난 모든 가해는 제국 일본의 '명령' 아래 저지른 비인도적인 행위였다. 그런 침략전쟁을 지탱했던 일본의 민중도 공습과 원자폭탄의 희생자가 될 수밖에 없었다.

1945년 8월 15일 전쟁은 결국 막을 내렸다. 하지만 고향을 떠났던 사람들은 살아 돌아오지 못했고, 수많은 유족만 남겨졌다. 15년의 세월은 승전국에도 패전국에도 치유하기 힘든 상흔을 남겼다. 살아남은 사람들은 가해자와 피해자로서 현실에서 부딪혀야 했다. 기억과 내면의 영역에서 겪어야 하는 아픔도 시간이 갈수록 가중되었다. 그리고 냉전의 고착화는 전쟁에 관한 각국의 기억에도 균열을 초래했다.

죽은 사람들을 어떻게 기억할 것인가? 지난 전쟁을 어떤 의미로 되새길 것인가? 그리고 국가는 어떻게 대처해야 하며, 민중과 시민사회는 어떻게 주체로 나설 수 있는가? 가해자도 피해자도 이 물음을 진지하게 고민하고 좀 더 나은 답을 찾아내야 한다. '전쟁 없는 미래'와 평화롭고 인간다운 삶은 동아시아 민중이 같이 누려야 할 공동의 과제이자 목표이기 때문이다.

1

민중의 전쟁 동원과 체험

전쟁터와 민중

일본의 침략전쟁으로 15년 동안 전쟁터가 되었던 중국에서 민간인은 군인보다 훨씬 더 많이 목숨을 잃었다. 병사로 동원된 보통의 일본인은 전쟁과는 무관한 보통의 중국인을 학살하고 그들의 마을을 짓밟았다. 전쟁터에서 가해자와 피해자로 극명하게 엇갈리는 민중의 삶을 구체적으로 살펴보자.

1943년 소집영장을 받은 미야기현(宮城縣) 출신 모리 이사오는 이웃 사람들의 성대한 송별식을 받으며 전쟁에 동원되었다. 마을 신사에서 무운장구(武運長久)를 기원하는 제를 지냈고, 촌장의 송별사와 더불어 고적대의 연주를 들으며 역으로 향했다. 웅혼하게 합창되는 군가, 펄럭이는 일장기의 물결, 그칠 줄 모르는 '만세' 함성. '자랑스러운 심정'을 가슴에 안은 그는 "군대에서 잘못이라도 저지"르면 "고향에 돌아오지도 못할 지경이다"라고 생각했다.

하지만 대개 병사들이 입영 후 귀에 못이 박히도록 듣게 되는 말은 '너희들은 1전 5리의 소모품이야'였다. 1전 5리는 소집영장의 우편요금을 가리킨다. 당시에는 1전 5리로 얼마든지 보충할 수 있는 병사보다는 군마가 훨씬 가치가 있었다. 말보다 미천한 사병들에게 병영 내에서의 사적 제재, 즉 구타는 일상다반사였고, 가혹한 훈련과 힘에 부치는 노역에 내내 시달려야 했다. 그리하여 "지배-복종의 관계, 혹독한 신체 훈련과 엄격한 일상의 기거 및 동작 규제에 의해 '아무것도 생각하지 못하게 만드는 일'"이 완성되었다.

이러한 기반 위에서 병사들은 '살인자'로서 훈련되었다. 전장에 익숙해지기 위해 포로를 이용한 살인이 사단장의 명령으로 이루어지기도 했다. 기둥에 묶여 있는 중국인 포로를 향해 초년병은 착검한 총을 들고 찌르라는 명령을 받았다. 주저하는 병사도 "멍청한 놈. 적이니까 찔러 죽여"라는 상관의 고함에 밀려 팔을 뻗었다. 그리고 나면 "이제 너도 드디어 군인이 된 거야. 축하해"라는 고참병의 칭찬이 이어졌다.

전쟁터를 전전했던 일본군의 증언에서 '군대는 운대(運隊)'라는 말이 자주 등장한다. 배속된 부대와 지역·지휘관이라는 '운'에 따라 생과 사가 갈리고, 전쟁 체험에서도 전혀 다른 양상을 보인다는 것이다. 그런 험난한 전쟁터에서 '전우애'는 "한솥밥을 먹고 같이 구타를 당하"는 초년병끼리의 친근감을 배경으로 확대·강화된다. 전우의 갑작스런 죽음은 "파리 한 마리도 죽이지 못하"던 한 병사를 악귀나찰(惡鬼羅刹)로 변신시킨다. 살려달라고 애걸하는 중국인 포로를 총검으로 찌르고 봉으로 때리고 돌로 머리를 찍어 죽이고서는 전우의 복수를 했다고 여기게 된다. 최소한의 인간성마저 저버린 생지옥을 만들어낸 것이다.

아시아·태평양전쟁에서 전사한 일본군 수는 약 212만 명으로 추산된다. 사망 원인 중에서 병사(病死)와 영양실조, 즉 넓은 의미에서의 아사(餓死)는 약 128만 명으로 전체의 60%를 넘는다. 중국 전선에서는 46만 명 중 거의 반수가 영양실조로 인한 병사인 데 비해, 필리핀에서는 전사자 50만 명 중 40만 명이 아사자로 추정된다. 아이러니하게도 일본군의 생명을 앗아간 최대의 적은 적이 쏜 총과 대포가 아니라 일본군 자신이었다.

중일전쟁으로 파괴된 마을과 사람들
1940년 8월부터 12월에 걸쳐 허베이·산시 일대에서 팔로군과 일본군의 격렬한 전투가 벌어졌다. 전쟁의 가장 큰 피해자는 전쟁 지역의 민중이었다.

'황군'은 스스로 만든 생지옥인 전쟁터에 민간인까지 끌어들였다. 산시성 위현(盂縣)의 중국인들이 겪어야 했던 전쟁 체험은 '운'조차도 작용하지 않는 완전한 지옥이었다.

일찍이 1937년부터 공산당 지부가 설치되었던 위현은 1938년 1월 일본군이 현성(縣城)을 점령하자 팔로군의 항일유격전이 벌어지는 말 그대로 최전선으로 탈바꿈했다. 1940년 여름에 팔로군의 대규모 공격인 '백단대전(百團大戰)'이 개시되어 위현 서부의 중심지 시옌진(西煙鎭)은 항일 세력이 장악했다. 그러나 1940년 겨울 재차 일본군이 허둥촌(河東村)에 들어와 진지를 쌓고 장기 주둔 태세를 구축하면서 허둥촌은 물론 주위의 마을들도 악몽과 같은 나날을 보내야 했다.

이 시기 일본군의 작전 목적은 크게 두 가지였다. 하나는 항일 세력의 지배 아래 있던 마을들을 일본군이 다시 장악하는 것이고, 다른 하나는 그 마을의 항일분자와 공산당 지하조직을 붕괴시키는 것이었다. 그 전형적인 예가 바로 이틀 간격을 두고 시옌진과 난서(南社)에서 벌어진 대량 학살극이었다.

1941년 4월 허둥촌에 거점을 둔 일본군과 경비대(점령지의 괴뢰정권 휘하의 군대)가 시엔진에 들이닥쳐 40명 이상이 학살되었다. 한 피해 여성은 이웃집 노인이 살해되는 것을 목격하고 집에 숨었으나 뒤따라온 일본군에게 양부모는 중상을 당하고, 자신도 윤간을 당한 끝에 당나귀에 실려 허둥촌에 납치되어 40일이나 끔찍한 성폭력에 시달려야 했다.

이틀 후에는 난서에서도 참극이 연출되었다. 두 파로 나뉘어 습격한 일본군과 경비대는 수십 명을 살해하고, 수십 명을 사로잡아 허둥촌에 납치했다. 일본군은 공산당 조직의 정보를 캐내기 위해 남성들을 가혹하게 고문했다. 납치된 여성들은 연일 성폭력에 시달려야 했으며, 결국 몸값을 지불한 뒤에야 돌아올 수 있었다.

이렇듯 전쟁터로 변한 위현의 민중이 선택한 방식은 다음의 세 가지였다. 어떤 마을은 팔로군에 협력하는 '항일마을'이 되어 격렬한 '숙정(肅正)'과 '토벌'에 직면했다. 또 어떤 마을은 '공식적인' 촌장과 '지하'에서 활동하는 촌장, 두 명을 뽑아 일본군의 폭거를 모면하고 항일 세력과의 연계를 이어나갔다. 반면, 허둥촌과 같이 '유지회'라는 일본군 협력조직을 만들어 마을을 지키려 했던 곳도 있었는데, 이런 마을은 일본군에 물자와 노동력은 물론 여성까지 징발당하는 고초를 겪어야 했다.

후방의 삶과 민중

전시에는 후방에서 살아가는 민중의 삶도 전쟁에 깊숙이 결부되었다. 강화되는 동원 체제 아래에서 일본의 여학생은 아무런 자각 없이 '군국소녀'로 탈바꿈했다. 천황제를 앞세운 식민 지배는 조선과 타이완의 젊은이들까지 침략전쟁의 대열로 내몰았다. 전쟁은 인간으로서의 기본적인 심성마저 뒤틀어놓았다.

다음은 1942년 6월 11일, 당시 일본의 어느 고등여학교 4학년이던 16세 여학생의 일기이다.

어젯밤 라디오 뉴스에서도 들었지만, 우리 황군의 알류샨섬 더치하버와 미드웨이 공격은 오늘 아침 교장 선생님 말씀에서도 나왔다. 너무너무 강한 일본군, 감사의 뜻을 어떻게 표현해야 좋을까? 이 물음은 멀리 인도양을 넘어 마다가스카르섬으로, 또 호주의 시드니항으로, 그리고 오늘은 우리도 장병들에게 뒤지지 않도록 해야지.

3교시의 '꽃꽂이' 시간에는 도구를 잊어버려 매우 당황했다. 그래도 가장 잘했다고 선생님께 칭찬을 받아 엄청 기뻤으나, 남들 앞에서 내 작품을 선생님 화병에 장식하는 것이 부끄러워서 흠씬 땀을 흘리고 말았다.

'꽃꽂이'와 선생님의 칭찬을 둘러싸고 풋풋하게 전해지는 소녀의 감성은 '강한 일본군'에 대해 '감사'를 표하고 전쟁을 찬미하는 '군국소녀'로서의 심성과 아무런 모순 없이 공존한다.

전황의 악화는 이들 군국소녀들을 노동 현장으로 내몰았으니, 바로 '여자근로정신대'의 개시였다. 펜 대신 공구를 손에 쥔 소녀들의 노동 시간은 10시간을 넘기도 했으며, 그 탓에 생리 불순 문제가 제기되기에 이르렀다. 하지만 그녀들의 입에서는 "생리가 없다고 해서 걱정하는 일보다 생리가 없어서 마음껏 비행기 위에 올라탈 수 있었"고, "그럴 때 정말 안심하고 일을 할 수 있었습니다"라는 소감이 나왔다. 1945년 4월호 《주부지우(主婦之友)》 표지에는 전기 드릴을 손에 들고 꼬리날개 부분의 작업을 하던 한 여자정신근로대원의 사진과 더불어 '1억 특공(特攻)의 생활'이라는 슬로건이 실려 있었다.

중일전쟁이 발발하자 식민지 조선에서는 전쟁 동원의 광기가 날로 기승을 더해갔다. 1938년 2월 '반도 2,300만의 열혈을 모아 젊은이에게 열린 군국의 문'이라 선전되었던 '육군특별지원병령'의 공포도 그중 하나였다. 지원자의 80~90%가 소작농 출신이었다는 데서 알 수 있듯이, 극심한 빈곤에 시달리던 농촌 청년들은 지원병이 된다면 인생의 '돌파구'가 마련될

지도 모른다는 착각에 빠졌다. 엄혹한 식민 지배는 정상적인 사고마저 마비시키고 왜곡시켰던 것이다.

한 지원병은 어머니에게 보낸 편지에서 "만약 유사시에 폐하의 적자인 소자는 폐하를 위해 한 목숨을 바쳐 군인의 본분을 다할 결심입니다"라고 하면서 "어머니께서도 황군의 군문으로서의 명예를 항상 명심하여 결코 이를 손상시키는 일이 없도록 간절히 바랍니다"라고 썼다. 하지만 그렇게 숭배해 마지않는 천황이 교토에 행차해도 조선인 노동자들은 얼굴조차 볼 수 없었다. 한바(飯場, 노무자 합숙소)에서 한 발짝도 나갈 수 없던 조선인은 천황의 '적자'가 아니라 '불령선인(不逞鮮人)'이었기 때문이다.

타이완의 운명도 조선과 그리 다르지 않았다. 타이완 원주민을 중국 대륙에서 이주해온 한민족(漢民族)과 분리시켜 일본의 전쟁 협력자로 탈바꿈시키는 여러 공작이 실시되었다. 초등학생의 작문을 엿보기로 하자.

> 나는 군인이 되어 전쟁에 나갈 수 있었으면 하고 생각합니다. 지나(支那, 중국의 멸칭)군이 나쁘다는 것은 우리 할아버지도 아버지도 잘 알고 있습니다. 그래서 언제나 우리가 지나에서 태어나지 않았다는 것을 기뻐합니다. 우리가 일본에서 태어난 것은 정말로 행운입니다. 이것은 천황 폐하의 덕분입니다. 또 전쟁터에 계신 군인들 덕분입니다.

진주만 기습 이후 약 6,000명에서 1만 명의 원주민 청년이 '고사(高砂) 정신보국대'의 군부(軍夫)로 동남아 전선에 동원되었다. 이들은 일본군보다 사망률이 높을 정도로 고초를 겪었지만, 전사자·중상자에게 한 사람당 200만 엔의 조위금을 지불했을 뿐, 패전 후 지금까지도 일본 정부는 보상을 거부하고 있다.

살인적인 노동력 수탈

1937년 7월 중국과 일본 간에 벌어진 전면전쟁은 조선인과 중국인에게 또 다른 악몽의 시작이었다. 전쟁터로 나간 일본인 노동자를 대신하기 위해 일본 정부는 1939년부터 '노무동원계획'이라는 이름 아래 조선인과 중국인을 탄광과 공장으로 내모는 체계적인 노동력 동원 방안을 입안하고 집행했다.

이에 따라 1938년까지 매년 수만 명씩 증가하던 일본 열도 거주 조선인은 1939년 일거에 16만 명이 늘어났고, 그 이후에는 매년 20만 명 단위로 가파른 증가 추세를 보였다. 그 결과 1939년부터 1944년까지 100만 명이 넘는 조선인이 고향을 등지고 현해탄을 건너야 했다. 이들이 배치된 곳은 주로 탄광이었다. 그곳에서 이들은 열악한 작업 환경과 견디기 힘든 중노동에 시달렸다. 적지 않은 조선인이 결국 살아서 고향 땅을 밟지 못했다.

조선인만으로는 필요한 노동력을 채울 수 없다고 판단한 일본의 재계는 중국인 노동자에게도 손을 뻗쳤다. 이에 일본 정부는 1942년 중국인 노동자의 일본 본토 '이입'을 결정했다. 거기에서는 일본인들이 꺼려하는 '중근(重筋) 노동 부분'에 배치한다는 방침이 정해졌고, 1944년의 국민 동원 계획에 3만 명 동원이 책정되었다. 말 그대로 강제연행된 중국인은 대략 4만 명, 그중 약 7,000명이 가혹한 노동과 비인간적인 대우에 시달린 끝에 목숨을 잃어야 했다.

그러면 이국에 끌려왔던 사람들은 어떻게 살았을까? 조선인이 일본에서 받은 임금을 놓고 보자면, 혹독한 조건에서 힘든 노동에 종사했지만 그에 상응하는 대우를 받지 못했다. 일본인과는 평균 임금에서 상당한 격차가 있었으며, 조선인의 최고임금이 일본인의 최저임금에도 미치지 못하는 경우가 허다했다고 한다. 게다가 이들은 소개료나 도일 교통비 지불과 고향으로의 송금, 예금 등을 구실로 임금이 깎이기도 했고, 심한 경우에는 한 푼도 받지 못하고 노동을 강요당한 사람도 있었다.

규슈 탄광의 한국인 노동자 '노무동원계획'에 의해 일본으로 강제동원된 한국인과 중국인 노동자들은 혹독한 고문과 열악한 작업 환경에서 힘거운 나날을 보냈다.

강제동원된 중국인 노동자의 임금과 생활도 조선인과 다를 리 없었다. 한 피해자의 사례를 좇아가보자. 그는 1944년 1월 아침, 일을 하던 중에 갑자기 2~3명의 일본 헌병에 의해 연행되어 혹독한 고문을 받은 뒤, 시먼(石門) 포로수용소에 보내졌다. 그 후 화물선으로 시모노세키까지 갔다가 거기서 기차로 나가노현(長野縣)의 히라오카(平岡)까지 갔다. 히라오카에서는 이른 아침부터 해가 질 때까지 돌을 캐고 나르는 작업을 했다. 겨울에도 난방이 없는 수용소에서 기거했으며, 식사는 쌀겨로 만든 만두 하나를 하루 세 차례 먹었을 따름이다. 그동안 피해자가 소속된 반원 18명 중에서 6~7명이 병으로 죽었다.

아키타현(秋田縣)의 하나오카(花岡) 지역에서는 가시마구미(鹿島組, 현재의 가시마건설)가 하나오카강의 개량공사를 맡았다. 여기에 1944년 7월 이후 986명의 중국인이 동원되었는데, 1945년 6월까지 137명이 목숨을 잃었다. 중국인들은 가혹한 노동을 견디다 못해 1945년 6월 30일 밤에 800명이 봉기해 일본인 보도원 4명을 살해하고, 도망을 기도했다. 이른바 '하나오카 사건'이다.

7월 1일 헌병, 경찰 등이 출동하여 격렬한 전투가 벌어졌다. 포박된 중국인들은 뙤약볕 아래에서 3일 동안 물도 마시지 못한 채 고문과 취조를 받고 많은 사람이 살해되었다. 6월까지의 사망자를 합치면 총 419명에 달했다. 강제동원된 중국인 가운데 40% 이상이 희생된 것이다. 후일 세워진 기념비에는 "인간의 존엄을 지키고 일본 군국주의에 반격을 가하고자 일제 봉기"했다는 글귀가 새겨졌다.

    이 사건에 대해 일본 외무성 관리국은 보고서를 통해 중국인 노동자들의 허약한 체질 등이 사인(死因)으로 "태반은 이미 공출(供出, 강제동원) 시에 있었다고 단정해도 큰 문제는 없"다며, 가혹한 노동조건은 사인이 아니라는 주장을 폈다. 하지만 패전 후 중국인 노동자들을 돌봤던 일본인 의사는 귀국할 때까지 2개월 동안 한 사람의 사망자도 나오지 않았다고 증언했다.

2

민중의 전쟁 피해

민간인 학살과 일본군 '위안부'

전쟁이 일어나면 많은 민간인이 죽거나 다친다. 빗발치는 총탄과 폭탄이 전투원과 비전투원을 구분할 리가 없기 때문이다. 그래서 민간인을 살상하는 총포는 각각 '오인사격'과 '오폭'으로 얼버무려진다. 하지만 아시아·태평양전쟁 시기 중국 북부에서는 이런 단어조차 등장하지 않는다.

중국 전역으로 침략을 확대한 일본군은 화북 지역의 항일 근거지를 없애기 위해 '진멸(盡滅)' '숙정' 작전을 펼쳤다. 처음부터 일정 지역에 사는 모든 사람의 살상을 목적으로 한 의도적인 작전이 실시된 것이다. 중국에서는 이를 '모조리 태우고[燒光], 죽이며[殺光], 약탈한다[搶光]'는 뜻으로 삼광(三光) 작전이라 부른다.

도쿄재판(극동국제군사재판)에서 기소가 되어 어느 정도 전모가 밝혀진 난징대학살과 달리 삼광 작전은 실태 규명조차 지지부진했다. '중국귀환자연락회(중귀련)'는 1957년 결성 직후 자신들이 저지른 죄를 일본 국민에게 알리기 위해 《삼광》을 출판했지만, 본격적인 연구는 1990년대까지 기다

> **중국귀환자연락회(중귀련)**
> 중국의 '푸순(撫順)전범관리소'나 '타이위안(太原)전범관리소'에 억류되었던 일본군을 중심으로 결성되어 전쟁 범죄의 고백과 고발에 힘썼다. 2002년 단체는 해체되고, 후신으로 '푸순의 기적을 계승하는 모임(撫順の奇蹟を受け繼ぐ會)'이 설립되어 활동을 이어가고 있다.

려야 했다.

일본 잡지 《세카이(世界)》 1998년 5월호에는 그 당시 전투에 참가하여 포로가 된 군인들의 자술서 일부가 실려 삼광 작전의 참상이 공개되었다. 1942년 5월 27일 발생한 허베이성 딩현(定縣) 베이탄촌(北疃村)의 학살에 관해 당시 제59사단 제53여단장 우에사카 마사루 소장은 다음과 같은 자술서를 남겼다.

중귀련의 인터넷 일본어 홈페이지
중귀련의 정신은 '전사불망 후사지사(前事不忘後事之師)', 즉 과거를 잊지 않고 미래의 교훈으로 삼는다는 말로 집약된다.

제1대대는 5월 27일 아침 딩현을 출발하여 침략 전진 중, 동남방 약 22km 지점에서 팔로군과 조우했습니다. 대대는 바로 주력을 전개하여 이를 포위 공격하여 팔로군 전사에게 괴멸적인 타격을 안겨주었을 뿐만 아니라, 다수의 민간인도 살해했습니다.

대대는 이 전투에서 적통(赤筒)과 녹통(綠筒)의 독가스를 사용하고 기관총 소사와 더불어 팔로군 전사뿐만 아니라 피난하던 주민들도 사살했습니다. 또 부락 안을 '소탕'하여 다수의 주민이 숨어 있던 지하호 안에 독가스 적통, 녹통을 투입하여 질식시켰고, 고통 때문에 뛰쳐나온 주민을 쏘고 찌르고 베어 죽이는 등의 잔학행위를 저질렀습니다. 이 전투에서 제1대대가 살해한 팔로군 전사와 주민만 무려 약 800명에 이르며, 또한 다수의 무기와 물자를 약탈했습니다.

잡지에 삼광 작전 참상이 공개될 무렵 도쿄에서 열린 집회에 초청된 베이탄촌의 생존자는 자신이 겪은 독가스 공격과 더불어 1,000명 이상의 주민이 살육당했다는 증언을 했다.

전쟁터에서는 여성에 대한 성폭력도 이루 헤아릴 수 없이 자행되었다. 육군 형법에 강간을 범한 군인을 처벌하는 규정이 있었으나, 그런 부하를 통제해야 할 부대장부터 "병사의 사기를 살리는 데 역으로 필요하며, 봐도 모른 척하며 지나친 적도 있을 정도였다." 소규모 부대의 경우는 사실상 무법천지였다. 어떤 병사들은 범죄로 처벌받을까 두려워 강간한 여성을 살해하기도 했다.

여성 성폭력의 극단은 일본군 '위안부'에서 찾을 수 있다. 만주사변 무렵부터 등장한 위안소는 중일전쟁 이후 전면화·체계화되었고, 아시아·태평양전쟁 발발 이후에도 계속 증가했다. 위안소의 확대는 침략전쟁의 확대와 궤를 같이했던 것이다.

육군의 교육총감부가 1938년 5월 발행한 《전시복무제요(戰時服務提要)》 중에는, "성병에 관해 적극적 예방법을 강구하는 것은 물론, 위안소의 위생시설을 완비함과 동시에 군 소정 이외의 매소부(賣笑婦), 토민 등과의 접촉은 엄히 근절하기를 요한다"라는 구절이 있다. 위안소의 적절한 관리 능력 또한 일본 육군의 경리장교로서 반드시 갖추어야 할 덕목 중의 하나였던 것이다. 일본군의 시스템 자체가 여성 성폭력을 구조화·내재화했다는 것을 드러내주는 대목이다.

일본군 '위안부'는 해방되었는가?

일본의 패전으로 동아시아 민중을 고통 속에 몰아넣었던 전쟁은 끝이 났다. 하지만 '위안부' 피해자들에게 '해방'과 '전후'는 여전히 요원했다. 힘들게 돌아간 고향에서 피해자들은 누구에게도 자신의 고통과 아픔을 털어놓지 못하고 무려 반세기나 침묵을 강요당했다. 극심한 경제적 어려움 속에서 제대로 된 가정조차 꾸리지 못했다. 목숨은 부지했지만 그들의 몸과 마음은 송두리째 망가졌던 것이다.

1990년대에 들어와 '위안부' 피해자의 존재를 복원하고, 인간성을 회복하려는 시민운동이 피해국과 가해국에서 일기 시작했다. 그것은 혁명적인 전환이었다. 각국의 피해자는 내면의 갈등을 극복하고 용기 있게 자신을 드러냈다. 그들은 '부끄러운 것은 내가 아니라 일본 정부이다'라며 당당하게 정의와 피해의 회복을 요구했다. 어떤 이는 자신의 피해를 넘어서서 여성 인권 활동가로 활약하고 있다.

일본군 '위안부' 피해자에게 1945년 8월 15일은 결코 해방이 아니었다. 자국에서는 사람들의 편견과 무관심으로 기억을 말살당했고, 가해 당사국 일본은 지금도 피해자들이 주장하는 사죄와 배상에 손사래를 친다. 진정한 역사 화해가 일본군 '위안부' 문제의 해결과 연결되어 있는 이유와 의의도 바로 여기에 있다.

일본 정부와 군은 점령지 등에 위안소를 설치하고, 여성들을 강제로 징발하여 일본군의 '성노예'로 삼았다. 식민지였던 조선과 타이완의 여성들은 취업 사기와 인신매매에 의한 징집이 많았고, 폭력적인 연행도 적지 않았다. 점령지였던 중국과 동남아 각국에서도 군의 지휘 아래 촌장에게 마을 여성 동원을 할당하거나 군이 직접 납치·감금하여 '성노예'를 강요하기도 했다. 일본군 '위안부' 제도는 여성 차별, 민족 차별에서 기인한 인권 유린의 성노예제였으며, 당시의 국제법조차 위반한 전쟁 범죄였다.

학살과 상처뿐인 '대동아 해방'

동남아시아 각 지역에도 전쟁이 할퀴고 간 상처가 산재해 있다. 그중에서 싱가포르의 관문인 창이국제공항 자리는 싱가포르에 살던 화교들이 1942년 2월에 집단으로 학살되었던 현장이다.

공항이 있는 해안선은 타나메라 해안이라 불리는데, 그곳에서 적어도 수백 명의 중국인이 일본군에게 끌려와 기관총으로 처형당했다. 사체는 바다에 던져졌고, 일부는 해변으로 밀려와 인근에 가매장되기도 했다. 제1터미널의 입국심사장 부근과 택시 승강장 부근이 당시의 해안선이었다. 중국인 학살은 해안뿐만 아니라 내륙에서도 이루어졌다.

당시 전투에 참가했던 일본군에 따르면 싱가포르에 상륙하자마자 "어린이도 여자도 모두 죽여라"라는 명령이 내려졌다고 한다. 싱가포르를 함락시키는 과정에서 이미 많은 민간인이 일본군의 총칼에 희생된 터였다. 1942년 2월 18일, 제25군 사령관 야마시타 도모유키(패전 후의 재판에서 처형됨)는 싱가포르 경비사령관에게 '항일 중국인의 근절'을 위해 '비밀리에 처분'하라는 명령을 내렸다. '일제 수용'과 '검문'을 통해 '적성(敵性)의 증거가 역력'한 중국인이 아무리 적게 잡아도 5,000명 이상 목숨을 잃었다. 당시 일본군조차 '잔인무도한 대죄악'이라 비난했던 이 학살극이야말로 '아시아 해방'의 실상과 현주소를 잘 보여준다.

필리핀의 경우는 어떠했을까? 350년이나 계속된 에스파냐 통치를 이어받은 미국 치하에서 필리핀은 아시아·태평양전쟁을 겪게 된다. 전쟁의 발발과 더불어 필리핀은 전쟁터가 되어야 했고, 폭격과 지상전투로 인해 마닐라는 잿더미로 바뀌었다. 미국 통치 아래 무르익어가던 독립의 기운도 완전히 다른 국면을 맞게 되었다. '대동아 신질서 건설'이라는 미명 아래 일본은 스스로를 아시아의 지도자로 치켜세운 반면, 미국과 영국은 악의 나라라는 선전과 더불어 필리핀의 독자적인 문화 함양을 장려하기도 했다. 그 연장선에서 1943년 10월에는 필리핀의 독립이 선언되기에 이르렀다.

그러나 일상에서 마주치는 일본은 필리핀의 독립이나 해방과는 거리가 먼 제국주의 지배자 그 자체였다. 필리핀 사람들이 읽는 글에서 일본인은 형제라고 되어 있었으나, 일상 속의 일본인은 이유도 없이 지나가는 사람을 차고 때리는 난폭한 군인이었다. 게다가 일본군이 저지른 강간·고문·약탈·처형 등의 이야기는 필리핀 각지에 공포심을 퍼뜨렸다. '항일인민군'이나 '자유필리핀'과 같은 저항조직이 점차 늘어갔고, 게릴라의 공격은 곧 더욱 가혹한 일본군의 보복공격으로 이어졌다.

미군의 상륙으로 필리핀에서 일본은 물러갔으나, 일본군의 집단학살로 많은 인명이 손상되고 국토는 초토화되다시피 했다. 경제는 피폐해지고,

싱가포르 시내 중심가에 있는 위령비
전쟁기념공원에 68m의 탑이 세워져 있으며, 그 아래에는 '日本占領時期死難人民紀念碑(일본점령시기사난인민기념비)'라는 글이 새겨져 있다. 일본에서는 흔히 '혈채(血債)의 탑'이라 부른다.

사회기반과 문화전통은 엄청난 피해를 입었다. 그리고 살아남기 위해서는 약탈이든 매춘이든 살인이든 가리지 않는다는 식의 생존지상주의적인 사고방식이 필리핀 사람들의 도덕성을 붕괴시켰다. 전쟁으로 황폐화된 정신적 피해는 발견하기도 치유하기도 힘든 가장 은밀하고도 심각한 피해가 아닐까 한다.

1942년부터 이듬해까지 일본군은 미얀마 공략을 위해 험준한 산악지대에 414km 연장의 철도를 건설했다. 영화 〈콰이강의 다리〉로 잘 알려진 태면(泰緬)철도 건설에는 연합군 포로와 현지 노동자가 동원되었는데, 그 건설 현장에 끌려온 노동자들 중에는 인도계 사람도 다수 있었다. 영국의 식민 치하에서 신음하는 조국 인도의 독립을 위해 찬드라 보스가 이끄는 '인도국민군'은 일본에 의탁했다. 수만 명의 사람이 '죽음의 노동'에 시달려야 했던 바로 그 태면철도를 타고 인도국민군은 버마로 이동했고, 보스 자신도 건설 현장을 찾기도 했다.

흰 제복에 긴 칼을 찬 큰 키의 보스는 가는 곳마다 영국의 식민주의를 비판하고 인도의 독립을 외쳤다. 많은 인도인이 그의 연설을 경청했다. 하지만 태면철도를 타고 이동하는 보스의 곁에는 일본군 장교가 진을 치고 있었고, 인도계 노동자들은 숙소에서 한 발짝도 나갈 수 없었다. 일본군 감시병은 나오면 쏴 죽인다는 말을 뱉었다. 인도계 노동자 가운데 일부는 태면철도에 관해 보스가 책임을 져야 한다고 생각하며, 그를 습격할 계획까지 세웠다. 조국의 해방은커녕 가혹한 노동에 시달리는 동족조차 보살필 수 없도록 한 것이 대동아 공영의 실체였던 것이다.

가해국 안의 피해자 민중

1945년 8월 6일과 9일 히로시마와 나가사키에 투하된 두 발의 원자폭탄은 순식간에 수십만 명의 목숨을 앗아갔다. 이 원폭 투하의 의미를 놓고 지금까지 논란이 끊이지 않고 있다. 요점 중 하나는 원폭 투하가 과연 전쟁의 종결을 결정짓거나 앞당겼는가에 있지만, 어떤 결론이 내려지더라도 비전투원인 민간인의 학살이 정당화될 수는 없다. 히로시마와 나가사키에 투하된 원폭으로 아시아·태평양전쟁 중 최대의 민간인 학살극 가운데 하나가 벌어졌다는 것은 누구도 부인할 수 없는 사실이기 때문이다.

원폭의 피해는 인명의 살상으로 그치지 않았다. 나가사키 피폭 당시 12세였던 이케다 사나에는 세 살짜리 남동생을 돗자리에 싸서 화장했던 기억을 다음과 같이 증언했다.

> (피폭 후, 인용자) 일주일 만에 막내 남동생이 죽었습니다. 부모님은 형제들의 간병으로 여념이 없었기 때문에 저는 남동생을 돗자리에 싸서 화장했습니다. 석양은 빨갛게 빛을 발했고 동생을 태우는 불길이 내 눈물도 시뻘겋게 물들였습니다.
> 그 남동생은 1941년 12월 8일 진주만 공격이 있던 날 밤에 태어났습니다. 그리고 1945년 8월 16일, 종전 다음 날 죽었습니다. 남동생은 전쟁 기간밖에 살지 못했습니다. 평화는 하루도 몰랐습니다. 그 남동생은 결국 죽어야 했고, 저는 열두 살의 나이에 화장을 해야 했습니다. 이것이 원폭의 비참함입니다.

원폭은 초고온의 열선과 엄청난 폭풍, 방사능 낙진을 통해 무고한 인명을 살상하는 생지옥을 만들었다. 살아남은 사람의 뇌리에는 평생 지워지지 않을 지옥도가 새겨졌다.

또한 원폭 피해는 일본인에게만 한정되지 않는다. 히로시마와 나가사키에 있던 조선인과 중국인, 심지어 연합군 포로(주로 미군)도 열선과 폭풍, 방사능의 희생자가 되었다. 그중 조선인의 경우는 피해의 실태조차 확실하지 않아 지금까지도 약 4만 명으로 그저 '추정'되고 있을 따름이며, 피폭자에 대한 원호조치도 일본인에게 미치지 못한다. 일본 정부에 의한 '제2차 가해'라고 해야 할까?

히로시마 평화기념관 1945년 8월 6일 원자폭탄이 투하되었을 때 남은 원폭 피해 유적으로, 당시 모습 그대로 남아 있다. 원폭 돔이라고도 불린다.

1945년 4월 시작된 오키나와 전투에서 11명의 혈육을 잃어야 했던 한 어머니가 있다. 다음은 오키나와 본섬에 살던 아사토 도시에와 가족의 기구한 운명에 관한 증언이다.

먼저 1944년 8월 당시 초등학교 4학년이던 큰조카는 피난선에 탔다가 미국 잠수함의 공격으로 차디찬 해저에 뼈를 묻었다. 남은 가족은 피난을 단념하고 오키나와에 머물렀다. 그러다 1945년 3월 미군의 상륙이 가까워지자 고달픈 피난길에 서둘러 올랐다. 병자인 남편에다 노인과 여성, 5명의 어린이로 구성된 일행은 6월 23일 구출될 때까지 석 달 남짓, 길바닥에는 사체가 나뒹굴고 공습과 포격의 공포가 엄습하는 지옥의 도피행을 거듭했다.

6월이 되자 아사토 가족에게 죽음의 그림자가 닥쳐왔다. 8일 친정어머니가 박격포탄에 맞아 목숨을 잃었고, 9일과 10일에는 시어머니와 시아버지가 희생되었다. 생후 9개월의 딸은 11일부터 숨어 지내던 동굴에서 굶주린 탓에 "촛불이 꺼져가듯 자연 소멸"했다. 어머니는 칠흑 같은 어둠 속에서 딸의 마지막 얼굴도 보지 못한 것이 가슴에 맺혔다고 한다. 수용소 생활은 죽음의 끝이 아니었다. 6월 말 시아버지의 본처는 행방불명, 피난 생활을 근근이 버텨내던 남편은 8월 들어 영양실조로 사망, 10월에는 얼굴에 박힌 포탄 파편 때문에 괴로워하던 네 살짜리 장남이 숨을 거뒀으며, 시누이도 작은딸을 영양실조로 잃었다. 그리고 손윗동서와 장녀는 전쟁터에서 산화했다.

일본의 패전도 결코 오키나와 현민의 죽음을 막지는 못했다. 혼자 살아남은 아사토 도시에는 각지를 다니며 이렇게 증언했다. "전쟁이란 인간이 인간이길 포기하는 것입니다"라고.

침략전쟁의 장본인인 일본은 아직도 전쟁 책임, 전후 책임을 성실히 다하지 않는 명백한 가해국이다. 전쟁 경험은 가해와 피해로 확실히 구분된다. 일본에서 살아가는 민중은 분명히 일본이라는 국가의 잘못을 비판하고 바로잡는 싸움에 동참해야 할 주체이기도 하다. 그렇다면 이런 물음을 던져보자. 히로시마와 나가사키의 수십만 피폭자와 오키나와에서 죽어간 일본인은 과연 전쟁의 가해자인가, 피해자인가? 또 조선인과 중국인·연합군 포로로서 피폭을 당한 사람과 일본인 피폭자는 '종류'가 다른 피해자인가? 결론을 내리기는 쉽지 않지만, 그런 질문을 외면하지 않고 진지하게 맞섬으로써 일본의 전쟁 책임을 추궁하는 우리의 목소리는 더욱 또렷하고 강해질 것이다.

3

일본의 침략과 지배를 둘러싼 전쟁 기억

냉전 체제 아래 기억의 단절과 내면 속의 억제

가해국과 피해 민족, 가해자와 피해자를 불문하고 전후에 살아남은 자들은 살아가야 했다. 그리고 각자가 처한 삶의 조건 속에서 과거를 자기 방식대로 기억했다.

식민지 상태에서 전쟁을 겪어야만 했던 조선인에게 과거는 우선 지워야만 하는 대상이었다. 1945년 해방과 동시에 조선에 건립되어 있던 신사는 급속히 파괴되었다. 8월 16일부터 8일 동안 신사를 파괴하고 방화하는 사건이 136건이나 일어났다. 같은 기간에 경찰관서에 대한 습격과 점거가 149건이었던 것과 비교하면 신사에 대한 조선인의 반감이 얼마나 컸는지 알 수 있다. 서울 남산의 조선신궁은 10월 7일 조선총독부 스스로 철거하여 소각시켰다. 남산 아래 장충단에 있던 이토 히로부미의 동상과 그를 현창(顯彰)하기 위해 지어진 박문사(博文寺)도 철거되었다.

조선신궁이 철거된 직후인 10월 11일부터 그곳에 해방기념탑을 건립하기 위한 민간 차원의 자발적인 운동이 벌어졌다. 식민통치의 상징적 공간을 독립에 대한 집합적 열망을 집약한 공간으로 재구성하려 했던 것이다. 해방기념탑은 새로운 국가를 수립하려는 에너지를 집결시킬 수 있는 기재(器材) 가운데 하나였다. 이어 일부 한국인은 '황폐된 민족의 우국정신을 고취시키'기 위해 장충단(獎忠壇)을 재건하고 안중근 의사의 동상을 건립하기 위한 활동도 시작했다. 원래 장충단은 1900년 대한제국에서 세운 추모시설로, 전쟁에서 희생된 장졸과 순국한 관료를 추모하는 신성한 공간이었다. 그런데 1920년대 후반부터 조선총독부가 이곳을 공원으로 조성했으며, 1932년에는 이토 히로부미의 동상과 박문사를 세웠다.

하지만 이들 시설물을 세우기 위한 활동은 뚜렷한 성과를 거두지 못했다. 1946년 들어 미국·소련·영국이 합의한 한반도 신탁통치 문제를 놓고 남한 사회에서 좌우 대결이 본격화되는 바람에 기념 시설의 건립을 추진할 정치적 주체가 형성될 수 없는 상태였기 때문이다. 더구나 해방 후 많은 사람이 근왕주의적인 충절론이나 복국(復國)을 거론하는 대신 민주공화정체를 기반으로 하는 건국 문제에 관심을 기울였다. 이제 조선인 사이에서 애국의 대상이 바뀐 것이다.

이런 와중에 해외에서 돌아온 사람들을 집단으로 수용할 공간이 필요했다. 당시 장충단에는 일본군이 사용한 병영 운동장이 있어 그곳에 귀국자들의 임시 거처를 마련했다. 그래서 이곳을 '장충단 수용소'라고 말하는 이들도 있을 정도였다. 장충단에 있던 수용소는 한국전쟁이 일어나자 이번에는 전쟁 이재민의 집단 정착지로 활용되었다.

한국전쟁이 끝나고 전쟁의 참화가 점차 회복되어가자 이승만 정부는 반공·반일을 통해 정치적 헤게모니를 강화하기 위해 정치적 상징화 작업을 시도했다. 이승만 대통령은 1956년 자신의 동상을 옛 조선신궁 자리에 건립하고, 이보다 늦은 1959년에야 안중근의 동상을 세웠다. 그리고 국민에게 다음과 같은 '우리의 맹세'를 숙지하도록 강요했다.

   1. 우리는 대한민국의 아들 딸,

죽음으로써 나라를 지키자.
2. 우리는 강철같이 단결하여
  공산 침략자를 쳐부수자.
3. 우리는 백두산 영봉에 태극기 휘날리고
  남북통일을 완수하자.

그는 남산을 중심으로 정치적 상징 공간을 조성하고 북진통일을 내세우며 반공·반일 내셔널리즘과 지배 체제의 헤게모니를 강화하려 했다. 하지만 1960년 4월혁명 때 민중의 저항으로 이승만이 대통령 직에서 물러난 뒤 이승만 동상도 철거되었다.

1961년 4월혁명을 제압한 박정희 등 5·16군사쿠데타 세력은, 1963년 장충단에 역사적으로 아무런 의미가 없는 실내체육관을 개관했다. 또, 아시아 반공국가의 종주국으로서의 지위를 선전하고자 반공 이데올로기를 대표하는 한국반공연맹 자유센터와 부속 숙박시설인 타워호텔을 세웠다.

철거된 이승만 동상 남산에 있던 이승만 동상은 1960년 4월 26일 대통령 하야 성명을 발표한 그날, 시민들에 의해 철거되었다.

1970년대 들어 남북한의 체제 우월경쟁이 격화되는 과정에서 자기중심적이고 배타적인 역사 인식도 강화되었다. 박정희 정권은 대한민국 임시정부를 '독립운동을 총지휘'한 기관으로 과장되게 내세우면서 일제 치하에서의 조선인 사회주의운동 세력을 민족분열 집단으로 규정하여 철저히 배제했다. 반면에 북한 정권은 주체사관에 입각하여 다른 모든 민족운동 세력을 배제한 채 김일성 중심의 항일 무장투쟁만을 내세웠다.

이처럼 한반도에 분단 체제가 공고해지는 와중이었으므로 이승만 정부는 비록 1949년 3·1절과 8·15

광복절을 공휴일로 지정하고 기념식을 거행했지만, 특정한 공간과 기념시설을 중심으로 민족운동을 기억한 적이 드물었다. 박정희 정권도 대한민국 임시정부를 중심으로 한 민족운동을 강조했음에도 불구하고 독립이나 항일과 관련된 기억을 재생하고 결집하는 기념물

한국반공연맹 자유센터 박정희 정권 때 국가가 주도해 세운 반공 시책을 선전·옹호하는 건축물의 하나로 1964년 문을 열었다.

을 설치한 경우는 거의 없었다. 오히려 1970년대까지도 1945년 이전의 식민지 지배 및 저항과 관련된 집합적 기억을 드러내는 기념시설이나 기념공간보다는 국가가 주도한 반공 시책을 선전·옹호하는 시설물을 건립하는 데 힘썼다.

그렇다고 한국인이 일본의 침략전쟁과 지배에 관한 기억을 지운 것은 아니었다. 내면 깊숙한 곳에는 여전히 커다란 상흔이 남아 있다. 한국인의 상처에 대해 일본의 우익과 일부 보수 세력은 반일교육 때문이라고 말한다. 하지만 이는 침략전쟁과 35년 동안 가혹한 식민지 지배를 겪은 한국인의 역사적 상처를 정면으로 직시하지 않은 언행으로서, 자신의 과거 행위에 대한 책임을 회피하고 역사갈등의 원인을 한국인에게 떠넘기려는 것에 불과하다.

한편, 중화인민공화국이 건국될 당시 세계는 이미 냉전의 시대였다. 중국은 미국을 위시한 자본주의 진영으로부터 경제 봉쇄를 당하고 있었다. 미국은 동아시아에서 중국 대신에 일본을 핵심적인 냉전 파트너로 여기며 아시아의 '가라앉지 않는 항공모함'으로 일본을 재편했다. 이에 따라 중국의 민중은 일본의 침략과 죄상에 대한 기억을 줄곧 지우지 못했지만, 자신의 깊은 상흔과 반일감정을 대외적으로 표출할 기회를 갖지 못했다.

1960~70년대 들어서는 문화대혁명과 그 영향으로 계급투쟁과 정치운

동이 더욱 강조되고 생산도 혁명운동의 수요에 부응해야 했다. 따라서 당시 계급투쟁과 혁명운동과 관련된 박물관과 기념관이 각지에 많이 설립되었다. 역사교육 또한 혁명투쟁 교육을 중심으로 이루어지면서 항일전쟁 당시 일본 제국주의의 만행은 계급 교육의 중요한 내용 가운데 하나였다. 〈지도전(地道戰)〉·〈지뢰전(地雷戰)〉처럼 당시 제작된 많은 영화 역시 주로 중국인의 항일투쟁을 그려냄으로써 전쟁에 대한 중국 민중의 집단기억에 상당히 중요한 역할을 했다.

중국 정부는 1972년 일본과 국교를 정상화한 뒤, 역사 문제에 대해 다음과 같은 태도와 입장을 보였다. 먼저, 일본 제국주의와 일본 민중을 분리하고, 일본 정부 안에서 정책을 결정하고 침략전쟁을 일으킨 원흉과 일반 관료를 분리하며, 죄질이 심각하고 악랄한 전쟁 범죄와 일반적 오류를 분리했다. 이렇게 함으로써 일본이 침략국이었다는 역사적 사실을 밝히고, 주요한 책임이 일본 제국주의자에게 있음을 분명히 했다. 둘째, 제1차 세계대전 이후 독일과 유럽의 예를 감안할 때 일본에 대한 거액의 배상 요구는 결과적으로 일본 민중의 부담을 가중시킨다고 보았다. 이렇게 되면 전쟁에 직접적인 책임이 없는 세대가 배상 책임을 지게 됨으로써 일본 민중과 장기적인 우호 관계를 유지하려는 중국 정부의 기대와 어긋나게 될 우려가 있었다.

중국 정부의 이러한 정책을 압축적으로 표현한 구호가 '과거의 경험을 교훈 삼아 앞으로 행동의 귀감으로 삼자'라는 저우언라이의 말이다. 일본의 침략으로 과거 중국이 겪은 아픔을 다시는 되풀이하지 않도록 항상 깊이 자각하자는 말로서 교훈적인 지침이라고 볼 수 있다. 다른 한편에서 저우언라이의 말은 전쟁 피해에 관한 민중의 반일 의식이 아무 때나 행동으로 표출되지 않도록 하려는 것으로도 볼 수 있다. 당시 중국이 소련과의 적대적 관계가 심화되고 있는 가운데 미국·일본과 관계를 개선하려 노력하고 있었던 국제적 배경도 민중의 기억을 봉쇄하고 일본의 침략 책임을 정면에서 다루지 않은 중요한 요인이었을 것이다.

이처럼 한국과 중국에서는 일본의 침략과 지배를 둘러싼 역사적 경험이 개인과 집단을 불문하고 내면 깊숙한 곳에 자리 잡은 채 1982년 이전까지만 해도 개인은 물론이고 집단적으로도 표출된 적이 없었다. 그것은 주로 1945년 이후 냉전 체제의 지속과 한국전쟁이라는 극단적인 경험, 그리고 가난 때문이었다.

　그런데 1982년 일본의 역사 교과서 문제를 계기로 한국과 중국의 대응은 크게 바뀌었다. 그동안 일본의 침략 및 지배와 관련한 기억을 공식화하거나 기념시설을 건립하는 데 그다지 적극적이지 않았던 양국에서 반공과 계급투쟁이란 외투를 벗어던지고 냉전 체제의 해체라는 세상의 변화에도 보조를 맞추면서 독립과 승전에 초점을 맞추어 기억을 재현하기 시작했다. 다른 한편에서 한국과 중국은 일본의 우익과 보수 세력이 침략전쟁과 식민지 지배에 관한 역사 인식을 왜곡하려는 움직임에도 계속 주목했다. 구체적 내용은 4절에서 보기로 하고, 여기에서는 우선 전후 일본의 대표적인 전쟁 기억 방식을 정리하고, 이와 관련하여 남북한 정권의 움직임도 알아보자.

불철저한 과거청산 속에 다양한 집합적 기억의 형상화

패전하기 전까지도 일본의 야스쿠니신사(靖國神社)는 유족의 깊은 슬픔에 침묵을 강요하고, 나라를 위해 전사하거나 병사한 사자(死者)가 '영령'이 되는 일은 '명예'롭고 의미 있는 일이라며 전쟁 수행을 위해 국민을 동원하는 시스템으로 적극 기능했다. 하지만 패전 직후 야스쿠니신사 측은 전몰자의 합사가 불가능하게 될 것을 우려해야 하는 처지에 몰렸다. 신사 측에서는 1945년 11월 임시 초혼제를 집행하고, 만주 침략 이후 미합사 전몰자 200여만 명을 일괄 합사시켰다. 1945년 이전에도 식민지인이 합사된 경우가 있었지만 주로 1959년 조선인 해군 군속을 대규모로 합사한 이래 현재까지 조선인은 2만 1,000여 명, 타이완인은 2만 7,000여 명이 합사되어 있다. 식민지인은 전사 당시에 일본인이었으니 '사후도 당연히 일본인'으로서 야스쿠니신사에 합사되어야 한다는 논리였다.

야스쿠니신사의 위령 공간인 전시자료관과 유슈칸(遊就館)에 전시된 전쟁사를 결합시켜보면 야스쿠니신사식 역사 인식이 그대로 드러난다. 유슈칸은 1986년과 2002년 새로운 전시 공간을 마련하여 일본군의 유품과 유서, 전황을 그린 패널을 시간 순으로 배치하여 일본의 침략전쟁사를 전시하고, 전쟁 때 죽은 군인과 군속을 신으로 모시는 등 침략의 역사를 미화하고 있다. 반면에 자신들의 침략으로 주변 국가와 민족에 커다란 피해를 주었다는 사실, 즉 가해의 역사적 사실과 피해자들은 전시 공간에서 배제되어 있다. 야스쿠니신사식 기억 방식에는 같은 일본인이지만 오키나와의 민간인조차 들어갈 틈이 없다. 결국 역사적 맥락에 대한 비판적 성찰이 배제

야스쿠니신사식 기억에 대한 소송과 개인의 기억·추도

야스쿠니신사의 전사·전병사자 합사에 대한 첫 이의신청은 2001년 6월 한국인 유족들에 의해 제기되었다. 이 소송이 계기가 되어 2005년 3월에는 아시아·태평양전쟁에서 전사한 일본·오키나와·한국·타이완의 군인·군속 유족 10명이 야스쿠니신사를 방문해 육친의 합사를 취소하도록 요구하고, 이후 잇달아 소송을 제기했다. 이들은 국경을 넘어 '피해자'와 '가해자'의 차이를 서로 인식하면서 합사 취소를 요구하는 공동행동을 벌였다.

한국인 유족 가운데 한 명인 나경임은 "국적이 달라서 보상하지 않겠다면 합사에서도 빼주십시오. 지금도 여전히 아버지는 식민지 지배에 묶여 있는 것 같습니다. 고향으로, 어머니와 딸의 품으로 돌아가고 싶어 했을 아버지를 생각하면 견딜 수가 없습니다"라며, '국적 조항'을 이유로 한국인 군인·군속의 유족을 원호법(援護法)이나 은급법(恩給法)의 대상에서 제외시키고 있는 일본 정부의 논리를 뒤집는 발언을 했다. 또, 고사의용대로 동원된 타이완 원주민의 유족 양위안황은 자신들에게는 '신'이라는 개념이 없으니 죽은 자의 영혼을 되찾아 고향에서 민족 고유의 방식으로 추도하기 위해 제소했다고 한다. 또한 오키나와 소송의 원고들은 '히메유리학도대(오키나와 전투 당시 여고생으로 구성된 종군 간호부대)'나 '집단자결' 등으로 죽음으로 내몰렸거나, 스파이 혐의로 참살된 오키나와 전투 피해자를 '적극적 전투 참가자'로 간주하여 가해자인 일본군의 일원으로 합사하는 것을 용서할 수 없다고 주장한다. 야스쿠니신사에 대해 합사 취소를 요구하는 유족들은 국가와 야스쿠니신사가 일체가 되어, 죽은 자를 기억하고 자유롭게 추도하려는 유족의 마음과 권리를 빼앗아 정치적으로 이용하고 있다며 비판한다.

고인의 기억을 자유롭게 마음에 새기고 고요하게 추도하면서 그 기억을 이어받고 싶다는 소박한 바람과 인간이 지니는 기본적 권리를 부정하고 있는 것이 전전·전후를 관통하는 야스쿠니신사의 논리라 할 수 있다.

된 야스쿠니신사식 기억 방식은 침략전쟁을 합리화하고 낭만화함으로써 전쟁으로 인한 고통과 위험을 현재의 일본인조차 제대로 깨달을 수 없게 하고 있다. 일본의 보수 우익 정치인은 '종전'의 날인 8월 15일에 특별히 야스쿠니신사를 참배하여 이러한 기억 방식에 정당성을 부여해주고 있다. 동아시아의 민중이 자신들에게 '해방'과 '승전'의 날인 8월 15일에 일본 보수 우익 정치인의 행위에 민감한 이유도 여기에 있다.

1954년에 건립된 히로시마 평화기념공원은 야스쿠니신사식 기억 방식과 다른 집합적 기억 공간이다. 히로시마는 나가사키와 마찬가지로 아직도 피폭의 흔적이 남아 있어 피해를 눈으로 확인할 수 있는 곳이다. 특히 히로시마는 세계 최초의 피폭 도시라는 자각을 바탕으로 핵병기 폐기와 같은 과제에 적극적으로 개입하고 있으며, 핵실험 등 핵확산을 둘러싼 국제사회의 동향에 대해 비판적 메시지를 발신하고 있다.

한편, 미군의 무차별적인 도시 공습과 피폭은 많은 일본인이 자신을 전쟁의 피해자로 생각하게끔 영향을 주었다. 더 나아가 평화 담론과 피해자 의식이 결합하면서 일본인 스스로 희생자 의식에 빠져들게 되었으며, 아시아·태평양전쟁 기간에 침략자로서 일본군이 한 행동을 비판적으로 성찰하는 데 소홀히 했다. 심지어 조선인과 연합군의 포로 등도 원폭 피해를 당했다는 사실을 한동안 외면했다. 지금은 평화기념자료관의 동관 1층에 전시된 '피폭까지의 히로시마(被爆までの廣島)'라는 전시 내용에 중일전쟁과 아시아·태평양전쟁 때 동원되고 희생된 조선인과 중국인, 그리고 피폭당한 한국인의 존재를 인정하는 전시물을 마련하여 히로시마의 피해와 가해의 중층성을 어느 정도 밝혀주고 있다.

하지만 이 자료관의 궁극적인 목적은 '1945년 8월 6일에 무슨 일이 일어났는지 보여주는 것'이다. 자료관에서는 일본의 전쟁 지도부가 오키나와 민중의 희생을 고려하지 않고 미군과의 전투에서 시간을 끌며 '본토 결전'을 준비하고 연합국이 요구하는 무조건 항복을 거부했으며, 일부 세력이 천황제의 존속을 보장받는 것을 전제로 '종전' 협상을 시도하고 있는 도중에 원폭이 터졌다는 사실은 취급하지 않고 있다. 결국 모든 역사를 히로시마에 가두어둔 채 일본 침략사의 특정 측면만 보여주고 있는 것이다. 자료관의 전시 방식은 흔히 일본의 국·공립박물관에 나타나는 '전쟁의 비전시(非展示)' 방식이 그대로 적용되어 있다. 더구나 자료관에는 중국 전선에서 사용된 독가스를 제조한 오쿠노섬(大久野島)이 히로시마현에 속해 있음에도 불구하고 일본군이 독가스를 사용한 내용은 전시하지 않고 있다. 또 한국인 원폭 희생자에 대한 위령비가 공원 내로 안착되는 과정과 한국인 피폭자를 치료하기에 이르는 과정에서 자각적이고 능동적이지 않았던 일본 사회의 비판적 자기 성찰, 달리 말하면 전후 책임에 대한 문제도 제기하지 않고 있다.

히로시마 평화기념공원은 야스쿠니식 기억 방식과 대비되는 상징 공간으로서 일본과 세계 평화운동의 핵심 거점 역할을 하고 있지만, 다른 한편에서 이 공원은 일본인으로 하여금 가해국 국민으로서의 존재 의식을 희석시키면서 피해자 의식을 지속적으로 재생산하는 거점으로 존재하고 있다. 야스쿠니신사가 전쟁의 침략적 역사성을 제거하여 전쟁의 낭만화를 시도하고 있다면, 히로시마 평화자료관은 역사적 맥락이 제거된 피해 의식을 갖고서 평화의 낭만화를 지향했다고도 말할 수 있겠다. 또한 히로시마 평화기념공원식 기억 방식은 침략전쟁과 전사자들을 긍정하고 찬미하는 야스쿠니신사식 기억 방식과 확연히 구분된다. 그럼에도 8월 6일 자체에만 관심을 집중함으로써 전쟁 책임 문제를 제대로 주목하지 않고, 최초의 피폭자이자 피해자로서의 일본인을 부각시키는 기억 방식이라는 점에서는 역사성을 제거한 야스쿠니신사식과 맥락 읽기 방식과 같은 측면이 있다.

야스쿠니식과 히로시마식 기억 방식이 하나의 공간 속에 혼용되어 있는 곳이 오키나와의 평화기념공원이다. 공원 내의 시설물에서는 적(敵)과 아(我)를 구별하지 않고 전사자를 추도하고 있다는 특징이 있다.

공원 내 야스쿠니신사식 공간으로는 1979년에 건립된 국립 오키나와 전몰자묘원(國立沖繩戰沒者墓苑)과 일본의 각 행정구역에서 세운 위령탑과 위령비를 들 수 있다. 이곳은 황군 병사로서 오키나와 전투 때 사망한 사람을 지역별로 추모하는 공간이다. 각각의 위령탑과 위령비에는 그들의 행동이 조국수호전쟁의 일환이었다는 내용의 비문이 쓰여 있다. 이곳의 가장 높은 곳에는 할복 자살한 우시지마 사령관과 그의 참모장의 행동을 애국심과 군인정신에 충실한 선택이었다고 찬미하는 '여명의 탑'도 있다. 이 위령 공간은 일본 제국주의의 시각에서 오키나와 전투에 관한 기억을 재생하고 있으며, 피해자들을 철저하게 가리고 있다.

오키나와 평화기념공원 오키나와 전투에서 마지막 격전지로 알려진 오키나와현 이토만시의 마부니 언덕에 1972년부터 도시공원으로 본격 조성되기 시작한 공원이다.

반면, 공원 내 오키나와현 평화기념자료관은 전몰자묘원 및 이들 위령탑·위령비 시설과 대조적인 기억 공간이다. 자료관은 1974년의 오키나와 국제해양박람회와 일본 황태자의 방문을 염두에 두고 1975년에 공식 개관했다. 개관 당시 일장기와 우시지마 중장의 전신 사진을 게시하는 등 초창기에는 야스쿠니신사의 전시 방식을 그대로 따랐다. 이에 평화운동 집단과 연구자들이 현 정부와 의회의 처사에 항의하면서 1977년 재개관했다. 새롭게 문을 연 자료관에는 전쟁 중 혹독했던 민중 통제의 실태를 알려주는 실물자료와 일본군에 의한 민중 학살을 알 수 있는 생생한 구술자료 등이 전시되었다. 국립 오키나와 전몰자묘원 등과 같은 야스쿠니신사식 기억 방식에 도전한 것이다.

이처럼 국가가 주도해 건립한 대부분의 시설물에서는 일본 자신이 일으킨 침략전쟁에 대해 가해자로서의 뚜렷한 반성과 성찰이 드러나지 않는다. 오히려 침략전쟁을 미화하거나 희석시키는 경우가 많다. 더구나 피해자로서의 일본인을 공개적으로 드러내보임으로써 일본인 중심으로 전쟁 기억을 집합하려 한다. 반면에 일본의 침략으로 피해를 당한 아시아 각국 사람들은 그들의 시야에 제대로 들어와 있지 않다. 왜 그럴까?

일본은 동아시아인의 저항과 미국의 원폭 투하, 그리고 소련의 참전으로 항복을 선언하면서 식민지를 상실했다. 독일처럼 본토에서 치열하게 전투가 벌어진 것도 아니었고, 무조건 항복과 동시에 급작스럽게 식민지를 포기해야만 했다. 그러다 보니 많은 일본인은 식민지를 상실하는 고통을 겪지 않았으며, 종전 후 식민지 또는 침략한 곳에 거주하는 민중의 참상을 제대로 목격하고 깨달을 기회를 갖지 못했다. 오히려 전쟁을 이끈 주도자 대다수가 전쟁 책임을 제대로 추궁당하지 않고 생존할 수 있었다. '원폭과 참전의 역설'인 것이다. 침략의 주도자들은 패전 이후에도 일본의 지배층으로서 대부분 살아남았다. 천황제와 일본 정부를 부정하지 않은 채 오히려 이것을 활용하는 연합국의 점령 방식 덕택에 그들은 일본 사회에서 주류로서의 지위를 유지하면서 가해 사실을 은폐할 수 있었다. 일본의 중대 전쟁 범죄인을 재판하기 위해 1946년 도쿄재판이 열렸지만 동아시아에서 반공 진영을 구축하려는 미국의 점령 정책으로 인해 전쟁 책임자들에게 '인도에 반한 죄'가 추궁되지도 않은 채 재판이 서둘러 종결되었다. 이후 1951년의 샌프란시스코 강화회의에서는 일본에 '관대'한 조약이 체결되었다.

이렇게 일본은 침략 책임에 관해 제대로 추궁당하고 깨달을 기회가 없었던 반면에, 원자폭탄과 미군의 공습 등으로 인한 피해 사실이 알려지면서 '전쟁은 지긋지긋'하다는 분위기가 널리 퍼졌다. 일본 국민 사이에서는 '두 번 다시 실수를 되풀이하지 말자'라며 전쟁에 반대하는 공감대가 형성되었다. 그럼에도 불구하고 일본 사회에서는 전쟁이 일어난 이유와 목적, 그리고 가해 문제를 명확히 밝힌 적도 없었고, 역사교육을 통해 그것을 제대로 전달하지도 않았다. 결국 대다수의 일본인은 개인적으로는 전쟁에 대해 명확히 거부하면서도, 침략국의 국민으로서의 뚜렷한 책임 의식을 갖지 못하게 되었다. 이것은 히로시마와 오키나와의 평화를 바라는 두 공원에 한국인 위령탑을 건립하는 문제를 둘러싼 논쟁 과정에서도 다시 확인할 수 있다.

일본 사회에서 배제된 소수자의 기억과 남북 분단

1972년 오키나와에 활동가를 파견한 재일본조선인총연합회(조총련)는 '제2차 대전 시 오키나와 조선인 강제연행 학살 진상조사단'을 편성하고, 《제2차 대전 시 오키나와 조선인 강제연행 학살 진상조사단 보고서》를 출판했다. 그들은 현지의 일본인 노동조합과 연대하여 활동하면서, 모금활동 등을 벌여 위령탑을 건립하기 위한 활동에 돌입했다. 박정희 정권은 여기에 민감하게 반응했다. 그래서 재일본대한민국민단(민단)에 10만 달러를 지원하여 1974년 오키나와 국제해양박람회 개회일 이전에 위령탑을 완공하려 했다.

박정희 정권이 위령탑 건립에 적극 나선 직접적인 동기는 한국 외교부에서 21세기 들어 공개한 정부 문서에서 확인할 수 있다.

> 정부에서 입수한 정보에 의하면, 북괴는 혁신 세력이 강한 오키나와에서 제2차 세계대전 중 희생된 한국인 위령탑 건립을 추진 중이라고 하는바, 정부에서는 이를 저지하여 오키나와에 북괴 및 조총련의 침투를 방지하는 한편, 북괴보다 먼저 위령탑을 건립함으로써 우리 대한민국의 정통성과 유일 합법정부임을 과시하려는 데 동 위령탑 건립 목적이 있음.

이처럼 박정희 정부는 북한보다 앞서 위령탑을 건립해야 한다는 '시간을 다투는 정치적인 목적'에서 위령탑을 건립하려 했지, 오키나와 전투에서 희생된 조선인의 영혼을 위로하고 그들의 희생을 기억하기 위해 기념물을 세우려 했던 것이 아니다. 그래서 처음에는 공원 안에 위령탑을 세우려고 오키나와현 정부에 계획서를 제출했다. 조선인 피해자를 위령하는 기념시설을 침략자의 위령 공간과 같은 곳에 두려고 한 것이다. 박정희 정부에게 한국인 위령탑은 '죽은 자를 이용'하여 남북한의 체제 우월경쟁에서 승리

재일본조선인총연합회(조총련)
1955년 일본에 거주하는 한국인 가운데 북한을 지지하는 사람들로 구성된 단체로, 오늘에 이르고 있다.

재일본대한민국민단(민단)
일본에 거주하는 한국인 가운데 대한민국을 지지하는 사람들이 재일 한국인의 권익을 옹호하기 위해 결성한 단체이다. 1946년 10월 반공적인 입장을 갖는 한국인이 재일본조선거류민단을 조직한 데서 출발했다. 1948년 정부 수립 이후 재일본대한민국민단으로 바뀌었다.

하기 위한 정치수단에 불과했던 것이다.

하지만 오키나와현은 한국인 위령탑을 평화기념공원 내에 건립하는 것을 거부했다. 명분은 이미 공원화 계획을 확정하고 녹화 작업을 끝냈기 때문이라는 것이었다. 결국 한국인 위령탑은 1975년 8월 오키나와 평화기념공원 정문 건너편에 건립되었다.

일본 사회가 침략전쟁을 둘러싼 기억 공간과 위령 공간에서 소수자를 배제한 사례는 한국원폭희생자위령비의 건립 과정에서도 확인할 수 있다. 민단의 히로시마현 본부는 1967년 히로시마시에 위령비 건립을 신청했지만, 평화기념공원 내에 기념비와 위령비 등이 너무 많아 '평화의 시계탑'●을 마지막으로 모든 기념물을 허가하지 않기로 했다고 히로시마시로부터 답변을 들어야 했다.

결국 히로시마의 한국원폭희생자위령비는 1970년이 되어서야 히로시마 평화기념공원 밖에 자리 잡게 되었다. 매년 이곳에서 한국인원폭희생자위령제가 열린다. 히로시마 평화기념공원 밖에 위령비를 건립한 주최 측은 애초에는 위령비 위치 문제를 민족차별이란 측면에서 의식하지 못했다. 새로 정한 위령비 자리는 조선의 황족인 이우의 시신이 발견된 곳으로, 오히려 주최 측이 근왕주의적 의식을 갖고 있었다고도 볼 수 있다. 위령비를 건립한 사람들은 1974년에 위령비를 평화기념공원 안으로 옮기고 민족의 치욕을 언급한 89자의 비문 내용을 수정하려는 움직임이 있었지만, 비문의 내용만 삭제한 채 위령비를 이전하려는 시도는 실패로 돌아갔다.

두 위령비의 위치는 오키나와 전투와 히로시마 원폭과 관련된 역사에서 일본이 한국인을 주변화시켰음을 시사한다. 식민주의와 침략전쟁의 진실을 회피하려는 일본의 태도와, 일본 국민의 기억에서 재일조선·한국인이 배제되어왔음을 보여주는 상징적인 사례이다.

그런데 1975년부터 조총련 소속인 히로시마현 조선인피폭자협의회가 평화기념공원 내에 조선인원폭사몰자위령비(朝鮮人原爆死沒者慰靈碑)를 건설하려고 움직였다. 이에 한국원폭희생자위령비건립위원회는 히로시마

● '평화의 시계탑'
원폭 돔의 영구 보존 조치에 호응하여 1967년에 건립된 시계탑으로, 첫 원폭이 터진 8시 15분에 매일 벨이 울린다.

시에 반대의사를 표명하며, 위령비를 조속히 공원 안으로 이전해줄 것을 요청했다. 건립위원회는 애초 위령비 건설 당시 남북을 구분하지 않았으며, 다시 위령비를 신설하는 것은 죽은 자의 영혼에 38도선을 설치하는 것과 마찬가지라는 반대 명분을 내세웠다.

히로시마의 한국원폭희생자위령비(왼쪽)와 오키나와의 한국인위령탑(오른쪽) 한국원폭희생자위령비는 1970년 히로시마 평화기념공원 밖에 세워졌다가 1999년 공원 안으로 옮겨졌다. 1975년 8월 오키나와 평화기념공원 정문 건너편에 세워진 한국인위령탑은 북한과의 체제 우월경쟁에서 승리하고픈 박정희 정권에 의해 만들어졌다는 탄생 비화를 지녔다.

신설과 이설을 둘러싼 갈등은 1989년 히로시마 시장으로부터 양측이 통일된 기념비를 세우기로 합의한다면 설치 장소를 새로 검토하겠다는 답변을 들을 때까지 오래 지속되었다. 일본인 사이에서도 위령비에 방화를 하는 사람이 있었는가 하면, '일본인의 가해 책임을 보상하기 위해서라도 평화기념공원 내에 꼭 한국인 위령비를 옮겨'야 한다고 말하는 사람도 있었다. 한반도의 분단과 남북한의 체제 우월경쟁이 일본의 가해 책임 문제와 뒤섞여 복잡한 양상으로 전개된 것이다.

위령비의 이설 또는 신설 논쟁은 1990년 히로시마시가 한국인 위령비를 평화기념공원 내로 옮기자고 제안하면서 끝났다. 갑작스러운 제안은 정치적 판단의 결과였다. 이는 1994년에 열릴 히로시마 아시안게임과, 그 이듬해 원폭 투하 50주년을 준비하기 시작한 히로시마시의 움직임과 무관하지 않았다. 더구나 그즈음부터 히로시마 평화기념공원을 방문한 아시아의 여러 나라 사람으로부터 한국인 위령비의 주변적 위치에 대해 공공연한 비판을 받기도 했다.

4

1982년 이후 일본의
역사 교과서 문제를 중심으로
충돌해온 전쟁 기억

기억을 둘러싼 갈등

1982년 '침략'을 '진출'로 표기하도록 하거나 침략과 식민지 지배에 관한 일본의 책임을 애매하게 하도록 검정을 지도한 일본의 고등학교 역사 교과서 검정 내용이 알려지면서 한국과 중국을 비롯한 여러 국가에서 크게 반발했다. 일본의 역사 인식 때문에 한·중·일 3국의 국제 관계가 어긋나기는 이때가 처음이었다. 일본 정부가 근린 제국(諸國) 조항, 곧 "인근 아시아 제국과의 관계에 관한 근현대의 역사적 사실에는 국제 이해와 국제 협조의 견지에서 필요한 배려가 있어야 할 것"이라는 새로운 검정 기준을 제시해 국제사회에 약속하면서 사태는 일단락되었다.

이 사건에 대한 한국의 반응은, 절대적 빈곤에서 벗어나 경제적 여유를 조금씩 누리기 시작한 한국인이 주변에서 자기를 어떻게 바라보고 있는가에 대해 의식하기 시작했음을 보여준다. 마찬가지로 중국 또한 문화대혁명을 중단하고, 개혁·개방에 나선 중국인들이 체제이념과 무관한 문제에 대해 발언하기 시작했음을 의미한다.

역사 교과서 파동 이후 일본에서는 과거의 침략과 식민지 지배를 둘러싼 반성적인 노력을 강화하려는 구체적인 움직임이 역사 교과서 필자들 사이에서 나타났다. 그들은 새로운 검정 기준에 따라 '침략'이란 단어를 교과서에 사용하는 데 부담을 갖지 않게 되었다. 필자들의 노력에 의해 일본의 조선 침략과 지배를 정당화하거나 숨기려는 교과서 기술도 점차 뚜렷이 개선되어갔다. 1990년대 들어 일본군 '위안부'에 관해 기술한 교과서가 늘어나 1997년도에는 모든 중학교에서 이러한 내용이 들어가 있는 역사 교과서를 채택할 정도였다. 일본 국민 사이에서 전쟁에 대해 거부감과 더불어 침략과 가해에 관한 자각이 높아가고 있었던 것이다.

그럼에도 불구하고 1982년의 교과서 파동은 외교적으로 사태를 봉합한 것에 불과했다. 역사 인식에 대한 근본적인 재인식을 동반하지 않은 채 정치·외교적인 고려를 우선했기 때문이다. 교과서 파동은 일본의 침략과 지배를 둘러싼 역사 인식 문제였을 뿐만 아니라 민족 문제였으므로, 당장 문제를 근본적으로 치유하기는 어려웠다. 당면한 갈등을 관리하고 상대방의 주장과 인식을 정면에서 직접 다루려는 역사대화와 같은 노력이 이후에도 이루어지지 않았다.

봉합의 부정적인 여파는 1990년대 중반 무렵부터 역사수정주의를 내세우는 세력에 의해 본격적으로 나타나기 시작했다. 역사수정주의자들은 우익과 일부 보수 세력의 지원 아래 일본의 역사 교과서가 '자학적'이라고 비판하면서, 일본인의 민족 심성을 자극하고 침략을 옹호하며 가해 사실을 제대로 전달하는 데 반대했다. 이들은 근린 제국 조항이 한국과 중국의 '압력'과 '내정 간섭'으로 제정되었다며, 이 조항을 폐지하도록 요구했다.

교과서 기술 문제를 둘러싼 역사수정주의자들의 공격이 계속 이어지자, 중학교 역사 교과서의 기술은 전반적으로 보수화되었다. 가해자와 전쟁을 일으킨 주체를 애매하게 기술하거나 아예 언급하지 않고, 상황 때문에 불가피했다며 책임을 회피하는 식의 교과서 기술이 늘어났다. 가해와 침략 사실을 정면으로 다루려 하지 않는 태도는 일본의 침략성을 부각시킨 전쟁

영화가 일반에 공개된 적이 거의 없었다는 점에서도 확인할 수 있다. 결국 역사수정주의자들은 우익과 일부 보수 세력의 지원을 받으며 침략전쟁의 가해성을 부인할 뿐만 아니라, 피해 문제를 기억에서 지워버리거나 약화시킴으로써 일본 국민의 전쟁에 대한 거부감을 없애려 하고 있다. 또한 이들이 교과서를 공격하고 역사를 왜곡하면 할수록 한국과 중국에서는 개개인의 다양한 전쟁 기억보다는 집합적 기억을 강조하는 경향이 확산되어갔다.

침략과 저항에 대한 집합적 기억의 강화

1982년 일본의 역사 교과서 문제를 계기로 중국은 각지에서 항일전쟁 관련 유적을 발굴하고 보존하는 사업을 활발하게 벌였다. 중국 동북 각지에 그때까지 남아 있던 일본 관동군의 요새지를 복원하고, 일본군에 의해 학살이 일어난 곳에 기념비와 기념물을 설치했다. 대규모 항일전쟁 기념관도 연이어 건설했다. 1985년에 침화일군난징대도살우난동포기념관(侵華日軍南京大屠殺遇難同胞紀念館, 난징 대학살 기념관)과 갑오전쟁박물관(甲午戰爭博物館), 1987년 베이징에 중국인민항일전쟁기념관(中國人民抗日戰爭紀念館), 1991년에 9·18역사박물관을 각각 건립한 일이 대표적인 사례이다. 또한 중국 경제의 발전에 따라 민간이 주도하는 전시회가 크게 늘어났다. 쓰촨성 다이현(大邑縣)에 8개의 전시관을 갖춘 중국 최대의 민간 항전 기념관이 건립되었다. 이 박물관의 창설자는 "사람이 붉게 달구어진 쇳덩이를 만지지 않는 까닭은 어려서 불에 덴 기억 때문이다. 하지만 우리 민족의 집단기억은 여전히 희미하고 역사에 대한 민중의 성찰과 관심도 부족하다. 항일전쟁이야말로 우리에게 많은 것을 떠올리게 하는 붉게 달구어진 쇳덩이이다."

현재까지 중국에는 박물관과 기념관을 포함해 모두 353개의 애국주의 교육기지가 마련되어 있다. 이 가운데 거의 80개가 일본과 직간접적으로 관계가 있다. 기념시설물들은 일본 제국주의가 일으킨 침략전쟁이 중국 인

난징 대학살 기념관의 조형물 1937년 일본군이 벌인 난징 대학살 때 희생된 사람들을 추모하기 위해 세운 난징 대학살 기념관은 1982년 일본의 역사 교과서 문제가 계기가 되어 건립되었다. 기념관 곳곳에는 아픈 역사를 기념하는 조형물이 세워져 있다.

민에게 가한 고난을 알리는 동시에, 중국 인민의 용감한 항일투쟁을 소개하고 있다. 이는 항일전쟁의 승리 의식을 주로 강조하던 그동안의 공적(公的) 기억 방식 대신, 침략과 피해를 직접 마주하고 국치(國恥)와 피해의 기억을 공적 기억으로 만들겠다는 의지가 반영된 결과이다.

중국은 이들 기념시설물을 애국주의 교육기지로 활용하고 있다. 애국주의 교육기지를 마련한 목적은 덩샤오핑의 의견에 따라 민족 자존심과 자긍심을 확립하고, 청년학생의 애국 열정과 조국에 대한 헌신의 정신을 기르기 위한 것이었다. 중국은 1994년 8월 '애국주의교육실시강요'를 공포하여 애국주의 교육을 사회 건설의 전략적 차원으로 끌어올리고자 했다. 개혁·개방과 함께 퇴조하기 시작한 사회주의 이데올로기 대신 집합적 정체성을 확보하는 중요한 기재로서 애국주의 교육을 활용하려는 것이다.

한국에서도 1982년 일본의 역사 교과서 문제를 계기로 일본의 침략과 지배·항일이란 주제와 직접 관련 있는 여러 시설물이 본격적으로 등장했다. 1987년 독립기념관 개관, 1992년 서대문 독립공원 건립, 1995년 조선총독부 청사 철거가 이어졌다.

독립기념관은 "외침을 극복하고 자존과 독립을 지켜온 민족의 강인한 의지와 역량을 조명할 기념관을 전 국민의 자발적인 힘의 결집으로 건립하여 국력 배양과 국민정신교육의 도량으로 삼고자" 했다. 그래서 서울로부터 멀리 떨어져 있지만, 해방 후 3·1운동의 상징적 인물처럼 기억되어온 유관순의 출신지인 천안에 세워졌다. 독립기념관은 1982년 교과서 문제가 한창일 때부터 국민의 성금을 모아 건립하는 방식으로 추진되었다. 군사쿠데타로 집권하여 권력의 정당성을 둘러싼 시비에 시달리고 있던 전두환 정권은 교과서 문제에 민첩하게 대응하면서 기념관 건립을 위한 국민 여론을 수렴하는 과정을 통해 취약한 정통성을 조금이라도 만회해보려 했다.

독립기념관은 항일운동을, 그중에서도 특히 대한민국 임시정부의 정통성을 내세우는 전시 구성을 기본으로 하면서 일본의 침략과 지배의 실상을 알 수 있는 공간을 마련했다. 그러다 보니 초창기에는 사회주의운동의 역사가 배제되었다. 하지만 1987년 6·10민주화운동 이후 사회의 민주화가 진척되고 세계적인 차원에서 냉전이 해체되면서 한국에서도 사회주의운동에 관한 연구가 활발히 이루어졌다. 독립기념관 측은 만주에서 활동한 동북항일연군과 타이항산(太行山) 일대에서 활동한 조선의용군의 역사를 따로 '제5전시실 독립전쟁관'에서 재현했다.

이처럼 1982년 일본의 교과서 문제는 중국에서 계급투쟁에 부속되어 있던 승전에 관한 기억을 독립시켜 애국주의를 강화하고, 전쟁의 참화를 되새길 수 있도록 새로운 기념 공간을 만드는 전환기적인 사건이었다. 한국에서도 억압과 피해, 독립과 해방의 집합적 기억을 재생산하는 기념 공간이 만들어지는 직접적 계기가 되었다. 두 나라는 일본에 당한 침략과 지배의 경험을 각각 반공과 이념으로 억제했던 이전과 달리 이제는 '독립'과 '승전'으로 그 경험을 다시 기억하고자 했다.

일본의 역사 왜곡에 대응하여 독립과 승전을 강조하는 역사 인식은 한국과 중국의 역사교육에 큰 영향을 미쳤다. 한국사 교육과 중국사 교육에서 근현대사 부분이 절반을 차지하는 가운데 민족교육과 애국주의 교육을 특별히 강조하는 방향으로 나타났다. 또한 독립과 승전을 부각시키는 역사인식은 민족 대 민족, 일본(인) 대 한국(인)·중국(인)의 대결 구도 속에서 일본의 침략과 지배를 이해하도록 했다. 일본의 침략전쟁과 잔혹한 지배를 경험한 한국과 중국에서는 내셔널리즘적인 역사 인식이 국가에 의해 재현되고 국민에게 침투하는 과정에서 갈등이나 주목할 만한 간극을 발견하기가 쉽지 않다. 이는 오키나와 전투에 관한 교과서 내용을 둘러싸고 갈등을 겪고 있는 일본 사회와 다른 점이다.

평화 의식의 현재

일본의 침략 및 지배와 관련된 중국과 한국의 기념관은 피해와 고통의 기억을 재생하며 경각심을 불러일으키는 한편, 전사자를 추모하고 영웅을 찬미하고 있다는 공통점이 있다. 그러한 공간은 진정한 화해와 공존 의식보다는 집단적 대결 의식을 더 강렬하게 조장한다. 국가가 민중의 다양한 기억을 포섭함으로써 역사 인식의 상대화를 방해하기도 한다. 물론 여기에 결정적인 원인을 제공하고 있는 당사자는 일본의 우익과 일부 보수 세력이다.

중국과 한국에서 건립된 침략과 저항에 대한 기념물들은 국가를 넘어 인류사회의 입장에 서거나 지역의 평화를 안착시키는 데 일조할 수 있을 만큼 높은 수준의 평화 의식을 담고 있지는 않다. 여전히 항일과 독립을 정치적 언설로 활용함으로써 자기중심적으로 평화를 말하고 있다는 공통점이 있다. 민족적 입장을 넘어 인도주의적 관점에서 한 사람 한 사람의 희생에 대해 진지하게 접근할 수 있는 수준에 다다르지 못했기 때문일 것이다.

이에 비해 일본 민중의 평화 의식 속에는 전쟁에 대한 반대 의식이 분명히 자리 잡고 있다. 침략국가로서의 전쟁 체험과 최초의 피폭 경험 때문에 많은 일본 민중은 피해자로서의 전쟁 기억에 기초하여 '전쟁은 이제 질색'이라는 반전 평화 의식을 갖고 있다. 이처럼 일본은 한국과 중국에 비해 사회 내부에 평화 의식이 일찍 정착할 수 있었다. 하지만, 일본식 반전 평화 의식은 가해자로서의 평화 의식과 피해자로서의 평화 의식에 대한 명확한 경계가 없다. 오키나와 전투에 관한 기억 방식에서 이를 확인할 수 있다.

평화의 비 오키나와현에서는 1995년 패전 50주년을 맞아 세계의 항구적 평화를 기원하기 위해 국적을 불문하고, 군인과 민간인을 가리지 않고, 희생된 사람의 넋을 추모하고 평화를 향한 마음을 전한다는 취지로 이 비를 제작했다. 여기에는 안타깝게 숨진 24만 1,000여 명의 이름이 새겨져 있다.

평화의 비
'평화의 비'는 일본어로는 '평화의 초(平和の礎)', 중국어로는 '평화의 초석(平和之礎石)'이라 부른다.

1990년대 들어 오키나와에서는 1995년 '평화의 비'를 세우고 그와 짝을 이룰 수 있도록 평화기념자료관을 새로 구성하여 오키나와 민중의 피해를 중심으로 오키나와 전투의 진실을 가감없이 조명하려는 움직임이 적극 전개되었다. 이에 1999년 당시 오키나와 현정(縣政)을 장악하고 있던 보수 측의 지사는 "사실이기는 하지만 너무 반일적이어서는 안 된다. 오키나와도 일본의 현 가운데 하나에 지나지 않기 때문에 일본 전체의 전시에 관해서 생각하지 않으면 안 된다"라며 자료관의 전시안을 감수하는 위원회가 확정한 계획을 후퇴시켜 공간을 재구성하려고 했다. 이에 따라 민중이 적극 지지한 '전쟁에 이르게 된 역사적 과정', '아시아·태평양 지역 국가들의 역사', '아시아 국가들에게 고통을 안긴 일본의 전쟁 책임에 대한 고려' 등과 같은 전시 구성은 현실화되지 못하는 듯했다. 하지만 오키나와의 역사를 있는 그대로 기억하려는 사람들은 현정의 조치에 꾸준히 항의했으며, 그 결과 오키나와 전투 이외의 사망자까지 포함하는 위원회의 계획안에 근접한 전시 내용이 확정되어 2000년에 자료관을 새로 개관하게 되었다. 일본 본토에서 전투가 벌어진 유일한 지역으로서의 오키나와가 아니라, 아시아·태평양전쟁 동안 전투가 벌어진 여러 지역 가운데 하나로 오키나와를 기억하려는 일본 민중의 의도가 좌절될 뻔한 것이다.

심지어 피해자 민중 개개인에 관한 진지한 성찰보다 중앙 중심적인 역사 인식을 강요하는 경우도 있다. 실제 2007년 고교 역사 교과서 검정 때 오키나와 전투 당시 '집단자결'에 군의 강제성이 있었다는 부분을 삭제하도록 일본 문부과학성이 검정 지도를 한 데서 알 수 있듯이, 중앙 중심적인 역사 인식을 강요하는 경향은 아직도 강하다. 일본에서 중앙 중심적인 역사 인식을 강조하는 경향은 가해 사실에 관한 역사적 기억을 끄집어내지 못하게 가로막거나 비틀며 '평화'를 말하는 사람들의 움직임과 연결되어 있다.

그런데 오키나와 평화기념자료관과 '평화의 비'는 평화를 탈맥락화할 위험성을 안고 있다. '평화의 비'는 피해자인 조선인을 기억할 수 있도록 재조명함과 동시에 일본 민중의 피해도 부각시켰다. 하지만 적과 아를 구별하지 않고, 일본인끼리의 가해와 피해도 구분하지 않았으며, 침략자인 일본군과 피해자인 조선인을 구분하지 않고, 오키나와 전투에서 죽은 모든 이의 이름이 새겨져 있다. 오키나와 전투와 무관한 사람들, 예를 들어 오키나와 출신 군인으로 만주 침략부터 아시아·태평양전쟁까지 15년 동안 일본의 대외침략에 가담했다가 사망한 사람, 히로시마와 나가사키의 원자폭탄에 희생된 사람의 이름도 새겨져 있다. '평화의 비'를 통해 가해자와 피해자, 오키나와 전투 당시 사망자와 그렇지 않은 곳에서의 사망자를 모두 기억하도록 함으로써 오키나와 전투의 배경과 성격에 관한 역사적 맥락까지 희석화하고 가해 책임을 애매하게 해 전쟁 책임 문제를 흐트러뜨리고 있는 것이다. 더구나 이러한 문제점을 만회하고자 평화기념자료관에 '동굴의 참극'●이란 전시를 설치해 일본군의 책임을 선명하게 부각시키려고 했으나 보수적 현 당국과 협의하는 과정에서 애초의 구성안이 변경되었다. 이에 따라 오키나와평화기념공원의 '평화의 비'와 평화기념자료관은 공원 내의 바로 인접한 곳에 있는 국립 오키나와 전몰자 묘원과의 대립적인 기억을 제대로 구현하는 데까지 이르지 못했다고 볼 수 있다. 결국 과거에 일어난 일을 구체적으로 정확히 말해주지 않는 곳에서는 역설적이게도 미래가 망각될 수 있다. 평화의 낭만화가 위험한 이유도 여기에 있다.

그럼에도 불구하고 '역사의 풍화'를 극복하려는 노력이 여전히 한·중·일에 존재하고 있음을 잊어서는 안 될 것이다. 냉전 체제가 해체된 이후 일본의 반성과 사과, 보상을 요구하는 한국인과 중국인의 소송이 일본인의 협력을 받아 본격화되어 지금까지 지속되고 있는 것이 그 반증이다. 또

동굴의 참극
오키나와 전투 당시 일본군에 의해 강요된 주민 집단자결 사건을 일컫는다. 대부분 동굴에서 일어나서 '동굴의 참극'이라 불리며, 그 대표적인 사례가 지비치리 동굴 사건이다. 1945년 4월 지비치리 동굴로 피난한 주민 140명 가운데 83명이 악마인 미군에게 굴욕을 당하느니 천황을 위해 목숨을 바치자며 딸이 아버지를, 어머니가 아들을 죽이는 등 집단자결로 목숨을 끊었다.

2008년 오키나와현 미야코섬(宮古島)에서 일본군 '위안부'를 추도하는 기념비를 건립하는 데 한국과 일본의 민중과 시민사회가 협력했다는 사실도 중요한 의미가 있다. 피해자를 추모하고 과거의 아픈 기억을 미래로 계승하기 위해 자발적으로 움직였다는 점에서 국가와 지방자치단체 등이 조장하는 '위로부터의 집합적 기억'에 묻히지 않을 다른 가능성을 보여준 것이다. 이러한 움직임은 일본의 침략과 지배의 역사를 내셔널리즘과 강력하게 연결시켜 '집합적 기억'으로 주조해내는 한·중·일 3국의 전쟁 기억 방식을 다른 관점에서 살피고, 개인의 다양한 기억을 밝혀내려는 희망적인 노력 가운데 하나이다.

9

과거를 극복하고 현재에서 미래로

1990년대 냉전이 끝난 이래 사람들은 앞으로 다가올 평화와 번영과 함께 생활수준 향상에 커다란 기대를 품었다. 과학기술과 경제가 끊임없이 진보하고 경제 글로벌화가 이루어지고 있으며, 이러한 추세는 국제 관계에 큰 영향을 미치며 각국 민중의 왕래를 긴밀하게 만들고 있다.

인권 의식의 진전은 역사 인식의 교류와 더불어 국제정치에 어떻게 대처할 것인지 판단을 촉구하고 있다. 또한 인류 문명의 융합과 발전을 위해 국제적인 대화와 협력이 이루어지고 있으며, 지역 정치와 경제가 통합되는 새로운 국면이 전개되고 있다. 한·중·일 3국의 민중과 지방자치단체·시민단체는 국경을 초월해 빈번히 교류하고 있으며, 이러한 네트워크를 통해 긴밀히 연결되고 있다. 이를 배경으로 국가 관계에도 커다란 변화가 일어나고 있다.

이렇듯 한·중·일 3국의 상호 의존 관계가 더욱 깊어지고 있음에도 '공동체 의식'은 그다지 심화되지 못했다. 특히 일본과 중국, 일본과 한국 사이에는 역사 문제를 둘러싸고 정치적이고 감정적인 간극이 존재한다. 과연 세 나라는 역사 인식 문제의 장벽을 극복할 수 있을까? 또한 각국 사이에 공동체 의식을 확산할 사상과 사회적 기초가 존재하는 것일까?

1

1990년 이후 동아시아 지역의 정치적 변화

한·중·일 3국의 인구를 모두 합하면 15억 명에 달하며, 3국의 국내총생산(GDP) 합은 세계의 20%를 차지한다. 3국은 서로 중요한 무역 상대국이며, 3국 간 역내 무역액과 그 이외의 무역 총액을 비교하면 유럽연합(EU)에는 못 미치는 수준이지만 북미자유무역협정(NAFTA) 체결국보다 높은 수준으로, 이미 유럽, 북미와 함께 세계 3대 자유무역 경제권이 되었다. 게다가 최근에는 세계 경제 성장을 견인하는 원동력이 되고 있다. 북미나 유럽연합과 비교할 때, 동아시아에는 문화적으로든 경제적으로든 더 긴밀한 관계의 공동체를 건설할 수 있는 역사적·현실적 기초가 존재하는 상황이다.

유구한 역사를 가진 동아시아 지역에서 공동체 구축이라는 목표가 광범위하게 주목받고 있는 현실을 고려할 때 우리는 역사적 경험을 종합적으로 되짚어볼 필요가 있다.

근대 국민국가가 형성되기 전 동아시아 지역은 '화이질서'를 바탕으로 중국이 주도적 지위를 차지하고 있었다. 중국은 '중앙'으로서 주변 국가의 군주를 책봉하는 방식으로 안정적 정세를 유지하며 영향력을 발휘했다. 다시 말해, 주변 국가와 민족은 중국과 책봉–조공 관계를 맺음으로써 경제적인 실리를 얻는 동시에 국가의 안전을 보장받고 내정과 외교의 자주권을 유지하고자 했다. 이러한 동아시아 질서는 주변부에 대한 근대 제국주의적 지배 관계와 구별되지만, 이상적인 동아시아 국제질서의 모델도 아니었다.

근대에 들어 일본은 영국과 동맹을 맺어 러시아의 남하를 저지하는 동시에 지역의 '중심'으로 부상했다. 영국의 지지를 등에 업은 일본은 타이완과 조선을 지배하고, 나아가 만주로 진출하면서 동아시아의 전통질서를 바꾸어놓았다. 사회진화론에 기초한 '약육강식'의 원칙을 신봉해온 일본은 자국의 힘을 앞세워 동아시아 각 민족의 해방을 표방한 '대동아 신질서' 건설을 주창했다. 그러나 패권국가인 일본의 주도로 구상된 신질서는 성공할 수 없었으며, 각 민족의 저항과 아시아·태평양전쟁에서의 패배로 결국 무너졌다.

전후 냉전 당시 동아시아 국제 관계는 오랫동안 미국과 소련 양대 진영의 대립에 종속되었다. 미국은 경제·기술·군사 협력 등의 수단을 통해 동아시아 각국에 미국식 사회 체제를 도입하려 했다. 경제적으로는 미국과 일본을 중심으로 수직적 지역 분업 체제를 형성하고, 군사적으로는 미국이 주도하는 동아시아 안전보장 질서를 구축했다. 결국 동아시아만의 독자적인 정체성 구축은 불가능했다.

냉전 체제 붕괴 후 국제화와 경제 글로벌화의 충격으로 동아시아의 주요 국가인 한·중·일 3국에 중대한 변화가 일어났다. 동아시아 국제질서의 관점에서 볼 때, 동아시아의 과거와 현재의 가장 큰 차이점은 '1강 패권' 구도가 존재하지 않는다는 점이다. 그런 점에서 현대의 동아시아 국가와 민중 사이에 이루어지는 긴밀한 왕래와 교류는 공동체 구축을 저해하던 '지리적·역사적 장애'는 물론 '정체성 장애'까지 넘어설 기회를 마련하고 있다.

그렇지만 한·중·일 3국은 경제 글로벌화 과정에서 여전히 공동의 과제를 안고 있다. 먼저, 안전보장 면에서 전쟁과 분쟁·대립을 방지하기 위한 동아시아의 평화 구축이란 과제가 남아 있다. 경제 면에서는 금융 위기, 시장 개척, 실업과 빈곤 해소, 에너지 자원의 절약 등에 대한 공동 대처가, 환경 면에서는 기후 온난화, 조류독감, 공해, 자연재해, 2011년 3월 동일본 대지진이 불러온 원전사고 문제 등에 대한 공동 대처가 필요하다. 그리고 인류의 생존과 안전 측면에서는 빈곤, 인신매매, 다국적 범죄, 마약 등과 같은 문제에 공동으로 대처할 필요가 있으며, 정치적 안보 측면에서 영토 문제가 해결 과제로 남아 있다. 역사 문제를 둘러싼 갈등을 해결하는 것 또한 빼놓을 수 없는 3국 공동의 과제이다.

한·중·일 3국의 경제적 의존 관계가 점점 더 긴밀해지는 상황에서 '공동체 의식'을 길러내기 위해서는 무엇보다 역사 문제를 둘러싼 세 나라 사이의 정치적·감정적 갈등을 해결해야 한다. 그렇다면 한·중·일 3국은 역사 인식 문제로 인한 장애물을 어떻게 극복하고, 공동체 의식과 그 사회적 기반을 어떻게 마련해나가야 할까?

2

역사 문제의 장애물을 극복하고 미래로 나아가는 노력

일본군 '위안부' 문제가 일으킨 논쟁

20세기 후반부터 동아시아 각국 민중은 역사 문제를 해결하기 위해 적극적인 노력을 기울여왔으며, 시민단체도 활발한 활동을 펼쳤다. 유럽의 공동체 구축 동향, 특히 유럽연합의 설립 과정을 지켜보면서, 동아시아 사람들은 유럽 모델을 아시아에서도 적용할 수 있을지, 아시아에 유럽과 같은 정체성이 존재하는지에 대해 고민하고 있다.

동아시아에 '역사적 장애물'이 생긴 주요 원인은 근대 이후 일본이 일으킨 침략전쟁과 식민지 통치이다. 전후 일본이 한국, 중국과 차례로 국교를 정상화하고 평화우호조약을 체결함에 따라 법률 차원에서는 전쟁 상태가 종결되었다. 그러나 역사 인식 차원에서는 아직 화해에 이르지 못하고 있다. 동아시아 각국 민중 사이에는 여전히 '과거를 극복하고 미래로 나아가야 하는' 과제가 남아 있다.

냉전 체제의 해체와 중국의 개혁·개방, 한국의 정치 민주화 이후, 일본에서는 전쟁 전으로 되돌아가려는 정치 세력이 나타났다. 1990년대에는 아시아·태평양전쟁 피해자들이 일본 정부의 공식 사죄와 배상을 요구하는 소송이 이어졌다. 피해자들이 일본인에게 자신이 겪은 전쟁에 관해 이야기하기 시작한 것이다. 이러한 소송과 여러 활동으로 지금까지 알지 못했던 피해자들의 전쟁 체험을 듣게 된 일본 민중은 가해국의 일원으로서 충격을 받음과 동시에 자국의 역사와 민족 차별에 대해 성찰하는 기회를 갖게 되었다.

일본군 '위안부' 강제 동원 문제를 둘러싸고 소송 과정에서 나타난 피해국 중국과 한국 민중, 가해국인 일본 민중의 공동 노력은 역사 문제라는 장애물을 걷어내고 미래로 나아가는 새로운 실천 모델이라고 할 수 있다.

일본군 '위안부' 문제에 대한 소송은 1991년 한국의 김학순(1997년 작고) 씨가 시작했다. 김학순 씨가 사실을 은폐하는 일본 정부를 향해 고통에 찬 50년 가까운 침묵을 깨고 용감하게 나서서 자신의 피해를 이야기하자, 다른 피해 여성들도 일본 군대의 만행에 대한 소송을 제기했다. 이후 일본군 '위안부' 문제 소송은 한국·중국·타이완·필리핀·네덜란드의 피해 여성 93명에 의해 10건이 제기되었다. 이 소송에는 피해국 시민과 가해국 일본 시민이 함께 나섰다. 소송을 계기로 가해국이었던 일본에서는 시민들이 앞장서서 전쟁 피해 국민의 소송에 일본 정부가 응답할 것을 호소하며 자신들의 잘못된 역사 인식을 바로잡았다. 또한 일본의 연구자들은 민중사 연구를 심화해갔다.

일본군 '위안부' 문제는 일본의 과거사 청산에만 머무르지 않고 국제사회로 확산되어 여성 인권에 대한 관심과 지위 향상을 촉진했다. 1991년에 크게 떠오른 일본군 '위안부' 문제와 구유고슬라비아의 무력 분쟁 당시 일어난 조직적 강간 사건에 대해 세계 여성들은 경악했다. 그리하여 여성들은 1993년 제2회 국제연합 세계인권회의·NGO회의에 모여 구조적 여성 차별 속에서 성폭력이 오랫동안 불문에 부쳐지고 전쟁에 이용되었다고 인식하면서, 과거 행위를 처벌하지 않음으로써 현재 또다시 재발되고 있는 세계 공통의 여성 인권 문제에 대해 논의했다.

그리고 많은 여성 NGO의 노력에 힘입어 '비엔나선언과 행동계획'이 채택되었다. 여기서 여성 인권을 보편적 인권의 불가결한 일부로 보면서, 무력분쟁 시 늘 자행되는 강간 등의 성폭력은 인권 침해이며, 특히 조직적 강간, 성노예제(일본군 '위안부' 제도 등), 강제임신 등에 효과적 대응이 필요함을 확인했다. 이는 여성의 관점에서 기본적 인권 개념을 심화한 것이었다. 나아가 1998년 국제형사재판소에서도 강간, 성노예제, 강제임신 등의 성폭력 행위를 '인도에 반하는 죄'로 명기하고 가해자에 대한 처벌 규정을 마련했다.

일본의 여성 민간단체에서 제기하고 2000년에 각국의 전쟁 피해자와 NGO, 국제적으로 저명한 법률가·연구자 등이 참가한 가운데, 일본국과 개인의 가해 책임을 묻는 '여성국제전범법정'이 개최되었다. 증인 심문과 아울러 국제법에 비추어 증거를 심리한 후, 이듬해 일본 정부와 쇼와 천황을 포함한 10명의 구일본군 지휘관에게 유죄 판결을 내림으로써, 일본군 '위안부' 문제가 누락되었던 도쿄재판을 재구성했다. 여성국제전범법정에서는 일본군 '위안부'가 성노예제였으며, 이는 '인도에 반하는 죄'라고 판정했다. 또한 헤이그조약 부칙 육전법규·관례에 관한 규약 등 전시 국제법을 여성 인권 보장의 관점에서 재검토하고, 피해 여성의 외상 후 스트레스 장애(PTSD)에도 주목했다.

하지만 일본군 '위안부' 소송은 결국 모두 패소했다. 다만 많은 판결에서 일본군 '위안부' 피해자들의 피해 사실이 인정되었다. 다른 전쟁 피해 배상 청구 소송에서는 그동안 개인 청구권을 부정하며 소송의 장벽으로 작용했던 '국가무답책(國家無答責)'의 법리●를 뒤집는 판결이 나왔다. 법원은 일본 정부의 입법부작위● 책임을 지적하며, 입법부와 행정부의 피해자 구제가 바람직하다는 부언이 첨부된 판결을 내놓았다. 한편, 1997년 일본에서는 모든 중학교 역사 교과서에 일본군 '위안부' 관련 기술이 등장해 우파 세력의 위기감을 불러일으켰다. 그러나 교과서 출판사들은 교과서 채택과 검정을 둘러싼 압력을 고려해 일본군 '위안부' 기술을 점차 삭제해나갔다. 또

'국가무답책'의 법리
구 일본 헌법 아래에서 개인이 국가 행위로 손해를 입었더라도 현재의 국가는 책임을 지지 않는다는 법리를 말한다.

입법부작위
부작위란 마땅히 해야 할 일을 하지 않음을 지적한 용어로, 입법부작위는 입법자가 헌법상 입법 의무가 있는 어떤 사항에 관하여 전혀 입법을 하지 아니함으로써 입법 행위의 흠결이 있는 경우를 가리킨다.

한 NHK 방송국도 여성국제전범법정의 내용을 수정해 방영하는 등, 일본군 '위안부' 문제를 은폐하려는 움직임이 계속되고 있다.

피해자에 대한 공식 사죄와 배상을 계속 거부하는 일본 정부에 대해 2007년 미국 하원 의회와 유럽연합 의회, 그 밖에 몇 나라 의회가 여성 성노예화에 대한 일본 정부의 공식 사과와 배상을 촉구하는 결의를 채택했다. 또한 국제연합 인권위원회(이사회), 여성차별철폐위원회 등 각종 인권조약 위원회와 국제노동기구(ILO)도 일본 정부에 일본군 '위안부' 문제를 조속히 해결하라는 권고를 잇따라 내렸다. 이처럼 일본군 '위안부' 문제가 국제사회의 주목을 받을 수 있었던 것은 한국과 일본 여성을 위시한 각국의 여성단체가 국경을 초월한 연대운동을 펼쳤기 때문이다.

1992년 1월부터 한국정신대문제대책협의회(정대협)는 매주 수요일에 일본 대사관 앞에서 집회를 열고, 일본군 '위안부' 피해자에 대한 일본 정부의 사과와 배상 및 관련 책임자 처벌과 그 사실을 일본 역사 교과서에 기술할 것을 요구하고 있다. 2011년 12월 14일 정대협은 시민과 함께 일본 대사관 앞에서 1,000회째 '수요시위'를 벌이고 '평화비' 소녀상을 세웠다.

피해 여성을 비롯해 아시아와 세계의 여성연대운동은 일본군 '위안부' 문제와 관계된 여러 나라의 목소리를 세계의 역사 기억으로 진전시켰다. 배타적 내셔널리즘이 민족 차별과 성차별을 조장했지만, 한편에서는 일본군 '위안부' 문제를 통해 차별 의식을 해소하기 위한 노력을 기울이고 있다.

과거를 미래로 이어가는 활동 — 전후 보상 소송

일본군 성폭력에 대한 소송 외에도 1990년부터 2000년까지 일본 정부를 상대로 한 소송이 잇따랐다. 강제연행·강제노동에 대해 일본 정부의 사죄와 배상을 청구한 중국과 한국 피해자의 소송, 일본군의 독가스 유기에 따른 중국인 피해자의 소송, 난징 대학살·핑딩산(平頂山) 사건 피해자의 소송, 충칭 무차별 폭격에 대해 일본 정부의 사죄와 배상을 요구한 피해자의 소송이 있었다. 또한 한국과 북한의 B·C급 전범이 일본 정부에 사죄와 배상을 청구한 소송과, 한국 피폭자가 강제연행과 피폭 및 전후 일본 정부의 무작위 책임에 대해 보상을 청구한 소송도 있었다. 이러한 소송은 일본군 '위안부' 소송과 마찬가지로 피해국과 가해국 시민의 공동 운동으로 전개되었다. 1990년대부터 피해자들은 소송이라는 법률적 형식을 통해 일본 정부에 역사적 사실의 승인과 공식 사죄를 요구하는 등 일본의 역사적 책임 청산을 요구하는 활동을 활발히 전개했다.

전쟁 피해자의 소송에 대해 이해하고 지지를 보내는 일본인은 수적으로는 아주 적지만, 일본의 침략전쟁과 식민통치에 대한 책임을 깊이 인식하고 있다. 이러한 시민이 등장하게 된 배경에는 다음과 같은 움직임이 있었다. 1950년대 '중국귀환자연락회'를 비롯해 일본군 병사 출신자의 활동이 시작되었으며, 70년대부터는 사할린 잔류 조선인과 한국 내 피폭자에 대해 관심을 기울이는 활동이 펼쳐졌다. 80년대 들어서는 난징 대학살과 731부대의 실태를 폭로한 르포르타주 등이 발표되어 시민들을 일깨웠으며, 피해자의 이야기에 귀를 기울이는 증언 집회가 열렸다. 또한 지역에 뿌리내린 다양한 평화운동이 전개되었다.

전후 보상 청구 소송은 대부분 패소했지만, 그 가운데 히로시마의 미쓰비시중공업에 징용되었던 피폭자 소송에서는 최고재판소(2007)가 전후 재외 피폭자에 대한 일본 정부의 책임을 지적하고 배상 지불을 명령했다. 하나오카 광산 강제연행 등에 대한 손해 배상 소송에서는 가시마사가 기업의 책임을 인정하고 피해자 전원에 대해 위령의 뜻을 표하면서 중국 적십자사에 5억 엔의 기금을 기탁했다. 또한 니시마쓰(西松)건설 야스노(安野) 사업소 중국인 강제연행·강제노동 소송에서는 원고의 청구가 기각되었으나 최고재판소 판결의 부언에 기초해 니시마쓰건설과 원고의 '화해'가 이루어졌다. '화해'의 내용에는 사실 인정과 진지한 사죄, 미판명자에 대한 후속 조사와 후세 교육을 위한 기념비 건립 등이 포함되었다. 이는 니시마쓰건설

시나노가와(信濃川) 사업소를 상대로 제기되어 있던 같은 내용의 강제연행·강제노동 소송에도 영향을 주었다. 하지만 이러한 '화해'에 대해 중국과 일본 양측에서 모두 비판적 의견이 나오기도 했다.

일본에서도 1955년 히로시마 피폭자들이 국가를 상대로 손해 배상 청구 소송을 제기했다. 피폭자들은 원폭 투하는 무차별 폭격을 금지한 국제법 위반임을 지적하면서, 샌프란시스코강화조약에서 개인 청구권이 포기됐다고는 해도 그로 인해 국민의 손해 배상 청구권까지 소멸된 것으로 간주해서는 안 된다고 주장했다. 그것은 국민의 행복 추구권과 재산권을 보장하고 있는 헌법을 위반하는 행위이며, 또한 강화조약 체결을 위해 일본 정부가 피폭자의 권리를 이용했으므로 국가가 피폭자에게 보상을 해야 한다며, 국가를 상대로 손해 배상 청구 소송을 제기했다. 이 소송은 샌프란시스코강화조약이나 기타 양자 간 조약을 이유로 아시아 피해자의 요구를 계속 부정해온 일본 정부의 부당성을 지적한 문제 제기였다.

마침내 1995년 '피폭자원호법'이 시행되었다. 하지만 원호법에서는 피폭 피해지와 병상 등을 좁은 범위로 한정하고 있어, 피폭자들은 각지에서 피폭자 전원에 대한 국가 보상을 요구하고 소송을 진행하고 있다. 또한 원호법 시행 초기에는 피폭 피해가 국민의 전쟁 피해 수인(受忍, 참고 견딤) 범위에 있다는 정부의 견해를 바탕으로 해외 거주 피폭자는 제외되었다. 이들에 대한 원호법 적용은 2007년부터 이루어졌다.

1950~60년대 핵무기 폐기 운동은 일본 이외의 아시아 피해자의 존재를 깨닫지 못했지만, 1972년 구리하라 사다코●는 피폭자의 입장에서 이를 의식하고 "'히로시마'라 하면 / '아아 히로시마'라고 / 따뜻하게 대답해줄까 / '히로시마'라 하면 '진주만' / '히로시마'라 하면 '난징 학살' / …… / '히로시마'라 하면 / 피와 불꽃의 혼이 돌아온다. / ……"라는 시를 남겼다. 이 시는 시민운동 안에서 알려지면서, 일본인이 자국의 피해뿐만 아니라 침략받은 지역에 살고 있는 민중의 피해를 상상할 수 있게 했다.

일본 각지에서 전개된 공습에 대해 기록해온 시민모임의 활동을 바탕으

구리하라 사다코
피폭자이면서 반전반핵주의 대표적인 일본 시인으로, 본문에 인용한 시는 〈히로시마라고 말할 때〉이다. 이 시의 나머지는 부분은 다음과 같다. "'히로시마'라 하면 / '아아 히로시마'라고 따뜻하게 대답해주지 않는다. / 아시아의 죽은 자와 무고한 민중이 / 당한 자들의 분노가 일제히 터져 나온다. // '히로시마'라고 할 때 / '아아 히로시마'라고 따뜻한 대답이 돌아오도록 하기 위해서는 / 우리의 더러운 손을 깨끗하게 해야 한다."

로, 2007년 도쿄·오사카 등의 공습 피해자는 국가 보상을 요구하는 소송을 각 지방재판소에 제기했다. 이 소송 역시 국민의 전쟁 피해 수인론을 비판하고, 비인도적인 무차별 폭격의 피해가 오늘날까지 계속되고 있음을 주장했다. 한편, 미군 무차별 폭격의 피해자들은 일본군 무차별 폭격의 피해자들과 교류를 거듭하고 있다(국제학회에서는 2000년을 전후해 유럽의 무차별 폭격 문제와 함께 논의가 이루어지고 있다). 이러한 교류를 통해 전쟁 피해자들은 전쟁의 냉혹함과 비인간성에 대해 이의 제기를 하고 있다. 전쟁 가해국 국민과 전쟁 피해국 국민이라는 구분이 없어질 수는 없지만, 이들 모두 전쟁 피해자인 것이다. 하지만 그렇다 해도 가해국 일본과 일본 국민의 책임이 소멸되는 것은 아니다.

한국에서는 해방 직후 민주주의 국가를 수립하기 위한 전제로서 식민지 시기에 자신의 이익과 보신을 위해 침략자 일본과 손잡고 민족공동체를 배신한 친일파의 행위를 규명하는 활동이 시도되었으나, 미군정의 간섭과 이승만 정권의 방해로 좌절되었다. 그 후 독재정권이 들어서면서 많은 민주 인사가 탄압을 받고, 인권과 명예를 훼손당했다. 1990년대 들어 민주화 운동 희생자에 대한 보상금 지급과 한국전쟁 당시 한국군에 의한 학살 사건 희생자의 명예 회복 조치 등이 진행되었다. 김대중과 노무현 정권 10년간 일본 식민지 지배에 대한 협력자, 독재정권 협력자와 통치자, 독재정권 통치 조직의 잔존 문제가 한국 사회의 민주주의 발전을 저해하는 장애물이라는 인식이 확산되었다. 그리고 과거청산을 위한 다양한 위원회가 정부 차원에서 설립되어 진상조사를 실시했다. 한 시민단체(민족문제연구소)에서는 시민들이 낸 성금으로 《친일인명사전》을 발간하기도 했다. 이렇듯 일본 식민지 지배 협력자뿐만 아니라 독재정권 당사자와 협력자의 실태를 규명하여 과거를 극복하려는 노력이 계속되고 있다.

21세기에 들어 한국에서는 과거사 문제를 해결하기 위한 새로운 진전이 있었다. 2000년 '여성국제전범법정'을 계기로 과거사 문제 청산과 피해자의 상처를 치유하고, 사회적 갈등을 해소하기 위해 피해자 단체, 변호사,

시민단체, 학계가 힘을 모아 특별법 제정 운동을 펼쳐나갔다. 그 결과 2004년 '일제강점하 강제동원 피해 진상 규명 등에 관한 특별법'이 제정되어 진상 규명과 부분적 보상이 추진되었다. 이 위원회는 후에 '대일항쟁기 강제동원 피해 조사 및 국외강제동원 희생자 등 지원위원회'로 명칭이 바뀌었다. 피해국이 나서서 기구를 설립하여 강제동원의 피해에 관해 진상을 규명하고, 부분적인 보상을 추진하는 등의 노력을 기울이는 일은 세계적으로도 드문 예이다. 한국에서 전개하고 있는 이러한 과거사 청산 움직임은 미래 지향적인 한·일 관계를 개척하고, 동아시아 지역의 평화적 환경을 마련하는 데 크게 기여할 것이다.

중국에서는 중국인권발전기금회(NGO)가 발족하여, 니시마쓰건설의 시나노가와 사업소 강제연행·강제노동 피해자에 대한 보상금과 기타 기금을 수령하는 창구 역할을 담당했다. 또한 산시성 중국 팔로군 타이항산기념관과 창즈시(長治市) 대외우호협회는 중국 피해 여성의 소송에 함께한 일본 단체들과 공동으로 2009년 11월부터 '제2차 세계대전 당시 여성에 대한 일본군의 범죄 패널 전시회'를 개최했다. 이 전시는 '중국 내 일본군 성폭력 실태 규명과 배상 청구 재판을 지원하는 모임', '여성들의 전쟁과 평화 자료관' 등 일본 단체들이 주도하고 산시대학 관계자의 협력을 얻어 이루어졌다. 이와 같이 과거와 미래를 잇는 작은 활동이 한·중·일 3국의 시민에 의해 꾸준히 이어지고 있다.

이 밖에 한국에서는 일본군 '위안부'로 강제동원되었던 피해 여성들을 위한 주거시설 '나눔의 집'과 '일본군 '위안부' 역사관'(1998)이 마련되었으며, 서울에 '전쟁과 여성 인권 박물관'(2012)이 문을 열었다. 일본에서는 '여성들의 전쟁과 평화 자료관'(2005)이 건립되었고, 상하이(2007), 마닐라(2008), 타이베이(2009), 윈난성 룽링현(龍陵縣, 2010)에도 자료관이 건립되었다. 이들 자료관은 젊은 세대에게 기억을 계승시키고 미래 지향적인 역사 인식을 심어주는 장이 되고 있다. 세 나라 시민들은 실천을 통해 역사를 생각하고 기억하고 있다.

3

국경을 넘는 역사 인식을 위하여

동아시아를 평화공동체로 만들기 위해서는 국경을 넘는 역사 인식이 필요하다. 2006년 독일과 프랑스가 함께 쓴 현대사 교과서 《1945년 이후의 유럽과 세계(Europe and the World since 1945)》가 출간되었다. 이는 독일과 프랑스가 1930년대부터 꾸준히 노력해온 결과물이었다. 독일과 폴란드도 1972년부터 공동 연구를 시작해 교과서 편찬에 영향을 미치고 있으며, 2010년에는 역사 교과서 권고안을 마련했다. 이는 모두 국경을 넘어선 역사 인식을 구축하려는 시도라 할 수 있다.

유럽의 상황에 비해 아시아 특히 한국·중국·일본은 역사 인식 문제에서 뚜렷한 차이를 보인다. 과연 한·중·일 3국 간에 역사 대화와 국경을 넘어선 역사 인식이 가능할까? 최근 한·중·일 연구자와 교육자들 사이에서 국경을 넘어선 역사 인식을 위해 의미 있는 시도와 노력이 진행되고 있다.

1982년 일본 문부성이 검정한 고등학교 역사 교과서 가운데 일본의 아시아 침략과 식민지 지배에 관한 내용이 간략해지거나 생략되는 등 서술 면에서 퇴보한 교과서가 나왔다. 이러한 내용이 언론을 통해 보도되자, 일

《1945년 이후의 유럽과 세계》
한국에서는 2008년 《독일 프랑스 공동 역사 교과서》라는 제목으로 번역 출간되었다.

본의 아시아 침략과 통치 역사 및 역사교육 문제에 대한 관심이 크게 높아졌다. 이를 계기로 동아시아 각국의 연구자와 교사, 시민과 민중은 역사 인식 문제에 관해 서로 대화하기 시작했다.

한·일 양국의 역사학자와 교사들은 역사 교과서 문제를 검토하면서 역사 대화를 시도했다. 주로 근대 한·일 관계를 기술한 일본 교과서 내용을 검토했는데 이 대화를 계기로 한·일 간에 연구 교류를 할 수 있는 다양한 관계가 구축되었다. 중국은 개혁·개방 이후 한·일 학자와의 학술 교류를 확대하면서, 역사 인식 면에서도 시야를 확대할 필요가 있음을 깨닫기 시작했다.

1990년대 중반 일본 사회에 역사 교과서를 둘러싼 문제가 다시 발생했다. 역사 인식 문제도 동아시아 사회의 주목을 받게 되었다. 1997년 유네스코 한국위원회는 독일과 폴란드, 독일과 프랑스의 역사 교과서 대화에 참여한 학자와 교사들을 초청하여 국제 심포지엄을 개최했다. 비록 일본 측은 참석하지 않았지만, 처음으로 동아시아 현실에 맞는 협력 방안을 모색한 심포지엄이었다. 이후 일부 참석자가 구체적인 활동을 벌여 2007년 한·일 양국에서 《한일 교류의 역사》를 출간했다.

국경을 넘어선 공동 협력은 1990년대 후반에도 전개되었는데, 당시 일본의 일부 대학에서는 일본·미국·중국(타이완 포함)·한국 학자가 참여해 '동아시아 상호 인식과 오해'라는 연구 프로젝트를 각국마다 조직하여 동아시아사 역사 인식의 문제점을 논의하고 연구 보고서를 내놓았다.

21세기 들어 동아시아 각국 학자와 교사들의 공동 연구에 새로운 진전이 있었으며 새로운 성과도 나왔다.

2001년 일본 우익단체가 '새로운 역사 교과서를 만드는 모임'을 통해 편협한 민족주의에 사로잡혀 황국사관을 고취하는 역사 교과서를 만들었다. 이 교과서가 일본 문부성 검정을 통과하면서, 동아시아는 다시금 역사 분쟁에 휘말렸다. 한·중·일 세 나라 지식인들이 일본 우익과 보수 세력의 역사 왜곡 행위를 비판하면서 적극적인 활동을 전개했고, 한·중·일 역사학자, 교사, 시민단체 관계자는 일본 후쇼샤(扶桑社)의《새로운 역사 교과서》를 함께 비판하는 과정에서 2002년 3월 중국 난징에서 '역사 인식과 동아시아 평화 포럼'을 개최했다. 포럼에 참가한 역사학자, 교사, 시민단체의 책임자들은 앞으로 국경을 넘어선 역사 인식을 위해 구체적인 활동을 계속해 나가기로 합의했다. 이후 매년 포럼을 개최해 동아시아의 정세와 역사교육 현황 등에 대해 함께 토론했다. 또한 한·중·일 학생과 일반 독자를 위한 공동 역사 교재를 만드는 활동도 10년째 벌이고 있다. 2005년 간행한《미래를 여는 역사》가 바로 이러한 공동 연구의 첫 결과물이었다. 또한 '역사 인식과 동아시아 평화 포럼'은 매년 한·중·일 청소년의 역사 체험 캠프를 실시하는 등 교류 활동도 벌이고 있다. 현재 한·중·일 학자와 교사로 이루어진 공동위원회는《미래를 여는 역사》를 재검토하여 충분한 토론과 연구를 바탕으로 새로운 공동 연구 성과를 펴내려 하고 있다.

이상과 같은 국경을 넘어선 공동 역사 연구와 교재 편찬의 노력은 비록 표현 형식이 다르고 연구 수준도 차이가 있지만, 국경을 넘어선 역사 인식을 구축하려는 목표는 동일하다. 이를 뒷받침하는 구체적인 노력으로 각국의 세계사 기술에서 유럽 중심 사관을 극복하고, 아시아에 관한 역사 기술의 비중을 높이는 것을 들 수 있다. 그리고 자국사와 동아시아사의 관계 정립과 관련하여 특히 '자국사를 뛰어넘는 동아시아사'의 구축 가능성을 고민하고 있다. 여기서 '뛰어넘기'란 매우 중요한 개념이다.

같은 시기에 정부 주도의 공동 역사 연구도 진행되었다. 2002년부터 시작된 제1기 한·일 공동 연구가 2005년에 종료되었으며, 제2기 공동 역사 연구는 2006년에 시작되어 2009년에 종결되었다. 중국과 일본의 공동 역사 연구는 2006년부터 3년간 진행되었다. 그 결과를 담은 연구 보고서는 일본의 대중국 전쟁의 침략성과 일련의 침략 사실을 밝히고, 중·일 역사 문제 해결의 기본 원칙을 확립하여 국내외에서 주목을 받았다.

국경을 뛰어넘어 역사 인식의 차이를 극복하려는 노력에 대해 일각에서는 환영하고 있지만 다른 한편에서는 이해할 수 없다는 반응을 보이기도

하며, 심지어 비판하고 반대하기도 한다. 이는 역사 문제에 대한 대화에 정치·감정·학술 연구라는, 서로 다르지만 서로 연관된 세 가지 측면이 존재하기 때문이다.

정치적 차원의 대화는 일본의 식민통치와 침략전쟁의 성격에 대한 정치적 판단에 영향을 준다. 그 때문에 정부와 정치가는 태도를 명확히 하여 침략전쟁과 식민지 지배에 대해 비판해야 한다. 근본적인 원칙이나 문제를 애매하게 만드는 것은 용납되지 않는다.

민중 차원의 대화에서는 동아시아 각국 민중의 비대칭적인 역사 체험에서 비롯된 인식의 차이를 해결해야 한다. 서로 다른 역사 체험으로 인해 민중이 가지고 있는 인식의 차이에는 감정적 요소가 내포되어 있으므로, 민간의 깊이 있는 교류를 통해서만 상호 이해에 도달할 수 있다. 특히 전쟁 피해자이자 가해자라는 이중적 특성을 가진 일본 국민의 경우에는 '가해 의식의 상실'이라는 문제를 직시해야 한다.

학술 차원의 대화에서는 주로 각국의 역사 연구에서 사료의 활용, 연구 방법의 차이, 역사적 경험의 차이 등으로 인해 인식 차이가 나타난다. 이에 대해 한·중·일 세 나라 연구자와 교사들이 공동 연구를 진행하고 있으며, 인식 차이를 극복하기 위해 지속적인 노력을 기울이고 있다.

이러한 세 가지 차원은 현실에서는 명확히 구분되지 않으며, 각 차원의 문제가 상호 영향을 미치며 관련되어 있어 매우 복잡한 양상을 보인다. 정치적 차원의 문제를 학술 연구의 문제로 가져온다면 방향을 잃고 끝없는 논쟁으로 빠져들게 된다. 이론적인 토론만을 통해 민중이 가진 감정 차원의 문제가 완화되기를 기대한다면 이 역시 지나치게 이상주의적인 생각이다. 연구자는 학술적 이견을 민중의 감정 차원으로 확대하지 않도록 주의를 기울이면서 정치 문제로 전환되지 않도록 해야 할 것이다.

전쟁이 끝난 지 60여 년이 지나면서 전쟁을 직접 겪은 이들이 점점 줄어들고 있다. 또한 전쟁 체험 세대가 전후 세대에 미치는 영향력 역시 약화되고 있다. 통계에 따르면 오늘날 인구 가운데 전후 출생자가 70% 이상을 차지한다. 40~60대는 윗세대로부터 전쟁에 관한 감성적 지식을 얻을 수 있었지만, 20세 전후의 세대는 그렇지 못하다. 따라서 전쟁에 관한 역사 인식이 공동화·추상화되는 경향을 피할 수 없다. 많은 젊은이들에게 전쟁은 먼 과거이자 컴퓨터 게임처럼 사이버 공간에서만 볼 수 있는 것이다. 이처럼 공동화되고 추상화된 전쟁 인식밖에 가지지 못한 세대는 자칫 편협한 민족주의에 빠질 수 있다. 이러한 위험성을 해소하기 위해 연구자들은 전쟁을 체험하지 않은 세대가 전쟁 역사를 깊이 있고 총체적으로 이해할 수 있도록 노력해야 한다. 특히 역사교육을 통해 젊은이들의 시야를 확대하고, 이를 바탕으로 동아시아의 역사와 미래를 고민하도록 이끌어야 한다.

이 책은 앞서 언급한 한·중·일 학자와 교사, 시민단체의 대표들이 편집한 미래를 위한 역사서 편찬 작업의 2단계에 해당한다.

연구와 교육의 관점에서 볼 때 한·중·일 간에는 상당한 차이가 있다. 이 때문에 공통의 역사 서술과 역사 교재를 만드는 일이 간단한 일은 아니다. 예를 들어 가장 앞선 연구 성과라 해도 다른 나라에는 아직 알려지지 않았거나 인정받지 못한 경우도 있다. 하지만 공동 교재가 각국의 최신 연구 성과를 반영하지 못한다면 후퇴나 다름없으며, 나아가 비판을 불러올 수도 있다. 또한 공동의 역사 교재를 만드는 활동은 자국의 연구 성과와는 다른 방향으로 움직이게 된다. 일례로 일본사는 한반도와 중국 대륙과의 관계를 떠나서는 성립할 수 없기 때문에 일본의 학계와 교육계는 시야를 자국에 한정할 수 없다는 사실을 경험으로 깨닫게 되었다. 이러한 자각이 없었다면 일국사 중심의 한계에서 벗어나지 못했을 것이다.

역사 인식의 공유란 모든 인식을 하나로 통일하는 것이 아니다. 지속적인 대화를 통해 상대방이 자신과 다른 환경에서 교육받고 생활해왔다는 현실을 이해한 후에야, 왜 역사에 대해 다른 관점을 가지게 되었는지 이해할 수 있다. 차이를 뛰어넘기 위해 자신의 생각을 상대방에게 강요할 수는 없다. 우리가 할 수 있는 것은 단지 스스로를 주체적으로 변화시키고 상대방의 응답을 기다리는 것뿐이다. 이는 양보나 타협 또는 절충이 아니라, 서로의 변화를 인정하고 신뢰 관계를 쌓아가며 논의를 계속하는 행위이다. 그렇기 때문에 의견이 대립하거나 일치하지 않아도 몇 번이고 다시 논의의 장으로 돌아와 의견을 내고자 하는 마음가짐이 있어야 한다.

2005년 《미래를 여는 역사》가 출판된 이후, 한국의 한 여고생은 책 속에 묘사된 오키나와 전투를 읽고 일본의 전쟁 피해와 지금의 오키나와 미군기지 문제의 관계를 이해하게 되었다고 한다. 그동안 한국의 역사교육에서는 일반적으로 다루지 않은 내용이었다. 오키나와 전투에서 오키나와 사람들이 일본군에게 살해된 역사적 사실을 처음 알게 된 그 여학생은 당시 히메유리 학도대의 여학생들에게 다음과 같은 편지를 썼다.

> 오키나와전으로부터 60년이 지난 현재, 당시 일본군의 악행에 대한 히메유리 학도대 언니들의 한 맺힌 응어리는 세월의 흐름 속에 묻혀가고, 아니, 욕심 많은 어른들이 이 사실을 숨기려 하고 있습니다. 또 역사적인 아픔을 안고 있는 오키나와는 관광지로 변해버렸습니다. 그러나 너무 걱정하지 마세요. 언니들의 죽음이 헛되지 않도록, 제2의 오키나와가 생기지 않도록, 더 이상 전쟁으로 죄 없는 사람들이 상처 입지 않도록, 우리들이 노력해갈 것이니까요. 언니들도 천국에서 많이 응원해주세요.

이 한국 여학생은 당시 식민지 지배국이던 일본의 여학생에 대해서도 전쟁 피해자라는 관점에서 파악하고 있다. 물론 이는 새로운 지식을 받아들이고 나서 새롭게 싹튼 인식으로, 일본의 젊은 세대에게 "이 한국 여고생에게 어떻게 응답할 것인가?"라는 중요한 질문을 던지고 있다.

이렇게 스스로를 극복하는 노력을 통해 과거의 역사를 이해하고 인식하는 것은 결코 누군가의 비판처럼 '자학'이 아니다. 반대로 스스로 부족함을 깨닫고 적극적으로 상대방과 대화하려는 매우 중요한 행동이다. 때로는 자신의 의견이 부정되기도 하고 갈피를 잡지 못하거나 곤혹스러울 때도 있을 것이다. 그러나 타자와 그리고 과거 역사와의 대화야말로 스스로의 성장을 증명하는 것이다. 이렇게 각자의 역사 경험을 공유해나가는 인류 사회의 성장 과정이 곧 역사 대화이며, 혹은 역사 인식의 공유라고 할 수 있을 것이다.

최근 동아시아 공동체라는 화제가 다양한 장소에서 자주 거론되곤 한다. 대부분의 경우에는 국가 층위에서 경제적 관계의 강화를 가리키는 의미로 쓰인다. 그러나 경제 발전만이 능사는 아니므로 우리는 국가 역사라는 관점에서 벗어나 개인의 경험이라는 관점에서도 문제를 관찰할 필요가 있다. 동아시아 공동체가 형태를 갖추고 있는 것도 아니고, 또한 자연스럽게 형성되는 것도, 누군가가 어느 시점이 되면 만들어낼 수 있는 것도 아니다. 그것은 끊임없이 바뀌면서 개선을 꾀하고 있다. 사람마다 '동아시아'라는 개념을 다르게 이해하고 있듯이 동아시아 자체도 다양한 의미를 가지며 고착된 것이 아니다. 그런 의미에서 동아시아를 제기하는 것은 대화의 장을 마련하는 일이자 미래를 향해 창문을 여는 일이다.

동아시아란 무엇인가? 동아시아 공동체는 어떤 모습이어야 하는가? 이 것이 바로 지금 우리가 다루고 있는 질문들이다. 우리는 미래로 나아갈 필요성을 절감하기에 역사로 돌아가고자 하며 국경을 넘어선 대화를 진행하고 있다. 이를 위해 우선 전쟁의 역사와 오늘날까지 남아 있는 과제와 마주할 필요가 있다. 국경을 넘어선 역사 인식이야말로 현재를 사는 우리 모두의 당면 과제이다.

■ 후기

한·중·일 3국이 공동의 역사책을 다시 한 번 펴내기로 결정했을 때부터 예상은 했지만, 간행에 이르기까지의 과정은 어려움의 연속이었다. 《미래를 여는 역사》를 간행한 경험이 있어 이 책의 편찬은 쉽게 진행되리라 생각했지만 기대에 불과했다. 이미 4년 동안 공동 작업을 한 경험이 있었음에도 불구하고 이 책을 펴내기 위한 회의를 하면서 우리는 사회적 환경, 역사 연구나 교육의 차이가 있는 3국이 공동으로 역사책을 펴내는 것이 정말로 어렵다는 것을 새삼스레 느꼈다. 이러한 문제점을 해결하기 위해 직접 만나 많은 논의를 했으며 이메일 등으로 끊임없이 의견을 주고받았다.

이 책의 방향을 결정한 이후 우리는 먼저 1권에서 동아시아의 구조적 변동을 어떻게 나누어 서술할 것인가를 논의했다. 이미 공동으로 작업한 경험이 있었으므로, 많은 부분에서 합의를 보았다. 전쟁과 혁명, 국제질서의 급격한 변동은 동아시아 3국의 관계를 구조적으로 살필 수 있는 중요한 역사적 요인이었다. 그러나 일부에서는 여전히 의견 차이가 있었다. 그중 하나가 청일전쟁이 동아시아 근현대사에서 어느 정도의 위상을 차지하는가 하는 문제였다. 의견이 일치한 것은 아니지만, 우리는 여러 차례 토론을 거쳐 의견을 조정하고, 동아시아 근현대사를 8개 장으로 구분하는 데 합의했다.

이어 2권에서 다룰 주제를 논의했다. 한·중·일 3국이 각각 주제를 제안하고, 이를 비교하면서 조정하는 방식을 취했다. 이런 과정을 거쳐 민중의 생활이나 문화에 중점을 두면서도, 국가의 이념·정책과 관련되거나 사회상을 알 수 있는 주제 8개를 선정했다. 그리고 3국의 미래에 대한 희망을 담은 9장과 함께 2권은 9개의 장으로 구성했다.

장의 구성을 정하고 난 다음 한 나라가 하나의 장을 맡아서 초고를 집필하고, 이를 기초로 3국에서 원고를 다듬기로 합의했다. 이는 3국 공동 집필이라는 취지를 강화하고, 3국 역사의 병렬적 서술을 극복하기 위해서였다. 이어 장별 집필 책임자를 정하고 본격적인 집필에 들어갔다. 2009년 3월 서울 회의에서 1권의 초고를 검토하기 시작했고, 2권은 같은 해 8월 베이징 회의에서부터 검토해나갔다.

회의 때마다 검토 의견을 개진하고 수정 집필을 거쳐 원고를 다듬어갔다. 심지어 구체적인 편집에 들어간 최종 단계에서도 새로운 의견이 제기되어서 일부 장은 원고를 대폭 수정해야 했다. 내용 구성이나 서술에는 집필자의 구상과 견해가 반영되었다. 그렇지만 그 내용은 각국의 연구 성과를 바탕으로 상호 검토와 수정을 거쳐 완성된 것이다. 그런 의미에서 이 책은 각 장 집필자를 넘어서 간행에 참가한 사람들의 공동 저작이다.

이 책을 펴내는 데는 내용 면에서뿐 아니라 실무적 문제에서도 많은 어려움이 뒤따랐다. 예를 들어 각국 언어가 달라서 원고 분량에 차이가 나는 것도 골치 아픈 문제였다. 원고의 수합과 검토도 번거로운 과정을 거쳐야 했다. 세 나라 사무국은 이러한 작업을 진행하면서, 회의를 개최하고 자료를 준비하는 데 많은 시간과 에너지를 소비했다. 6년 가까이 이 책의 편집에 매달릴 수 있었던 것은 사무국의 헌신적인 노고 덕분이다. 국제회의 때마다 세 나라 말이 어지럽게 뒤섞였다. 또한 원고는 담당에 따라 집필하고, 이를 각자의 언어로 번역해 서로 검토하는 절차를 거쳤다. 번역과 통역을 담당한 분들의 노고 또한 이 책을 펴내는 데 결정적인 도움이 되었다. 다시금 감사의 말을 전한다. 출판을 맡은 3국의 출판사에도 깊은 감사를 전한다. 이들은 단순한 편집 작업을 넘어 일찍부터 모든 과정에 함께하면서 독자의 입장에서 원고를 검토하여 건설적인 의견을 내주었다.

우리는 한·중·일 3국의 독자가 이 책에서 얻은 동아시아 근현대사의 모습을 바탕으로, 각자의 생각을 활발하게 나누기를 바란다. 또한 그 생각을 우리에게도 전해주었으면 한다. 공통의 동아시아 역사 인식을 통해 역사 갈등을 해소하고 평화를 향한 기운을 키워가게 된다면, 그보다 더한 기쁨은 없을 것이다.

2012년 5월 한중일3국공동역사편찬위원회

■ 8장 서술에 대한 중일 양국 위원회의 의견[1]

이 책의 8장은 원고 제출이 지체되어 한중일 3국 집필자 간 논의가 불충분했다. 하지만 한국 측이 출판 시기를 결정한 터라 이 책의 다른 장처럼 3국 집필자의 의견이 충분히 반영된 원고가 게재되지 못했다. 이에 3국공동역사편찬위원회(이하 위원회)에서는 한국 측에서 집필한 원고에 대한 일본과 중국의 검토 의견을 덧붙이기로 했다.

위원회는 8장을 둘러싼 각국의 견해차가 국경을 넘어선 역사 인식의 어려움을 보여주고 있다고 생각한다. 그러나 위원회는 6년 이상의 노력을 거쳐 이 책을 집필하면서 대부분의 곤란을 뛰어넘었으며 이미 구체적인 성과를 얻었다. 위원회에서는 앞으로 8장에 대해서도 계속해서 역사 대화를 해나갈 것이다. 여기서 역사 인식을 둘러싼 대화의 어려움을 솔직하게 공개하는 것은 국제 역사 교과서 대화나 향후 한중일 3국 공통 역사서 집필에 소중한 문제 제기가 되리라고 생각해, 이러한 조치를 취하기로 했다.

1. 일본 측 위원회의 의견

(1) 문제 제기 사항

일본 측에서는 8장의 내용 구성이나 문제를 다루는 방식, 평가 방법에 대해 원고가 모두 취합된 2011년 4월에 의견을 보냈고, 그 후에도 되풀이해 문제를 제기했다. 물론 사실 관계나 서술 내용에 대해서도 많은 수정 의견을 제시했다. 본문에는 그러한 내용이 반영된 곳도 적잖이 있지만, 기본적인 문제가 해소되지 않았기 때문에 아래에 일본 측이 문서로 보낸 의견을 발췌해 게재함으로써 문제의 소재를 드러내고자 한다.

【일본 측 의견(2011년 4월 19일자) 발췌】

Ⅰ. 전체에 대하여

(1) 8장과 관련된 가장 큰 문제는 전반의 1·2절과 후반의 3·4절의 서술이 분리되어 있다는 점이다. 민중 개개인에 시각을 맞춘 전반부와 달리, 후반부에서는 구체적 민중의 모습이 보이지 않고 오로지 집합적인 기억이 문제가 되고 있다. 전반부에서 서술한 개개 민중의 기억이 전후에 어떠했는지가 후반부에서도 언급되

---

[1] [편집자 주] 이 글은 한중일3국공동역사편찬위원회 한국 측 집필 부분인 8장에 대한 중국과 일본 위원회의 검토 내용으로, 한국보다 늦게 출간된 중국어판(2013년 2월 출간)과 일본어판(2012년 9월 20일 출간)에 실려 있다. 3국 공동 역사책 출간 취지에 맞추어 한국어판 2쇄에 이 내용을 추가로 게재한다. 중국과 일본의 의견에 대해 한국 측은 별도의 의견을 보낸 바 있다. 8장에서 드러난 쟁점은 앞으로 삼국 간 더욱 긴밀히 논의될 것으로 보인다. 이 글은 일본어판을 기준으로 번역해 본문의 해당 부분 표시도 그대로 일본어판을 따랐으며, 한국어판 해당 내용을 각주로 별도 표시했다. 다만, 일본어판 원고 가운데 8장 본문 인용 부분은 한국어판을 따랐다.

어야 하며, 집합적 기억은 그것과의 관계 속에서 다루어져야 한다. 8장 내부에서 관점의 조정·통일이 불가결하며, 그것이 이뤄지지 않으면 8장의 전체 서술 축이 무엇이며 어떤 내용을 전하고 싶은지 독자는 알 수 없게 될 것이다. 또한 전반부와 후반부의 집필자가 다름으로 인해 발생한 문체의 상이함도 적잖이 신경 쓰인다.

(2) 8장 3절의 '집합적 기억 방식의 형상화'에 대해서는 이해와 평가 방식에 커다란 문제가 있어 이대로는 받아들일 수 없다. 평가나 견해가 상이한 부분에 대해 충분히 논의하고, 그에 준해 원고가 집필되어야 한다. 현재의 해당 서술은 일면적이고 단정적이며, 일본의 연구 상황과는 어긋나 있다. 특히 야스쿠니신사와 히로시마·오키나와의 상황을 같은 선상에서 단순 비교·서술하는 방식에 대해 본격적인 논의가 필요하며, 일본의 평화운동을 추진하는 입장에서도 이러한 서술 방식은 받아들일 수 없다. 8장 3절과 4절 말미를 고쳐 쓰기 위한 참고 자료(이 발췌본에서는 생략)를 제출하니 재검토를 요청한다.

II. 각 절에 대하여

① 1절과 2절은 독자에게 전하고 싶은 내용의 중심을 좀 더 명확히 하여 구조적인 이해를 촉진하도록 하는 편이 좋으리라 생각한다. 예를 들어 1절 '민중의 전쟁 동원과 체험'에서 두 번째 소절인 '후방의 삶과 민중'에 쓰인 사례를 왜 다뤘는지 또는 그러한 사례를 통해 한중일 3국 민중의 전쟁 체험에서 무엇을 말하고 싶은지를 더욱 명확히 하는 편이 좋다고 생각한다. 현재 상태로는 각 사례를 통해 독자에게 무엇을 전하고 싶은지 알기 어렵게 되어 있다.

② 위의 ①과 관련된 사항으로, 1절과 2절의 내용을 정리하는 것이 좋겠다고 생각한다. 1·2절 구성과 관련된 구체적인 수정안을 제안하니 검토해주기 바란다.

   제1절 민중의 전쟁 동원
     징병 동원(일본, 조선, 타이완)
     노무 동원(일본, 조선, 중국)
   제2절 전시하 민중의 피해
     삼광 작전 등의 피해(중국 위현, 북단촌)
     '위안부' 피해(조선, 중국)
     후방(일상)의 피해(조선, 일본)
     공습, 원폭의 피해(중국, 일본)
     3국 이외의 피해(화교 학살, 필리핀, 태면철도를 간단히 정리해서)

③ 3절에서는 각국에서 전쟁의 기억이 어떻게 만들어졌는지에 대해서는 알기 쉽게 서술되었지만, 그것이 어떻게 민중에게 나타나는지에 대해서는 서술되지 않은 탓에 8장의 '전쟁과 민중'이라는 제목과 맞지 않는 글이 되었다.

④ 3절과 4절에서는 왜 박물관이나 기념비 등을 소재로 한중일 3국의 전쟁 기억을 비교·검토하는지 그 이유와 목적을 밝힐 필요가 있다. 또한 기억장치로서의 박물관, 기념비의 역할을 읽어낼 수 있지만 민중의 전쟁 기억에는 이러한 장치 이외의 요소도 있다. 가령 교육이나 가정에서 이야기를 통한 전승 등을 들 수 있으며, 민중의 전쟁 기억 계승을 어떻게 자리매김할 것인지도 서술할 필요가 있지 않을까?

⑤ 4절에서 1982년 이후 한중일 3국의 전쟁 기억에 관해 언급하고 있는데, 이 글의 가장 두드러진 특징은 전쟁의 기억을 둘러싼 공진(共振) 관계가 3국에서 발생하고 있다는 점, 내셔널리즘이 3국에서 공통 과제로 논의되어왔다는 점이다. 이 점에 대해서도 언급할 필요가 있지 않을까? 현재 원고에서는 중국·한국·일본의 상황이 따로따로 서술되어 있다.

⑥ 1·2절의 전전·전중 부분은 개별 사례를 소개하는 방식으로 절이 구성되어 있다. 한편 3·4절의 전후 부분은 전쟁 기억이 만들어지는 방식이라는 관점에서 기술하고 있어 역사 서술의 스타일이 다르다. 왜 이러한 서술 방식을 채택했는지, 의도하는 바가 무엇인지를 밝힐 필요가 있다. 현재 원고에서는 1·2절과 3·4절의 관계성을 독자들이 알기 어렵게 되어 있다.

(2) 수정안 예시

일본 측은 한국 측 집필자가 참고할 수 있도록 2011년 9월에 수정 문안을 송부했다. 현재 원고에 반영되지 않은 주요 사항만을 본문의 해당 부분을 표시하여 다음에 게재한다(구체적 예를 포함하는 기술은 지면 관계상 요지만을 기술하고, 해당 문안은 생략했다).

① 189쪽[2]의 마지막 부분에 추가할 내용

"전쟁을 체험한 적이 없는 세대가 압도적 다수를 차지하는 이 시대에 우리는 과거의 전쟁과 어떻게 마주해야 할까? 전쟁을 추상적으로 이야기하는 것만으로는 불충분하다. 전쟁의 역사와 그로 인한 상처에 대한 현실감은 그 시대를 살았던 개인의 구체적인 경험을 매개하지 않으면 되살아나지 않는다. 한편, 개인의 경험과 기억은 종종 국가에 의한 집합적 기억으로서 재편성되어왔다. 국가가 개인의 경험과 기억을 어떻게 집합화하는지 파악함으로써 개인의 전쟁 경험이 국가에 의해 어떻게 자리매김되고 계승되는지를 이해할 수 있다. 나아가 그러한 국가의 기억과 개인 경험의 관계를 국경을 넘어 파악할 수 있다면 전쟁 경험이나 시대적 배경이 다르더라도 서로의 역사에 좀 더 가까이 다가갈 수 있을 것이다."

② 199쪽[3] '가해국 안의 피해자 민중' 소절의 앞머리에 추가

소절 제목을 '공습·원폭의 피해'라 하고 일본의 중국 충칭 폭격을 구체적으로 언급한 후 다음과 같이 기술한다.

"이렇듯 충칭 폭격은 남녀노소를 불문하고 가족의 유대와 애정, 그리고 일용할 양식마저 빼앗아갔다. 이는 전쟁이 끝나고 나서도 그들의 인생을 규정하는 커다란 요인이 되어 전쟁의 기억으로 남았다. 전쟁을 체험하지 않은 세대에게 전쟁은 과거에 일어난 일일 뿐이겠지만, 전쟁을 경험한 사람에게는, 특히 피해자에게는 오늘도 '선명'하게 기억나는 일이다."

③ 200쪽[4] 2절이 끝나는 부분에 추가

"지금까지 서술한 바와 같이 전쟁으로 인해 아시아 각지에서는 자유와 삶의 선택권을 빼앗긴 채 이를 회복할 수 없는 상태가 지속되었다. 이런 상황에서 피해자 개인이 무엇을 어떻게 빼앗겼는지를 구체적으로 아는 것은 전쟁의 실태를 이해하는 데 필수적이다. 그 다양한 면모를 알게 된다면 전쟁을 다면적으로 파악할 수 있게 될 뿐 아니라 전쟁 상황에서 목숨을 잃은 사람들에게 마음으로 다가갈 수 있게 될 것이다."

---

[2] 한국어판 309쪽.
[3] 한국어판 324쪽.
[4] 한국어판 327쪽.

④ 204쪽의 5~13번째 줄[5] 대신 【창[6]: 전범들의 평화운동】을 게재
스가모 감옥에 구금되었던 BC급 전범이 자신들의 과거를 직시하며 점차 반전평화 활동에 참여하게 된 과정에 관해 정리한다(수정 문안은 생략).

⑤ 206쪽의 4~27번째 줄[7] 대신 교체할 내용
"자료관의 전시에는 과제도 남아 있다. 예를 들면, 히로시마는 원폭 피해를 입은 현이지만, 전쟁 중에 중국 전선에서 사용된 독가스를 제조했던 오쿠노시마가 위치한 곳이기도 하다. 그러나 일본군의 독가스 사용에 관한 내용은 전시되어 있지 않다. 또한 한국인 피폭자가 치료를 받기까지 그 과정에 대한 일본 사회의 비판적 자기 성찰, 바꿔 말하면 전후 책임에 대한 문제도 제기하지 않고 있다.
이렇듯 자료관의 전쟁 전시나 위령비에는 전시자와 건립자의 의지나 의도가 반영되어 있다. 일본의 경우, 이는 전후에 일본인이 각자의 전쟁 책임을 어떻게 직시할 것인가라는 물음이기도 했다. 그러나 이러한 물음에 일본 사회가 이제껏 늘 주체적으로 대응해왔던 것은 아니다. 그 때문에 전쟁 기억을 망각하게 되었다."

⑥ 208쪽의 2번째 줄 "일본 국민 사이에서는"부터 8번째 줄[8] 대신 교체할 내용
"이는 가해자로서 전쟁 경험에 관해 입을 닫고 그러한 사실을 무덤까지 가져가는 것을 의미하고 있다. 각자의 기억을 가두어놓음으로써 결국 아시아 각지에서 전후 같은 시간을 살아온 사람들과의 대화 기회를 닫는 결과를 낳았다. 아울러 역사교육을 통해 가해 사실을 제대로 알리려는 노력도 대단히 부족했다."

⑦ 201쪽의 세 번째 단락[9] 뒤에 【창: 조선인 피폭자 주석의 '기억' 계승활동】을 추가
남동생이 원폭으로 사망하고 자신도 피폭자였던 재일조선인 주석의 성장 과정과 수학여행 온 학생들을 대상으로 역사를 알려주는 활동을 해온 경험을 비롯해, 특히 조선인 피폭자로서 반핵·반전평화를 계속 호소한 주석의 반평생에 관해 정리한다(수정 문안은 생략).

⑧ 212쪽의 소절 '침략과 저항에 대한 집합적 기억의 강화'의 18번째 줄[10] 뒤에 추가
"다른 한편, 중국에서는 건국 이래 중학교와 고등학교를 불문하고 역사 교과서에 '위안부'에 관한 기술이 포함된 적이 상하이에서 한때 사용된 교과서를 제외하고는 한 번도 없다. 이는 사람들의 전쟁 기억이 국가에 의해 집합화되는 가운데 전쟁 피해자로서 '위안부' 개인의 경험은 역사의 뒤편에 묻혔음을 의미한다. 전쟁 피해국이라고 해서 그 나라 국민 모두가 전쟁 피해에 관해 모든 사실을 알고 있는 것은 아니다. 오히려 피해국이기 때문에 가혹한 전쟁

---

[5] 한국어판 333쪽 두 번째 단락인 6~15번째 줄.
[6] 일본어판에서는 '창'이라는 제목으로 상자 글을 편집했으며, 한국어판에서는 별도의 표시 없이 상자 글로 편집했다.
[7] 한국어판 335쪽 23번째 줄~336쪽 22번째 줄.
[8] 한국어판 338쪽 19번째 줄 "일본 국민 사이에서는"부터 마지막 줄까지.
[9] 한국어판 329쪽 두 번째 단락.
[10] 한국어판 345쪽 4번째 줄.

경험을 교실이나 가정에서 이야기하고 계승하는 것이 어려운 경우도 적지 않다."

⑨ 213쪽의 마지막[11]에 추가
"각국에서 전쟁 기억의 강화는 국내 정세와 얽히면서 내셔널리즘의 고양으로 나타났다. 아울러 이는 공진관계를 가지고 일본의 침략, 중국·한국의 피해라는 틀과는 다른 새로운 구도를 만들어냈다. 예를 들면, 일본의 교과서 문제뿐 아니라 중국과 한국 사이에 발생한 영토 문제(동북공정 문제)는 한국에서 교육과정을 개정하는 움직임으로 이어졌다. 즉 각국에서 일어나고 있는 전쟁 기억을 둘러싼 움직임은 동아시아 차원에서 연동되어 있다는 것을 알 수 있다. 이런 가운데 전쟁 기억을 어떻게 계승하는가라는 과제는 개별 국가만이 아니라 동아시아에 사는 모든 사람과 관련된 문제로 부상하고 있다."

⑩ 214쪽 21번째 줄~213쪽 24번째 줄[12] 대신 교체할 내용
"1995년, 평화기념공원에 오키나와 전투의 모든 전몰자 이름을 새긴 '평화의 비'가 세워졌다. 이는 적과 아의 구별 없이 전몰자를 추도하고자 하는 뜻에 따라 건립되었는데, 군부나 '위안부'로서 혹사당한 한반도 출신 전몰자와 일본군 전몰자의 이름을 주석 없이 동일하게 병렬적으로 새겨넣음으로써 전쟁 책임 문제를 흩뜨려놓았다. 결국 피해와 가해의 실태를 제대로 볼 수 없게 되어 오키나와 전투에 이르기까지 일본의 침략과 식민지 지배의 역사적 맥락이 누락되는 결과를 낳았다.
'평화의 비'를 세운 오키나와현에서는 역사적 맥락은 기념비에 인접한 평화기념자료관에서 해설하겠다고 변명했지만, 그러한 시도도 '나라를 위한 존엄한 희생'이라는 국가 중심 가치관에 의해 언제나 위험에 처할 가능성이 있다. 실제로 1999년에 앞에서 언급한 오키나와현의 평화기념자료관이 신축됨에 따라, 오키나와가 전쟁터가 되기까지의 일본의 침략 과정과 전쟁 중 민중의 피해 실상을 좀 더 생생하게 표현하려던 전시 계획이 수립되었는데, 자칫하면 보수적 지사의 의향으로 수정될 뻔했다. 당시 지사의 수정 시도에 각계각층의 현민들이 비난을 퍼붓자 원래의 전시 계획안에 준한 전시가 이루어졌다. 하지만 오키나와를 일본 국내에서 유일하게 지상전을 겪은 곳이 아니라, 아시아·태평양 지역으로 확산된 지상전의 참화를 겪은 곳으로서 기억하려던 의도는 국가 중심의 역사관과 치열한 대립관계에 놓여 있다. 2007년 고등학교용 일본사 교과서 검정 당시 일본군이 오키나와 민중에게 '집단자결'을 강제했다는 취지의 기술을 삭제하도록 일본 정부가 강요해 커다란 반대운동이 일어났는데, 이는 일본 사회에 국가 중심의 역사관이 뿌리 깊이 박혀 있음을 보여준 사례다. 이렇듯 과거의 구체적 사실을 정확하게 남기는 노력을 게을리할 때 역사는 언제든 망각될 위험에 빠질 수 있다."

---

11 한국어판 347쪽 첫 번째 단락.
12 이 부분의 해당 페이지 표시는 일본어판의 오류인 듯하나 원문 그대로 옮겼다. 다만 한국어판에서는 이를 바로잡아 표시한다. 한국어판 348쪽 첫 번째 줄~349쪽 23번째 줄.

⑪ 216쪽의 본문 마지막[13]에 【창: 오키나와·미야코지마에서의 시도-기념비를 통해 무엇을 말하려는가】를 추가

2008년 미야코지마에 일본군 '위안부' 기념비가 건립되었다. 기념비 건립을 통해 전쟁의 역사와 그 시대를 살았던 사람들에 관해 알리려는 의도와 함께 어려움을 제기하고 있다는 점을 기술한다(수정 문안은 생략).

2. 중국 측 위원회의 의견

(1) 8장의 구조에 대한 의견

1. 8장 제목에서 제시된 '민중' 차원의 전쟁 기억이 본문 원고에서 충분히 다뤄지지 않은 채 개인의 기억과 집합적 기억을 하나로 합쳐놓았다. 특히 전쟁에서 가장 큰 피해를 입은 중국 민중의 전쟁 기억에 대한 서술이 다른 내용에 비해 희박하다. 중국 측 위원회는 중국 민중 차원의 전쟁 체험과 역사적 기억에 관한 자료를 제공하여 해당 부분을 보충하도록 요청했으나 집필자는 이를 활용하지 않았다.

2. 중국 측 위원회는 피해국은 물론 가해국 민중도 전쟁 피해자라는 집필자의 관점 및 주장에 동의한다. 그러나 중국 측 위원회가 수차례에 걸친 회의에서 지적한 바와 같이 침략전쟁을 수행한 일본이 국민 전체를 동원한 탓에 전쟁에 참가하게 된 군인이나 전쟁을 지지한 일반 민중, 그리고 일본 식민 치하에서 군대에 동원되었던 민중은 피해자와 가해자라는 이중적 특성을 띠고 있다.

그들의 전쟁 피해와 피해국 민중의 피해를 동일시할 수는 없다. 만일 이러한 인식을 흐트려놓는다면 각국 민중 사이에서 역사 인식의 상호이해를 실현하는 일은 어려워질 것이다. 그럼에도 8장의 집필자는 중국 측 위원회의 관점에 대해 주의를 기울이지 않았다. 그 때문에 사례의 선택과 서술 관점에서 중국 측 위원회의 주장과는 아직도 거리가 있으며, 현재 원고는 중국 측 위원회의 의견이 제대로 반영되었다고 할 수 없다.

3. 8장의 전반 1·2절과 후반 3·4절의 서술 관점이 달라 장 전체에서 서술의 일관성을 유지하지 못하고 있다.

4. 8장 3절의 집합적 기억에 대한 인식과 평가에 관한 대부분의 내용은 집필자 혹은 집필자가 속한 특정 국가에 대해서만 들어맞는 의견이다.

5. 식민지 민중의 전쟁 피해에 비해 전쟁 중 가장 큰 피해를 입은 중국 민중에 관한 소개가 상대적으로 적으며, 중국 측 위원회가 제공한 보충자료도 쓰이지 않았다.

(2) 8장의 서술에 대한 의견

1. 8장 1절의 '민중의 전쟁 동원'에 대하여. 전쟁에서 중국과 일본 모두 민중을 전쟁에 동원했으나 동원의 구호나 방법, 그 목적과 의의는 본질적으로 다르다. 일본은 민중을 동원해 대외침략전쟁을 추진한 데 비해 중국은 국가방위전쟁을 수행하기 위해 추진했다. 그러나 일본의 전쟁 동원에 관해서는 서술하면서 중국이 민중을 동원해

---

[13] 한국어판 350쪽 본문 마지막 부분.

전 국토에서 항전을 추진한 정황에 대해서는 서술하지 않았다. 전쟁 동원을 서술한 부분에서 일본 군대가 위현의 민중을 박해한 사실을 소개하고 있는데, 그 내용과 해당 절의 제목이 일치하지 않는다.

2. 8장 1절 두 번째 소절의 '후방의 삶과 민중'에 대하여. 이 부분에서 소개된 후방의 민중은 일본 본토나 일본의 식민지(조선, 타이완)에서 생활한 민중뿐이다. 그러나 중국의 전쟁터에도 전선과 후방이 있었으며, 후방의 민중은 한편에서 전선의 전쟁을 지원하고 다른 한편 일본군의 침입이나 항공기 폭격 같은 위협을 받기도 했다. '공습으로부터 피난'은 '후방'에 있던 민중의 생활에서 중요한 일부분이었다. 중국 측 위원회에서는 몇 차례에 걸쳐 내용을 보충할 수 있는 자료를 제공해왔다.

여성의 전쟁 피해와 관련해 여기서는 주로 일본군에 의한 '위안소' 설치나 '위안부'에 대한 강제적이고도 조직적인 폭력 행위에 대해 언급하고 있다. 이는 전쟁에서 여성이 입은 피해의 한 형태일 뿐이다. 전쟁 중 일본군이 때와 장소를 가리지 않고 여성을 폭행한 것은 일본군의 성폭력이 보편적 현상이었기 때문이다. 본래 '위안소'와 '위안부'란 개념은 당시 일본군의 입장에서 창안된 것으로, 그 자체로 엄청난 굴욕감을 안겨주고 기만적인 성격을 띠고 있다. 이를테면 전선의 농촌에서 일본군에게 강간당한 여성들을 '위안부'라 부르는 것은 부정확하다.

3. 8장 2절의 세 번째 소절 '가해국 안의 피해자 민중'에 대하여. 이 부분에서는 히로시마·나가사키의 민중이 원자폭탄으로 입은 피해 상황이 서술되어 있다. 중국 측 위원회는 다음과 같이 생각한다. 히로시마와 나가사키의 민중이 원자폭탄으로 인해 입은 피해는 전형적인 전쟁 피해에 속하며, 이는 전쟁 가해국 민중이 입은 피해를 대표하고 있다. 그러나 집필자는 히로시마의 '참극'에 관한 내용 속에서 역사 연구자의 관점을 제대로 반영하고 있지 못하다. 중국 측 위원회는 2011년 11월의 회의에서 이미 의견을 제기한 바 있다.

4. 8장 3·4절에서 서술된 집합적 기억은 동아시아 3국의 대단히 중요한 사회 현상이다. 그러나 현재의 서술 내용은 한국과 일본의 상황을 설명하고 있을 뿐 3국의 상황을 균형 있게 서술하지 못했다. 중국 측 위원회는 이에 대해서도 자료를 제공했으나 이용되지 않았다.

5. 8장 3절에서 중국·일본·한국의 전쟁 기억을 각각 서술해야 했으나 중국의 전쟁 기억에 관한 서술 비중이 너무 적다. 집필자는 중국과 한국을 동일하게 다루면서 전쟁의 기억이 냉전체제하에서 분단되고 억압돼왔다고 했다. 그에 대해 중국 측 위원회는 몇 차례나 명확하게 다음과 같은 의견을 제시했다.

전쟁의 기억이 냉전 시기에 분단되거나 억압되었는가? 그 여부는 중국·일본·한국의 상황에 따라 근본적으로 다르다. 때문에 중국·한국의 전후 처리를 동일한 차원에서 다룰 수 없다. 집필자는 중국 총리였던 저우언라이가 "과거의 경험을 교훈 삼아 앞으로 행동의 귀감으로 삼자"는 주장을 발표한 것에 대해 일종의 '민중의 기억을 봉쇄하는' 지침이었다고 했으나, 이에 대해 중국 측은 동의할 수 없다. 저우언라이의 주장은 중국 정부의 일관된 입장과 일치하고 있으며, 일본 군국주의자가 일으킨 침략전쟁의 역사적 책임을 결코 잊을 수 없다고 일본에 엄중히 경고하고 있다. 이는 미래 세대에 대하여 책임을 짊어지고자 하는 태도이다. 따라서 집필자가 한국적 시각에서, 중국·한국 양국이 "민중의 기억을 봉쇄하고 일본의 침략 책임을 정면에서 다루지 않은" 것이라고 판단한 것도 부정확하다.

8장 3절의 세 번째 소절의 제목은 '일본 사회에서 배제된 소수자의 기억과 남북 분단'인데, 전쟁 중에 군대에 참가한 일본 식민지 출신자(조선, 타이완)의 전쟁에 관한 역사 기억을 중심으로 서술하면서, 그들이 단순한 전쟁 피해자였음을 강조하고 있다. 그러나 다음과 같은 사실을 밝혀둘 필요가 있다. 당시의 역사적 상황에서 전쟁 피해국인 중국 민중은 그들을 전쟁의 가해자로 여겼다는 점이다.

6. 8장 4절의 세 번째 소절 '평화 의식의 현재'를 이야기하며 "일본의 침략 및 지배에 관련된 중국과 한국의 기념관은 피해와 고통의 기억을 재생하며 경각심을 불러일으키는 한편, 전사자를 추모하고 영웅을 찬미하고 있다는 공통점이 있다"고 했다. 이어서 "그러한 공간은 진정한 화해와 공존 의식보다는 집단적인 대결 의식을 보다 강렬하게 조장한다. 국가가 민중의 다양한 기억을 포섭함으로써 역사 인식의 상대화를 방해하기도 한다. 물론 여기에 결정적인 원인을 제공하고 있는 당사자는 일본의 우익과 일부 보수 세력이다"라고 서술하고 있다. 중국 측 위원회는 이러한 서술이 일면적이라고 생각한다. 중국·한국 양국 기념관의 공통점에 대한 설명이 필요할 뿐 아니라 덧붙여 중국과 한국 기념관의 차이점에 대해서도 설명이 필요하다.

8장의 집필자는 "중국과 한국에서 건립된 침략과 저항에 대한 기념물들은 국가를 넘어 인류사회의 입장에 서거나 지역의 평화를 안착시키는 데 일조할 수 있을 만큼 높은 수준의 평화 의식을 담고 있지는 않다"고 했는데, 그 이유로 들고 있는 것은 중국·한국 양국의 기념관에는 "여전히 항일과 독립을 정치적 언설로 활용함으로써 자기중심적으로 평화를 말하고 있다는 공통점이 있다. 민족적 입장을 넘어 인도주의적 관점에서 한 사람 한 사람의 희생에 대해 진지하게 접근할 수 있는 수준에 다다르지 못했기 때문일 것이다"라는 것이다. 중국 측에서는 한국의 평화기념관에 대한 집필자의 분석과 평가를 존중하나, 집필자가 몇 번이나 언급하고 있는 중국과 한국의 '공통점'에 대해서는 동의할 수 없다. 우리는 중국과 한국이 다른 입장에서 전쟁 책임을 생각하고 있는 현실적 상황, 다시 말해 '차이'를 중시할 필요가 있다고 생각한다.

■ 참고문헌

1장 헌법― 국가의 구조와 민중
- 서희경·박명림,〈민주공화주의와 대한민국 헌법 이념의 형성〉,《정신문화연구》30-1, 2007.
- 高橋和之 編,《新版 世界憲法集》,岩波書店, 2007.
- 久保亨 編,《1949年前後の中國》,汲古書院, 2006.
- 金哲洙,《韓國憲法の50年-分斷の現實と統一への展望》,敬文堂, 1998.
- 大村泰樹·小林昌之 編,《(經濟協力シリーズ) 東アジアの憲法制度》,日本貿易振興會アジア經濟研究所, 1999.
- 竹內實 編譯,《中華人民共和國憲法集 (中國を知るテキスト)》,蒼蒼社, 1991.
- 竹花光範,《中國憲法論序說》,成文堂, 1991.
- 萩野芳夫·畑博行·畑中和夫 編,《アジア憲法集》,明石書店, 2007.
- 浜林正夫·森英樹 編,《歷史のなかの日本國憲法-世界史から學ぶ》,地歷社, 1996.
- 小島武司·韓相範 編,尹龍澤 譯,《(日本比較法研究所研究叢書) 韓國法の現在》上, 中央大學出版部, 1993.
- 長谷川正安,《昭和憲法史》,岩波書店, 1961.
- 曾田三郎,《立憲國家中國への始動-明治憲政と近代中國》,思文閣出版, 2009.令
- 土屋英雄,《現代中國の憲法集-解說と全譯,關係法令一覽,年表》,尙學社, 2005.

2장 동아시아의 도시화― 상하이·요코하마·부산
- 유영국,〈한국 정치변동과 부산시민의 정치적 역할-4월혁명, 부마항쟁, 6월항쟁을 중심으로〉,《부산학총서》2, 2004.
- 부산근대역사관 편,《부산 근대역사관 이야기》, 2004.
- 부산시사편찬위원회 편,《釜山市誌》, 1974.
- 鄒依仁,《舊上海人口變遷的硏究》,上海人民出版社, 1980.
- 費孝通,小島晉治 ほか 訳,《中國農村の細密畵-ある村の記錄 1935~1982》,硏文出版, 1985.
- 板垣竜太,《朝鮮近代の歷史民族誌-慶北尙州の植民地經驗》,明石書店, 2008.
- 神奈川縣縣民部縣史編纂室,《神奈川縣史 通史編 5-近代·現代(2)》, 1982.
- 嚴善平,〈流動する社會,分斷する都市勞働市場-人口移動にみる轉換期中國の二重構造〉,《桃山學院大學 總合硏究所紀要》31-2, 2005.
- 高橋孝助·古厩忠夫 編,《上海史-巨大都市の形成と人々の營み》,東方書店, 1995.

- 相模原市市史編纂委員会 編,《相模原市史 第3巻》, 相模原市, 1969.
- 古厩忠夫,〈第一次大戦期上海の都市形成と労働者人口〉,《人文科学研究》68, 新潟大学, 1985.

3장 철도 – 근대화와 식민지 통치 및 민중 생활
- 정재정,《일제침략과 한국철도-1892~1945》, 서울대학교출판부, 1999.
- 宓汝成,《帝国主义与中国铁路-1847~1949》, 经济管理出版社, 2007.
- 丁贤勇,《新式交通与社会变迁-以民国浙江为中心》, 中国社会科学出版社, 2007.
- 朱从兵,《李鸿章与中国铁路-中国近代铁路建设事业的艰难起步》, 群言出版社, 2006.
- 加藤聖文,《満鉄全史-'国策会社'の全貌》, 講談社, 2006.
- 高橋泰隆,《日本植民地鉄道史論-台湾·朝鮮·満州·華北·華中鉄道の経営史的研究》, 日本経済評論社, 1995.
- 高成鳳,《植民地の鉄道-近代日本の社会と交通》, 日本経済評論社, 2006.
- 小林英夫 編,《近代日本と満鉄》, 吉川弘文館, 2000.
- 原田勝正,《(日本歴史叢書) 日本の鉄道》, 吉川弘文館, 1991.
- 日本国有鉄道,《日本国有鉄道百年史》1, 1969.
- 朝鮮総督府鉄道局 編,《朝鮮鉄道史》, 1937.

제4장 이민과 유학 – 사람의 이동과 교류
- 김광렬,〈전간기 일본도항 조선인의 특질〉,《일본학보》46, 2001.
- 신주백,〈호남의병에 대한 일본 군·헌병·경찰의 탄압작전〉,《역사교육》87, 2003.
- 옌안성, 한영혜 역,《신산을 찾아 동쪽으로 향하네-근대 중국 지식인의 일본 유학》, 일조각, 2005.
- 이철원,〈상해 조계와 근대중국 사회문화의 변화〉,《외대사학》9-1, 1999.
- 이형찬,〈1920~30년대 한국인의 만주 이민 연구〉,《사회와 역사》12, 1988.
- 윤휘탁,〈민국시기 중국인의 만주 이주와 귀향〉,《중국사연구》63, 2009.
- 전우용,〈한국 근대의 화교 문제〉,《한국사학보》15, 2003.
- 정성호,《화교》, 살림출판사, 2004.
- 藤崎康夫,《日本人移民》, 日本図書センター, 1997.
- 蘭信三 編著,《日本帝国をめぐる人口移動の国際社会学》, 不二出版, 2008.
- 満州移民史研究会 編,《日本帝国主義下の満州移民》, 龍渓書舎, 1976.
- 満史会 編,《満州開発四十年史》1·2·補, 満州開発四十年史刊行会, 1964.
- 崔善愛,《(岩波ブックレット) '自分の国'を問いつづけて-ある指紋押捺拒否の波紋》, 岩波書店, 2000.

5장 가족과 젠더 – 부모자식과 남녀의 관계

- 加藤美穂子, 《詳解中國婚姻·離婚法》, 日本加除出版, 2002.
- 高翔龍, 《現代韓国法入門》, 信山社出版, 1998.
- 金容漢, 〈家族法における韓国と日本〉, 《比較法》 38, 2001.
- 落合惠美子·山根真理·宮坂靖子 編, 《アジアの家族とジェンダー》, 勁草書房, 2007.
- 末次玲子, 《20世紀中国女性史》, 青木書店, 2009.
- 服部民夫·李淑鍾·大畑哲 編, 《(日韓共同研究叢書 10) 韓国社会と日本社会の変容-市民·市民運動·環境》, 慶応義塾大学出版会, 2005.
- 水野直樹, 《創氏改名-日本の朝鮮支配の中で》, 岩波書店, 2008.
- 女性史総合研究会 編, 《日本女性史 4-近代》, 東京大学出版会, 1982.
- 早川紀代, 《近代天皇制と国民国家-両性関係を軸として》, 青木書店, 2005.
- 早川紀代·李榮娘·江上幸子·加藤千香子 編, 《東アジアの国民国家形成とジェンダー-女性像をめぐって》, 青木書店, 2007.
- 中国女性史研究会 編, 《中国女性の100年-史料にみる歩み》, 青木書店, 2004.
- 中国女性史研究会 編, 《論集 中国女性史》, 吉川弘文館, 1999.

6장 학교교육 – 국민 만들기

- 김유리, 《서원에서 학당으로-청말 서원의 학당개편과 근대학제의 수립과정》, 한국학술정보, 2007.
- 김태웅, 《우리 학생들이 나아가누나-소학교 풍경, 조선 후기에서 3·1운동까지》, 서해문집, 2006.
- 안기성, 《(민족문화연구총서 4) 한국근대교육법제연구》, 고려대학교민족문화연구원, 1984.
- 이길상, 《20세기 한국교육사-민족, 외세, 그리고 교육》, 집문당, 2007.
- 이승원, 《학교의 탄생》, 휴머니스트, 2005.
- 진계천·차석기·김귀성, 《근대중국교육사》, 교학연구사, 1990.
- 顧明遠, 大塚豊 訳, 《中国教育の文化的基盤》, 東信堂, 2009.
- 陈青之, 《中国教育史》, 中国社会科学出版社, 2009.
- 駒込武·橋本伸也 編, 《帝国と学校》, 昭和堂, 2007.
- 歴史教育者協議会 編著, 《学校史でまなぶ日本近現代史》, 地歴社, 2007.
- 片桐芳雄·木村元 編著, 《教育から見る日本の社会と歴史》, 八千代出版, 2008.

7장 미디어 – 만들어진 대중의 의식과 감정

- 김민환, 《한국언론사》, 사회비평사, 1996.
- 조항제, 《한국 방송의 역사와 전망》, 한울, 2003.
- 호현찬, 《한국영화 100년》, 문학사상사, 2000.

- 四方田犬彦, 王众一 译, 《日本电影100年》, 三联书店, 2006.
- 山本文雄, 诸葛蔚东 译, 《日本大众传媒史》, 广西师范大学出版社, 2007.
- 杨师群, 《中国新闻传播史》, 北京大学出版社, 2007.
- 程季华·李少白·邢祖文, 《中国电影发展史》, 中国电影出版社, 1980.
- 鹈饲正树·永井良和·藤本宪一, 史兆红·秦燕春 译, 《战后日本大众文化》, 社会科学文献出版社, 2001.
- 赵玉明, 《中国广播电视通史》, 中国传媒大学出版社, 2006.
- 佐藤卓己, 诸葛蔚东 译, 《现代传媒史》, 北京大学出版社, 2004.

8장 전쟁과 민중 ― 체험과 기억

- 김민환, 〈일본 군국주의와 탈맥락확된 평화 사이에서〉, 정근식·주은우·김백영 편저, 《경계의 섬, 오키나와 ― 기억과 정체성》, 논형, 2008.
- 김정현, 〈중국의 항일전쟁 기념관의 애국주의와 평화문제〉, 《호남사학회》 35, 2009.
- 박경석, 〈동아시아의 전쟁기념관과 역사 갈등〉, 《중국근현대사연구》 41, 2009.
- 신주백, 〈한국 근현대사와 오키나와〉, 정근식·주은우·김백영 편저, 《경계의 섬, 오키나와 ― 기억과 정체성》, 논형, 2008.
- 요시다 유타카, 하종문·이애숙 역, 《일본인의 전쟁관》, 역사비평사, 2004.
- 大城將保, 〈次代への遺産―沖縄県立平和祈念資料館―地域文化施設づくりと科学者運動の役割(地域に根ざして)〉, 《日本の科学者》 14-3, 1979.
- 笠原十九司, 《南京事件と三光作戦―未来に生かす戦争の記憶》, 大月書店, 1999.
- 米山リサ, 小沢弘明·小澤祥子·小田島勝浩 訳, 《広島 記憶のポリティクス》, 岩波書店, 2005.
- 石原昌家, 〈新沖縄平和資料館展示内容変更の経緯と問題点〉, 《歴史学研究》 733, 2000.
- 石田米子·内田知行 編, 《黄土の村の性暴力―大娘たちの戦争は終わらない》, 創土社, 2004.
- 倉沢愛子·成田龍一·油井大三郎·杉原達·テッサ モーリス-スズキ·吉田裕 編, 《(岩波講座 アジア·太平洋戦争 5) 戦場の諸相》, 岩波書店, 2006.
- 倉沢愛子·成田龍一·油井大三郎·杉原達·テッサ モーリス-スズキ·吉田裕 編, 《(岩波講座 アジア·太平洋戦争 4) 帝国の戦争経験》, 岩波書店, 2006.
- 屋嘉比収, 〈沖縄ガマが想起する沖縄戦の記憶〉, 《現代思想》 28-7, 2000.
- 滝澤民夫, 《戦時体験の記憶文化》, 有志舎, 2008.
- 日韓共同 '日本軍慰安所' 宮古島調査団, 洪玧伸 編, 《戦場の宮古島と'慰安所'―12のことばが刻む'女たちへ'》, なんよう文庫, 2009.
- 中村政則, 《昭和の記憶を掘り起こす―沖縄, 満州, ヒロシマ, ナガサキの極限状況》, 小学館, 2008.
- 沖縄県歴史教育者協議会 編, 〈平和祈念資料館問題特集―歴史の真実は歪めてはならない〉, 《歴史と実践》 20, 1999.
- 沖縄タイムス社 編, 《挑まれる沖縄戦―'集団自決'·教科書検定問題報道総集》, 沖縄タイムス社, 2008.

■ 저자 소개

한중일3국공동역사편찬위원회

2002년 3월 중국 난징에서 열린 제1회 '역사 인식과 동아시아 평화포럼'에 모인 한·중·일 3국 참가자들이 동아시아 공동의 역사 인식을 공유하기 위해 공동 역사 교재를 출간하기로 결정하면서 활동을 시작했다. 한국에서는 아시아평화와역사교육연대 산하 한중일공동역사교재위원회 소속의 학자와 교사가, 중국에서는 중국사회과학원 근대사연구소를 비롯해 여러 학자가, 일본에서는 학자 및 시민단체, 교사 들이 위원으로 참가하고 있다. 2002년부터 4년의 작업 끝에 2005년 《미래를 여는 역사》가 세 나라에서 동시 출판되었다. 이 책은 한·중·일 3국이 처음으로 함께 만든 공동 역사 교재로 동아시아에 큰 반향을 일으켰으며, 영어·에스페란토어로도 번역되었다. 2006년 11월 일본 교토에서 새로운 공동 역사서 발간에 합의하고, 19회의 편찬회의와 수많은 이메일을 통해 논의를 거듭한 결과 2012년 《한중일이 함께 쓴 동아시아 근현대사》(1·2)를 출판했다. 이후로도 한·중·일 3국의 역사 인식의 차이를 좁히고 확인하는 지속적인 노력과 함께 역사 대화를 통한 교류와 협력을 지속적으로 전개해나갈 것이다.

아시아평화와역사교육연대

한·중·일 교과서의 역사 왜곡을 바로잡고, 20세기 침략과 저항의 역사에 대한 동아시아 공동의 역사 인식을 만들기 위해 2001년 4월 시민·사회 단체, 학자, 교사 등이 모여 결성했다. 한·중·일을 비롯한 동아시아 여러 국가 간 역사 갈등 해결과 평화로운 역사 인식을 공유하기 위해 각종 대중·연구·출판 활동을 진행하고 있다. 국내외 여러 시민·사회·연구 단체와 함께 과거사 청산활동에도 적극 참여하고 있다. 역사 인식의 문제는 자라나는 세대의 미래에 관한 문제라는 생각에 중·일과 공동 역사책 편찬, '청소년역사체험캠프', '역사 인식과 동아시아 평화포럼' 등 대안을 제시하는 활동을 지속적으로 전개하고 있다. 홈페이지 www.ilovehistory.or.kr

● **한국위원회** (아시아평화와역사교육연대 한중일공동역사교재위원회)

김성보(金聖甫) 연세대학교 사학과 교수, 한국현대사, 1권 6장 본문(공동) 및 칼럼 집필 | 김정인(金正仁) 춘천교육대학교 사회과교육과 교수, 한국근대사, 1권 4장 본문(공동) 및 칼럼 집필 | 김한종(金漢宗) 한국교원대학교 역사교육과 교수, 역사교육·한국근현대사, 2권 6장 본문 집필 | 박삼헌(朴三憲) 건국대학교 일어교육과 교수, 일본근대사, 1권 1장 본문 및 칼럼 집필 | 박중현(朴中鉉) 양재고등학교 역사교사, 역사교육, 2권 4장 본문(공동) 집필 | 박진희(朴鎭希) 국사편찬위원회 편사연구관, 한국현대사, 1권 6장 본문(공동) 집필 | 신주백(辛珠柏) 한국위원장, 연세대학교 국학연구원 HK연구교수, 한국근현대사, 1권 3장 칼럼, 4장 본문(공동) 및 칼럼, 2권 4장 본문(공동)·8장 본문(공동) 집필 | 왕현종(王賢鐘) 연세대학교 역사문화학과 교수, 한국근대사, 1권 1장 칼럼, 2장 본문 집필 | 하종문(河棕文) 한신대학교 일본지역학과 교수, 일본근현대사, 1권 4장 칼럼, 2권 4장 본문(공동)·8장(공동) 집필 | 이인석(李寅碩) 전국역사교사모임 기획위원, 전 고등학교 역사교사 | 최인영(崔仁榮) 아시아평화와역사교육연대 정책기획부장

[번역]
중국어   도희진(都熙縉) 서울외국어대학원대학교 한중통역번역학과 조교수, 통역·전문번역
일본어   강혜정(姜惠楨) 통역·전문번역 | 최인영

—이 책의 출판을 위해 한국에서는 동북아역사재단의 지원과 협력을 받았다.

● 중국위원회

부핑(步平) 중국사회과학원 근대사연구소 수석연구원, 중일관계사·동북아시아 국제관계사, 2권 9장 본문 집필 | 왕차오광(汪朝光) 중국사회과학원 근대사연구소 수석연구원, 중국근현대사·영화사, 2권 7장 본문(공동) 집필 | 롱웨이무(榮維木) 중국사회과학원 근대사연구소 《항일전쟁연구》 편집인, 항일전쟁사·중국공산당사, 1권 5장 본문(공동) 및 칼럼(공동) 집필 | 왕치성(王杰生) 베이징대학 역사과 교수, 중국근현대사, 2권 3장 본문 집필 | 리시주(李細珠) 중국사회과학원 근대사연구소 수석연구원, 청 말기~민국 초기 중국정치사, 사상문화사, 1권 2장 칼럼, 3장 본문 및 칼럼 집필 | 진이린(金以林) 중국사회과학원 근대사연구소 수석연구원, 중화민국사, 1권 5장 본문(공동) 및 칼럼(공동) 집필 | 마샤오쥐안(馬曉娟) 중국사회과학원 근대사연구소 보조연구원, 중일관계사, 1권 5장 본문(공동) 및 칼럼(공동), 2권 7장 본문(공동) 집필 | 리창리(李長莉) 중국사회과학원 근대사연구소 연구원 | 가오스화(高士華) 중국사회과학원 근대사연구소 선임연구원 | 비위안(畢苑) 중국사회과학원 근대사연구소 선임연구원 | 쉬즈민(徐志民) 중국사회과학원 근대사연구소 보조연구원 | 양췬(楊群) 중국사회과학문헌출판사 편집장 | 쒸쓰옌(徐思彦) 중국사회과학문헌출판사 편집장 | 주한궈(朱漢國) 베이징사범대학 교수

[번역]
한국어   진쥐화(金菊花) 산둥대학 한국어과 전임강사, 산둥대학 문학·신문방송대학 박사후 과정 연구원 | 이평수(李平秀) 중국사회과학원 근대사연구소 박사후 과정 연구원(한국 성균관대학교 파견 연구원) | 김성호(金成鎬) 베이징사범대학 역사과 박사과정
일본어   마징(馬靜) 중국사회과학원 근대사연구소 박사후 과정 연구원 | 위원하오(于文浩) 중국사회과학원 경제연구소 보조연구원 | 가오잉잉(高莹莹) 중국사회과학원 근대사연구소 보조연구원 | 라오민수(廖敏淑) 타이완정치대학 전임강사

● 일본위원회 (일중한3국공동역사편찬위원회)

오비나타 스미오(大日方純夫) 와세다대학 문학학술원 교수, 일본근대사, 1권 1장 칼럼, 2장 본문 및 칼럼, 3장 칼럼, 2권 1장 본문 집필 | 가사하라 도쿠시(笠原十九司) 쓰루문과대학 명예교수, 중국근현대사, 1권 7장·8장 본문 및 칼럼 집필 | 마쓰모토 다케노리(松本武祝) 도쿄대학 대학원 농학생명과학연구과 교수, 한국근대사, 2권 2장 본문 집필 | 하야카와 노리요(早川紀代) 종합여성사연구회 대표, 일본근대여성사, 2권 5장 본문 집필 | 도베 히데아키(戸邊秀明) 도쿄경제대학 경제학부 준교수, 일본현대사, 1권 6장 칼럼 집필 | 이코 도시야(伊香俊哉) 쓰루문과대학 문학부 교수 | 이세 히로시(伊勢弘志) 메이지대학 대학원 박사과정 | 우에야마 유리카(上山由里香) 성균관대학교 대학원 박사과정 | 오가사와라 쓰요시(小笠原强) 센슈대학 대학원 연구생 | 사이토 가즈하루(齊藤一晴) 메이지대학·쓰루문과대학·간토학원대학·고등학교 사회과 강사 | 송연옥(宋連玉) 아오야마학원대학 경제학부 교수 | 다나카 마사타카(田中正敬) 센슈대학 문학부 교수 | 다나카 유키요시(田中行義) 전 고등학교 교사, 역사교육자협의회 상임위원 | 다와라 요시후미(俵義文) 어린이와교과서전국네트21 사무국장, 릿쇼대학 심리학부 강사 | 쓰보카와 히로코(坪川宏子) 전 고등학교 교사, '위안부'문제해결ALL네트워크 사무국장 | 혼조 도키(本庄+喜) 간토학원대학 강사 | 마루하마 에리코(丸浜江里子) 전 중학교 교사, 역사교육자협의회 | 미야가와 히데카즈(宮川英一) 센슈대학 대학원 박사과정, 센슈대학 사회지성개발연구센터 조사요원

[번역]
한국어   마쓰모토 다케노리 | 우에야마 유리카 | 송연옥 | 다나카 마사타카
중국어   오가사와라 쓰요시 | 사이토 가즈하루 | 미야가와 히데카즈

■ 자료 제공 및 소장처
국립중앙도서관, 국립중앙박물관, 권태균, 김정은, 김한종, 눈빛출판사, newsbankimage, 독립기념관, 동아일보, 박수성, 박중현, 4·19혁명기념도서관, shutterstock, 신주백, 아시아평화와역사교육연대, 역사비평사, 이영란, 이헌주, HELLO PHOTO
■ 이 책에 쓰인 이미지는 정해진 절차에 따라 저작권자의 허락을 받아 사용했습니다. 게재 허락을 받지 못한 이미지에 대해서는 저작권자가 확인되는 대로 게재 허락을 받고 통상적인 기준의 사용료를 지불하겠습니다.

■ 찾아보기

인명

ㄱ

가메이 후미오龜井文夫 · 286, 297
가바야마 스케노리樺山資紀 · 201, 112
가쓰라 다로桂太郎 · 115
가이노 미치타카戒能通孝 · 303
가토 다테오加藤建夫 · 252
고무라 주타로小村壽太郎 · 115
고바야시 마사키小林正樹 · 298
고종高宗 · 20, 24, 25, 232, 242
괴벨스Paul Joseph Goebbels · 284
구로사와 아키라黑澤明 · 298
구리하라 사다코栗原貞子 · 362
기시 노부스케岸信介 · 197
기쿠치 다이로쿠菊池大麓 · 201
김기덕金基德 · 300
김대중金大中 · 363
김도산金陶山 · 277
김우영金雨英 · 209
김원주金元周 · 208, 209
김일성金日成 · 330
김일엽金一葉 → 김원주

김정일金正日 · 20
김학순金學順 · 358
김활란金活蘭 · 168, 209

ㄴ · ㄷ · ㄹ

나운규羅雲奎 · 268, 278
나카무라 마사나오中村正直 · 201
나카에 조민中江兆民 · 24
나혜석羅惠錫 · 168, 209
다사카 도모다카田坂具隆 · 285
다이쇼大正 · 29
다치바나 슈타橘周太 · 252
다카무레 이쓰에高群逸枝 · 207
다카야나기 겐지로高柳健次郎 · 293
다카쿠라 겐高倉健 · 305
덩샤오핑鄧小平 · 43, 44, 50, 287, 345
데라우치 마사타케寺內正毅 · 77, 120
듀이John Dewey · 239, 240, 241, 249, 256
량치차오梁啓超 · 26, 189, 203, 228, 229
레이펑雷鋒 · 287
루쉰魯迅 · 72, 205
류밍촨劉銘傳 · 111
리다자오李大釗 · 205, 253
리샤오룽李小龍 · 297
리안李安 · 299

리훙장李鴻章 · 65, 68, 107
린뱌오林彪 · 43

ㅁ · ㅂ

마에바라 잇세이前原一誠 · 102
마오쩌둥毛澤東 · 39, 40, 43, 44, 49, 90, 193, 256
맥아더Douglas MacArthur · 35, 36
메리 스크랜튼Mary F. Scranton · 203
메이지明治 · 23, 29, 102
모리 아리노리森有禮 · 201, 228, 234
모리 이사오森功 · 310
무챠쿠 세이쿄無着成恭 · 261
미노베 다쓰키치美濃部達吉 · 20, 29, 33
미도리카와 에이코綠川英子 · 283
미조구치 겐지溝口健二 · 276, 298
박기종朴琪淙 · 98, 108, 109
박인덕朴仁德 · 209
박정희朴正熙 · 40~42, 95, 134, 212, 290, 295, 298, 330, 331, 339, 341
박찬욱朴贊郁 · 300
방정환方定煥 · 241
배용준裵勇俊 · 305
벨츠Erwin Baelz · 24
블랙John Reddie Black · 272

ㅅ

사와야나기 마사타로澤柳政太郎 · 240
사이고 다카모리西鄕隆盛 · 102, 105
서재필徐載弼 · 25
서태후西太后 → 자희태후
선통제宣統帝 · 27
세노 갓파妹尾河童 · 250
쇼리키 마쓰타로正力松太郎 · 289, 290, 293
쇼와昭和 · 34, 36, 176, 268, 279, 359
슝시링熊希齡 · 229
스량차이史量才 · 272
스즈키 야스조鈴木安藏 · 35
쑨원孫文 · 26, 28, 31, 32, 49, 164, 189
쑨촨팡孫傳芳 · 73
쑹자오런宋敎仁 · 161
쓰다 우메코津田梅子 · 167, 168

ㅇ

아리요시 주이치有吉忠一 · 75
아마테라스오미카미天照大神 · 251
아베 유타카阿部豊 · 286
아사토 도시에安里要江 · 326, 327

아사히 시게루朝日茂 · 57, 58
안중근安重根 · 329
야마가타 아리토모山縣有朋 · 109
야마구치 모모에山口百惠 · 304
야마모토 가지로山本嘉次郎 · 286
야마모토 사쓰오山本薩夫 · 297
야마시타 도모유키山下奉文 · 322
야마카와 기쿠에山川菊榮 · 207
야마카와 히토시山川均 · 207
양시엔장楊賢江 · 253
오야 소이치大宅壯一 · 293
오야마 이쿠오大山郁夫 · 273
오즈 야스지로小津安二郎 · 276
오쿠마 시게노부大隈重信 · 23
오쿠무라 히로시奧村博史 · 207
왕징웨이汪精衛 · 74
요사노 아키코與謝野晶子 · 205
요시노 사쿠조吉野作造 · 273
요시다 쇼인吉田松陰 · 200
요시다 시게루吉田茂 · 36, 291
우메 겐지로梅謙次郎 · 187
우시지마 미쓰루牛島滿 · 337
우에사카 마사루上坂勝 · 320
우에키 에모리植木枝盛 · 23
위안스카이袁世凱 · 28, 29, 65, 189, 205, 240
유관순柳寬順 · 346
유길준兪吉濬 · 202, 229
유진오兪鎭午 · 37
윤보선尹潽善 · 41, 42
윤봉길尹奉吉 · 31, 72
윤희순尹熙順 · 186

이광수李光洙 · 166, 208
이승만李承晩 · 20, 37, 40~42, 256, 290, 329, 330
이에나가 사부로家永三郎 · 58
이와모토 요시하루嚴本善治 · 201
이와쿠라 도모미岩倉具視 · 23
이우李鍝 · 340
이창동李滄東 · 300
이케다 사나에池田早苗 · 325
이토 히로부미伊藤博文 · 23, 24, 328, 329

ㅈ · ㅊ

자오단趙丹 · 297
자희태후慈禧太后 · 26, 102, 271
잔텐유詹天佑 · 107, 108
장면張勉 · 42
장쉐량張學良 · 118
장이머우張藝謀 · 299
장제스蔣介石 · 32, 38, 39, 60, 72~74, 190
저우언라이周恩來 · 40, 332
저우쭤런周作人 · 205, 208
전두환全斗煥 · 41, 290, 346
중정中正 → 장제스
진무神武 · 23, 245
진학신秦學新 · 203
진학주秦學胄 · 203
차이추성蔡楚生 · 296
찬드라 보스Subhas Chandra Bose

· 324

천두슈陳獨秀 · 205, 253

천카이거陳凱歌 · 299

최린崔麟 · 209

최석하崔錫夏 · 165

최선애崔善愛 · 175, 176

츄진秋瑾 · 168, 189

ㅋ · ㅌ · ㅍ · ㅎ

카이로프Ivan Andreyevich Kairov · 257

캉유웨이康有爲 · 26, 189, 228

타오싱즈陶行知 · 241, 249

탄쓰퉁譚嗣同 · 189

페이샤오퉁費孝通 · 81

하마다 히코조浜田彦藏 · 272

하세가와 데루코長谷川照子 → 미도리카와 에이코

해리먼William Averell Harriman · 115

허우샤오셴侯孝賢 · 299

화궈펑華國鋒 · 43, 44

황싱黃興 · 161

황쭌셴黃遵憲 · 130

후스胡適 · 32, 205

후정즈胡政之 · 281

후쿠자와 유키치福澤諭吉 · 201, 227, 228

후한민胡漢民 · 32

히라쓰카 라이초平塚らいてう ·

168, 178, 206, 207

일반

ㄱ

가독 · 183~185

가록제 · 184

《가이가이신문》 · 272

가정폭력방지법 · 178, 196

가족계획 · 212

가족법(일본) · 178, 184, 186

가족법(한국) · 178, 195

가족법 개정을 위한 여성연합회 · 195

각급 학교령 · 231

간민 · 101

간토대지진 · 74~76, 162, 273

갑신정변 · 25, 146, 200, 274

갑오개혁 · 186, 222, 232, 237, 242

갑오전쟁박물관 · 308, 344

개신제 · 242

개척민 · 154~157

개호보험제 · 215

거류지 · 60, 62, 65~69, 82, 94, 140, 142, 144, 147

거류지(고베) · 140

거류지(부산) · 68, 69

거류지(요코하마) · 60, 62, 66

거류지(인천) · 140, 147

〈거리의 천사〉 · 277

건국강령 · 20, 31, 34, 38

검열 · 57, 272, 280, 286, 288~290, 298

검정제(대한제국) · 222, 243

검정제(일본) · 222, 242, 258

검정제(중국) · 244, 258, 259

검정제(한국) · 258

게이오의숙 · 227, 228

〈겨울연가〉 · 304

경부고속도로 · 98, 134

경부선 · 68, 69, 85, 98, 105, 108~110, 120, 121, 125, 129

경부철도 → 경부선

경성방송국 · 268, 280, 284

경성중앙방송국 · 284, 292

경신학교 · 235

경의선 · 109, 110, 115, 120, 121, 135, 136

경춘선 · 122

계묘학제 · 222, 232, 239

고급합작사 · 193

고니시사진관 · 276

고사의용대 · 334

고사정신보국대 · 308, 315

고토부키초 · 91, 92

공동강령 · 20, 39, 40, 43

공사 이원병립 · 303

공선제 · 260

공창제 · 30, 178, 187, 216, 217
공해 대책 기본법 · 93
공해 반대운동 · 46
공흥호 · 145
관독상판 · 65
관동군 · 116, 118, 119, 121, 153~155, 157, 282, 344
관동군 특종연습 · 119
관동도독부 · 116, 152
관동청 · 116, 152
관부노선 → 관부항로선
관부연락선 · 60, 68
관부항로선 · 120, 121
관 알선 · 158, 159
교과서 권고안 · 365
교과용 도서 검정규칙(일본) · 222, 258
교과용 도서에 관한 규정(대한제국) · 222, 243
교육과정 · 233, 234, 257
교육과정(중국) · 236, 253, 258
교육과정(한국) · 258, 260
교육과정 표준(중국) · 260
교육기본법(일본) · 222, 256
교육조서(조선) · 222, 232, 242
교육종지(중국) · 240
교육칙어(일본) · 222, 231, 232
《교육학》· 257
교조메 · 87
구본신참 · 227
9·18역사박물관 · 308, 344
9조회 · 20, 46

국가무답책의 법리 · 359
《국민정신총동원과 소학교 교육》· 247
국민정신총동원 운동 · 280
국민징용(제) · 153, 154, 158, 159
국정제(식민지 조선) · 243
국정제(일본) · 222, 243, 244
국정제(중국) · 222, 244, 258
국정제(한국) · 258
국제연합 아태경제사회위원회 · 137
국제표준궤 · 122
국책이민 · 140, 152~157
국체명징 · 34, 247, 249
《국체의 본의》· 247
군신 · 245, 252, 283
군철일체 · 118
궤간 · 122
귀환(일본인) · 79, 93, 170, 171
귀환(조선인) · 170, 171
〈그대여 분노의 강을 건너라〉· 304
극동군사재판 → 도쿄재판
근린 제국 조항 · 308, 342, 343
기루 · 216, 217
기생 관광 · 218
〈기원의 자매〉· 279

ㄴ

나눔의 집 · 364
《나라의 발자취》· 257
나이가이면주식회사 · 72
〈난부난처〉· 268, 277
난징 국민정부 · 20, 31, 32, 39, 60, 73, 244,
난징 대학살 · 308, 345, 361
난징 임시정부 · 28, 222, 239, 244
난징 정부 → 난징 국민정부
난학 · 226
난학숙 → 게이오의숙
남만주철도주식회사 · 98, 106, 115, 116, 118~122, 125, 140, 152
남북공동선언 · 135
남북 종관철도 · 98, 112, 113, 133
남양공학원 · 243
남존여비 · 180, 185
남한대토벌작전 · 140, 148, 148
내선결혼 · 188
냉전 · 45, 46, 88, 134, 141, 172, 260, 261, 293, 309, 328, 331, 333, 346, 349, 353, 355, 357
노몬한 사건 · 119
노무동원계획 · 308, 316, 317
《노스차이나 데일리 뉴스》· 270, 271

391

《노스차이나 헤럴드》· 270, 271
노인장기요양보험법 · 216
뉴미디어 (시대) · 295, 302
뉴카머 · 176
니카쓰 · 279
니혼 TV · 293, 294
《닛신신지시》· 272

ㄷ·ㄹ

《다궁바오》· 271, 272, 281
다마 전원도시 · 92
다문화 교육 · 263, 264
대도여학 · 168
대동아 해방 · 309
대사령 · 176
대일본제국헌법 · 20, 23, 24, 26, 27, 29, 34, 273
대일항쟁기 강제동원 피해 조사 및 국외강제동원 희생자 등 지원위원회 · 364
〈대장금〉· 295, 296
대정익찬회 · 34
대청보율 · 271
대한 방침 및 대한 시설 강령 · 148
대한국국제 · 20, 25, 27
《대한매일신보》· 275
대한민국 임시정부 · 20, 30, 31, 34, 48, 187, 330, 331, 346
대한민국임시헌법 · 20, 31, 34

대한민국임시헌장 · 30
대한민국헌법 · 34, 38, 194
대한철도회사 · 109
데라코야 · 225, 226
〈도라에몽〉· 304
도메이고속도로 · 133
《도쿄니치니치신문》· 268, 273, 274
《도쿄아사히신문》· 273
도쿄재판 · 319, 338, 359
도호쟁의 · 297
독립기념관 · 308, 345, 346
《독립신문》· 25, 186, 202, 268, 274
독립협회 · 25, 108, 145
《독일·프랑스 공동 역사 교과서》 · 365
동래상업회의소 · 69
동북항일연군 · 346
동성동본 불혼(제) · 178, 183, 188, 194~196, 199
동아동문서원 · 163
《동아일보》· 275, 283
동양방송 → TBC
동일본 대지진 · 356
〈딩쥔산〉· 268, 277
라디오 체조회 · 279
〈라쇼몽〉· 298
러일전쟁 · 25, 26, 29, 68, 70, 110, 115, 122, 146~148, 162, 165, 245, 251, 252, 273
로쿄쿠 · 279

루거우차오 사건 · 20, 33

ㅁ

만목초당 · 228
만민공동회 · 20, 25
만선일체화 · 120
만선척식주식회사 · 155
만주 농업이민 100만 호 이주 계획 · 140, 154
만주 산업 개발 5개년 계획 · 157
만주개척청년의용대 · 155
만주경영정책경개 · 116
만주사변 · 32, 111, 118, 156, 158, 161, 247, 269, 282~284, 308, 309, 321
〈만주 아가씨〉· 283
만주영화협회 · 285
만주전신전화주식회사 · 285
만철 → 남만주철도주식회사
〈망향〉· 304
매매혼 · 190, 193
《매일신문》· 268, 274
《매일신보》· 275
매춘방지법(일본) · 178, 218
맹류 · 91
《메아리 학교》· 261
메이신고속도로 · 98, 133
메이지 민법 · 184, 186, 194
모집 · 158
《몽학과본》· 222, 243, 244

《몽학독본전서》· 246
몽학원 · 232
무술변법(운동) · 20, 26, 200, 232, 271
무장 농업 이민 · 153
문화대혁명 · 43, 44, 54, 89, 259, 260, 287, 299, 304, 331, 342
문화방송 →MBC
미드웨이전투 · 283
《미래를 여는 역사》· 367, 370
미쓰비시중공업 · 79, 361
미쓰이물산 · 152
미일수호통상조약 · 60, 65
미일안보조약 · 45, 76, 293
미일화친조약 · 65
민간정보교육국 · 288
민공 · 90, 91
민단 → 재일본조선거류민단
민며느리제 · 181, 191
민사령 → 조선민사령
민족우생학 · 208
《민주주의》· 257

ㅂ

《바타비아신문》· 272
박문국 · 268, 274
박문사 · 328, 329
박종석 사건 · 175
발췌개헌안 · 41

배우자 특별공제제(일본) · 178, 198
백단대전 · 308, 312
버블경제 · 264
번서조소 · 272
범여성 가족법개정촉진회 · 194, 195
법전조사국 · 187
법제심의회 · 197
베이징방송국 · 268, 294
베트남전쟁 반대운동 · 46
변구 시정강령 · 33
변발 164
《변법통의-논여학》· 203
변사 · 276
병식 체조 · 234
보로운동 · 107
보통교육 잠행과정 · 239
보통교육 잠행변법 · 239
복선학교제도 · 260
부녀회가 · 194
부부의 동권론 · 201
부산포상법회의소 · 85
부하철도회사 · 108, 109
북미자유무역협정 · 354
북벌 · 31, 73, 149
북변진흥계획 · 140, 157
불령선인 · 315
〈붉은 수수밭〉· 299
〈비정성시〉· 299

ㅅ

사립학교령 · 238
사사오입 개헌 · 20, 41
사설철도 · 104, 105, 122
사쓰마번 · 160, 164
4월혁명 · 20, 41, 95, 330
4·12쿠데타 · 32, 73
사학 · 225
사회주의헌법 · 20, 38
산간닝변구 소학교법 · 253
산간닝변구헌법원칙 · 39
산시성 중국 팔로군 타이항산기념관 · 364
삼광 작전 · 319, 320
〈삼국지〉· 304
《삼국지연의》· 305
3백 산업 · 93
삼선 건설 · 60, 90
3저 호황 · 95, 96
3종 가전 · 293
삼파도 기술 · 149
상무공서 · 145
상무위원회 · 40, 54, 217
상무정신 · 236
상주 · 85~87
상징천황제 · 35
《새로운 헌법 이야기》· 257
샌프란시스코강화조약 · 45, 293, 362
샌프란시스코강화회의 · 338
서당 · 225, 226, 238

서대문 독립공원 · 308, 345
《서양사정》· 228
서울방송 → SBS
《서유견문》· 202
선만척식주식회사 · 155
《선바오》· 268, 271, 272, 274
성균관 · 233
성매매 방지 및 피해자 보호 등에 관한 법률 · 178, 218
성매매 알선 등 범죄의 처벌에 관한 법률 · 218
성매매 알선 등의 행위에 관한 법률 · 196
성매매 엄금에 관한 결정 · 217
성 불변의 원칙 · 188
성폭력과 싸우는 여성들의 네트워크 · 199
성폭력특별법 · 178, 196
《세계국진》· 228
세이난전쟁 · 105
세이조소학교 · 240
《세이토》· 168, 178, 206, 207, 209
《소년H》· 250
소수민족 교육 · 263~265
소학간이과 · 231
소학교 교칙강령 · 230
속방화 · 145
수요시위 · 360
수향 · 64
〈쉬리〉· 300
《스바오》· 271

스크린쿼터제 · 300
스토커 규제법 · 199
《시경》· 181
《시국과 초등교육자의 사명》· 247
《시대일보》· 275
시모노세키조약 · 65, 111
시무학당 · 229
시베리아 철도 · 114, 116, 117, 136, 143, 144
《시사신문》· 275
CCTV · 294, 302
CIE → 민간정보교육국
시주쿠 · 230
《신가정》· 187, 209
신국가대강 · 192
신문·인쇄·발행 조례 · 272
신문지법 · 275
신문지법(일본) · 268, 273
신문지법(조선) · 275
신문지조례 · 273, 275
《신민총보》· 26
《신분시》· 272
신상 · 65, 73
신신백화공사 · 268, 278
《신여성》· 187, 207, 209
신여자사 · 208
신제대학 · 260
신중국 · 255, 257, 258, 262, 265
《신청년》· 205
신축조약 · 106

신해혁명 · 20, 27~29, 49, 65, 164, 188, 204, 239, 244
심상소학교 · 231, 237, 238
심정교과도서 잠행장정 · 244
심정제 · 222, 244
쌀 소동 · 77

ㅇ

아동매춘 및 아동포르노 처벌법 · 178, 199
〈아리랑〉· 268, 278
아세아영희공사 · 268, 277
아시아 육상 교통 인프라 발전 계획 · 136
아이누 · 144
아전인철 정책 · 129
안보조약 개정 반대투쟁 · 46
안평선 · 69, 115, 120
애국주의 교육 · 344~346
애국주의교육실시강요 · 308, 345
애군가 · 246
야마시타공원 · 76, 322
야스쿠니신사 · 308, 333~337, 348
양규의숙 · 203
양부양부 · 208
양부현부 · 169
양처현모 · 201, 202, 204, 206
양처현모주의 · 178

어력대표 · 251
《어린이》 · 241
언론탄압 · 290
언론통폐합 · 290
SBS · 295
에조치 · 144
NHK · 268, 280, 284, 289, 293, 303, 360
NHK 프로그램 간섭 사건 · 303
MBC · 295
〈여자교육의 관계〉 · 202
여자근로정신대 · 314
여자사범학당장정 · 178, 204
여자소학장정 · 178, 204
여종지례 · 181
역사 교과서 파동 · 343
역사수정주의 · 343, 344
역코스 · 260, 289, 290
연합군최고사령관총사령부 → GHQ
열린우리당 · 196
영화법(일본) · 268, 286
영화법(한국) · 298
옌볜 조선족 자치주 · 151, 175
5·4운동 · 72, 166, 188, 189, 205, 240, 271
《오사카마이니치신문》 · 273
《오사카아사히신문》 · 273
55년체제 · 290
오싱 열풍 · 303
〈5인의 척후병〉 · 285
〈오조네 가의 새벽〉 · 297

오족협화 · 154
오키나와 미군기지 반환운동 · 46, 289
오키나와 전몰자묘원 · 337
오키나와 전투 · 308, 326, 337, 339, 340, 347~349, 370
오키나와 평화기념공원 · 308, 336, 337, 340, 341
오키나와 평화기념자료관 · 308, 337, 349
올드카머 · 176
와이탄 · 64
〈와호장룡〉 · 299
완바오산 사건 · 150
왕따 · 263
〈외아들〉 · 276
《요미우리신문》 · 207, 289, 290, 293, 303
요세바 → 인력시장
《요코하마마이니치신문》 · 268, 272
요코하마쇼킨은행 · 66, 91
용두산공원 · 94
우라니혼 · 129
우리의 맹세 · 329
우민화 정책 · 162
우생학 · 205
우쑹철도 · 98, 102
우창봉기 · 26, 107
우편기선미쓰비스회사 · 60, 65
원로원 · 22
원수폭 금지운동 · 46

원족 · 234, 235
〈원폭의 아이들〉 · 297
원호법 → 피폭자원호법
〈월하의 맹세〉 · 277
유네스코 한국위원회 · 366
《유빈호치신문》 · 268, 272
유슈칸 · 334
유신헌법 · 20, 41, 42
유지회 · 313
육군특별지원병령 · 308, 314
육아 문제 · 213
은급법 · 334
응징사 → 국민징용
〈의리의 복수〉 · 277
의학意學 · 225
의학교령 · 233
의화단운동 · 106, 146, 189, 228, 232, 236
이성불양의 원칙 · 183, 188
이쓰카이치헌법 · 23
21개조 요구 · 98, 116, 271
이에(제도) · 183~186, 197, 199, 206, 207, 210
2·26사건 · 153, 154
이지메 → 왕따
2000년 여성 국제전범법정 · 303, 359, 360, 363
이화양행 · 102
〈인간의 조건〉 · 298
인도국민군 · 324
인력시장 · 91, 92
인민공사 · 83

인민교육출판사 · 258

인지 · 186, 187, 194

《인형의 집》· 168, 205

《1945년 이후의 유럽과 세계》→ 《독일·프랑스 공동 역사 교과서》

1954년 헌법 · 20, 40, 43, 44, 46, 193

1975년 헌법 · 43, 54

1978년 헌법 · 20, 44, 54

1982년 헌법 · 20, 43, 44, 54, 55

일본군 '위안부' · 303, 308, 319, 321, 322, 343, 349, 357~360, 364

일본군 '위안부' 역사관 · 364

일본 문부성 · 201, 230, 242, 245, 247, 252, 256~258, 279, 365, 366

일본방송협회 → NHK

《일본의 역사》· 257

일본철도공사 · 105

일본 철도원 · 120

임술학제 · 222, 239

임시약법 개정 · 28

임시중앙정부 → 중화소비에트공화국 중화노동민주정부

임시헌법 → 대한민국임시헌법

임인학제 · 224, 232, 244

입법부작위 · 359

ㅈ

자오지철도 · 127, 128

자유도항제 · 150

자유민권운동 · 20, 23, 24, 27, 35, 230, 273

장갑열차 · 118, 122

장충단 · 328~330

〈장화홍련전〉· 278

재일본대한민국민단 · 339

재일본조선거류민단 · 140, 174, 175

재일본조선인총연합회 · 140, 174, 175, 339, 340

재일조선인연맹 · 140, 175

재화방 · 71, 72

〈저 깃발을 쏴라〉· 286

〈적벽대전〉· 305

전관거류지(부산) · 60, 68, 69, 77, 94

〈전사들〉· 286

〈전쟁과 평화〉· 297, 298

전파감리위원회 · 291

전파 3법 · 291

점진사 · 84

정전협정 · 38

《제국신문》· 202, 268, 274,

제당산업철도 · 113

제3차 교육과정 · 258

제5공화국 헌법 · 42, 51

제5기 전국인민대표대회 제5차 회의 · 44

제6공화국 헌법 · 43

제1기 전국인민대표대회 제1회 회의 · 40

제1차 토지장정 · 63, 64, 142

제1회 전국노농병대표대회 · 20, 33

제2차 대전 시 오키나와 조선인 강제연행 학살 진상조사단 · 339

제2차 상하이사변 · 60, 73

제2차 석유 위기 · 95

제2차 토지장정 · 64

제2회 국제연합 세계인권회의 · 358

제헌국회 · 20, 37, 41

제헌헌법 → 대한민국헌법

조계 · 60, 63~69, 71~74, 140, 142, 173, 271

조련 → 재일조선인연맹

조선민사령 · 30, 178, 187

조선 정부 소학교령 · 203, 222, 232, 233

조선 정부 중학교령 · 232

조선민족청년단 · 166

조선민주주의인민공화국헌법 · 38

조선방송협회 · 284, 285

조선신궁 · 329

조선연초주식회사 · 276

조선영화제작주식회사 · 286

조선의용군 · 346

조선인원폭사몰자위령비 · 340

《조선일보》· 275, 283, 291

조선족 · 151, 172~174, 259

《조선중앙일보》· 275

조선총독부 · 30, 60, 75, 86, 98, 119, 120, 122, 140, 149, 150, 153, 155~158, 162, 166, 178, 222, 238, 243, 245, 248, 252, 268, 275, 278, 283, 308, 328, 329

조선총독부 청사 철거 · 308, 345

조선프롤레타리아예술가동맹 → 카프

조슈번 · 160

조일잠정합동조관 · 109

종법제 · 205

《주오코론》· 273

중국국민당 제2회 전국대표대회 · 189

중국귀환자연락회 · 319, 361

중국무선전공사 · 278

《중국여보》· 168, 189

중국인 강제연행·강제노동 소송 · 361, 362, 364

중국인권발전기금회 · 364

중국인민정치협상회의 제1회 전체회의 · 39, 192

중국인민항일전쟁기념관 · 308, 344

중국전영제편창 · 296

중국혁명동맹회 · 164, 168

중동철도(둥칭철도) · 114~118, 122, 126

중문총교습 · 229

중앙라디오방송국 · 279, 283, 285

《중앙일보》· 275, 291

중앙전영촬영장 · 296

《중양르바오》· 272

《중외일보》· 275

중·일 수교 · 172

중체서용 · 227, 232

중화가 · 172

중화교육개진사 · 249

중화민국임시약법 · 20, 28, 31, 189

중화민국헌법 · 20, 31, 34, 38, 39

중화민국헌법 초안 · 20, 32

중화민국훈정시기약법 · 20, 32

중화소비에트공화국 중화노동민주정부 · 33

중화소비에트공화국헌법대강 · 20

중화인민공화국 혼인가정법 · 178, 194

중화인민정치협상회의 · 40, 53

〈지나의 밤〉· 283

〈지도전〉· 332

〈지뢰전〉· 332

GHQ · 21, 35, 36, 45, 52, 171, 217, 255, 260, 268, 288, 289, 291, 297

《지지신보》· 274

지치부 사건 · 105

〈진공지대〉· 297

진리 기준 문제 · 282

진푸철도 · 128

집단부락 · 140, 157, 158

집단소개 정책 · 250

징용 · 122, 152, 157~159, 361

징장철도 · 108, 124

징투선 · 121

징한철도 · 124

ㅊ

차별철폐운동 · 175, 176

차이나타운 · 66, 76, 171~173

《창설여학당계》· 203

책봉-조공 관계 · 355

〈처첩론〉· 201

천황기관설 · 20, 29, 33, 34

철도 무용론 · 102

철도불급론 · 103

철도불요론 · 103

철도사 · 108

청니와 · 127

《청의보》· 26

청일수호조규 · 60, 66~68

청일전쟁 · 24, 25, 60, 66~68, 70, 71, 105, 107, 109, 111, 114, 122, 143~145, 147, 160, 162, 184, 231, 273

청탑회 · 209

체신성 · 279

체신성 간이보험국 · 279
《초등과 수신》 · 252
총련 → 재일본조선인총연합회
축조헌법정의 · 34
〈춘향전〉 · 268, 286
《친일인명사전》 · 363
침화일군난징대도살우난동포기
 념관 · 308, 344

편서국 · 244
평화우호조약 · 357
평화의 비 · 308, 348, 349
평화의 시계탑 · 340
포변혼 · 190
포양(조례) · 189, 190
P&O사 · 60, 63, 65
피폭자원호법 · 362
핑딩산 사건 · 360

340, 341
한국전쟁 · 38, 45, 76, 79, 94,
 95, 173~175, 192, 217, 260,
 289~292, 298, 329, 333,
 363
한국정신대문제대책협의회 · 360
한미자유무역협정 · 300
《한성순보》 · 268, 274
《한성주보》 · 268, 274
한신 공업지대 · 92
한신교육투쟁 · 140, 256
한역서학서 · 226
《한일 교류의 역사》 · 366
한일기본조약 · 94, 174
한커우방송 · 284
함창산업조합 · 87
《헌법강화》 · 20, 29
헌법기초위원회(중국) · 40
헌법기초위원회(한국) · 37
헌법연구회 · 35, 36
헌법재판소 · 42, 52, 196
헌법 제9조 · 45
헌법제정국민대회 · 38
헌법중대신조 · 27
《헌법촬요》 · 29, 34
현모양처 · 169, 200, 203, 204,
 208
현부양부 · 205
현처양모 · 178, 204~206
협기호 · 145
호남선 · 110, 129
호적제(호적 제도) · 89, 91, 184,

ㅋ · ㅌ · ㅍ

카이시엔궁 마을 · 81
카프 · 278, 278
KAPF → 카프
KBS · 292, 295, 303
쿨리 · 71, 149, 154
타이완라디오협회 · 285
태면철도 · 308, 324
태평양우선회사 · 60, 65
태평천국운동(난, 봉기) · 64, 104,
 189
톈진철도 · 107
토지조사사업 · 150
통리아문 · 268, 274
통일주체국민회의 · 41, 42
투룽산 사건 · 153
특약판매제 · 86
틈관동 · 126
TBC · 295
〈패왕별희〉 · 299
평후 · 71, 90

ㅎ

하나오카 사건 · 308, 317, 361
하나요메 · 153
〈하늘의 소년병〉 · 286
하방운동 · 89
〈하와이·말레이 해전〉 · 286
하치오지 · 83
학부 · 222, 233, 236, 242, 245
학습지도요령 · 230, 260
학제 개편에 관한 결정 · 259
《학제 발행의 의사》 · 201
《한겨레신문》 · 290
한국가정법률상담소 · 196
한국방송공사 · 292, 295, 303
한국병합 · 20, 25, 27, 60, 69,
 140, 147, 150, 151, 166,
 235, 238, 245, 268, 275
한국성폭력상담소 · 196
한국여성단체협의회 · 194
한국원폭희생자위령비 · 308,

185, 199
호주제(호주 제도) · 42, 178, 185, 186, 194~197, 199
홍익인간 · 256
화교 · 148~150, 172, 173, 322
〈화소홍련사〉· 277
화족 · 52, 144
화족여학교 · 203

화흥회 · 161
황국신민 서사 · 222, 248
《황성신문》· 268, 274
황실전범 · 185
후닝철도 · 128
《후진고론》· 168
후쿠시마 원전사고 · 302
흠정헌법대강 · 20, 26, 27

히로시마 평화기념공원 · 308, 335, 336, 338, 340, 341
히로시마 평화기념관 · 326
히로시마현 조선인피폭자협의회 · 340
〈히메유리의 탑〉· 298
히타치제작소 · 175

한중일이 함께 쓴 동아시아 근현대사 2
테마로 읽는 사람과 교류의 역사

1판 1쇄 발행일 2012년 5월 29일
1판 4쇄 발행일 2022년 10월 24일

지은이 한중일3국공동역사편찬위원회

발행인 김학원
발행처 (주)휴머니스트출판그룹
출판등록 제313-2007-000007호(2007년 1월 5일)
주소 (03991) 서울시 마포구 동교로23길 76(연남동)
전화 02-335-4422 **팩스** 02-334-3427
저자·독자 서비스 humanist@humanistbooks.com
홈페이지 www.humanistbooks.com
유튜브 youtube.com/user/humanistma **포스트** post.naver.com/hmcv
페이스북 facebook.com/hmcv2001 **인스타그램** @humanist_insta

편집주간 황서현 **편집** 최세정 최인영 엄귀영 **디자인** 민진기디자인
용지 화인페이퍼 **인쇄** 청아디앤피 **제본** 민성사

ⓒ 한중일3국공동역사편찬위원회, 2012

ISBN 978-89-5862-496-7 04910
ISBN 978-89-5862-497-4 (세트)

- 이 책은 저작권법에 따라 보호받는 저작물이므로 무단 전재와 무단 복제를 금합니다.
- 이 책의 전부 또는 일부를 이용하려면 반드시 저자와 (주)휴머니스트출판그룹의 동의를 받아야 합니다.